sapientia
サピエンティア48

帝国日本の大礼服

国家権威の表象

刑部芳則［著］

法政大学出版局

1　大礼服姿の元老院議官たち
1列目中央の有栖川宮熾仁親王は明治8年制の皇族大礼服，2列目右から3番目の津田出は明治8年制陸軍正装。それ以外は明治5年制の勅任文官大礼服を着ているが，桐唐草文様の大きなものと，小さなものとがあり，明治19年に文官大礼服が改正されるまで飾章の混乱が見て取れる（明治12年1月15日，元老院の前）。（田中万逸編『画譜憲政五十年史』国政協会，1939年）

2　明治 17 年制宮内省式部職の大礼服集合写真
前列右から斎藤桃太郎，木戸孝正，三宮義胤（式部次長），鍋島直大（式部長），長崎省吾，丹羽龍之助，山内勝明（明治 25 年 1 月，丸木利陽撮影）（国立歴史民俗博物館所蔵）

3　昭和３年制宮内高等官大礼服の集合写真
１列目左２人目から７人目まで勅任官，左端および右端２人と２列目は奏任官。３列目は舎人・内舎人の職服（宮内省庁舎前）（個人蔵）

4　昭和３年制主馬寮勤務宮内技手職服
右から１人・５人〜７人・９人〜10人目は第１号丙種丁種，２人目と４人目は第１号甲種，３人目は第２号甲種，８人目は第１号乙種（毎日グラフ別冊『平成の大礼』毎日新聞社，1991年）

5　明治５年制の文官（勅任）大礼服
蜂須賀茂韶着用（徳島市立徳島城博物館所蔵），岩倉使節改正の模倣（第２章参照）。

7　明治５年制の非役有位（五位以下）大礼服の背面桐紋
青山忠誠着用（篠山市立歴史美術館所蔵）

6　明治５年制の非役有位（四位以上）大礼服
亀井茲監着用（文化学園服飾博物館所蔵）

8　明治９年制の皇族大礼服
（個人蔵）

9　明治 19 年制の文官（勅任）大礼服
岡玄卿着用（一宮市博物館所蔵）

10　明治 19 年制の非役有位（四位以上）大礼服
土岐政夫着用（一宮市博物館所蔵）

11　明治 44 年制の宮内高等官（勅任官）大礼服
西村時彦（天囚）着用（種子島開発総合センター鉄砲館所蔵）

12　明治 44 年制の宮内高等官式部職（奏任官）大礼服
亀井茲常着用（文化学園服飾博物館所蔵）

13　有爵者（公爵）大礼服
伊藤博文着用（山口県光市伊藤公資料館所蔵）

14　子爵の袖章
（個人蔵）

16　侯爵の袖章
（山口県光市伊藤公資料館所蔵）

15　有爵者（侯爵）大礼服
伊藤博文着用（山口県光市伊藤公資料館所蔵）

17　昭和３年制の宮内高等官式部職（勅任官）大礼服
折田有彦着用（個人蔵）

帝国日本の大礼服／目次

序章　大礼服には権威と魅力があるのか

一　本書の目的と分析視角

読者の皆さんは「大礼服」という用語を正しく読めるだろうか。「だいれいふく」ではなく「たいれいふく」と読む。この服が法的根拠を失ってから六十年以上が経過しているため、知らない方も少なくないだろう。本書で取り上げる大礼服は、明治五年（一八七二）十一月に明治政府が国家の礼服として制定し、昭和二十九年（一九五四）七月に法的根拠を失うまで約八十年間利用された最高の礼服である。それでは、なぜ今になって忘却された大礼服を取り上げる必要があるのか。まずこの点について説明したい。

日本の礼服を考えた場合、平安時代から明治を迎えるまで朝廷では衣冠束帯と呼ばれる装束が最高の礼服であり、武家でも御所参内の際にはこれを着用した。明治政府が洋式大礼服を採用したことにより、国家の礼服は大きく変化する。従来の衣冠束帯などは祭祀儀礼に用いる祭服となり、公式儀礼の場で和装の礼服を着用することはできなくなった。このような服制によって政府官員や華族など、公式儀礼に参加する者は洋式礼服を着用する必要性に迫られた。

また彼らには通常勤務の際にも洋服の着用が求められるようになる。そうした意味で、大礼服の歴史は日本の洋服文化がどのように発展していったのかの過程といっても過言ではない。

そして、前近代にも現代にも存在しないところに大礼服を検討する意味がある。現在でも洋式礼服として燕尾服とモーニングコートは着用され、和式礼服の紋付羽織袴は前近代では必ずしも礼服ではなかったが、これも結婚式や成人式などで確認することができる。フロックコートは時代とともに背広に取って代わられてしまったが、国家が服制として定めた大礼服は流行の盛衰によって消えたのではない。

大礼服は、ほかの洋服にはない特別な論点が含まれている。近代という時代区分において必要とされた特殊な服であった。また、日本の近代化が進むとともに洋服も普及していくが、そのように社会状況が変化しても着用者が限定された点でもほかの服とは異なっていた。

大礼服の着用者は、皇族・華族・官僚・有位者たちである。皇族には皇族大礼服、華族には有爵者大礼服、官僚には文官大礼服、有位者には非役有位大礼服、宮内省の官僚には宮内官大礼服が、それぞれ制定される。また政治家（代議士）は、有位者に限って非役有位大礼服を着た。陸海軍軍人と警察官には大礼服に相当する正装と呼ばれる礼服が定められたが、本書では右に挙げた各種大礼服を検討対象とし、正装については必要に応じて触れる程度とする。

このような大礼服は、公式儀礼に参加する権利を表し、国家のなかでも選ばれた少数の者に着ることが許可された。公式儀礼の招待状を受けた選ばれし者は、必ず大礼服を用意していなければならない。例えば、現在でもおこなわれている勲章授与式や園遊会に招待されたとする。招待状に必ず大礼服を着用することという指示が記載されていたら、読者の皆さんはどうするだろうか。なんらかの手段で大礼服を入手するか、仕方なく欠席するといういずれかを選ぶしかない。この選択を実際に迫られた人々が存在した。明治から昭和戦前期までの政治家や有位者がそれに該当する。彼らは、明治政府が通常服と規定したフロックコートや、明治時代に民間の礼服として位置づけられた紋付羽織袴をふだんは着ていた。高価でめったに着ない大礼服を調製することは容易ではなかった。

国家は「官の礼服」である大礼服と、その略礼服である燕尾服（小礼服）の着用を絶対化しようとするが、そうなると「民の礼服」である紋付羽織袴を着る国民は困ることとなる。本書では、この両者の関係性にも注目しながら、八十年間で大礼服制がどのような運命を辿ったのかを描く。そのなかで「官の礼服」である大礼服を調製した人々の言説もさまざまあり、勅任官と奏任官という階級によって大礼服に対する見方に違いがあることを明らかにする。

すなわち、国家の儀礼に用いる大礼服制を検討することは、単に服制の制度や内容の変化だけを明らかにするのではない。大礼服を着る官僚や政治家たちの服装観、国家観を考察することでもある。これまでに近代日本の官僚や政治家を題材とする研究は少なからずあるが、それらは当然ながら政治のなかで描かれてきた。一方で大礼服は次節で問題点を示すとおり、服装や服飾として紹介されるに過ぎなかった。本書では、大礼服を通して官僚や政治家の風俗史を描く。従来の服装や服飾による風俗史ではなく、官僚や政治家の風俗史という手法を試みることにより、大礼服とはなにであったのかに迫ってみたい。

二　先行研究とその問題点

それでは、前節で述べた本書の課題に取り組んだ先行研究はなかったのか。近代日本服飾史研究においては皆無である。そもそも服飾史を専門とする研究者は政治史を苦手とする傾向が強く、政治史の先行研究はもとより、政治史でよく引用される史料さえ使用しない。したがって、官僚や政治家の風俗史として描こうとする試みは出てこないのである。

日本服飾史のなかでも近世や近代を対象とするものが多く見受けられる。その理由は、古代や中世に比べて現物資料が豊富なことと、現代の服飾や流行との接点や差異を見出すことができるからだと思われる。後者の観点からすると、本書で扱う大礼服は特殊な衣服であり、また現在では使われていないため、分析する意味がないように見えるかもしれない。だが、明治五年（一八七二）十一月十二日に洋式大礼服が制定されたことから、現在では十一月十二日は「洋服記念日」となっている。洋式の文官大礼服および非役有位大礼服と、小礼服（燕尾服）が制定されたことにより、国家の礼服は和装から洋装へ大きく変わった。洋服は国家の官僚が着るようになり、長い時間をかけて民間にも広がっていく。

近代日本における洋装の発展という視点に立てば、大礼服の果たした役割は大きく、その意味を考えることは服飾史にとって有意義であるに違いない。服飾研究者の高橋晴子氏は、「制服の亜種ともいうべきフォーマルウエアがつねに厄介な問題をはらんでおり、したがって研究主題としても興味の多い領域である。やや乱暴に枝葉を切りとってしまえば、わが国の近代の男子服の推移は、フォーマルウエアを語ることによってほぼ尽きる」と断言している(1)。それでは大礼服について取り上げた研究はどのくらいあるのだろうか。まずは先行研究を確認し、それらが本書の趣旨と大きく異なることを明らかにする。

大礼服について最初に言及したのは河鰭実英氏の「明治以降の礼服」であり、文官大礼服、非役有位大礼服、有爵者大礼服、宮内官大礼服に関し『官報』に記載された情報を紹介している(2)。河鰭氏が中心となって昭和女子大学被服学研究室が編纂した『近代日本服装史』では、さらに宮内省の各種礼服類を加えている(3)。また同研究室で服飾研究をおこなった村井不二子氏は、大礼服や制服類の帽子や上衣がどのような組み合わせから成っているかを分析した(4)。そして『法令全書』と『官報』に記載された大礼服や各種制服類を時系列で示したのが、太田臨一郎『日本服制史』である(5)。これら衣服を列挙して紹介する手法は、戦前期の江馬務氏による服飾史研究を踏襲したものといえる。これに対して筆者は前著『明治国家の服制と華族』で、大礼服や制服を列挙するのではなく、近代日本の洋装化の過程を明らかにし[6]、また明治国家の華族との関係から服制を検討した[7]。

　そこでは、国家の服制に洋服を取り入れたのには従来の身分制度を払拭する意図があったことや、洋服・散髪・脱刀に対する不満への対処について考察し、さらに立憲制に向けて栄典制度とともに服制が整備されていく過程を論じた。その傍証史料には、『法令全書』や『官報』だけでなく、それらの公布前に政府内で作成された公文書や、官僚や政治家の個人文書類をふんだんに利用した。それにもかかわらず、いまだに前掲の『近代日本服装史』や『日本服制史』に甘んじる服飾研究者が多いのは残念である。

　近年刊行された増田美子編『日本衣服史』と『日本服飾史』なども例外ではなく[8]、昭和五十年代で時がとまった研究成果といえる。両書から新しい服飾史の方法を学ぶことは難しいといわざるを得ない。服飾史とはいいながら、筆者のような日本史専門の研究成果をまったく把握していないのは、『日本衣服史』と『日本服飾史』で服装以外の日本史に関する文献をほとんど引用していないことでも、それは明白である。

　また国家の服制の研究でいえば、森田登代子氏が科研費を用いて明治天皇の洋装化について報告しているが[9]、それ以前に筆者が発表した「明治天皇の服制と天皇像」などの成果についてはまったく触れておらず[10]、先行研究がなかったような書き方をしている。同じく植木淑子氏は昭憲皇太后の洋装化について論文を発表したが[11]、筆者が皇后を含めた同時代の女性の洋装化について検討した成果を見ていない[12]。先行研究を無視してはならないという、日本史研究者の姿勢ができていないといわざるを得ない。

　なぜ、そのような研究姿勢になってしまうかといえば、文学部日本史学専攻や史学科の出身者のような歴史を考察する上での基本ができていないためであろう。また一方で模範となるべき文学部日本史学専攻や史学科の出身者に服飾を歴史の題材として選ぶ者が少ないということが、服飾研究者の誤った手法を助長しているといえる。

　筆者は某学会で被服学、服飾学、生活科学、美学の服飾研究者と接する機会が少なくなかったが、そうした研究者は日本史全般ではなく、服飾史だけにしか興味がないのではないかと思わざるを得なかった。なぜなら、服の話題から少しでもそれてしまうと、まったく議論についていけないという歴史認識の弱さを感じたのである。[13] 同時代の政治や社会背景が理解できていない服飾史は、読んでも面白くない。服飾史の最大の欠点は、制服や服装のみに注目した歴史であるため、それらをつくり出した人物や、当時の人々がそれらとどのように接していたのかが見て取れないことである。「歴史は人々がつくり出すもの」という、日本史の大前提を失っている。ここに本来面白い歴史研究の素材である服飾史が、文学部の日本史学専攻や史学科の学生につまらないテーマであると思われる要因が隠されているような気がする。

これまでも筆者は、国家の服制を論じる際に必ず人物に注目し、右で指摘した点に留意しながら執筆してきた。小山直子氏の紋付羽織袴に関する論考では「衆議院委員会議事録」を利用するなどして、古手の服飾史研究者との差異が示されている。そのなかで小山氏は「日本服飾史の史料とは《ママ》取り上げてこなかったものとして、法令が発布される直前の政府内の審議内容を示した行政文書も利用した[14]」と、あたかも氏が最初であるかのように述べているが、これはすでに筆者が実践してきたことである。[15]

また本書の刊行直前には小山氏の『フロックコートと羽織袴』が刊行されたが、論文註に掲げている政治史の先行研究や政治家の史料を実際に見ていないと断言できる。[16] 家政学出身の服飾研究者が政治史を蔑ろにし、杜撰な研究をしているといわれても文句はいえないだろう。さらに小山氏は「アジア歴史資料センター」の公文書の画像を利用して書いているが、インターネット利用に加えて必ず現物史料を確認すべきであろう。「原典にあたる」は、文学部日本史学専攻や史学科の一年生が学ぶ基本である。インターネットでは画像が公開されていない史料が多く存在しており、重要な史料を見落としてしまう危険性が少なくない。仮にインターネットで公開されていなかったら、各機関に足を運んで公文書の原史料を閲覧したであろうか。実際、小山氏は本来見るべき多くの史料を見逃している。

本書では、従来の筆者の著作物と同じく、官僚や政治家が記した日記や関係文書の刊本史料や、国立国会図書館憲政資料室で所蔵する未活字の私文書をはじめ、国立公文書館や宮内庁書陵部宮内公文書館の公文書などを活用する。これらも日本近代史の研究者の間では当たり前のことではあるが、被服学、服飾学、生活科学、美学の服飾史研究者で利用する人は皆無に等しい。そうした服飾研究者では描くことのできない大礼服の歴史について、日本史の専門的な立場から論じる。

三　本書の構成

本書を読めば、明治政府によって創出された大礼服とはなにであったのか、大礼服制の制定および改正、そして制度が廃止されるまでの流れが理解できるだろう。そうはいうものの、筆者が大礼服制について書くのは、本書がはじめてではない。そのため読者のなかには、第一章と第二章とが従来の拙稿および拙著の焼き直しではないかと感じる人もいるだろう。そこで両章の内容について、最初に断っておきたい。大礼服制を論じる本書にとって、その中心となる文官大礼服制は重要であり、それがどのようにして制定されたのか、なぜ改正を必要としたのかなどの認識は欠かすことができない。

明治五年（一八七二）の文官大礼服制の制定から、同十九年の改正過程については、これまでも拙稿および拙著で論じてきた。[17]だが、読者がそれらをすべて読んでいるとも限らず、仮に読まれていたとしても、大礼服制の制定および改正過程にまったく触れないというのは不親切である。そこで制定と改正については、前著作では取り上げなかった史料や、その後に発見した史料を使いながら、内容の重複を極力避けるように心がけている。

拙著『洋服・散髪・脱刀―服制の明治維新―』は、近代日本の洋装化という観点から大礼服制を扱った。同じく

『明治国家の服制と華族』では、華族と官僚の序列体系の再編という観点から大礼服制を考察した。それらに対して本書では、近代国家によって創出された大礼服とはなにであったのかという素朴な疑問に対し、当時の人々の服装観から検討する。その着用の権利を得た華族や官僚たちと、必ずしも権利を有さない多くの国民との異なる立場を交錯させる。大礼服はなぜ、誰もが権威と魅力を感じるようになったのか。そうした服装観は、着用の権利を有する者とない者とでは違いがあるのか、権利を持つ者のなかではどうか。このような疑問点は素朴ながらも、大礼服制を検討する上で重要な意味を持つと考えられる。

服制を単なる制度の紹介や変遷でおわらせてしまっては、従来の無味乾燥な服飾史と大差はない。その大礼服に袖を通す人々や、袖を通す機会の得られない人々に注目することにより、血の通った大礼服の姿を見ることができるのである。その意味で文官大礼服制の制定および改正過程は、研究対象としてはこれまでの拙著と重なるが、分析視角が異なるのである。またこれまで紙幅の関係から十分に触れることのできなかった、大礼服制の詳細にも目配りして筆を進めている。大礼服以外にも関心をお持ちの方には、ほかの拙著を併読されることをお勧めしたい。

本書の構成は次のとおりである。第一章では洋式の大礼服制がどのようにして制定されたか、第二章では明治十年代後半に大礼服が改正されるまでの過程を描く。そこでは各種大礼服制の基本事項や諸問題を取り上げ、当時の官僚たちが洋式大礼服をどのように受容したのかを検討する。さらに従来の服飾史研究では見過ごされてきた大礼服と洋服店の関係についても取り上げる。第三章では宮内省の各種礼服類が整備される過程を考察し、新たに見つかった史料を用いて礼服類や用途の差異、管理方法などを明らかにする。また各種礼服と同時期に整備された勲章制度および宮中席次にも視野を広げ、大礼服を着用して参内する意味を考える。

第四章では官僚や代議士の大礼服に対する服装観を検討する。衆議院に集まる代議士たちや大礼服を調製できなかった下級官員である判任官たちは礼服になにを求めたのか、一方で貴族院議員や官僚たちは大礼服をどのように捉えていたのかという、異なる両者の服装観に迫る。『官報』で示された大礼服のデザイン画と、洋服店で各自が仕立てた大礼服とに相違はなかったのかについては、当時の大衆総合雑誌である『太陽』に掲載された写真を中心に分析する。第五章では明治時代に創出された国葬と喪服を取り上げる。国家が喪服として定める大礼服と、それを着る権利のない者たちの主張を検討する。そこでは、従来研究が進んでいない皇室喪服規程の制定に至る喪服制度や宮中喪の基本事項を明らかにした。

第六章では大正時代に大礼服制の簡略化を求める運動が起こるが、その実態を帝国議会の議論や宮内省の服制の変化から考える。また、大礼服を着る権利を持つ華族や官僚たちの服装観に変化が生じたのか否かについても検討する。第七章では昭和大礼によって宮内官大礼服が簡略化される一方で、文官大礼服の改正と非役有位大礼服の廃止が実現しなかった理由を、大礼服の着用を求める官僚や政治家の服装観から明らかにした。第八章では日中戦争から太平洋戦争という国家の非常事態を迎えて、大礼服制はどのような変化を迫られたのか、礼服と通常勤務に着る平常服の境界線はなくなってしまうのかという、戦時期の礼服について考証する。

そして第九章では、終戦後に大礼服は法的根拠を喪失するが、それにより宮中儀礼や参内するときの礼服はいかなる変化を遂げたのか、その変化には大礼服を着る権利のない者の要望が関係しているのかを考える。また法的根拠を喪失した大礼服は、時間が経つにつれどのような存在となったのかを指摘する。

このように本書は、明治五年にはじめて制定された文官大礼服および非役有位大礼服を中心に各種大礼服を素材とし、それを着る華族や官僚と、必ずしも着る権利のない代議士・下級官員・有位有勲者との関係から服制の実態に迫るものである。また従来ほとんど知られてこなかった各種大礼服の基本的な服制の内容はもとより、写真や絵図なども紹介している。その意図は、歴史研究者をはじめ、多くの一般読者に大礼服の存在を知ってもらいたいからにほかならない。また、服飾研究者や博物館学芸員、大礼服を素材の対象とする漫画家や美術家の参考文献となればと思っている。それでは、近代国家によって創出された華麗なる大礼服の歴史を紐解くことにしよう。

註

(1) 高橋晴子『近代日本の身装文化―「身体と装い」の文化変容―』三元社、二〇〇五年十二月、二二二頁。
(2) 河鰭実英「明治以降の礼服」(『被服文化』五七、一九五九年六月)。
(3) 昭和女子大学被服学研究室編『近代日本服装史』近代文化研究所、一九七一年五月。
(4) 村井不二子「明治官公吏の服制概要」(『学苑』二七一、一九六二年七月)。
(5) 太田臨一郎『日本服制史』中、文化出版局、一九八九年三月。
(6) 拙著『洋服・散髪・脱刀―服制の明治維新―』講談社選書メチエ、二〇一〇年四月。
(7) 拙著『明治国家の服制と華族』吉川弘文館、二〇一二年十二月。
(8) 増田美子編『日本衣服史』(吉川弘文館、二〇一〇年二月)、同編『日本服飾史』(東京堂出版、二〇一三年四月)など、依然として歴史専門家の研究成果を無視して分析する傾向がある。
(9) 森田登代子「明治天皇の洋装化―宮内庁書陵部所蔵『御用度録』を参考に―」(『日本家政学会誌』六六―七、二〇一五年七月)は、拙稿「明治天皇の服制と天皇像―「見せる天皇」と「見せない天皇」―」(『明治聖徳記念学会紀要』四八、二〇一一年十一月)をはじめ、明治天皇に関する佐々木克氏や伊藤之雄氏などの研究も無視している。近年公開された宮内庁書陵部宮内公文書館所蔵の「御用度録」を使っているとはいえ、その内容は太田臨一郎『日本服制史』や、明治神宮の図録解説などで明らかにされている成果と大差はない。単に明治天皇の服装について時系列で解説しているだけである。若手の服飾史研究者は反面教師として見るべきであり、決してこのような杜撰な研究姿勢を見習ってはならない。
(10) 拙稿「岩倉遣欧使節と文官大礼服について」(『風俗史学』一九、二〇〇二年二月)、同「明治前期文官大礼服制の実像」(『明治維新史研究』二、二〇〇五年十二月)、前掲『洋服・散髪・脱刀』、前掲「明治天皇の服制と天皇像」。
(11) 植木淑子「昭憲皇太后と洋装」(『明治聖徳記念学会紀要』五〇、二〇一三年十一月)。
(12) 拙稿「鹿鳴館時代の女子華族と洋装化」(『風俗史学』三七、二〇〇七年三月)。
(13) 拙稿「日本近代服飾史の課題と展望」(『風俗史学』四四、二〇一二年一月)参照。
(14) 小山直子「明治後期から大正期における紋付羽織袴の社会的地位―衆議院委員会で審議された礼服問題―」(『風俗史学』五五、二〇一四年十一月)。

(15) この史料に関する問題点については、拙稿「近代日本の制服研究」(『中央史学』三九、二〇一六年三月)でも指摘した。

(16) 小山直子『フロックコートと羽織袴—礼装規範の形成と近代日本—』(勁草書房、二〇一六年三月)の七〇頁では、「新政府発足時の公家と武家諸侯、そして下級藩士という合議体制の中で、何を以て国家的行事の場における服装と定めるのかの解決策が見出せずいた「政府内の事情」が、一つの解決策として洋服を選ばせたという見方も指摘されている」とし、その学説の出典を三一九頁で「松尾正人氏は「宮廷勢力と明治維新」(明治維新史学会編『幕末勢力と明治維新』吉川弘文館、平成四年四月)において「当期の政治運営に公家や諸侯の意向が強く維新官僚が苦慮した」と指摘し、「この問題は服制制定についても例外ではない」と述べている」と記している。

だが、右の学説を主張したのは筆者の拙稿「明治太政官制形成期の服制論議」(『日本歴史』六九八、二〇〇六年七月)であり、維新政権の宮廷勢力について検討する松尾氏の論文に洋服の問題は出てこない。小山氏が拙稿を誤読し、松尾氏の論文を読んでいない証拠は、存在しない「宮廷勢力と明治維新」という論題を記していることから明らかである。正しくは「明治初年の宮廷勢力と維新政権」である。

同じように一一八頁では「明治二十年の新年朝拝の儀において皇后が初めて大礼服(マント・ド・クール)で現れ」の出典として、「伊藤博文関係文書研究会編『伊藤博文関係文書五』塙書房、一九七七年。一月一日日記」を挙げている。同書の何頁に「伊藤博文日記」明治二十年一月一日条が掲載されているのか。同書が日記ではなく書翰集であることは、一度でも開いて見たことがあればわかるはずである。

政治史や社会史の勉強が足りない『フロックコートと羽織袴—礼装規範の形成と近代日本—』は博士学位論文というが、先行研究や引用史料をきちんと見ていないところが散見され、内容的にも誤っているところが確認される。また一般向けに書いた拙著『洋服・散髪・脱刀』だけを取り上げ、専門書である拙著『明治国家の服制と華族』を読んでいないのも問題ではないか。仮に同書を参考にする場合は、十分な注意が必要である。

(17) 前掲「岩倉遣欧使節と文官大礼服について」、前掲「明治前期文官大礼服制の実像」、前掲『洋服・散髪・脱刀』、前掲『明治国家の服制と華族』。

第一章　近代洋式大礼服制の創出

明治政府が制定した洋式大礼服はいかにして生まれたのか。ここでは大礼服の制定過程を、太政官と岩倉使節団との間で交わされた公信や私信を使いながら検討する。また、制定された各種大礼服制の基本的な内容について述べる。そして洋式の大礼服および小礼服に対する当時の政府官員たちの意識と、彼らの洋装姿を外国人など他者がどのように見ていたかを明らかにする。

一　岩倉使節団と洋式大礼服

廃藩置県の断行から二か月後の明治四年（一八七一）九月十二日、オーストリア外交官のアレクサンダー・ヒューブナーは、太政大臣の三条実美邸を訪れたときのことを、「三条は宮廷に参上するときの正装姿で我々を迎えた。豪華な刺繡を施した絹の着物で、袖は大きく硬く、鳥の翼に似ていた。正装用の烏帽子を被っていたが、頭は剃った部分を覆うだけで、後ろで高くなっていた」と記している（一）。三条が着ていたのは、烏帽子をかぶっているから、衣冠ではなく小直衣だと思われる。我が国特有の装束は、外国人にとって大変珍しいものであった。それはヒューブナーが、三条の装束について豪華であるといいつつ「鳥の翼」と書き残していることからうかがえる。

この頃、政府内では岩倉使節団の派遣が予定されていた。岩倉使節団は、幕末に日本と条約を結んだ欧米諸国の国家元首に国書を捧呈する儀礼である聘問の礼をおこない、あわせて条約改正の予備交渉と、各国の文化および制度の調査をおこなうことを目的とした。明治四年十一月四日、宮中で岩倉使節団の「遣外国使祭及発遣式」が挙行された。神殿に太政大臣、参議、諸省卿および大輔が着座すると、岩倉大使以下の使節団員が入り、皇祖神に出発の報告とともに長旅の安全を祈願した。神殿での儀式をおえると賢所を参拝する。使節団の理事官として参拝した佐佐木高行は、「式場、礼式ニ習ハサル人々多ク、衣冠等ニテノ体裁、甚ダ以テ見苦敷向モ不少、自分モ其一人ナリ、流石立派ナルハ岩倉公ナリ、其ノ挙動宜敷、膝行ノ進退尤モ妙ニテ、孰レモ嗟嘆ス」(2)と、感想を述べている。

公家出身の三条や岩倉具視は衣冠の着用に慣れていたが、佐佐木のような士族出身者は着用をはじめ、式場での進退所作に困っている。とくに膝をついたまま前に進んだり、後ろに戻る「膝行」は大変だったようだが、その所作も岩倉は見事であったという。九月四日には天皇の「服制変革内勅」が示され、従来の衣冠に代わる服制改革が求められた。だが、岩倉使節団の出発前に新たな礼服を制定することはできなかった。そこで大使の岩倉、副使の木戸孝允、大久保利通、伊藤博文、山口尚芳らが着用する小直衣、狩衣、直垂などの装束が用意されている(3)。だが、出発直前に木戸や大久保らは横浜で洋服を購入しており、明治四年十一月十二日に出発してから直垂や羽織袴を着用しているのは岩倉だけであった。ほかの使節団員はいずれもフロックコートなどの洋服を着ていた(4)。

岩倉使節団は、天皇が派遣する使節であるから、大統領や国王との謁見には最上の礼服である衣冠束帯を着用するのが妥当であった。ところが、当時イギリスに留学中の尾崎三良の回想によれば、衣冠束帯は後ろに八尺も九尺も裾を引くため、使節が現地の公式儀礼に臨む際には略式の狩衣を用いることになったという。そして衣袍の色は、衣冠と同じく従四位以上が緋色、正五位以下が黒色と決まっていたが、このとき岩倉が正二位、木戸と大久保が従三位、伊藤が従四位、山口が正五位、塩田三郎や福地源一郎が従五位であった。副使のなかで山口だけが黒色を着るのは体裁が悪いため、彼の位階を従四位へと引き上げたという(5)。

だが、尾崎の回想には誤りがある。明治五年正月二十五日（一八七二年三月四日）にアメリカ大統領グラントに謁見した際には、岩倉大使が小直衣、木戸ら副使は狩衣、書記官は直垂を着ており、位階による衣袍の色違いだけでなく、肩書きに応じて服装に差異を設けていた。そうであるからこそ、狩衣を着る副使のなかで山口だけが黒色を着るのは不体裁と考え、赤色を着られるよう彼の位階を引き上げたわけである。右の装束をつけた大使・副使・書記官らは、ワシントンのホワイトハウスに臨んだが、「木沓ニテ石堦ヲ上ルニカツ〳〵ト異様ノ音ヲ発シ、其他常ニ慣レサル衣服トテ其進退動作ノ不便ハ云フマテモナク、局外者ヨリ見ルトキハ殆トポンチ絵ノ如ク感シラレ」たという(6)。装束の着用に慣れていないため所作に不便なことに加え、木沓で石の階段を静かに歩くのは容易ではなかった。

当時留学生として同行した牧野伸顕は、「ホテルから正式の訪問に出掛けられる時などは、ホテルの周囲は見物だかりで大変な人出であった。まるで見世物か何かのようで、それにまた万事開国主義で行こうという折でもあり、これではいけないからというので、使節が米国へ滞在中に大礼服を制定する議が起り、本国に掛け合って、これは使節が米国にいる内に間に合わすことは出来なかったが、欧州に行ってからは皆大礼服だった」と回想する(7)。

尾崎と牧野の回想からは、現地で衣冠姿が不都合であることに気がつき、急ぎ慌てて太政官正院に通達して、それに代わる洋式大礼服を制定したという流れになる。だが、尾崎と牧野の回想は後年の記述であり、その内容を鵜呑みにするわけにはいかない。尾崎は、岩倉使節がグラントに謁見した直後、条約改正交渉を心配して急いでイギリスからアメリカに渡航してきた。彼の記述は実体験ではなく、現地で岩倉や木戸などから聞いた話が主である。また牧野は当時留学生とはいえ満十歳であり、「万事開国主義」を痛感していたとは思えない。多分に時間が経過して、洋式大礼服を着るのが当然となった時代から、過去を振り返っている可能性が高い。

岩倉はともかく、木戸や大久保が小直衣や狩衣姿を不都合であると感じたのは間違いないだろう。だが、彼らは出発前から洋服を着ていたので、現地でようやくその点に気づいたとは思えない。そこが尾崎と牧野の回想が、多少事実と異なるのではないかと感じるところである。木戸や大久保は出発前から衣冠には否定的であったが、それに代わる礼服制度を早急に制定することもできないでいた。そこで岩倉使節団が欧米諸国の諸制度を調査し、彼らの帰国後に礼服制度の制定を図ろうとしていたのである。したがって、岩倉は帰国までは小直衣や狩衣といった礼服を変更すべきではないと主張していた。

実際、岩倉使節団が出発すると、太政官正院の立法諮問機関である左院で洋式大礼服制の調査が進められた。調査を担当したのは、明治五年正月一日に左院議長の後藤象二郎から依頼を受けた左院大議生の宮島誠一郎である。宮島は、法制整備の助言を得るため招聘したフランス人のジ・ブスケにも相談し、天皇の御正服や正剣の制度とともに大礼服制の調査をした。そこに三月二十四日、大久保と伊藤の両副使が条約改正交渉に必要となる委任状を取りにアメリカから一時帰国した。両者は、太政官正院に対して条約改正の予備交渉から正式交渉に変更することと、衣冠に代わる洋式大礼服の制定を求めた。条約改正交渉に際して、相手の王室と同様の洋式礼服を着ていたほうが有利であると感じたのかもしれない。出発時の方針を簡単に変更すべきでないとの異論も出たが、最終的には大久保の説得により両件ともに認められた。

これにより五月十三日に大久保は、宮島が作成した大礼服の図面を含む調査内容を受け取り、十七日に伊藤とともにアメリカへ向け再出発した。三条は五月十五日付の岩倉宛の書翰で「衣服制度之事ハ発途前御高論も在之是非御帰朝迄ハ変革不仕様御約申上置候得共」、「服制も相定不申テハ不体裁も在之段々論議も在之候ニ付、先以取調申付居候」などと伝えている。(8) 岩倉の意向もあり、礼服制度は使節団が帰国するまで変更しない方針であったが、時勢の進歩に鑑みて新式服制の調査を進めているという。六月十七日（七月二十二日）、大久保および伊藤がワシントンに到着すると、大礼服の調査報告は岩倉使節団の随員である林董に渡される。林は岩倉使節団に先行してイギリスに渡航し、現地の洋服店と大礼服の調製について相談を重ねた。

相談の内容は大礼服に佩用する正剣にもおよび、林は正剣鍔に鳳凰の頭部を飾りにつけたいと伝えるのに苦労したという。正剣の作製は刀剣店に依頼したのだろうが、林が「アヤフヤの形を図して之を模形として作らした」ため、「鳳凰とも、鶏とも付かず、一種妙な鳥の頭」になってしまったと語っている。[9] 明治五年制の正剣は、大久保一翁が佩用したものや、亀岡市文化資料館および広島県立文書館所蔵のものから確認できるが[10]、林の供述どおり珍妙なかたちをしている。

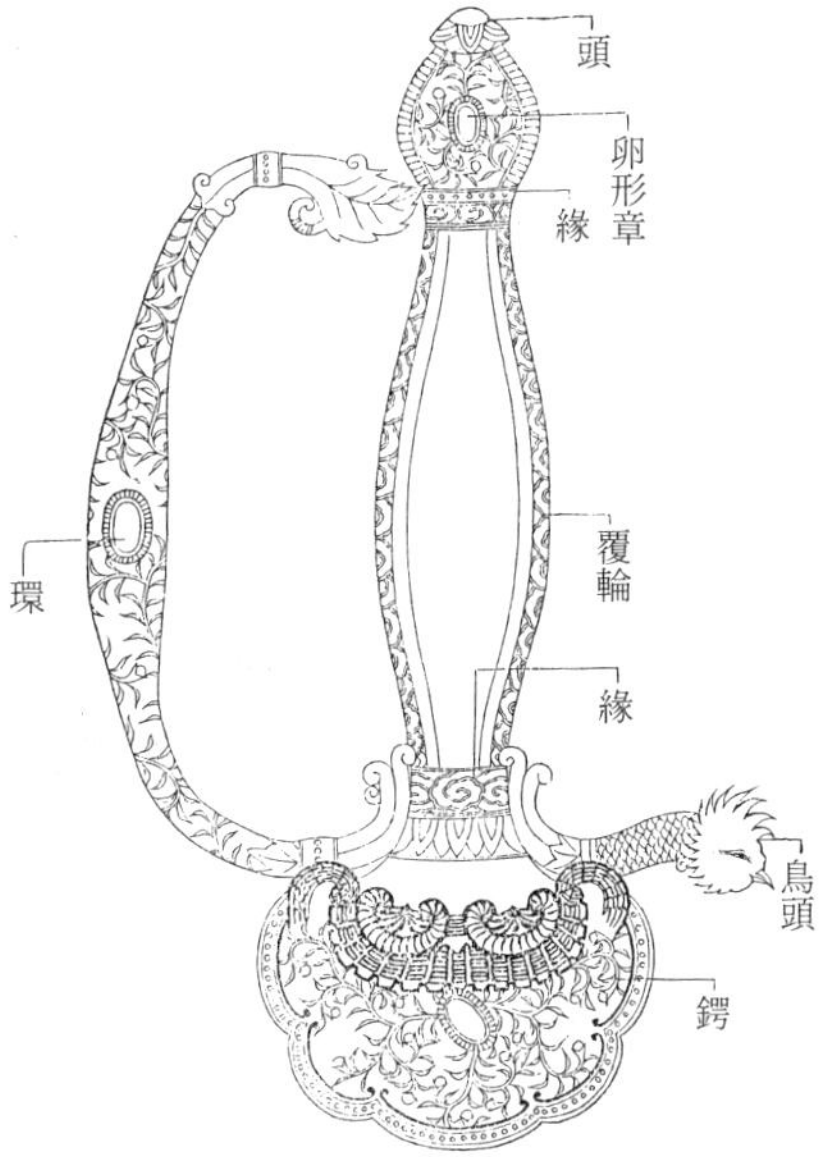

1　明治5年の大礼服正剣　『法令全書』明治6年太政官布告第281号

林がイギリスで洋服店と相談していた頃、欧州には左院から派遣された視察団が滞在していた。明治五年三月十九日（四月二十六日）にパリに到着した左院視察団のうち、少議官小室信夫と少議生安川繁成がイギリス、中議官西岡逾明・少議官高崎正風・中議生鈴木貫一がフランスで議会制度の調査をおこなった。[11] 西岡らが林と会ったかは定かではないが、彼らがフランスで議会制度とは別におこなった服制調査の結果は、フランス駐箚の中弁務使鮫島尚信を介して岩倉使節団に渡されている。七月十四日（八月十七日）、ロンドンに到着した岩倉使節団は、林の現地調査と、鮫島が携えたフランスにおける左院視察団の調査報告を得たのである。本来この報告書は帰国して宮島に渡され、彼の机上調査を補完するためのものであった。岩倉使節団の帰国後に、使節団の調査結果も加え、大礼服制の制定公布を予定していたのだ。

ところが、岩倉使節団がワシントン滞在中に予定を変更したため、予定していた順番が狂ってしまった。岩倉使節団には林と鮫島から異なる報告が届き、その処理を迫られた。太政官左院では制定公布に向けて宮島が大礼服制の調整を図っていたため、公布を最終決定する正院に対して確認および報告をしなければならなかった。その確認および報告には、船便による公信が用いられた。七月十八日（八月二十一日）に岩倉使節団が発信した「大使公信」第十二号では、「大久保伊藤両副使発程之節、御渡相成候絵図面ヲ、欧洲之礼服ト比較イタシ候処、裁縫ニ聊カ異同之処モ有之候間、緊要之模様標線等ハ絵図面ニ従ヒ、其余瑣細之処ハ欧風ニ倣ヒテ改正イタシ候」などと、宮島から渡された図面を欧州の大礼服に倣って多少変更したことを伝えている。

それから一月後の八月二十二日（九月二十四日）の「大使公信」第十五号では、「新制大小礼服之義、先便ニモ粗申進シ候通、政府ヨリ御下ケノ様式絵図ヲ以テ、西洋一般之礼服ト照シ合候所、其裁縫ニ聊カ異同有之候間、仏国之服制ニ倣ヒ些シク改正イタシ、即チ別紙絵図面之通ニ相成」とある。前の公信で伝えたとおり、宮島が作成した図面を欧州の大礼服と比較したところ、多少縫製の仕方に相違があるため、フランスの服制に倣って変更したという。

なぜ、二度にわたって同じような内容の公信を発信したかであるが、岩倉がロンドンに到着した時点では二つの調査報告を処理できなかったと思われる。そこで欧州の大礼服制のように刺繡を大型なものに変え、約一月を経てフランス式の開襟式に変更すると伝えたのではなかったか。それが七月の公信では「欧風」と曖昧にしたのに対し、八月の公信では「仏国之服制」と明示されている理由だと考えられる。いずれにせよ、イギリスやフランスの大礼服は、この後に岩倉使節団が現地で調製した大礼服のように、上衣前章、襟章、袖章の刺繡が大型であった。両者の大きな違いは、イギリスが詰襟式、フランスが開襟式だった点である。

二度の公信を受け取った太政官正院は、九月二十四日の「本朝公信」第三十四号で「欧風」に変更することを承知し、さらに十月十七日の「本朝公信」第三十六号では「仏国之服制ヲ本トシ、些少之御改正相成、英国ハシメ各国帝王謁見之諸礼典ニモ御用相成候趣ヲ以テ、絵図面御差越シ承知候」などと報じている。岩倉使節から送付されたフランス服制に倣った改正点を図面で確認し、それにもとづいて調製した大礼服を、イギリスの王室をはじめ各国の謁見式に用いることにした。

岩倉使節団の大礼服が現地の洋服店でいつ完成したのかは定かではない。大礼服の調製には約一月を要するため、おそらく九月二十四日の公信で変更の了解を得ると、すぐに調製作業を開始したのではないか。そして十月十七日の公信を受け取った直後か、その直前には完成していたと思われる。岩倉使節は、ヴィクトリア女王との謁見を控えており、早急に大礼服を準備する必要があった。十一月五日（十二月五日）に岩倉大使や副使は、洋式の文官大礼服に正剣を佩用し、ヴィクトリア女王に対面している。その一週間後の十二日に太政官は、文官大礼服および非役有位大礼服と、小礼服（燕尾服）を制定し、それらの服制図を公布した。

岩倉使節団の礼服の変更は海外の新聞記事でも報じられた。その紙面にも掲載された岩倉使節団の大礼服や、当時撮影された大礼服と、国内で公布された文官大礼服の図面を比較すると、両者には大きな相違がある。太政官と岩倉使節団は、公信を利用してお互いに大礼服の変更点を確認していた。それにもかかわらず、大礼服の構図に大きな違いが生じた理由とはなにであったのか。明治五年十月十日付で三条が岩倉に宛てた書翰からその経緯がうかがえる。

三条は、岩倉に「先日電信を以御掛合有之候服制之義疾く布告も可相成筈之処、何分於本朝は十分之調も難整、其雛形も度々申付候得共制作甚見苦、所詮儀式之席に着用相成候様之物出来不仕、漸此節先以絵図を上木致し、出来次第布告之手順に相成、当夏以来大久保帰朝之節申入候通にも相運兼、不都合之次第当惑仕候、自余差向申上候程之義も無之」と伝えている。[12] 三条は、岩倉使節からの公信によって服制を公布するつもりでいたが、国内では服制図どお

2　岩倉使節団の大礼服（大久保利通）『大久保利通文書』9（マツノ書店，2005年）

3　岩倉使節団の大礼服（福地源一郎〈右〉と田中光顕）　澤本健三編『伯爵田中青山』（田中伯伝記刊行会，1929年）

りに十分な調製ができないため、変更点とは異なる公布図のような結果になったと弁明する。

　国内の洋服店の技術は未熟で、金モールを使った大型の刺繍や、服装を立体的に見せる開襟の仕立ては困難と判断された。そこで小型の刺繍に平面的な詰襟という、大久保に手渡した宮島の当初の図面に戻したのである。宮島はフランス人のジ・ブスケに相談していながら、なぜ大型の刺繍やフランスの開襟式の服制図面を作成しなかったのか、その答えはここに見出せるであろう。宮島は、岩倉使節団からの公信を待たずとも、ジ・ブスケからフランスの服制について知ることはできたはずである。だが、そうしなかったところからすると、彼は現実的に国内で調製可能な図面を作成していたのだろう。

　三条からの書翰を欧州で受け取った岩倉も、彼を責めることはできなかった。そもそも急な変更を申し入れたのは岩倉である。仮に変更せず、帰国後に宮島の服制案をもとに欧州の調査結果を加味していたとすれば、大礼服に違いは生じなかった。ではなぜ、岩倉使節団は出発前に決めた無難な流れを放棄し、旅行中に暴挙ともいえる予定変更に踏み切ったのだろうか。それは大礼服制の制定を求める動きとともに浮上した条約改正交渉にあったと思われる。交渉を有利に展開するために、諸外国が外交儀礼に用いるのと同じ洋式礼服を着たほうがよいと判断したことは想像に難くない。

衣冠などの礼服は、外国人から珍奇な眼差しを向けられはしても、権威や魅力を感じさせなかった。岩倉使節団でも、衣冠に権威や魅力を感じない多数派が、洋式大礼服の制定および公布に拍車をかけたのである。それでは洋式大礼服は、彼らの思いどおり外国人を含め多くの人々にとって権威と魅力あるものになったのであろうか。この点は後述するが、その前に次節では制定された洋式大礼服の基本的な内容について見ることとする。

二　洋式大礼服の制定

明治五年（一八七二）十一月十二日、文官大礼服および非役有位大礼服と、小礼服（燕尾服）が制定された。文官大礼服は勅任官・奏任官・判任官によって区分し、非役有位大礼服は従四位以上と正五位以下で分けた。勅任文官大礼服は、両襟・両胸・両袖・両腰に五七桐《ごしちのきり》紋様に唐草の刺繡が縫いこまれているのが特徴であり、豪華絢爛たる威風が見て取れる。奏任文官大礼服は五三桐《ごさんのきり》を使用し、大きさは五七桐よりも小さく、周囲の唐草の量も少ない。そして両胸の桐唐草の刺繡がまったくないところが勅任文官との相違であり、その点から勅任文官大礼服に比べると見劣りするのは否めない。判任文官大礼服は、奏任文官と形は同じであるが、勅任と奏任が金モールなのに対し、銀モールで刺繡をしているのが大きな違いだ。また舟形の正帽は、側章の刺繡の差異に加えて、勅任官は白毛、奏任官は黒毛、判任官は毛無しと飾毛に違いがあった。チョッキとズボンも、勅任官は白羅紗、奏任官は鼠羅紗、判任官は紺羅紗と区別された。勅任官のズボンには巾一寸の雷紋線、奏任官と判任官には無地単線の側章をつけた(13)。

4　明治５年の大礼服　勅任官・正帽・釦　4〜8は『法令全書』明治５年太政官布告第 339 号

5　奏任官・正帽・釦

従四位以上が着る非役有位大礼服は、勅任文官大礼服の唐草を除いたものであり、上衣正面に五七桐紋刺繍が縫いこまれている（図6）。それに対して正五位以下が着る非役有位大礼服は、奏任文官大礼服の唐草を除いた刺繍は襟・袖・腰の五三桐紋に限られ、非常に地味な印象を与える（図7）。非役有位大礼服の正帽は、文官大礼服のように飾毛に差異はなく黒毛であった。なぜ制定段階で従四位以上と正五位以下とに差異を設けなかったのかはわからないが、白毛を用いる現任の勅任官と、それに相当する非役の四位以上との格差を明確にしようとしたものと考えられる。この推測は、明治四年七月の廃藩置県まで、政府内で士族とは考え方の違う華族が高位を占め、実務を担う士族が低位という矛盾した政治状況が課題となっていたことを見ても妥当であろう[14]。

そして史料上で小礼服または通常礼服と記されることが多い燕尾服は、中央に釦合わせのない開襟折襟の形状をしており、大礼服の金銀刺繍をすべて除き、黒の飾り釦を用いる。なお燕尾服には黒の帽帯を巻いた同色のシルクハットを被った。

五七桐と五三桐の違いは桐の花の枚数による。桐紋中央の花の枚数が七枚、左右の花の枚数が五枚なのが五七桐、同じく中央が五枚、左右が三枚なのが五三桐である。桐紋を文官および非役有位大礼服に取り入れた理由とはなにか。管見の限り、桐紋を採用した明確な根拠を示す史料は残されていない。桐紋の歴史を遡ると、皇室で用いる桐紋を臣下が使用した嚆矢は、後醍醐天皇から足利尊氏が桐紋を賜ったときといわれ、その後には後陽成天皇から豊臣秀吉が賜った太閤桐の例が確認できる。[15]両例から桐紋の使用は、天皇が最高の臣下と認めた証であることがわかる。西洋の大礼服には各国を象徴する草花や紋章などが採用されており、それらに相当する日本の標として桐紋は最適であったといえる。

6　非役有位四位以上

7　非役有位五位以下

8　小礼服（燕尾服）・シルクハット

桐紋が文官および非役有位大礼服に採用されたことにより、桐紋は政府官員に与える紋章であるとともに、日本をあらわす国の標になったと解釈することができる。現在でも内閣府の紋章として使われている桐紋は、諸外国に日本政府を示すものであるが、そうした使い方は明治五年に大礼服の模様に取り入れたことにはじまるのである。また五七桐が勅任官および四位以上の大礼服で使われているのは、単に日本を示すだけでなく最高の臣下に与えられる紋章という権威の意味が込められていることがわかる。

ただし、後述する皇族大礼服の菊紋とは異なり、文官大礼服や非役有位大礼服に用いる桐紋に関しては、明治十六年七月四日付の内務省の「桐章ノ儀ハ是迄何等御達等無之、右ハ一般社寺ニ於テ相用不苦儀ニ候哉」という伺いに対し、太政官は「桐章ノ儀ハ相用不苦儀ト可相心得」と指示しており[16]、社寺で用いることも可能であった。

明治五年に制定された文官大礼服の袖には、等級標条という階級を示す金銀線があった。基本的な内容がわからないと、第二章で述べる等級標条の問題点が理解できなくなるため、ここでは煩雑さに捉われず、その全容を紹介する。等級標条は、勅任官を示す五七桐が二個に唐草、その上下に雷紋の刺繍がある袖章を鋏む形でつけられる。幅一分の金線が上に一本・下に二本で一等官、上に一本・下に一本で二等官、下に一本のみで三等官を示し、各金線の間は八厘と定められている。雷紋のない奏任官の袖章の上に二本・下に二本で四等官、上に一本・下に二本で五等官、上に一本・下に一本で六等官、下に一本のみで七等官を示した。雷紋がなく銀刺繍の判任官は、袖章の上に銀線三本・下に四本で八等官、上に三本・下に三本で九等官、上に二本・下に三本で十等官、上に二本・下に二本で十一等官、上に一本・下に二本で十二等官、上に一本・下に一本で十三等官、下に一本のみで十四等官、上下とも線がないのを十五等官とした。無線の十六等官は袖章の桐二個、同じく十七等官は桐一個とし、両者とも唐草をなくすことでほかの官等との差異がつけられている。また等外官の等級は桐唐草の飾章がなく、袖に幅二分の白線四本で一等、三本で二等、二本で三等、一本で四等をあらわした（図10）。

大礼服の上衣刺繍と金銀線の差異で勅任、奏任、判任の違いを示し、それぞれの官に対応する等級を袖の線であらわしたのである。上下階級に厳格な陸海軍の将官、佐官、尉官といった差別化に似ている。ここには儀礼の場で階級

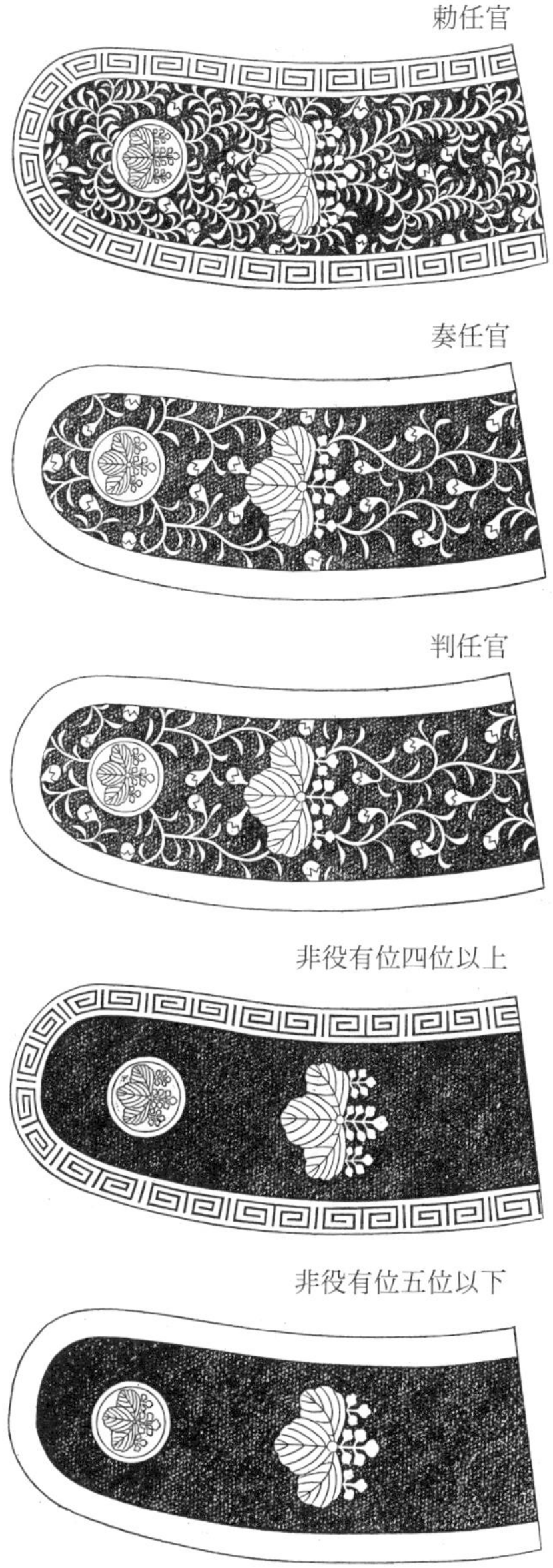

9　大礼服正帽の側章　勅任～非役有位五位以下　『法令全書』明治 5 年太政官布告第 339 号

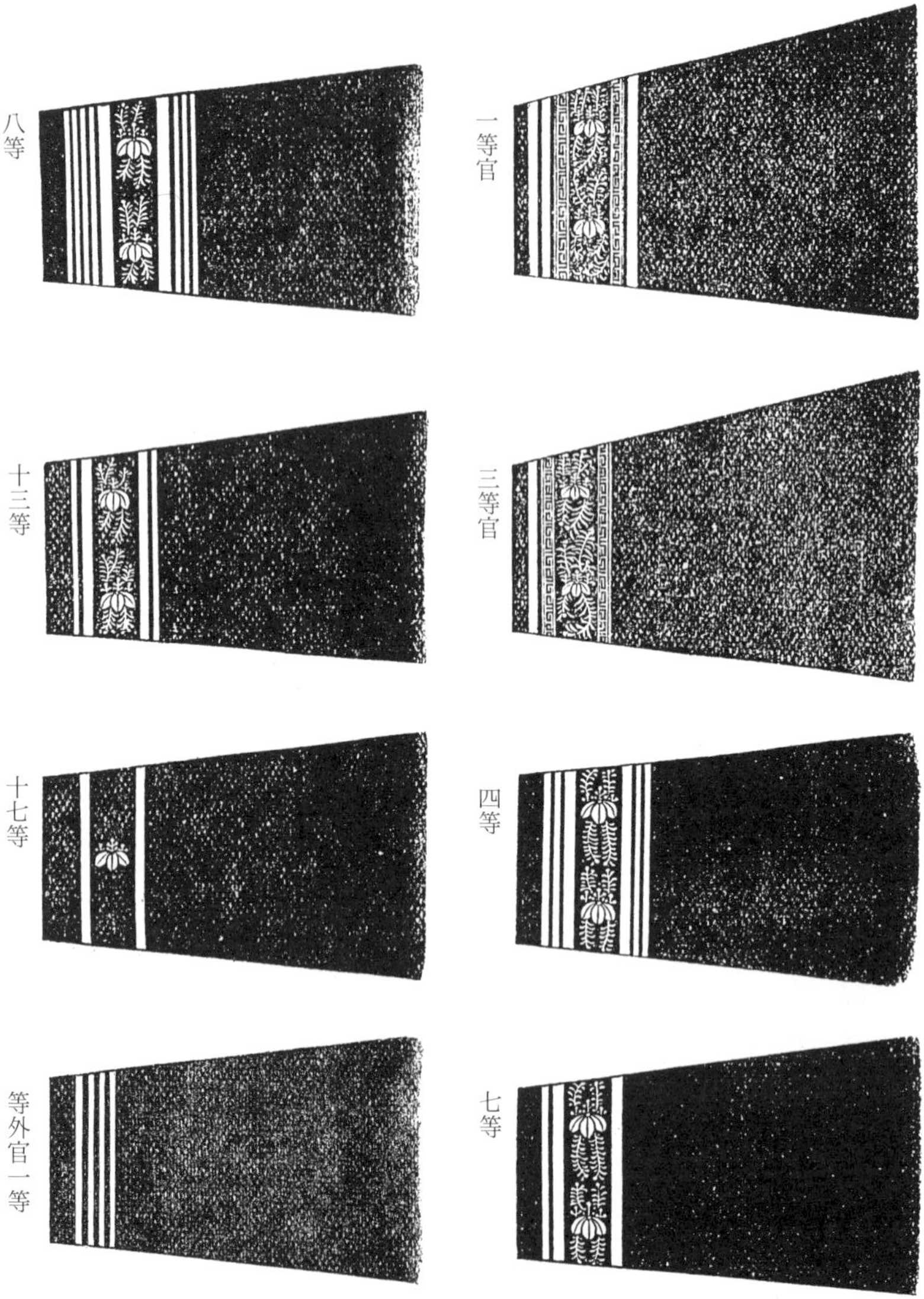

10　大礼服の等級標条　『法令全書』明治 5 年太政官布告第 339 号

を明確にしようとの意図があったに違いない。それは位階によって色が規定されていた衣冠に代わるものと位置づけられる。ただし、大礼服の着用者がこうした等級標条を決められた位置につけ、全十七等級の標条を覚えなければならなかった点には留意する必要がある。それゆえ、明治六年一月十三日の『東京日日新聞』では、全紙面を使って等級標条の正確な情報を報知している（図11）。

右のように大礼服の制定が報道されると、その着用に関して質問する者もすぐあらわれた。武家華族の加納久宜は、十一月二十日に東京府宛に大礼服および小礼服はどのような場合に着用するのか、また刀は佩用しなくてもよいのかと質問している。同月十七日に神奈川県から太政官史官宛に寄せられた伺いは、加納の質問に加え、官員ではない士族や平民は小礼服を着用するのか、という内容であった[17]。これらの疑問は、大礼服制を公布したものの、その着用日が明記されなかったことと、大礼服に佩用する正剣の制定公布が遅れたことから生じた。

そこで十一月二十九日に大礼服および燕尾服の着用日が公布された[18]。明治五年に太陽暦が採用され、同年十二月三日を明治六年一月一日とした際に国家の祝祭日も設けたのだが、それらの日が選ばれた。なかでも重要なのが、勅奏任官が新年の挨拶のため参内する新年朝拝、神武天皇の即位日である紀元節、今上天皇の誕生日である天長節である。これらは三大節と呼ばれ、昭和二年（一九二七）に明治時代の天長節が明治節として新設されると、四大節となった。また特筆すべきは大正天皇の誕生日は八月三十一日であったが、七月三十日に明治天皇が崩御したため[19]、大正元年に天長節はおこなわれなかった。喪が明けた翌二年の同日に挙行したところ、猛暑のなか大礼服を着るのは大変であった。よって大正三年（一九一四）から八月三十一日は祝日のまま、実際の天長節は二か月遅らせ十月三十一日におこなわれている。

略礼服である燕尾服は、基本的に大礼服の着用日と定められていない宮中儀礼に参加する場合に着用された。任官や叙位などに際して天皇に拝謁する際や、天皇に皇子女が誕生したときの祝賀挨拶のための参内などがそれにあたる。

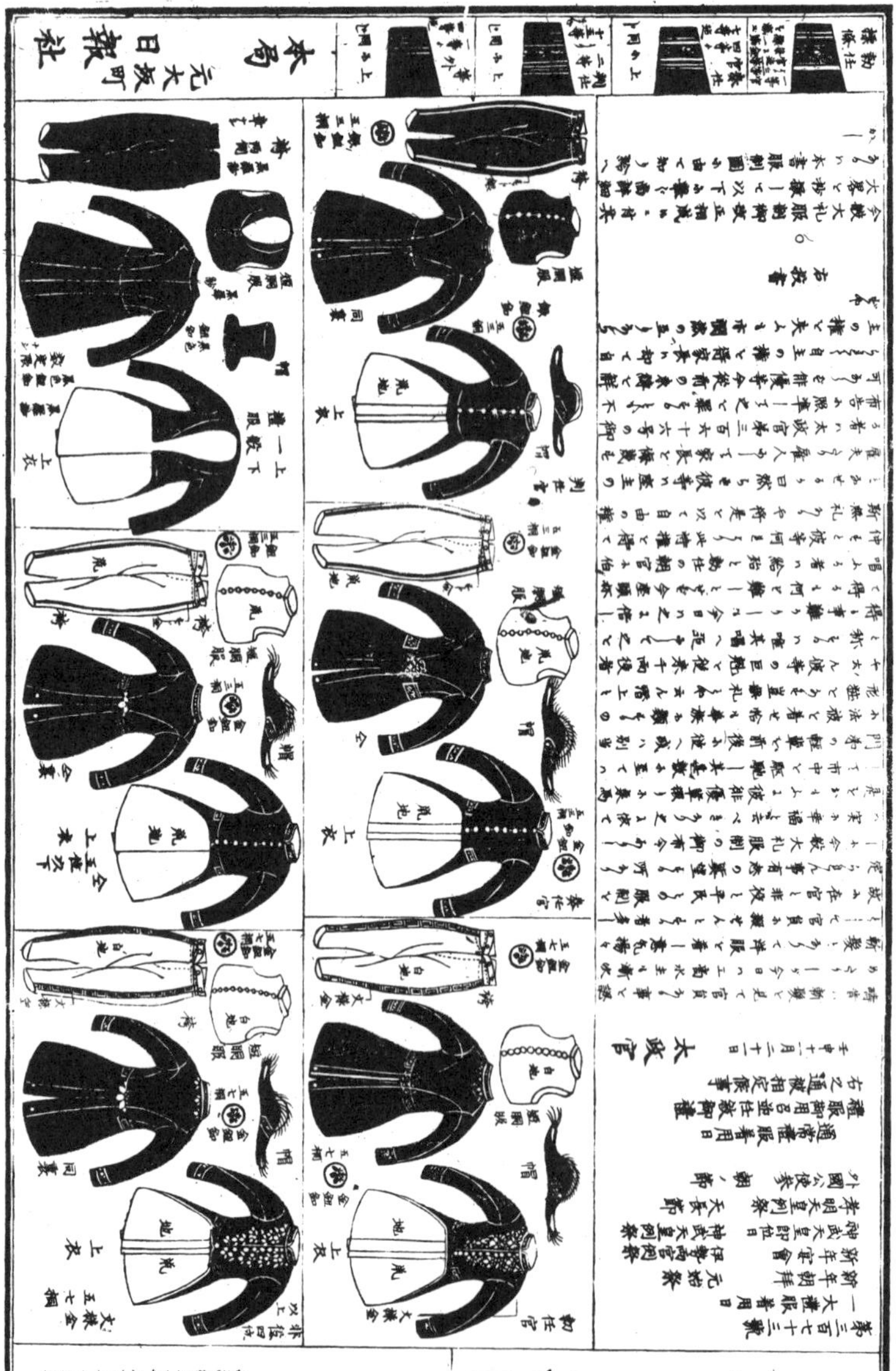

11　明治5年の文官大礼服制　『東京日日新聞』明治6年1月13日附録

もっとも、明治六年一月一日の新年朝拝は、十一月十二日に制定されてから約三週間後であったため、ほとんどの者は但し書に則って従来の礼服である直垂で代用した。

江戸時代をとおして武士の刀は、庶民との身分の違いを明確にする道具であった。また俗に「武士の魂」といわれるように、日本刀は精神的な意味も有していた。そのため帯刀禁止令によって、政府の政策に不満を持つ士族たちがどのような行動を取るかわからなかった。そこで政府は解決策として、官員に再就職すれば儀礼の場で洋式の剣を佩用できるように定めた。剣は西洋でも大礼服とともに用いていたため、諸外国の制度との整合性を取る意味でも「廃刀」は好ましくなかった。明治九年三月二十八日に政府は帯刀禁止令を公布するが、「廃刀」という措置は取っていない[20]。

12　明治6年制皇族大礼服　『法令全書』明治6年太政官達第64号

帯刀禁止令によって帯剣は、陸海軍の軍人や警察官（当初は警部補以上）が制服を着用する場合と、各種大礼服および正装を着用するときに限られた。それ以外の場合に帯剣したり、従来の日本刀や脇差を携帯したら処罰の対象となる。大礼服制による帯剣は、世襲的な身分ではなく、実力による階級の区分をあらわした。旧薩摩藩士の新納立夫は、明治四年十一月十八

表1　大礼服と小礼服の着用日

大礼服着用日

儀式日	儀式名	備考
1月1日	新年朝拝	
1月3日	元始祭	
1月5日	新年宴会	明治5年～7年は5日と6日の両日
不定期	伊勢両宮例祭	
2月11日	紀元節（神武天皇即位日）	
4月3日	神武天皇祭	
1月30日	孝明天皇祭	
11月3日	天長節	明治期
10月31日	天長節	大正期，天皇誕生日の8月31日（祝日）は盛夏のため2か月遅らせた
4月29日	天長節	昭和期
11月3日	明治節	昭和2年制定
不定期	外国公使参朝の節	

通常礼服着用日

不定期	参賀	大礼服着用日以外の宮中儀礼
不定期	礼服御用召並任叙御礼	

注：月日は，明治6年1月1日以降の太陽暦で表示した。

日に東京の皇城で挙行された大嘗祭には「直垂ニ拵新敷大和風之刀帯て出仕」し、翌五年正月二日には「直垂ニ而則長刀保昌脇差帯」という出で立ちである。(21)新納は、明治五年十一月十二日に大礼服が制定されると、「大礼服も異人同様ニ定、先日御達ニ相成不出来内ハ直垂ニ而不苦といふ事也」と書き残しており、(22)しばらくの間は「大和風」の「長刀保昌脇差」を帯びていたと思われる。だが、後述するように礼服から祭服へ役割の変わった直垂を着続けることはできなくなる。彼がいう「異人同様」の大礼服制の制定は、従来の直垂や脇差、烏帽子や結髪との決別を意味していたのである。

文官大礼服および非役有位大礼服に遅れて、明治六年二月二十日には皇族大礼服が制定された。(23)これは皇族の地位を一般臣下と区別する意味を持っていた。皇族大礼服は、非役有位大礼服の四位以上の桐紋を菊紋に変えたものであった（図13）。そのため、儀礼の場では非役有位者と間違われやすかった。(24)諸外国の大使や公使から、皇族が政府の官職に就かない非役と見間違われるのは差し障りがある。そこで皇族大礼服は制定から三年を経た

14　明治６年・８年制の陸軍正装（松本順）　個人蔵

13　明治６年制皇族大礼服（有栖川宮熾仁親王）

16　海軍正装（有栖川宮威仁）
13, 15ともに『皇室皇族聖鑑』（明治篇）

15　明治19年制の陸軍正装（北白川宮能久）

17　明治８年制の海軍礼服（赤松則良）

18　明治８年制の海軍相当官正装（戸塚文海）　17ともに宮内庁三の丸尚蔵館所蔵

明治九年十月十二日に改正された[25]。勅任文官大礼服のように菊紋の周囲に葉をつけ、また岩倉使節団の大礼服に似て菊葉の形を大柄にしている（口絵８）。

一般的に知られている菊の御紋といえば、表紋十六葉、八重表菊であり、天皇や皇室をあらわす紋として使われている。それに対して皇族大礼服に使われる菊紋は、明治四年六月十七日に公布された裏一重十四枚で中央部に花弁がついている。皇族以外の者には使用が禁じられ[26]、各宮家の家紋とは別に皇族がみな用いたため、いわゆる皇族共通紋と呼ばれた。

皇族という特別な地位を示すにもかかわらず、皇族大礼服を実際に着用する皇族は少なかった。皇族たちは、明治天皇の意向もあり陸海軍に従事することが求められた。明治九年改正の皇族大礼服は管見の限り、有栖川宮熾仁親王、山階宮晃親王、伏見宮貞愛親王、北白川宮能久親王、東伏見宮嘉彰（後に小松宮彰仁と改称）親王は写真および絵画で確証でき[27]、そのほかに華頂宮博経親王、梨本宮守脩親王、賀陽宮邦憲王が着ていた可能性がある。有栖川宮、伏見宮、北白川宮、東伏見宮は陸軍将校、華頂宮は海軍将校であり、基本的に陸海軍正装姿である。明治十二年の元老院開院式で有栖川宮が皇族大礼服を着用している（口絵1）ことを勘案すると、十年代までは文官としては皇族大礼服、陸海軍将校としては正装と使い分けていたと考えられる。

軍人の礼服は、陸軍は正装と礼装、海軍は正装と通常礼服という。正装は文官の大礼服のことであり、略礼服の礼装や通常礼服は小礼服に相当する。陸海軍の服制は、明治三年の「陸軍徽章」「海軍徽章」の制定を嚆矢とし、ここで陸軍はフランス式、海軍はイギリス式を採用した。陸軍正装の特徴はフロック式の上衣で二行九個の金釦をつけ、襟章の剣亀甲で将官、屈輪《ぐり》で佐官、金線三条で尉官という違いをあらわし、袖に階級に応じた金線をつける点にある(28)。明治六年九月二十四日および同八年十一月二十四日の服制改正では、二行九個の金釦が上から下へと内側に曲線を描くように配され、将官は袖の階級金線を三段巻きにしていた(29)（図14）。それが明治十九年七月六日にドイツ式に改正されて、二行七個の金釦は直線となり、将官の三段巻きもなくなり、袖章は襟章と同じ亀甲紋の上に金線をつける形へ変更された(30)（図15）。明治四十五年二月二十四日の服制改正により、二行七個の金釦は上から下へV字型に配列するのが一般的となるが、その他の変更点はなかった(31)。

海軍正装は、フロック式の上衣に二行金釦をつけ、襟の桜に錨の模様で将官、佐官、尉官の差異を示す。また袖には階級に応じた金線がつけられた。明治三年の「海軍徽章」では二行九個釦の正衣、一行五個の略衣に分かれていた。袖章の最上線は四角形であったが、これが翌四年十二月二十二日の改正で一般的に知られる日の丸形に変更された(32)。海軍制服の原型が整うのは、明治六年十一月十四日の「海軍武官服制」、「海軍下士以下服制」、「海兵隊服制」によるが、これは同八年十一月十二日の「海軍武官及文官服制」で全文および服制図が公布された。正服は燕尾型詰襟で二行十個の金釦、礼服は燕尾型開襟で二行五個の金釦（図17）、常服はフロック型開襟で二行五個の金釦、略服はジャケット型開襟で二行五個の金釦と、用途に応じて使い分けられた(33)。

なお海軍の主計・機関・軍医など相当官の大礼服は一行十個釦（図18）、礼服と常服は一行八個、略服は一行七個で、本科である武官と区別された。明治二十年七月二十日の改正で本科将校と同様に二行十個釦へと変更された[34]。海軍服制は数度の改正がおこなわれるが、基本的に正装の形状に変化はない。強いていえば、明治三十七年七月一日の改正で正装の釦数が十個から八個に減少し（図16）、大正三年（一九一四）二月二十六日の改正で正装と通常礼装の二種となった程度である[35]。軍装は時代に応じて改正を繰り返すが、正装は大礼服とともに大きな変更をすべきではないとの判断があったと思われる。

三　大礼服制に対する批判と服装観

洋式大礼服の制定については必ずしも賞賛する声ばかりではなかった。明治六年四月十二日付で開拓使御用掛兼大蔵少丞の大鳥圭介は、オーストリア博覧会御用掛の渋沢栄一に宛てた書翰で、「昨年の官服変革は一と美事小生抔も素ゟ斯くなりたき事と日夜渇望いたし居候得共、何ぞ如是莫大のひを出して新制の服を製するニ及ん哉、英或ハ仏又ハ独抔ハ右等の美服無用の事と乍知、古来の仕来ニ而今更変し候事難被行、依而無余義旧例ニ従ひ服用、米国の如きハ海陸軍の官員を除外ハ決し而金銀の粧用ひ候事無之、尤合衆国の政体とは異候得共、今新規ニ事を始候ニハ可成丈ケ事簡易ニて無用の費無之様いたし度」と述べている[36]。

大鳥と渋沢は旧幕臣であるが、彼らも「官服変革は一と美事」と従来の礼服であった衣冠の着用を快く思っていなかったことがわかる。だが、欧州の大礼服制を導入することも歓迎していなかった。その理由は、大礼服の調製に多額な費用を要し、イギリス人やフランス人たちも、そのような美服は無用だと感じていたからである。だからといって共和政のもと大礼服制のないアメリカに倣うわけにもいかない。いずれにせよ、もっと簡略化した礼服制度に変更してほしいというのが両者の願いであった。

そう願うのは二人だけではなかった。月日は不明だが、明治七年に政府に寄せられた「服制之事」という意見では、「礼服ノ制一切外式ニ倣ヒ、一切外物ヲ仰ク、則貨幣ヲ外国ニスツルナリ、是天下物議ノ紛々タル所以ナリ、依之羅紗金モール等我国ニテ製スル能ハサルウチハ、従来ノ直垂等ヲ斟酌シ以大礼服ヲ定ムヘシ、方今新製ノ礼服ハ陣中旅中ノ礼服トシ、平民ノ如キハ羽織袴ヲ以礼服トナス又可ナリ」と断じている。(37)

この意見では、西洋の服制に倣って大礼服制を設け、服地を外国からの輸入に頼っているが、その莫大な輸入費を世間では無駄だと見ており、物議をかもしていると指摘する。そこで大礼服に必要となる羅紗や金モールが国産化できるようになるまでは、直垂などを大礼服に定め、洋式大礼服は戦場や海外渡航の際に限るべきだという。また民間の礼服は羽織袴とするのもよいだろうと提案している。明治二十年代から顕著となる羽織袴を礼服として求める声が早々に出ていることは注目に値する。

大礼服に関して不満とも受け取られる意見が出ているのは、大礼服制の実施が時期尚早と判断されたことを物語っている。政府官員に大礼服を着用させることが困難であった様子は、太政官四等属の木下真弘が明治十年二月に執筆した「新旧比較表」でもうかがえる。そこでは、大礼服制が礼服を改正したのは便利なうえ、外国人と接する際に都合がよい。だが、大礼服の調製には多額な費用がかかり、奏任官から勅任官へと変われば調製し直さなければならない。不要となった大礼服は売却しても大した金額にならない。また洋服生地の輸入超過は、国家経済を疲弊させるため、必ず国産品を用いなければならないと木下は論じる。(38)

当時は依然として攘夷主義にしばられ、洋服を敵視する者も少なくなかった。また攘夷とまではいかないものの、洋式礼服に変われば日本独自の装束や礼式が失われるのではないかと危惧する者もいた。旧鹿児島藩の実力者島津久光は大礼服制の採用を批判し、それに賛同する長老華族たちは直垂で代用した。また左大臣に就任した久光のもとには、大礼服制を批判する意見書が集まった。(39) そうした人々の意識を変えていくことが大きな課題であったことはいう

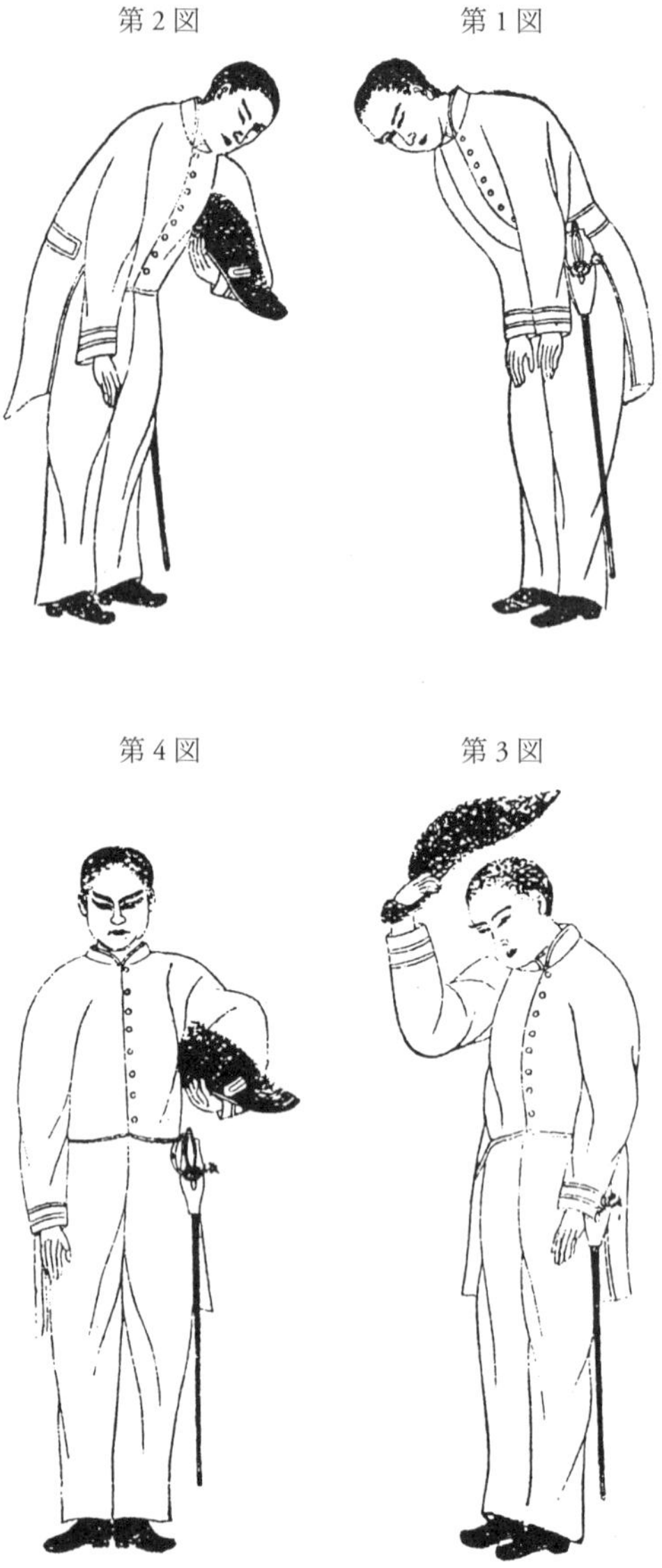

19　文官大礼服着用の敬礼式　『法令全書』明治8年，太政官達第18号

までもない。いざとなれば「文明開化」の号令のもと政府は、そうした人々を時勢を理解できない「因循姑息」の者として排除してしまうこともできた。だが、そのような選択をするにせよ、大礼服の需要を満たす力をつけなければならなかった。

大礼服制を早急に制定したものの、それを十分に活用することができなかったのは、資材不足のせいだけではない。大礼服が権威あるものと見なされるには、その服をきちんと着こなす必要がある。洋式大礼服は、それまで着物を着てきた日本人の身体観に大きな影響を与えた。それまでになかった大礼服着用の際におこなう敬礼の仕方も重要である。文官大礼服を着用する際の敬礼式は、明治八年二月九日に制定され、五月十七日に改正されている[40]。

天皇および祭祀参拝の際におこなう最敬礼は、外した正帽を左腕に持ち、右手を膝に置き、腰を屈して拝する（第2図）、宮中内で正帽を被っていない場合は両手を膝の上に置いて腰を屈して拝する（第1図）と定められた。最敬礼に比べて略式な敬礼は、正帽を右手で取り上げ、軽く会釈するものであり（第3図）、皇居の門内では知らない者とすれ違う場合にも敬礼をしなければならなかった。諸門の番兵および儀仗兵が敬礼したら、文官大礼服を着る者は敬礼で応えた。だが、文官から先に敬礼してはならず、天皇の馬車に随従する場合には答礼する必要がないなど細かい決まりもあった。また参拝や儀礼に列するときは、直立不動の姿勢で正帽を左腕に持つこととなっている（第4図）。

一般的に敬礼といえば陸海軍の軍人や警察官などが想起されるが、宮中儀礼に大礼服を着て参列する文官や華族たちも無関係ではなかった。洋式大礼服が制定されるまで玉座の面前での儀礼は、衣冠を着用して座礼でおこなわれた。それが大礼服によって立礼へと変わり、座る場合も畳の上ではなく西洋式の椅子にかけるようになる。外交官たちは、そうした作法を早く修得しなければならなかった。外国人と接触する機会が多い立場上、外務卿副島種臣は意識をすばやく切り替え、制定されて一か月もしない明治六年一月の新年朝拝には文官大礼服を着ている。

副島は宮中儀礼の場で大礼服を着るだけではなく、国際的な儀礼の場でも日本の服装観が欧州諸国と同じになったことを示した。同年六月二十九日、副島は清国側が要求する衣冠着用の座礼を拒絶し、文官大礼服を着て立礼で清国皇帝と謁見した。当時、清国では跪拝を要求され、それに応じず謁見を果たせない大礼服姿の各国公使であふれていた。また副島は、大使は公使よりも優先して謁見する権利があると主張し、これも受け入れさせた。これにより副島の後には、ロシア・アメリカ・イギリス・フランス・オランダ各公使の国書捧呈が実現した。翌日、イギリス公使ウエードからは、「貴大臣は清廷に於ける外国使臣の立礼を確定し、且つ大公使の順序を立てられた、我輩もその恵に浴するのを感謝する」と謝意を示されている[41]。

まだ敬礼式が定まる前ではあるが、文官大礼服に正剣を佩用し、手に正帽を持つ彼の立ち振る舞いに欠点は見受けられない。少なくとも各国公使から非難されるような所作はなかったものと思われる。外務卿の失敗は、対外的に国家の体面を傷つけるため、副島はあらかじめ大礼服の着方に注意していただろう。大礼服は、政府官員であることを内外に示す効果を持つ。それでは大礼服の制定後に洋服を着る政府官員の姿を、当時の外国人はどのように見ていたのであろうか。洋装に対する考え方がわかれば、大礼服が権威あるものと理解されていたかどうか推測できる。

まずは大礼服を着用する当事者である政府官員の証言から確認する。明治六年十一月二十五日に文部省五等出仕編書課長に就任した西村茂樹は、「勅奏任官人の内にて、是を着する人往々出来たり。然れども其頃は、如何なる洋服はいかなる人体、又は如何なる時に着用するものなるかを知らず、且つ本邦には未だ一人も洋服を裁縫する者あらず。故に勅奏任官の人にても、皆洋人の古着を買ひて是を着たり。又洋服には、外套と上衣との別あるをしらず、洋人の古き外套を上衣なりと心得、是を着て得々参内する者あり」と述懐する。(42)

洋服で儀礼に参加しはじめた頃の勅奏任官は、洋服がどのようなもので、いかなるときに着用するのかを理解していなかったという。無理もない話だが、国内には洋服仕立職人が一人もいなかったため、すべて外国から古着を買っていたという記述には誤解がある。すでに長崎・横浜・神戸といった開港地には、外国人が生活に不自由しないよう洋服店がいくつかあった。(43)この事実を西村が知らなかったことは、それまで政府官員を務める人物でも洋服を必要とせず、居留地内の洋服店は外国人を主な対象としていたことの証左となっている。岩倉使節団の出発前に大久保利通や木戸孝允たちが横浜で洋服を買い求めたことは先述したが、それも外国に行くので仕方なくであった。

開港地の洋服店で勅奏任官の洋服を急いで仕立てるのが困難であったのも事実である。それゆえ外国から洋服の古着を仕入れる店が登場し、そこで購入する政府官員が少なくなかった。古着を求める官員たちは、外套と上着の区別もつかないくらい洋服に対する知識がない。わけもわからず身に着ければ、不備が目立つのも当然である。西村が後年に枢密顧問官となった某氏から聞いた話によれば、「或官人は横浜にて、外国人に応接せんとする時、襟飾（ネクタイ」を用ふることをしらず、前夜に至り人の忠告により、驚きて急に是を買ひて著たりしが、其状の如何なりしか、定めて可笑しかりしことならん。又或官人は、短胴服〔チョッキ〕と襯衣〔シャツ〕とを着けず、胸を打抜き胸毛を露はし、其上に洋服の上衣一枚を着して朝謁したることあり」という。(44)

政府官員のなかにはネクタイを知らず、外国人に応接する前夜に慌てて購入したものの、その結び方までは手が回らなかった。また上着の下にシャツやチョッキを着ることを知らず、胸毛をあらわにしたまま天皇に拝謁する者もあらわれた。洋服に対する知識がなく着方がわからないため、天皇を前にした儀礼の場では、大礼服や小礼服を着慣れない政府官員の滑稽な場面が繰り広げられた。権少外史の久米邦武は、「その頃洋服は流行しがけで、元来器用な日本人は、洋服仕立は上等に出来たが、ボタンの緩急が巧くゆかず、殊にズボンのボタンは嵌め外が具合よくない。其の比、或る大官が大礼服のズボンのボタンを締めずに元旦の年賀に謁見を済し、帰つて服を脱ぐ時心付き、恥ぢ入つた話もある。咄嗟の間に、勝手がわるく、怺へかねてボタンを捻ぢ切つたり、便所へ飛び入りきらずに放矢するので、当人はどんなに苦しく切なかつたか推量すると、笑ふ訳にはゆかぬ」と回想している。(45)

岩倉使節団に随行した久米が帰国するのが明治六年九月十三日であるから、彼のいう「その頃」とは明治七年前後であったと推測される。洋服店の状況については次章で述べるが、久米の言説からは数年間で日本の職人が洋服仕立ての技術を習得している様子がうかがえる。ただし、高度な技術力を急速に身につけられたわけではなく、釦を開閉する穴の仕立ては十分ではなかった。それゆえ政府官員は、男性の「社会の窓」の開閉に苦しんだ。新年朝拝に大礼服のズボンの釦を開けたまま臨み、帰宅して着替える際に気がつく者がいたり、儀礼の前後に便所に行くにもズボンの釦を開くことができず、力任せに釦を捻じ切る者や、便所にすら間にあわず途中で失禁してしまう者まであらわれた。後年の宮中儀礼からは想像もつかない様子が見て取れる。

このような政府官員の様子を、外国人はどのように見ていたのだろうか。明治九年に来日したドイツ人医師のエルヴィン・フォン・ベルツは、翌十年一月の新年朝拝に参加する政府官員たちを目にして、「気の毒な日本人たちよ」「自国の式服姿であれば実によく似合い、それどころか時としては、威厳があって気高くすら見えるのだ」と感想を記している。ベルツは「たいていは決して似合うことのないシルクハット」、「滅法に白い手袋をはめた手は、まるで服に触れるのが恐ろしいかのように、だらりと下げたままである」と酷評する。[46] 洋式大礼服よりも前の装束のほうが日本人には適しているというのである。

明治八年八月三日に父の仕事の都合により来日したクララ・ホイットニーはこう記す。クララは「日本人の下っ端役人の正装は実に滑稽である。ズボン吊りをつけていないので、燕尾服の前と、ズボンの間が広くあいていて、そこに一丈もある白か青の縮緬の帯を、体にぐるぐる捲きつけている」[47]と、醜い様を描写している。これは「ウィリイははじめての燕尾服、これ以上きつくはならない程ぴったりしたズボンでとても立派」[48]という記述と実に対照的である。ウィリイがクララの兄だから評価が高かったのではない。

ウィリイがはじめて燕尾服を着たのは、明治十二年八月二十八日に森有礼夫婦の招待で、元アメリカ大統領グラント将軍が出席する宴席に参加するためであった。客のなかには羽織袴姿の福沢諭吉もおり、クララは「この日出席した紳士方で日本服は福沢さんだけだった。しかし立派な着物を召された姿は、体に合わない洋服を着て身のこなしのまずい他の紳士達より立派に見えた」と記している。[49] 洋服の着こなしに秀でた外国人の目からすれば、日本人の洋服姿はとても見映えが悪かった。むしろ福沢のように士族に馴染み深い羽織袴姿のほうが立派に見えたのである。外国人のこの評価は、服制を定めたからといって、大礼服がすぐさま権威を認められたわけではないことを示す。

註

(一) アレクサンダー・F・V・ヒューブナー著、市川慎一・松本雅弘訳『オーストリア外交官の明治維新―世界周遊記（日本篇）―』新人物往来社、一九八八年、一一九頁。
(2) 東京大学史料編纂所編『保古飛呂比』五、明治四年十一月四日条、東京大学出版会、一九七四年、二二八〜二三一頁。
(3)「出帆ニ付即時雑事調」を記した(「覚書」〈「岩倉具視関係文書」岩倉公旧蹟保存会対岳文庫所蔵、北泉社マイクロフィルム、R二三―一七―四六―一一三〉)には、「一、礼服太刀諸具ハ都而官費ニ而設ケ、則冠、掛緒、烏帽子、笏、袍、小直衣、狩衣、直垂、袴指袴指貫、沓、別紙之通見込、尤旅中服ハ洋服着勝手之事」とあり、「別紙」は(「右大臣岩倉具視特命全権大使トシテ締盟各国ヘ派遣ノ件」二、外務省外交史料館所蔵、六門―四類―四項―三―二号)所収の文書と判断される。
(4) 前掲『保古飛呂比』五、明治四年十一月十三日、二四三頁。
(5)(6)「明治五年岩倉大使渡米事情」大正二年七月十一日(「尾崎三良関係文書」国立国会図書館憲政資料室所蔵、一一九)、「岩倉大使同行事情」(同、一五六)。
(7) 牧野伸顕『回顧録』上、中公文庫、一九七七年、二七頁。
(8)「三条実美書翰」岩倉具視宛、明治五年五月十五日(前掲「岩倉具視関係文書」R二三―一七―四七―二五)。
(9)『後は昔の記他―林董回顧録―』平凡社東洋文庫、一九七〇年、一八一頁。
(10) 大久保一翁の正剣は『歴史読本』六九九(一九九八年十一月)の口絵に掲載、亀岡市文化資料館所蔵の正剣は展示室で確認した。
(11) 松尾正人「明治初年における左院の西欧視察団」(『国際政治』八一、一九八六年三月)参照。
(12)「三条実美書翰」岩倉具視宛、明治五年十月十日(日本史籍協会編『岩倉具視関係文書』五、東京大学出版会、一九八三年覆刻版、一九〇頁)。
(13)『法令全書』明治五年太政官布告第三三九号。
(14) 拙著『明治国家の服制と華族』吉川弘文館、二〇一二年十二月、第一部第一章参照。
(15) 丹羽基二著、樋口清之監修『家紋』秋田書店、一九六九年、五四〜五六頁、渡辺三男『日本の紋章』毎日新聞社、一九七六年、一六〜一七頁、沼田頼輔『綱要日本紋章学』新人物往来社、一九七七年、一〇二〜一〇八頁参照。
(16)「伺指令」太政官指令、明治十六年八月一日(『官報』明治十六年八月二日)。
(17)「大礼服并通常礼服着用日」(「太政類典」第二編第五〇巻、国立公文書館所蔵、二A―九―太二七二)。
(18)『法令全書』明治五年、太政官布告第三七三号。
(19)「徳大寺実則日記」などによれば、実際に明治天皇が崩御したのは七月二十九日であるが、本書では『官報』や新聞に告示された七月三十日とした。
(20) 拙稿「明治初年の散髪・脱刀政策」(『中央史学』二九、二〇〇六年三月)参照。
(21)「新納立夫日記」明治四年十一月十八日条、同五年正月二日条(「大久保利謙旧蔵文書」国立国会図書館憲政資料室所蔵、一七六―三)。

(22) 同右、明治五年十二月一日条。
(23) 『法令全書』明治六年太政官布告第六四号。
(24) 「皇族大礼服御改正相成度上申」(「公文録」明治九年十月宮内省伺、国立公文書館所蔵、二A—九—公一八二〇)。
(25) 『法令全書』明治九年太政官布告第一二五号。
(26) 同右、明治四年太政官布告第二八六号。
(27) 『明治大帝御写真帖』明治大帝偉業奉賛会出版部、一九二六年、神田豊穂『皇室皇族聖鑑・明治篇』皇室皇族聖鑑刊行会、一九三三年、一二六、一三〇頁、『明治神宮聖徳記念絵画館壁画』明治神宮外苑、一九九七年、七二〜七三頁。
(28) 『法令全書』明治三年第九五七号。
(29) 同右、明治六年太政官布告第三三八号、明治八年太政官布告第一七四号。
(30) 『官報』明治十九年勅令第四八号。
(31) 同右、明治四十五年勅令第一〇号。
(32) 『法令全書』明治四年兵部省第一七二号。
(33) 同右、明治八年太政官布告第一六八号。
(34) 『官報』明治二十年勅令第四三号。
(35) 同右、明治三十七年勅令第一八五号、大正三年勅令第二三号。
(36) 大鳥圭介書翰「渋沢栄一宛」明治六年四月十二日(日本史籍協会編『大隈重信関係文書』二、一九八四年覆刻版、五五頁)。
(37) 『中御門家文書』下、早稲田大学社会科学研究所、一九六五年、二五〇頁。
(38) 木下真弘著、宮地正人校注『維新旧幕比較論』岩波文庫、一九九三年、一五七頁。
(39) 拙著『明治国家の服制と華族』第一部第四章参照。
(40) 『法令全書』明治八年太政官達第一八号、第八一号。
(41) 丸山幹治『副島種臣伯』みすず書房、一九八七年復刻版、二〇八、二一六〜二一八頁。
(42) 西村茂樹「記憶録」(日本弘道会編『増補改訂西村茂樹全集』四、思文閣出版、二〇〇六年、一六六頁)。
(43) 神戸洋服百年史刊行委員会編集室編『神戸洋服百年史』神戸洋服百年史刊行委員会、一九七八年、三〇〜三一頁。
(44) 前掲註(42)。
(45) 『久米博士九十年回顧録』早稲田大学出版部、一九三四年、一八五頁。
(46) トク・ベルツ編、菅沼竜太郎訳『ベルツの日記』上、明治十年一月一日条、岩波文庫、一九七九年、六四頁。

(47) クララ・ホイットニー著、一又民子訳『クララの明治日記』上、明治十年十一月三十日条、講談社、一九七六年、二一六頁。

(48)(49) 同右『クララの明治日記』下、明治十二年八月二十八日条、一五〇頁。

第二章　文官大礼服の権威創出

文官大礼服が魅力を持つには、その前提として権威の象徴になる必要がある。明治十年代には燕尾服を代用とする官員、大礼服の公布図と実際に仕立てられた大礼服の相違、飾章の色や等級標条の問題が浮上した。ここでは、それらの問題が大礼服の魅力を減じ、人々が誂えるのをしぶった要因となったことを考察する。また明治十七年（一八八四）の有爵者大礼服の制定により華族はみな調製しなければならなくなったこと、同十九年の文官大礼服の改正によって大礼服が画一化され、従来の制度的不備が改善されたことを明らかにする。そして政府がこの措置を採れたのは、大礼服を請け負う技術力を持つ洋服店が増えていたためと述べる。

一　大礼服と小礼服

明治六年（一八七三）一月九日、太政官正院は左院に大礼服の素材に関して問い合わせた。正院は、大礼服に使用する羅紗は国内で生産できないため輸入に頼らざるを得ず、調製費用が安価でないことを危惧した。そこで薄給な官員たちの負担を軽くするため、国内生産が可能な絹や木綿などを羅紗の代わりとしてはどうかと提案する。だが、正院の諮問に答える機関であるにもかかわらず、とくにアイデアを持たない左院は返答に困り、逆に正院に次のように相談するしまつだった。同月二十七日に左院は、勅任官を除き、奏任官以下の官員に大礼服の調製を求めるのは難しいため、当分のうちは燕尾服の代用を許可してはどうかと質問している。また、服地も外国製の羅紗に限らず、国産の絹や木綿を認めることを提案した。正院はこれに対し、二月十日に「一、勅奏官ハ今年十月ヲ限リ大礼服調製可致事」、「一、判任官ハ大礼服調製致候迄通常礼服ヲ以テ換用不苦候事」、「一、在職幷有位ノ輩ハ当十月ヲ限リ直垂上下換用不相成事」、「一、通常礼服地合ハ可為随意尤色製ハ規則ノ通可相心得事」と通達を出す(1)。

勅任官と奏任官の調製は期限を明治六年十月とし、それ以降も判任官は大礼服の代わりに燕尾服を用いてよいとした。燕尾服は規定の色さえ守れば服地にはなにを使って仕立てても構わなかった。しかしこの十月をもって在官者の直垂や裃の着用は不許可にした。ここからは、上級官員である勅奏任官、下級官員である判任官、官員外の一般民間人という立場の違いに配慮しているのがわかる。

文部省所轄の大学・中学・小学校の教員の礼服も問題となった。奏任官は四等から七等までの四段階しかないが、大学教授の官等はその下の「奏任接待」で五等に位置し、正規の等級にはない「外官」扱いであった。文官大礼服の等級標条と齟齬をきたすため、明治七年十二月二十四日、大学・中学・小学校の教員は大礼服ではなく燕尾服で儀式に臨むことを許された(2)。

このように大礼服制を制定したものの、現実的には小礼服である燕尾服ですませる官員がほとんどであった。だが、政府は燕尾服の代用を許可するだけではなく、服制に関する問題点も是正した。いちばんの問題は岩倉使節の大礼服が規定の図面と異なっていたことだが、すぐに修正できないので、とりいそぎチョッキとズボンの色を次のように見直した。明治十年九月十八日、勅任官と奏任官の文官大礼服のチョッキおよびズボンは、黒羅紗地とし、白色や鼠色は式部寮から指示された場合に限ると通達している。また官員は燕尾服の代わりに、黒または紺色のフロックコート

でも構わないこととなった。(3)

岩倉使節は文官大礼服を着てドイツの宰相ビスマルクを訪問した際、白のズボンは国王の戴冠式など特別な場合にしか着ないものだと指摘された。(4)そこで太政官は、普通の大礼服は黒のチョッキ・ズボンとし、天皇の即位式、大嘗祭などの特別なときだけ白のチョッキ・ズボンと変更したのである。また燕尾服は欧州で「夕服」と呼ばれ、午後の儀式に着るが、「朝儀」用の大礼服と同格と認めても問題はないと判断している。そしてフロックコートの代用は、「先年服制御改正ノ精神ニモ相叶フベキ哉」と指摘する。この「精神」は「服制変革内勅」で衣冠などの装束を否定したことと思われる。なるべく洋服で儀礼に参加できるよう配慮したのだろう。実際、判任官以下は薄給の者が少なくないため、羽織袴の代用を認めてほしいと述べている。(5)

太政官は法制局の議案を受けて、チョッキとズボンの色別を定めた後文では、政府官員が燕尾服を着用するときに限り、各庁長官の見込みによって判任官の羽織袴の着用を許可した。さらに明治十年十月一日には、大礼服着用日を除き、燕尾服着用の指示がない限り、判任官以下は羽織袴で儀式に参加してよくなった。(6)だが、官員たちが誤解して、勅奏任官が大礼服を着る儀式にフロックコートや羽織袴を着てきてしまうかもしれない。

そこで外務卿寺島宗則は、十月五日付で宮内卿徳大寺実則に宛て、外国人が出席する儀礼で勅奏任官が大礼服を着る場合、判任官は燕尾服に白蝶ネクタイという正規の格好をすべきであると、注意をしている。とくに外務省や宮内省は外国人と接する機会が多いため、判任官がフロックコートを着て全体の調和を乱すようなことがあってはならないと釘を刺した。そして鉄道開業式や博覧会開会式などに外国人を招待するとき、儀式の責任を負う判任官に燕尾服を着てもらいたいのであれば、式部寮は事前にその旨指示すべきだとも指摘する。(7)

寺島の意見はもっともであった。明治十一年一月十四日に式部寮は、官員が燕尾服の代用として黒か紺のフロックコートが許されるのは「尋常参賀、御用召、其他通常礼服」を着るときに限ると通達した。そして新年朝拝など大礼服を着るべき日に燕尾服で代用してもよいが、フロックコートで代用することはできないと注意を喚起している。また勲章をつけてよいのは大礼服と燕尾服に限られると明記した。(8) とにかく誤解が生じて大礼服の権威が失われることは避けなければならなかった。

式部寮は判任官の羽織袴の着用を許す姿勢を示したが、実施はしなかったようである。明治十二年一月に宮内省は、天皇の行幸や新年朝拝・紀元節・天長節に限らず、天皇が御正服を、奏任官以上が大礼服を着るときは、判任官は小礼服を着用するよう指示していることから、(9) そう推察できる。燕尾服の着用を強制する方針に転換したのは、その年の新年朝拝から在京の勲六等と従六位以上には参内が、勲七等以下と正七位以下には東京府への出頭が認められ、その年の紀元節や天長節にも参加できるようになったことが影響していよう。(10)

非役の有勲者は大礼服を定められていないので燕尾服を着用したが、非役有位者の多くも大礼服を持っていなかったため、燕尾服でもよいとされた。また帯勲無位の各省御用掛には燕尾服を着るよう命じている。帯勲無位の御用掛のなかには、勅任文官大礼服を着て参内する元勅任官もいたが、帯勲有位者と区別がつかないため厄介だった。(11) 大礼服の代用は燕尾服以外は認められていない。判任官や勲六等以下、従六位以下の者も大礼服着用日の儀式に参加する権利は有していたが、大礼服または燕尾服の着用が原則だったため、ほとんどは欠席を余儀なくされたに違いない。

政府に出仕する者はもとより、位階や勲章を受けた者は、大礼服か燕尾服を着なければならなかった。それらは国家の服制で定める「官の礼服」であり、服制の外に置かれた羽織袴は「民の礼服」と位置づけられたのである。この時期に官民の礼服が区別されたことを見落としてはならない。なぜなら、両者はまったく異質なものではなく、時代が下ると「民の礼服」は「官の礼服」へ組み込むことを望み、「官の礼服」は「民の礼服」に配慮をするという、微妙な関係性が生まれるからである。そのような微妙な関係については後述していく。

政府官員は、初任官の辞令を受け取ったときから礼服に頭を悩ませることになる。明治十七年四月四日、山県悌三郎は文部省の召命に応じて愛媛県松山から上京した。御用召状には「礼服着用、午前十時に出頭すべし」と書かれていたが、山県は礼服を持っていなかった。そこで翌日、湯島天神の下宿屋の近辺にあった質屋兼呉服商の小林屋を訪れ、質流れ品の燕尾服二十七円を三か月賦の約束で購入した。これを着て出頭した山県は、文部省御用掛として編輯局勤務を命じられた。月給は四十円というから、質流れ品とはいえ決して安い買物ではなかったといえる。その証拠に、この燕尾服は大切に扱われ、山県は在官中に愛用し、弟に譲ると弟は結婚式で着用し、さらに末の弟も結婚式で使ったのである。末の弟は京城（現在の韓国ソウル）で式を挙げたのだが、燕尾服を着て「到頭腰を屈めて辞儀する毎に、ボロ〳〵音がして糸のほころぶに至つた」という[12]。

右の事例からは、燕尾服を大変長きにわたって大事に利用し続けたことが理解できる。また、高額な調製費を余儀なくされる大礼服はもとより、その代用品である燕尾服の入手もたいへんだったことがうかがえる。礼服は年間を通しても数日しか必要でないため、安価に入手できる方法を模索するのも不思議ではない。山県は幸運にも質流れ品を購入できたが、大礼服制から十年が経っても質流れ品や中古品が出回ることは少なかった。実際、当時はまだ洋服の貸衣装店もなく、多くの者は必要になると洋服店で新調していた。小礼服である燕尾服はともかく、それよりも着用者が限定される大礼服となれば新調するしかない。

奏任官や判任官の多くが大礼服を調製せず、小礼服の燕尾服で代用していたのでは、大礼服制の意味は失われてしまう。また、判任官に配慮して、大礼服着用日を除いていたとはいえ、羽織袴を認めていたことも大礼服制の欠点であった。そのような状況では、大礼服に権威や魅力が備わっていたとは思えない。権威を持たせるには、参加者のほとんどが大礼服を着る必要があった。だが、着る人が少ないだけではなく、大礼服そのものに権威を喪失させる原因があった。この原因を次節で明らかにする。

二　文官大礼服の系譜

大礼服着用日に燕尾服で代用する者が多かったが、それでは大礼服を調製した勅任官や奏任官はどのくらいいたのだろうか。大礼服着用日の儀礼に出席した官僚がなにを着ていたのかを明記した史料は、管見の限り残っていない。だが、それに代わる貴重な写真帖が現存する。明治十二年（一八七九）から十三年にかけて、明治天皇の御下命によって作成された勅奏任官の肖像写真帖である(13)。撮影心得には大礼服・小礼服・フロックコート・制服着用とあり、肖像写真を見れば大礼服の普及率が読み取れる。

肖像写真の被写体となった皇族・勅奏任官・華族の総計は四千五百余名におよぶ。全員、大礼服着用日の儀礼に参加する権利を持つ人々である。肖像写真では皇族大礼服が一名、勅任文官大礼服が十七名、奏任文官大礼服が四十七名、非役有位大礼服が二十名である（表2）。この後で触れる勅任文官大礼服を調製した東久世通禧や、非役有位大礼服を調製した嵯峨実愛が、いずれもフロックコートを着て撮影しているから、実際の大礼服所有者数はもう少し多いと思われる。勤務の合間を縫っての撮影となると、大礼服に着替える手間と時間はなかっただろう。

大礼服の対象ではない陸海軍の軍人、内務省所轄の神官や僧侶も写真帖には含まれている。それにしても全体的に大礼服の数は少ない。文官大礼服制が制定されてから七年が経過しても調製せず、燕尾服で代用を続ける官員の様子がうかがえる。大礼服姿が少ないのは、調製費が高額なうえ、当時は燕尾服の代用を許可する特別措置があったからである。どのくらい大礼服が高価であったかというと、明治九年に元老院議長の東久世通禧は勅任文官大礼服の調製費として三百四円七十五銭(14)、同十年に麝香間祗候《じゃこうのましこう》の嵯峨実愛は息子の公勝と二人分の非役有位大礼服の調製費として三百八十六円を支払っている(15)。実愛は四位以上、公勝は五位以下であるから、代金を単純に二等分するわけにはいか

表2　明治12年明治天皇御下命「人物写真帖」の大礼服姿

文官大礼服	
飯田俊徳（奏任） 内海忠勝（奏任） 嘉納希芝（奏任） 時任為基（奏任） 中川忠純（奏任） 野田益晴（奏任） 尾藤行雅（奏任） 山尾庸三	明治5年制
井上　馨 井上好武（奏任） 佐野常民 福羽美静	明治5年制（飾章に相異）
大久保利通	岩倉使節団
吉田清成	岩倉使節団（飾章に相異）
安藤太郎（奏任） 上野景範 大隈重信 金井俊行（奏任）	岩倉使節団の模倣
浅野長勲 鍋島直大 芳川顕正	岩倉使節団の模倣（飾章に相異）
伊藤博文	岩倉使節団の改変
岩倉具視	
三条実美 高橋新吉（奏任） 蜂須賀茂韶 柳谷謙太郎（奏任）	岩倉使節団改変の模倣
大木喬任 尾崎忠治 中山忠能	独自のもの
生田　精（奏任） 石井忠恭（奏任） 犬塚盛巍（奏任） 大木良房（奏任） 大久保親正（奏任） 岡村為蔵（奏任） 沖　守固（奏任） 小野修一郎（奏任） 小花作助（奏任） 小原重哉（奏任） 国重正文（奏任） 三阪繁人（奏任） 塩坪恭良（奏任）	詰襟
島　惟精（奏任） 館　興敬（奏任） 谷口起孝（奏任） 中田憲信（奏任） 成川尚義（奏任） 船越　寛（奏任） 槙村正直（奏任） 松平正直（奏任）	詰襟
宮本小一（奏任） 森　醇（奏任） 芳野親義（奏任） 鷲津宣光（奏任）	
渡辺　清（奏任）	
石巻清隆（奏任）	開襟
市川貫一（奏任） 三宮義胤（奏任） 西潟　訥（奏任） 平山晴彦（奏任）	
深津無一（奏任） 増戸武平（奏任） 松平太郎（奏任）	
三村親始（奏任）	
非役有位大礼服	
石山基文（従3位） 上杉茂憲（従4位） 牧野貞直（従4位） 藪　実方（従4位）	桐紋上衣大型12個 桐紋上衣小型36個 桐紋上衣小型42個 桐紋上衣小型36個
五島盛成（従5位） 内藤政義（従5位） 板倉勝達（従5位）	明治5年制袖桐横 明治5年制袖桐縦 独自のもの（開襟）
青木重義（従5位） 有馬頼万（従5位） 安藤直行（従5位） 伊東長寿（従5位） 片桐貞篤（従5位） 木下俊愿（従5位） 朽木為綱（従5位） 大久保忠礼（従5位） 黒田長成（従5位） 黒田長徳（従5位） 松平忠和（従5位） 松平乗命（従5位） 森　忠義（従5位）	袖章判別不能

出典：宮内庁書陵部三の丸尚蔵館編『明治十二年明治天皇御下命「人物写真帖」』上・下（宮内庁，2015年）から作成。

表3　奏任官以下俸給額（明治10年1月）

官等	等級	月俸額	年俸額
奏任官	4等	200円	2400円
	5等	150円	1800円
	6等	100円	1200円
	7等	80円	960円
判任官	8等	65円	780円
	9等	50円	600円
	10等	45円	540円
	11等	40円	480円
	12等	35円	420円
	13等	30円	360円
	14等	25円	300円
	15等	20円	240円
	16等	15円	180円
	17等	12円	144円
等外	等外1等	10円	120円
	等外2等	8円	96円
	等外3等	7円	84円
	等外4等	6円	72円

出典：『法令全書』明治10年，太政官達第4号から作成。

ないが、大礼服は一着三百円から二百円程度したことが見て取れる。

明治十年の奏任官や判任官の年俸は、四等の奏任官で二千四百円、八等の判任官で七百八十円、十七等で百四十四円であった（表3）。判任官の十四等以下は調製費が年俸を上回り、判任官の八等や九等あたりが調製できる境界であったように思われる。だが、判任官が調製していないことから、八等や九等にとっても年俸の半分近い金額を大礼服に投じる気にはなれなかったのである。また、無理して調製したところで、勅任官とは違ってとくに世間の尊敬を集めるわけでもない。所詮は判任官なのだという引け目もあって、燕尾服で我慢していたという見方もできる。さらに、次に確認するように公布図とは異なる飾章の大礼服が生まれた点も、調製が進まない要因になったと考えられる。

そもそも文官大礼服を誂えても、仕立屋によってかなり違うものができた原因は、明治五年十一月十二日に公布された文官大礼服制図と、岩倉使節団が欧州で調製した大礼服が著しく異なっていたことによる。そこで明治八年七月、太政官は大礼服を統一するため、改正服制図の公布を試みている。七月十一日に式部寮は、勅奏判任の区別なくズボンを黒色とすること、大礼服制図は岩倉使節団の大礼服に合わせることを提案した。ズボンは染色の仕方によって濃淡があるため勅任官の白色ズボンと奏任官の鼠色ズボンは判別がしづらく、判任官の紺色ズボンも上着の黒との区別が難しいという(16)。

また、大礼服は、「礼服裁縫之義御制定相成候後、全権大使欧州滞在中被造候其裁縫飾章ノ差ヨリ、遂ニ二様ニ相成リ不都合之儀ト存候、然ルニ其裁縫飾章ヲ以テ大使各国ヲ経歴致シ候上ハ、既ニ我服飾ヲ各国ニ示シタル義ニ相当リ、且其体裁モ宜敷ク旁以テ大使ノ被造候裁縫及飾章ニ御一定有之候方可然」と説明する[17]。すなわち、各国を歴訪した際にすでに用いたのだから、現行の布告図に合わせるのではなく、岩倉使節団の大礼服に合わせて布告図を改正すべきだというのである。

この提案は太政官法制課および内史本課に回された。内史本課は大礼服の飾章に関しては異論を挟まなかったが、ズボンについてはフランスが「ブルュー・ド・ロワ」という濃紺を用いていることや、欧州各国で黒の採用例が少ないことを理由に反対している。また式部寮の案には「但是迄調製之分ハ改テ造ルニ不及候事」と但し書があり、既存の白鼠紺色に黒色が加われば、ますます混乱する恐れがあった。そこで七月二十三日の案では「自今新ニ大礼服調製候者ハ裁縫模様等別紙絵図面ニ照拠可致」、「但シ金銀線幷ニ色目ノ区分ハ従前ノ通タルヘキ事」と、ズボンの色に関する文面が削除された[18]。一方で岩倉使節団の大礼服を少し変えた改正図が添えられていた。袖口の無地の部分をなくし、等級標条の線を袖章の上にだけつけるような形にしたのが変更箇所である。この案については、太政大臣三条実美をはじめ参議大久保利通らが検印しているものの、公布は見送られた。

見送られた明確な理由はわからないが、次節で述べる経緯に鑑みると、現段階では改正図を公布しても大礼服の画一化は難しいと判断したものと思われる。ズボンの色が明治十年九月に通常の儀礼に黒色、特別な儀礼に白色と区別されたことは先に述べたが、服制図の改正には至らなかった。しかし公布には至らなかったものの、七月の改正図どおりに大礼服を調製する者がいた。それが岩倉使節団として現地で大礼服を調製した岩倉、大久保、木戸、伊藤らであった。彼らが改正図の大礼服を着ると、それに倣って調製を試みる者が続出し、ますます公布図と大礼服の差異は広がった。

これまで述べてきた理由によりさまざまな飾章の文官大礼服が登場するが、それらは①明治五年制の大礼服、②岩倉使節団の大礼服、③②の模倣、④岩倉使節団の大礼服の改変、⑤④の模倣、⑥独自な大礼服の六種類に大別できる。①から⑥までのデザインがどのようなものであったのか、以下で文官大礼服姿の肖像写真から確認する。

明治五年制の大礼服とは、太政官が公布した文官大礼服制図に則ったものをいう。勅任官および非役有位四位以上の大礼服は、上衣正面に小型の桐紋が多数縫いつけてあるところに特徴がある。桐紋の数は、服制の条文に説明はないものの、服制図では両端に四個、中央に七個、内側に七個の計三十六個と規定されている。また、勅任官と非役有位四位以上に限らず、奏任官や非役有位五位以下の袖章の表面は、桐紋を縦ではなく横向きに袖の内側向きに二個つけるようになっている。規定どおりに調製したものもあるが、桐紋の数や袖章のつけ方がやや異なるものもある。

福羽美静の大礼服上衣は両側に五個、中央に六個、内側に六個の計三十四個（五七頁の図20）、井上馨の袖章は下に等級標条の金線をつける部分がなく、二個の桐紋が縦になっている（一七一頁の図132）。武家華族の池田章政、細川護久、尾張徳川家の徳川慶勝が着用した非役有位四位以上大礼服は、両側が七個、中央と内側が六個の計三十八個と数が合わない。彼の息子徳川義宜が着た非役有位四位以上大礼服は、上衣の桐紋が一行六個で計三十六個と、[19]合計数は一致するが服制図とは配置の仕方が異なる。また津田弘道の奏任文官大礼服は、袖の桐紋が内側向きと外側向きと左右逆につけられており、[20]やはり服制図と合わない。

岩倉使節団の大礼服（②）は、いうまでもなく岩倉使節団が現地の洋服店で調製したものである。その具体的なデザインについては前章で述べたが、ここで特筆すべきは使節団を現地で迎えた吉田清成（図21）や、一時帰国した大久保・伊藤両副使の再渡航に随行した外務大輔寺島宗則の大礼服である。岩倉使節団の大礼服では正面の最上部左右桐紋は外側に唐草の蕾がついているが、使節団ではない吉田や寺島のにはそれがない。岩倉使節団員とは違う洋服店で調製したのであろうか。その点は史料がないため判然としないが、現地で調製した大礼服にも多少とはいえ刺繡に

表4　明治太政官制期における文官大礼服の分類

分類	形態	着用者
① 明治5年制のもの		内海忠勝（奏任） 榎本武揚 酒井　明（奏任） 辻　新次（奏任） 福羽美静 安場保和 山尾庸三
	飾章に相違	井上　馨 清浦圭吾（奏任） 佐野常民
		三条実美 月形　潔（奏任） 津田弘道（奏任） 仁尾惟茂（奏任） 浜田清心（奏任）
② 岩倉使節団のもの		岩倉具視 大久保利通 田中光顕（奏任） 福地源一郎（奏任）
	飾章に相違	寺島宗則 吉田清成
③ 岩倉使節団の模倣		赤羽四郎 池田茂政 伊東巳代治（奏任） 上野景範 大隈重信 岡内重俊 大給　恒 金井俊行（奏任） 黒川真頼（奏任） 佐佐木高行 志賀親明（奏任） 柴　四朗（奏任） 島津忠義 竹屋光昭（奏任） 徳川家達 長与専斎 東久世通禧 藤井勉三（奏任） 丸山作楽
③ 岩倉使節団の模倣	飾章に相違	加藤弘之 児島惟謙 佐藤尚中 鍋島直大 細川潤二郎 松平慶永 元田永孚 柳原前光 山内豊範 山田信道 芳川顕正
④ 岩倉使節団の改変		伊藤博文 岩倉具視 大久保利通 木戸孝允
⑤ 岩倉使節団の改変の模倣		岩村通俊 大鳥圭介 川村純義 三条実美 伊達宗城 西　周 松方正義 松浦　詮
	飾章に相違	池田章政 井上　馨 楫取素彦 北垣国道 三宮義胤 津田真道 中村正直 長岡護美 永山盛輝 鍋島直大 野村維章 蜂須賀茂韶 林　三介 松平正直 丸山作楽 森岡昌純 山尾庸三
⑥		青山　貞

		箕作麟祥 村田　保	⑥ 独自のもの		井上　毅 大木喬任 尾崎忠治 籠手田安定 近衛忠熙 広幡忠礼 槇村正直 松田道之
③	飾章に相違	青木周蔵 浅野長勲 井上　馨 上杉茂憲 大迫貞清 沖　守固			

出典：『幕末・明治・大正回顧八十年史』6・7（東洋文化協会，1934年），『秘録維新七十年図鑑』（東京日日新聞社，1937年），『日本人物百年史—幕末明治大正昭和』（サン写真新聞社，1958年），『一億人の昭和史』12（毎日新聞社，1977年），『昭和史—決定版』1（毎日新聞社，1984年），『日本の肖像』6（毎日新聞社，1989年），『岩倉使節団　内なる開国』（霞会館，1993年），山口昌男監修『日本肖像大事典』上・中・下（日本図書センター，1997年），『歴史読本　天皇家と華族』（新人物往来社，1998年），『東京国立博物館所蔵幕末明治期写真資料目録—図版篇—』2（国書刊行会，2000年），『別冊歴史読本　皇族・華族古写真帖—明治・大正・昭和の肖像—』（新人物往来社，2001年），『太陽』（博文館），各種伝記類掲載の肖像写真，現存する大礼服をもとに作成。

違いが見られるのである。

岩倉使節団の大礼服の模倣（③）とは、使節団が持ち帰った大礼服を真似て調製したものをいう（図22）。その特徴は、桐紋や唐草の刺繡が大柄であるのと、開襟式という点である。岩倉使節団のとほぼ同じように調製しているものもあるが、袖章の桐紋が横向きであったり、桐紋が縦つきでも二個あったりと、明治五年制の飾章もかなり入っている。岩倉使節団の大礼服との大きな違いとして正面の桐紋が片側三個ではなく四個ついているものが挙げられる（図23）。また、唐草の形状が、薔薇の刺のように鋭いものや、蕨の葉のようなものも見受けられる。

岩倉使節団の大礼服の改変は、先述したとおり明治八年七月に立案されたものの公布されなかった改正図と同じ構図である（図24）。右の改変に倣って調製（⑤）したのを、岩倉使節団改変の模倣という（図25）。改正図が公布されていないため、③と同じように飾章には違いが生じた。

独自の大礼服（⑥）は、明治五年制と岩倉使節団の折衷とも中間ともいえる様式をいう。正面飾章の桐紋が大型でも小型でもなく、その数も岩倉使節団のものよりは多いが、明治五年制ほどはない。そのことがわかる尾崎忠治の大礼服姿は、当初尾崎だと判明するまでは西郷隆盛の写真が発見されたと話題になった（図26）。また非役有位大礼服にも独自なものはあり、武家華族の板倉勝達の服は変な形の開襟である（図28）。

21　吉田清成　20とも宮内庁三の丸尚蔵館所蔵

20　福羽美静

23　大迫貞清　『警視庁百年史』（明治編，1959年）

22　柳原前光『歴史読本　天皇家と華族』（新人物往来社，1998年11月）

24　伊藤博文　宮内庁三の丸尚蔵館所蔵

25　三宮義胤　『ドイツ貴族の明治宮廷記』（新人物往来社，1988 年）

違いは正面だけでなく背面にもおよんだ。池田章政・徳川慶勝・鍋島直大・蜂須賀茂韶の勅任文官大礼服の背面上部には桐紋二個に唐草が刺繍してあるが[21]（口絵5）、寺島宗則の背面上部は無地であった[22]。また背面両腰の桐紋は、藤井勉三の奏任文官大礼服では一個だが、浜田清心のそれでは二個と、袖章と同じような相異が見られる[23]。大礼服上衣正面の飾り釦は左側につけたものが多いが、芳川顕正・西周・花房義質・柳原前光・伊東巳代治は右側についている（図27）。明治十九年に改正されてからは左側が基本となるが、それ以前は飾り釦の位置を服制図で示していなかったため、つける場所が異なった。

　ちなみに非役有位大礼服は、現存する写真から四位以上のものが多いが、そのほとんどが明治五年制に則って調製していることが確認できる。ただし、両胸の桐紋の数に違いがあったり[24]、徳川家達のように明治五年制のものを調製したのち、桐紋が大きく服制図とかなり異なる服を新調した人もいる（図29）。服制図と現物が異なったのは、非役有位大礼服も例外ではなかった。

　このように文官大礼服の飾章は、明治五年制と岩倉使節

26 尾崎忠治　宮内庁三の丸尚蔵館所蔵

27 花房義質『画譜憲政五十年史』(国政協会, 1939年)

団の二系統、全部で六通りに大別することができ、さらに袖章や背面の刺繡のつけかたにも細かい違いがあった。実にバリエーションが豊かだったのである。服制という制度は画一性を求める。定める色や構図と大きく違えば問題となる。国家の儀礼の場で着用する礼服となればなおさらである。大礼服を画一化するには、服制を改正するしか方法はない。政府官員の着る大礼服に権威を持たせるには、制度を整え飾章の混乱を解消しなければならなかったのである。

三　有爵者大礼服の制定と華族

華族の服装といえば、華麗な大礼服を思い浮べるのではないだろうか。実際、現存する記念写真の多くが、ここで紹介する有爵者大礼服姿であり、そのような印象を持たれても無理はないと思う。だが、華族も政府官僚らと同様に大礼服の調製を速やかにおこなわなかったのである。次にそのことを三条実美の嗣養子である三条公恭（後に東三条公恭と改称）の事例で確認する。公恭は、明治十七年（一八八四）七月二十日に奏任官六等官相当の参事院議官補に任命されてからも奏

28　板倉勝達　宮内庁三の丸尚蔵館所蔵

29　非役有位四位以上大礼服・独自型（徳川家達）　徳川記念財団所蔵

任文官大礼服を調製しなかった。大礼服着用日に指定されている天長節などの公式儀礼は、「所労」と称して欠席した。その彼も明治十八年一月の「朝拝参賀」から大礼服を着用して儀礼に臨むことを決意した。それは宮内省の指示があったからだけでなく、「参事院司法部勅奏任官ハ皆々大礼服所持仕居候様子ニテ、就レモ来年元旦ニハ参賀可仕ト推察仕候、然ルニ小児ノミ所労引仕候テハ余程不都合ヲ覚へ」たからだという[25]。

参事院の官員は大礼服を所持しているのに自分だけが持っておらず、毎回所労を理由に欠席するのを心苦しく感じたのであった。公爵太政大臣の嗣子であるにもかかわらず、大礼服も用意できないのかと周囲に見られても不思議ではない。公恭が調製した奏任文官大礼服は百三十円であった。公恭は、参事院議官補として月俸百円を得ていたが、浪費癖のせいで足りず、調製費を父の実美に融通してもらった。大礼服の着用は華族に与えられた特権だが、見方を変えれば着用の強制ともいえる。政府内で最高の官職と俸給を得ている実美の嗣養子にしてもこのとおりであるから、いかに大礼服の調製が困難であったか想像に難くない。

とりわけ貧乏華族と称される公家華族にとって費用のかかる調製は容易ではなかった。その事実は、明治十七年十月二十五日に有爵者大礼服が制定されると顕在化する。同年七月七日の華族令により公爵・侯爵・伯爵・子爵・男爵の爵位制度が設けられた。これにより華族間の序列が明確となった。華族令では、国家の功労者と判断した士族を華族に列した。俗に公卿と諸侯を華族というのに対し、士族など新たに華族に加えられた者を新華族と呼ぶ。有爵者大礼服からは公家華族と武家華族はもとより、華族と新華族の区別もなくなった。

だが、各爵位は正帽の側章・大礼服の襟章・袖章の色別により、わかるようになっている。飾章の色はそれぞれ、公爵が紫、侯爵が緋、伯爵が桃、子爵が藍、男爵が萌黄である。有爵者大礼服のデザインを考案したのが誰なのか、またどの国の服制を参考にしたのかについては、管見の限り史料を見つけることができないため、今のところ判然としない。ただ宮内省が制定している点から推察すれば、式部職の官員の手によるのではないかと思われる。また、詰

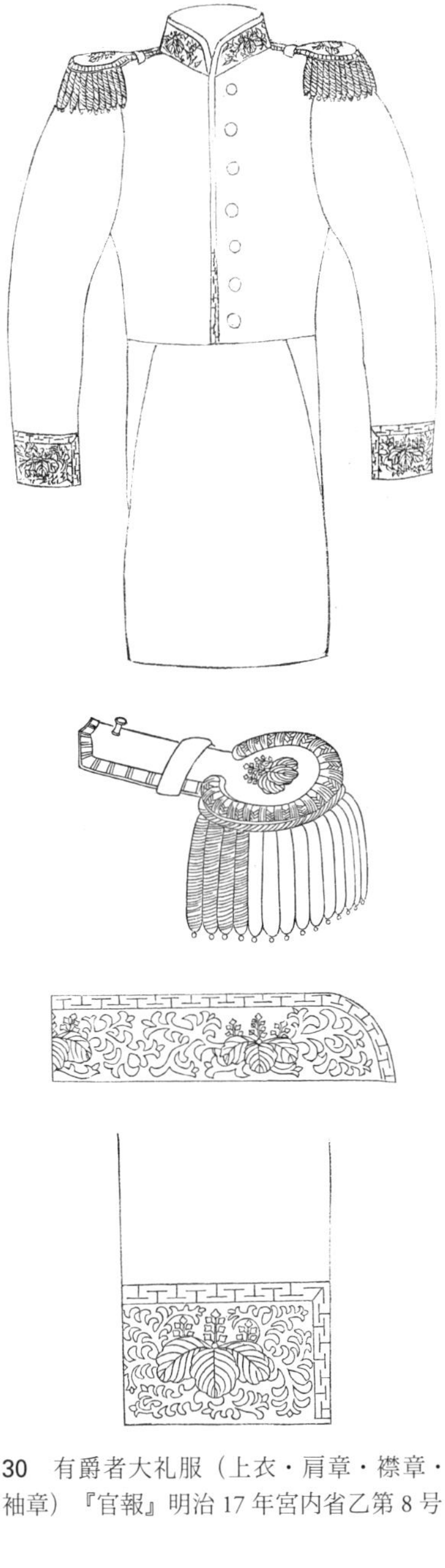

30　有爵者大礼服（上衣・肩章・襟章・袖章）『官報』明治 17 年宮内省乙第 8 号

襟と開襟の違いはあるものの、文官大礼服と酷似しているため、イギリスとフランスの服制を参考にしたと見てよいのではないだろうか。

それでは華族であるなら誰しもが有爵者大礼服を着用できたのかというと、その資格範囲は極めて狭い。有爵者大礼服を着るのは爵位のある家の当主に限られる。華族令により隠居は認められなくなったが、それ以前にすでに隠居している先代当主や、次期当主候補である嗣子・兄弟は着ることができない。先述の三条公爵家の当主は実美であるから、公恭は華族とはいえ公爵の大礼服を着る立場にはなかった。当主以外の華族で位階を有している者は位階相当の非役有位大礼服、政府官職に就いている人は文官大礼服、どちらでもない人は燕尾服を着た。ちなみに当主であっても、軍人は有爵者大礼服ではなく、陸海軍の正装を着ることとなっている。

有爵者大礼服で注目したいのが正帽の毛色である。文官大礼服の正帽は勅任官の白毛と、奏任官・判任官の黒毛に分かれ、非役有位大礼服の正帽は黒毛だけであった。一方、有爵者大礼服の正帽は白毛に限られる。明治二十年五月四日に公布された叙位条例では、従四位以上を「勅授」、正五位以下を「奏授」とし、公爵を従一位、侯爵を正二位、伯爵を従二位、子爵を正従三位、男爵を正従四位と、相当位階を定めた(26)。もっとも受爵時の位階は低く、数年を経て進階するわけであるから、受爵時は従四位以下の場合もありうる。だが、男爵の正帽が白毛なのは、有爵者が勅任官待遇であることを示すといえる。

後述する宮中席次を見ると、有爵者は現職の勅任官よりも優遇されていたとはいえないが、同程度の待遇であった(第三章第二節参照)。勅任官待遇にしたのは、旧公卿および旧諸侯に対する配慮であるとともに、勅任官を長年経験した士族を華族に列する意味でも妥当であったといえる。位階や勲章に比べてごく少数の者に限られる爵位は、栄典制度のなかでも最高の栄誉であった。その意味でいうと、自分の地位を誇示できる有爵者大礼服を彼らは着たかったと見て間違いない。だが、調製が困難であるという声が、皮肉にももっとも家柄を自負する公家華族の間からあがる。

とりわけ明治以降も京都に残り続けた公家華族の生活は困窮した。明治十七年十一月八日、山科言縄と中院通富の両伯爵をはじめ、六条有熙や久世通章など子爵二十一名、さらに維新後に旧堂上格に列せられた押小路師成や穂穠俊香など男爵九名が、宮内卿伊藤博文宛に「元来各家々産乏敷」ため「当分之処大礼服着用可仕之節、京都ニ於テ而已通常礼服ヲ以換用」したいと願い出た。(27) 十一月十五日、これについて宮内省は大礼服が調製できるまで燕尾服の代用を認めた。

京都以外の地方では神職華族から調製猶予願いが出ている。神職華族は、皇室と由緒のある神社の神官であり、維新期には公家の家から養子に入った者も少なくなかった。それゆえ華族に列せられたのだが、なかには経済的に困窮する神職華族も存在した。有爵者大礼服の調製費用をめぐっては、和歌山県の紀俊尚、大分県の到津公誼および宮成公矩が困っていた事実が史料に見て取れる。明治十七年十一月十二日、紀俊尚は伊藤博文に宛てて猶予願いを出している。

これの回答は、十一月二十一日に華族局主事五辻安仲から京都支庁長代理宮内省御用掛伊勢華に対しておこなわれたが、調製猶予は代用願いとは違うから連絡不要であるというものであった。だが、この前日には到津から「維新以来数度之災厄ニ罹リ家計日ヲ遂テ困難ニ属シ、今日些少之家禄ト職ヲ奉スルノ給ヲ加ヘ以テ家族十余名ノ糊口ヲ凌クノミニテ今般被仰出候礼服調製ノ金策外ニ手段無之ニ付、実ニ汗顔之至ニ候得共、本省ヨリ御諭達之代価積書之金額一時御貸与被仰付候儀ハ相叶間敷哉」という要望が寄せられた。(28) 到津の主張からは、明治初期の攘夷主義が色濃く残っていて洋服を着たくなかったわけではないことが理解できる。その証拠に彼は、大礼服の調製に必要な借金を願い出ている。

各洋服店における価格をみると、大倉喜八郎（大倉組）の上等品二百六十五円、中等品二百四十五円、金モールに代えて銅製に金メッキしたもの百七十五円、大和屋民次郎の上等品二百二十四円五十銭、中等品百九十円、大谷金次郎の上等品二百十八円、石内藤七の上等品百七十九円五十五銭、中等品百五十九円五銭と高額である。(29) 政府要職に就いている華族はともかく、非役有位で俸給を得ていない華族が大礼服を調製するのは容易ではない。とりわけ羅紗生地を染色し、そこに金モールで刺繡する作業に費用を要した。

そこで十月から十一月にかけて宮内省調度課は、大和屋、津川治助、石内藤七、大倉喜八郎（大倉組）に紫、緋、萌黄に染めた服地と、染める前の「白絨」の作製を依頼している。また、調製の見本となる服制図二百部の製本は、吉川半七が請け負った。十一月一日から二十日までに公爵十一名、侯爵二十四名、伯爵七十六名、子爵三百二十四名、男爵七十四名分の「大礼服飾章」が仕上がると、調度課を介して華族局に送られた。(30) 総計五百四名分の大礼服飾章を宮内省が用意したのは、華族たちの負担を少しでも軽くしようとの配慮であった。実際、京都の宮内省支庁は、大礼服の襟章と袖章を希望する華族たちに対して無償で支給している。(31)

表5　有爵者大礼服の調製費

洋服店	上等出来ノ分	中等ノ分	銅台モノニテ出来ノ分
石内藤七	179円55銭	159円5銭	
大谷金次郎	218円		
大和屋民次郎	224円50銭	190円	
大倉組（大倉喜八郎）	265円	245円	175円

出典：「帝室例規類纂」明治17年，族爵門（宮内庁書陵部所蔵）から作成。

このような状況にもかかわらず、調製猶予は出願におよばないのか。華族局の曖昧な回答に不安を感じた伊勢は、十一月二十七日付で五辻にあらためて確認の書面を送付した。その主旨は、地方在住華族も新年朝拝をはじめ三大節と無関係でないと思うがよろしいのか、その点を明確にしてもらわないと、大礼服調製猶予や燕尾服代用を願い出る者に的確な指示ができないというものであった。十二月三日、五辻は「地方ニ在住スレハ大礼服着用スヘキ日ハ先ツ無之モノナレハ差向調製ニ及間敷トノ儀ナリ、決シテ散在華族ハ朝拝三大節等ニ管スルコト無キモノナリトノ儀ニ非ス」と回答している。(32) 地方在住の華族は新年朝拝をはじめ三大節などに無関係とはいわないが、そのために上京参内しなければ大礼服を着る機会はない。したがって五辻は、地方在住の華族は急いで大礼服を調製しなくてもよいと判断したのである。

神主には祭服の着用を認める措置もあった。それは十二月に十五名の華族から出された代用願いに対する回答から確認できる。日野西光善・京極高富・粟田口定孝には、「神官ノ廉ヲ以テ拝賀致候ヘハ祭服着用被差許候儀ニ付、有爵ノ廉ヲ以拝賀セス、神官ノ廉ヲ以拝賀スヘシ」と指示された。有位者の六条有容と梅溪通治にも、同じく有位者としてではなく神官として参内するようにとある(33)。

しかし、病気や老齢を理由に直垂で代用することはできなくなった。十二月十九日に三室戸雄光と豊岡随資は、大礼服の調製が困難なことに加え、老齢かつ体の不調を訴えて直垂で代用してよいか確認を取ったが、いずれも不許可だった(34)。明治十七年十二月をもって公式儀礼の場で華族は、規定どおり大礼服か祭服しか着ることができなくなったのである。

宮内省華族局の回答を得た紀俊尚は、十二月十五日にあらためて調製猶予ではなく、燕尾服の代用願いを提出した。これに対し宮内省は、十二月二十三日付で「東京ヲ除キ」と明記した上で燕尾服の代用を認めた(35)。ところが、同様の願いを提出した到津や宮成に対する十二月二十七日付の回答では、燕尾服の代用を明治十八年一月限りと期限を設けている(36)。ここで代用期限が設けられたのは、同日付で有爵者大礼服の調製期限を翌年一月末までと決めたためである。華族局によると、京都公家華族や地方の神職華族に燕尾服の代用を許可したのは、地方で大礼服を早急に調製するのは困難と判断したからだという。だが、地方在住の華族に限りいつまでも調製しなくてもよいというのは不公平であった(37)。

華族局の方針転換により、山科や中院らの燕尾服の代用期限も明治十八年一月末までとなり、また、殿掌を務めた華族には燕尾服の代用は認められなくなる。殿掌とは、京都御所をはじめ、大宮御所・桂離宮・修学院離宮などの各所を保護するため設けられた役職で、日替わりで詰所に待機した。年俸は百七十円から百円の間で支給された(38)。冷泉為理など殿掌を務める十六名の公家華族は、十二月十六日から二十三日にかけて燕尾服の代用願いを提出したが、宮内省は「他ノ有位者ヘ差響キ候ニ付、御聞届難相成」と許可していない[39]。殿掌を務める華族のなかには、舟橋遂賢のように当主ではあるが未成年の者も含まれていたが、有爵者は未成年であっても有爵者大礼服を着用しなければならなくなった[40]。

しかし、宮内省がいくら着用を強制しても、公家華族や神職華族たちに先立つものがなければ調製は不可能である。殿掌の俸給額は、燕尾服で代用してきた判任官と大差ないことを見ても、調製を急がせるのは無理強いといえる。実際、代用期限の明治十八年一月を過ぎると、無理な要求であったことが明らかになった。同年三月、広島熊本両鎮台による大演習を観覧するため福岡県へ行幸が決まると、二十四日に到津公誼は宮内省支庁長宮内大書記官北垣国道に宛て天機伺いの希望を提出し、その際の服装は燕尾服かフロックコートでも構わないかと問い合わせている。天皇の宿泊する行在所へ天機伺いする場合は、燕尾服かフロックコートで問題なかったのだが、この問い合わせのとき到津は「大礼服未タ調製出来不申」と断っており[41]、代用期限を過ぎても有爵者大礼服を調製できない華族のいたことが見て取れる。

四　文官大礼服の改正

文官大礼服を燕尾服で代用する者や、それすら用意ができずフロックコートや羽織袴が認められる場合を除いて儀礼に参加できない者がいたり、大礼服の飾章も統一されていない状況では、大礼服に権威と魅力は備わらなかった。さらに、明治十年代になると大礼服制そのものの欠点が顕在化した。判任官の飾章に銀色を指定していたことと、官等を示す袖の等級標条が理解しづらかったことである。

判任官が大礼服を調製できず、代わりに燕尾服を用いていたことは先述したが、明治十五年（一八八二）十二月に宮内大輔兼特命全権公使の杉孫七郎がハワイへ派遣された際、随行を命じられた柿内七等属は大礼服の調製を迫られた。宮内省は同国の「格別之大礼式」に出席する者に燕尾服を着せるわけにはいかず、柿内に調製費用を負担させることも難しかった。そこで宮内省は判任官大礼服一式の代金百十八円二十五銭を下賜している[42]。外国の王室が主催する儀礼に参加する宮内省や外務省の関係者は、判任官といえども大礼服を用意する必要があったのである。大礼服で出席すべき儀式に略装の燕尾服で臨むのは、主催者である相手国の王室に対して無礼となる。

ちなみに岩倉使節団が現地で調製した大礼服の費用も国費で賄われている。当時フランスとイギリスに在勤していた公使および書記官も大礼服を調製したが、その費用は使節団とは異なり支給されなかった。そこで明治八年三月二十四日に外務少輔の山口尚芳は太政大臣三条実美宛てに使節団だけに調製費が支払われ、現地の外交官たちにそれがないのは不公平だと訴えた。これに応じて四月二十日に寺島宗則、岡田節、鈴木金蔵、鮫島尚信、青木周蔵、長田銈太郎の調製費の支給が認可された[43]。六名に支払われた総額は二千七百一円十八銭六厘であるから[44]、平均四百五十円を要したことがわかる。

だが、実際に判任官大礼服を着て儀礼に臨むと、不都合な問題が生じた。それは勅任官と奏任官の大礼服が金色飾章であるのに対し、判任官大礼服が銀色飾章であったことである。明治十二年三月五日、特命全権公使の鮫島尚信は、外務卿寺島宗則に宛て、海外公使館在勤の書記官が大礼服を所持していないため、「朝廷之盛礼夜会」に出席できないと伝えた。続けて鮫島は、書記官が金飾なのに判任官が銀飾であるのは不体裁だと指摘し、また銀飾は書記官に不評であるとも述べた。そして国内の服制改正は後日するとしても、海外在勤の書記官に限っては等級標条をはずした奏任官大礼服を許可してはどうかと提案した[45]。

これと同じ頃、二等書記官の本間清雄も同様のことを感じていた。本間は明治十二年三月二十三日付で外務大輔森有礼に宛て「在欧書記官之如きハ相応之御手当を受ケ」、「薄俸之者とも多少異り候」などと、大礼服を調製する余裕を認めながら、金銀飾の相違が不体裁であると指摘した。そして「在欧交際官」に限り「交際服」と称して奏任官と同様の金飾を許可してほしいと要望している[46]。鮫島と本間に対する回答は見出せないが、その許可は公布されていないため、聞き入れられなかったと思われる。だが、大礼服の課題と指摘された点には留意を要する。

太政官は官等の新設に対応して等級標条を増やした。明治十六年八月十二日に五等駅逓官、六等駅逓官、同年十二月十五日に奏任郡長、翌十七年三月十九日に八等官の判事および検事、同年九月二十五日に収税長の等級標条が制定された。金線をつけない六等駅逓官を除けば、いずれも奏任官の袖章の下に幅五厘の金線一条をつけるようになっている。また大礼服制で規定しておきながら、実際に等級がなかった判任十六等官と十七等官が、八等官の判事および検事の等級標条の制定と同じ日に施行された[47]。

さらに明治十七年十二月五日に雅楽師長、雅楽副師長、翌十八年十月七日に八等相当の掌典、九等相当の掌典の等級標条が制定されている。雅楽師長と八等相当の掌典は奏任官の袖章の下に幅五厘の金線一条があり、雅楽副師長と九等相当の掌典には線がなかった[48]。宮中儀礼で和洋楽の演奏を担当する雅楽師、宮中祭祀を掌る掌典は、いずれも宮内省の所轄官員であったが、この頃はまだ宮内省の特別な大礼服を着ていなかったことがわかる。これについては次章で詳述する。

新設された等級標条は、奏任官の袖章の下に幅五厘の金線一条をつけるものが多かったが、その意味する官職を儀礼の場で理解できた者は少なかったと思われる。また袖章の下に金線をつけるには、明治五年制の袖章か岩倉使節団の袖章でなければならない。岩倉使節団の改変には、新設の等級標条はつけられない。等級標条は次第に把握しづらくなり、また公布図と異なる袖章が調製される状況が生まれた。

制度と実態が乖離しているのは、大礼服に権威と魅力がなかったことの証左である。そのような大礼服を積極的に作る気になれないのは当然である。明治十五年十二月二十二日に参事院議官に任命され、奏任官から勅任官に昇格した尾崎三良は、「大礼服を好まず之を新製することに躊躇せしも、毎度所労不参届も心苦しく、漸く一具新調して此天長節に始めて賠宴の栄を得たり。此大礼服の為めに四百円を貪られたり。当時物価低く、金モール其他今の半価にして大約原価百八、九十円なりしを、裁縫家に於て非常の暴利を貪りたるに依る(49)」と、大礼服を調製した顚末を記している。

ここからは、彼が奏任官だったときはずっと大礼服を所持していなかったこと、勅任官に昇格してもすぐに調製しなかったことがわかる。そして勅任官に昇格して三大節に参加できる特権を栄誉と思いながらも、その際に着用する大礼服には魅力を感じていない点は見逃せない。それは尾崎が大礼服を好意的に見ていなかったからだろうが、彼と同じように考える者がほかにもいたと推測できる。もし大礼服に魅力を感じていたならば、勅任官や奏任官に就任したらすぐに、無理してでも調製したに違いない。だが、実際には政府が期限を設けても調製せず、儀式の当日には「所労」と称して欠席する者が後を絶たなかった。これは、後年の官僚や代議士たちとは大きく異なる点として留意を要する。

大礼服制の問題は、本来の服制図とは異なるさまざまなタイプが調製されたことにとどまらなかった。大礼服を調製せず小礼服で代用する者が少なくなかったことや、等級標条をはじめ服制の規定が理解しづらいなど制度の不備が明らかになった。大礼服を作りたがらない人が多かったのは、このような服制上の欠陥があったからだと考えられる。位階よりも官等を優先した大礼服制は、位階にもとづく衣冠に代わる礼服であった。大礼服は高位無官の華族よりも、低位高等の官員を上位に定めた。だが、こうした問題が生じたため、大礼服は権威を失い魅力的ではなかった。この問題を解決するには、文官大礼服制の改正をおこなう以外に手段はなかったが、政府は改正に踏み切れずにいた。その理由は、官員に再び高額な調製費を負担させることと、改正したところで大礼服を統一できるかという不安があっ

31 明治19年改正の文官大礼服
右が勅任官，左が奏任官『官報』明治19年宮内省達15号

たからだと思われる。

ところが、明治十八年二月十日、内閣書記官から通達が出て、太政官内の奏任官以上が出仕する際の洋服着用が義務づけられた。同年一月から有爵者に大礼服の着用を指示したことを勘案すると、大礼服の代わりの燕尾服や、フロックコートの代わりの羽織袴をやめようとしていたと考えられる。病気を理由に羽織袴を着る場合は、その旨掛長に申し出て許可を得なければならなくなった(50)。これにより二月十八日には太政官の各局で、准奏任御用掛および判任官もなるべく出仕の際は洋服とするべく協議がおこなわれ(51)、翌十九年五月七日に「自今高等官及判任官登衛ノ節ハ必ス洋服着用スヘシ」との訓令が出された(52)。

この間の二月五日付で宮中顧問官に任じられた元田永孚は、宮内大臣伊藤博文および宮内次官吉井友実の両名に宛て「制服着用勿論之事に候処、老体殊に足疾にて着服不自由に付、奉羽織袴着用出仕、御免被仰付置候に付、向後之儀は同勤一同御召等に付て参内之節は格別、其他は平服着用出仕是迄《（ママ）》通り御免可被仰付哉」と伺いを立てている(53)。宮中顧問官に制服はないので、元田のいう「制服」「平服」とは洋服のことと思われる。元田は、天皇に呼ばれて参内するような特別な場合を除き、「平服」「制服」として羽織袴を着てもよいかと尋ねたのだった。この回答は明らかではないが、元田の主張する「老体」「足疾」という理由に鑑みれば、羽織袴の着用は認められたと推測できる。

ここに病軀をおして出仕する者を除き、官員の仕事場から羽織袴姿は消えた。太政官制から内閣制への移行は、大礼服制の整備はもとより、官員の仕事着として洋服を定着させる契機となったのである。一方で洋服よりも羽織袴のほうが快適という服装観は残っていた。当時の人々にとって自宅でくつろげる服装は、洋服ではなく和服であった。洋服は官員の体裁を保つにはよいが、必ずしも着心地のよいものではなかった。服装で他者に権威を示すには、それなりの苦痛をともなったのである。

判任官といえども洋服の着用が義務づけられるようになると、ついに課題の多かった文官大礼服の改正に向けた動きが宮内省内で出てくる。文官大礼服改正取調掛は、丹羽龍之助、万里小路正秀の両式部官と、蔵田秋輔、松田龍章の両式部属が担当した。また明治十九年九月には改正図作成のため、工科大学造家学助手の曾山幸彦が取調掛に加わった。十一月一日、式部長官鍋島直大は宮内大臣伊藤博文に宛て「官制改革ノ機ニ際シ文官大礼服制別紙図表ノ如ク改定相成、単ニ勅奏ヲ大別スルノミニシテ等級標条ハ総テ廃セラレ候方可然」という方針を示している(54)。ここからは、文官大礼服の改正理由を前年の太政官制から内閣制への移行に求めているのがわかる。諸外国ともかかわりのある大礼服制は、他の制服とは異なり簡単に改正すべきものではなかった。したがって、官制改革は、まさに絶好の機会であった。

そう考えると、結果的には実現しなかったが大臣大礼服が考案されたのも頷ける。宮内省の公文書類に埋もれていた大臣大礼服は、名称どおり内閣総理大臣以下の各国務大臣を対象とする。政府官僚の勅奏任官や、帝国議会が開かれてからは貴族院および衆議院の代議士たちとの違いを示すという意図が図面から伝わってくる。上衣の正面と袖章およびズボン側線の刺繡は半菊に唐草模様、金釦には菊紋という格調の高いデザインである(55)。菊紋の皇族大礼服と、桐紋の文官大礼服の中間的な位置づけであったが、幻におわっている。公布に至らなかった理由はわからないが、目的が宮中と府中との区別をつけるだけであり、これ以上種類を増やすのを避けようとしたのではなかったか。仮に実現していたとしたら、藩閥内閣の時期はともかく、政党内閣制に移行してからは大臣がたびたび変わるため、新任者は大臣大礼服を新調し、辞任したら文官大礼服や非役有位大礼服を仕立てねばならず、多額な出費を強いられたに違いない。

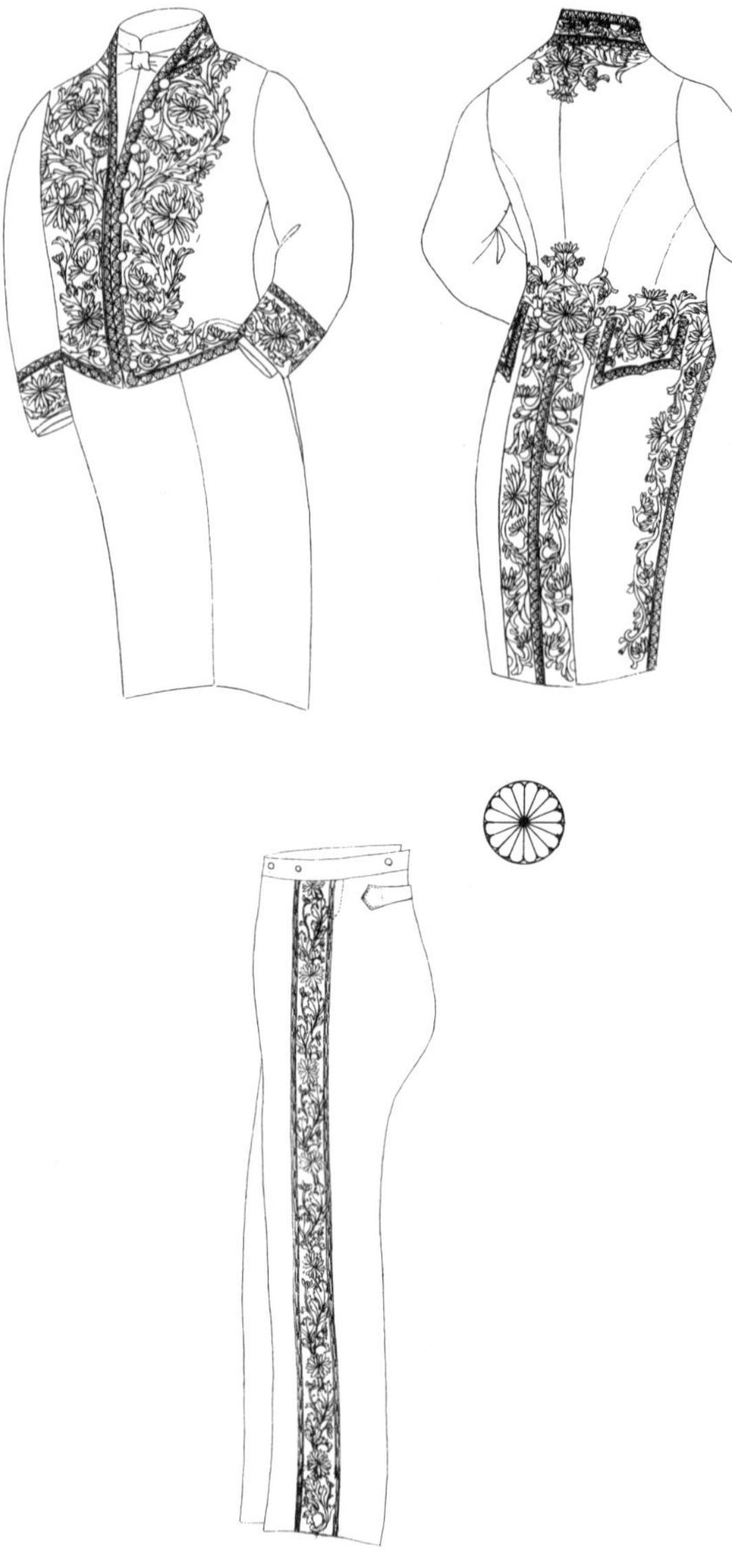

32　大臣大礼服　正面・背面　「例規録」式部寮，明治 19 年

大礼服制の改正の内容に触れる前に、明治十九年三月の勅任官と奏任官の俸給を確認すると、最高額は内閣総理大臣の九千六百円、次に各大臣の六千円と続き、勅任官一等が五千円か四千五百円、最低額は奏任官六等の六百円から四百円である。また四月に改正された判任官の俸給は、一等が九百円か七百二十円、十等が百四十四円となっている（表6）。ここからは、七百円以上の収入がある奏任官五等が大礼服を調製できる境界線となっており、それより下の者たちは調製困難であったことがうかがえる。

表6　高等官・判任官俸給（明治19年3月・4月）

官等	等級	年俸額
勅任官	内閣総理大臣	9600円
	各省大臣	6000円
	1等	（上）5000円，（下）4500円
	2等	（上）4000円，（下）3500円
奏任官	1等	（上）3000円，（中）2800円，（下）2600円
	2等	（上）2400円，（中）2200円，（下）2000円
	3等	（上）1800円，（中）1600円，（下）1400円
	4等	（上）1200円，（中）1100円，（下）1000円
	5等	（上）900円，（中）800円，（下）700円
	6等	（上）600円，（中）500円，（下）400円
判任官	1等	（上）（月俸75円），（下）（月俸60円）
	2等	（月俸50円）
	3等	（月俸45円）
	4等	（月俸40円）
	5等	（月俸35円）
	6等	（月俸30円）
	7等	（月俸25円）
	8等	（月俸20円）
	9等	（月俸15円）
	10等	（月俸12円）

出典：『官報』明治19年，勅令第6号，第36号から作成。

改正に際しては、勅任と奏任を区別するものの、従来問題となっていた等級標条を廃止した。判任官の服制規定および服制図は記載されていないが、廃止したという文言も見当たらない。廃止していない限り、判任官大礼服は残っていたといえる。奏任官の金飾の部分を銀飾にしたデザインであり、かつて鮫島尚信や本間清雄から出された意見は無視されたことになる。だが、両者の意見を反映せず、改正図にも載せなかったのは、外務省や宮内省のように公費を支給しなければ調製できず、多くの判任官が燕尾服で代用していたからであろう。判任官大礼服は依然定められてはいたが、現実的には運用は困難と当局も判断したと考えられる。

非役有位大礼服は、文官大礼服の規定にもとづ

33　明治19年以降の非役有位大礼服（黒田長知）『太陽』2–17

34　明治19年以降の非役有位大礼服（徳川慶喜）『太陽』8–1

いて改正するとあるため、四位以上は改正された勅任官、五位以下は改正された奏任官の、それぞれ唐草のないものと判断してよいだろう。これは黒田長知の写真で確認できる（図33）。だが改正図が載っていなかったため、徳川慶喜のように片側に桐紋四個、袖に桐二個というものも生まれた（図34）。

曾山が描いた大礼服改正図は大蔵省印刷局に回され、十二月三日に刷りおわっている。そして翌四日、文官大礼服の改正が絵図面入りで公布された。改正図を見ると、岩倉使節団の大礼服の改変と同じであることがわかる。これは明治八年七月に公布を試みた改正服制図とほぼ同じであるから、それが約十年を経て実現したことになる。第二節でも指摘したが、明治五年制よりも岩倉使節団に倣って調製する者のほうが多かった。両大礼服の大きな違いは、前者が詰襟で平面的なのに対し、後者が開襟式で立体的な点にある。次節で述べるとおり文官大礼服の改正時には、高い裁縫技術を要する立体的な大礼服を仕立てる洋服店の数が以前に比べて増えていた。

五　大礼服と洋服店

文官大礼服および非役有位大礼服が制定された当初、仕立てられる洋服店は限られていた。そもそも当時はまだ攘夷の気風が残っており、洋服を着たがらない者も少なくなかった。明治四年（一八七一）七月から六年一月にかけて政府官員は出仕に際して洋服を着るようになり、その間に国家の礼服として洋式の大礼服制が制定されたため、ようやく洋服を作る必要性が生まれたのである。全国でも洋服店は東京を除くと開港地のある府県に限られ、そのなかでも大礼服や燕尾服などを仕立てられる職人を抱えていたのは数店しかなかった。

大礼服を手がけた先がけは、横浜や銀座で開業した仕立職人たちである。文久三年（一八六三）に横浜で洋服仕立ての修業をした山岸民治郎は、慶応三年（一八六七）に横浜で大和屋を開業した。この大和屋と同名で慶応四年四月に横浜で開店したのが大谷金次郎であり、彼は明治初年に銀座尾張町二丁目角に店を移転する。そして明治十年にはさらに芝口二丁目十二番地へと移った。大和屋の旧店舗は山岸が引き継ぎ、大民洋服裁縫店と改称した(56)。

山岸や大谷と並んで日本の洋服仕立職人の草分け的存在といわれるのが、鈴木篤右衛門である。鈴木は慶応二年に幕府陸軍伝習生の沼間守一から足袋職人の腕を見込まれ、横浜警備隊の制服を作るよう依頼された。その後には横浜居留地のイギリス人洋服仕立師ローマンの弟子となり、外国人の洋服を仕立てた(57)。横浜には長州藩奇兵隊出身の本郷和助が経営する山城屋があり、明治四年十一月にはドイツ人の洋服仕立師ブラントを雇い入れている。そして明治五年に山城屋は明治天皇の洋服を仕立てることとなる(58)。

幕末に横浜で開業した洋服店が明治初年に銀座へ移転しているのは、その数年で世間の洋装観が少し変化したからだと考えられる。横浜に洋服店が多かったのは外国人居留地があったからである。幕末に洋服仕立職人や洋服店があったからといって、日本人に広く洋服が受容されていたわけではない。

山岸や沼間が軍や警備隊の制服を仕立てていたことに注意しなければならない。動作性を重視する軍服は例外として、幕末期に外国人と同じ服を好んで着ようという日本人は少なかった。それは新政府に出仕する政治家や官僚がフロックコートや背広を着ず、狩衣・直垂・羽織袴といった和装をしていたことでも証明される。なによりも明治四年八月に「服制変革内勅」を出すまで、明治政府も服制に洋服を取り入れることは考えていなかったのである。内勅により洋式服制が正当化されてからも、政府の方針に異議を唱える人々は少なくなかった。(59)

このように幕末期に開港地にあった洋服店は、外国人や軍服を扱う特殊な店だったと考えるのが自然である。だが政府が洋装を公認し、洋式服制が制定されると状況は変わってくる。政治家や官僚たちは、参内や大礼服着用日に着る大礼服や燕尾服をはじめ、フロックコートなどを誂えねばならない。彼らにとっては新橋から汽車に乗り、横浜まで行って注文するより、邸宅と近い銀座界隈に店があったほうが便利である。

そこで文明開化の中心地である日本橋や銀座に洋服店が集まるようになった。先述した大谷洋服店、大民洋服裁縫店のほか、銀座二丁目五番地西側角に大倉喜八郎が大倉組洋服部、銀座四丁目に森村市左衛門が森村組を開業している。大倉組洋服部は、明治六年十月にイギリス王室の裁縫師であったゼームス・アスヒナル・ボールドマンを雇い入れた。彼には、初年俸千七十五円、二年目に千二百九十五円、三年目に千四百十円と、(60)破格な待遇が用意された。

また大民洋服店でも、イギリス人ゼームス・エスデールを明治十一年四月から六月まで月給四十円で雇っていた。大礼服や燕尾服を仕立てるのは難しかったため、その裁縫技術を一流の外国人仕立職人から学ぶ必要があった。同店にはゼンマイ仕掛けで回転する大礼服の人形が飾ってあり、銀座の名物になっていた。(61)これは当時最高の技法を必要とする大礼服や燕尾服の調製ができるという宣伝だったと考えられる。大倉組洋服部が新聞広告で「大小礼服、通常服、婦人服、その他付属の品々で、欧米各国の流行に基づきいかようにも好みに応じて調製いたします」と宣伝したのも、ボールドマンからの指導を受けたからにほかならない。[62]

大礼服が制定されてから十年が経過すると、需要に応じて洋服店の数も増えてきた。銀座を中心とする大手洋服店で修業を積んだ仕立職人が独立し、新たな店舗を構えるようになったためである。明治十五年四月三日、大民洋服店の下請けをしていた北村洋服店で修業した柴田光之助は、日本橋蛎殻町に柴田屋洋服店を開業した。明治二十一年、銀座二丁目の銀座通りに店舗を移すとともに米田屋洋服店と改称している。光之助の孫和子の聞き書きからは、大礼服を仕立てる洋服店を開業するまでには、相当の年数と技術力が必要なことがうかがえる。

米田屋へ小僧が入店すると、初めの一年間は工場の仕事はさせてもらえない。店の掃除、お使い、客への届け物をする。これが翌年、新しい小僧が入るまで続く。二年目から工場へ上がって、磐板（場板とも呼んだ。仕事台のこと）に就く。一つの磐板を囲んで、四人が二人ずつ向き合って座る。一番偉いのが場長で、これが上着を縫う（上着屋）。二番目がチョッキを縫い（チョッキ屋）、三番目がズボンを縫う（ズボン屋）。新米は上記三人の助手をする。助手は、アイロンを炭火で熱くする。煙草を買って来いと言われれば、買って来る。仕事は手に取って教えてはくれず、見ていて覚えるのである。ズボンから縫い始めるが、一ヵ月でズボンを縫えるようになる人もあり、半年かかっても何も縫えない人もいる。年季は七年で、後に六年になった。〔中略〕上着が縫えるようになると、その次は大礼服を縫うが、これができるようになるのは、十人中、一人か二人である。大抵は縫えないままに終わってしまうが、それでも独立して洋服屋になることができた。[63]

洋服店の実態がわかる貴重な証言である。大礼服を仕上げる難しさが理解できるが、高度な裁縫技術を取得して独立する者がいたのも事実であり、そうした新規開業の洋服店が大礼服の供給力となった。

大谷金次郎の大和屋は、明治十七年十月二十六日の広告で「今般御華族有爵者御大礼服並御佩剣御制定相成候に付、弊舗より宮内御省へ見本製調差出候処、則ち御允可を蒙り既に御用被仰付候、就てハ此上勉励調進可仕」と宣伝している。[64] この広告は、数日続けて新聞に掲載されており、有爵者大礼服の調製に対する自信が見て取れる。実際、見本を作って宮内省に提出したところ、お墨付きを得たというから、さすがは明治天皇の洋服を請け負っただけのことはある。

小日向水道町十一番地に開業した太田彌三郎の洋服店でも「今般有爵者御大礼服御製定相成り候に付、此際一層勉励調進仕候」などと宣伝しており、[65] 有爵者大礼服の制定を契機に大礼服を手がける洋服店が目立つようになる。

日本橋通一丁目の白木屋洋服店は、明治二十年三月の広告で「昨年十二月大礼服御改定の旨被仰出、就てハ右適当なる黒絨及び金毛織等英仏へ注文致置候処、今般極上等品沢山入荷致候」と宣伝している。[66] 同年同月に鎧橋通り小網町四丁目に開業した洋服裁縫店の菊屋は、イギリスの裁縫師に熟練した職工の斡旋を依頼し、毎週ロンドンやパリから最新の裁縫専門誌を取り寄せ、「男女大礼服を始め洋服一切を廉価念入に仕立てる」という。[67] 両店の共通項は、イギリスとフランスの高級素材や最新の情報、技術力を売りにしているところにある。

文官大礼服が改正された明治十九年十二月には、宮内省から大礼服の調製をおこなう洋服店宛てに大礼服制図が送られている。改正図と同じように調製させ、統一を図るためであった。送付先の洋服店一覧が表7であるが、日本橋・銀座・京橋・芝・神田・麴町・横浜に限定されているのがわかる。太田の店や白木屋が挙がっていないことから、実際にはもう少し多かったように思われる。だが、地方には大礼服を調製する店がないことと、調製費が高額なことに変わりはなかった。そもそも地方で大礼服を着る人は県庁の役人くらいしかいなかったため、地方の洋服店にそれほど高度な技術は必要なかっただろう。米田屋で修業した職人で、大礼服を縫えなくても独立して店を構えることができたというのも頷ける。

芝日影町二丁目一番地の尾張屋久輔は、白木屋洋服店と同じ紙面に、「洋服」という見出しで「御不用物並に洋服裁縫店御下取質物流等非常高価に申受候」など謳い、[68]明治十九年九月二十二日からは麹町区飯田町五丁目十八番地の美濃屋が同様に洋服の高価買取を宣伝している。[69]この洋服には大礼服や小礼服が含まれていることはいうまでもない。その点は、明治二十六年十月二日から芝区宇田川横町一番地の高野豊吉が「古服大礼服陸海不用品高価に買受申候也」[70]と、宣伝していることからも裏づけられる。後述するが、柳原土手沿いの神田周辺や芝日影町は尾張屋のような古着店が集まるところで、国葬や即位式などが近づくと、大礼服や小礼服を新調できない客で繁盛した。

表7　大礼服を調製する洋服店

	店主名・屋号	所在地
1	大村和吉郎	日本橋通 1 丁目 8 番地
2	石内藤七	日本橋区本町 1 丁目 12 番地
3	和国屋雑賀秀太郎	日本橋区本町 5 番地
4	三越得右衛門	日本橋区駿河町 7 番地
5	山田屋重兵衛	日本橋区呉服町 6 番地
6	中野要蔵	日本橋区呉服町 22 番地
7	坪内伝兵衛	日本橋区本石町 2 丁目 9 番地
8	桃川国太郎	日本橋区元大工町 5 番地
9	大谷金次郎（大和屋）	芝区芝口 2 丁目 12 番地
10	小松崎茂助	芝区露月町 19 番地
11	池田巳之太郎	芝区中門前 1 丁目 5 番地
12	福森銀次郎	芝区愛宕下町 4 丁目 1 番地
13	沖村市太郎	芝区愛宕下町 4 丁目 8 番地
14	大倉喜八郎（大倉組）	京橋区銀座 2 丁目 5 番地
15	丸善商社	京橋区銀座 2 丁目 6 番地
16	森村市左衛門（森村組）	京橋区銀座 4 丁目 1 番地
17	山岸半四郎・民治郎	京橋区尾張町 2 丁目 25 番地
18	植野重吉	京橋区南鞘町 2 番地
19	小川徳次郎	京橋区南鞘町 7 番地
20	神谷米作	京橋区八官町 18 番地
21	田中嘉七	神田下白壁町 1 番地
22	高羽惣兵衛	麹町区麹町 5 丁目 2 番地
23	津田屋作兵衛	麹町区麹町 13 丁目
24	森田屋伊作	横浜弁天通 2 丁目

注：「文官大礼服制改定ノ件」（「例規録」式部職，明治 19 年，宮内庁書陵部宮内公文書館所蔵）所収の服制図配付店や配付請願書に記されている店名を地域別にリスト化した。

古着屋で買い求めたほうが、新調するよりは安くすむ。古着屋がどの程度で仕入れるのかは判然としないが、高価買取という広告どおり二束三文の値段ではなかっただろう。その証拠に、大礼服を盗まれる者があらわれた。明治十三年二月十六日、元老院議官斎藤利行邸の土蔵から八百七十円と、勅任文官大礼服、帽子、サーベルが盗まれ、[71]同二十二年八月三十一日には武家華族の戸田忠友邸から勲四等旭日小綬章と、銀台に金メッキの大礼服の釦十三個が奪われている。[72] 当時、勲章を売買していたとは考えにくいが、金釦だけでも買い取る店があったことがうかがえる。

だが、被害届を出されれば、足がつきやすいのも事実であった。明治十三年十月三日、大久保某が飯田町一丁目の溝のなかに風呂敷包が落ちているのを発見し、広げて見ると大礼服が出てきた。大久保が最寄りの警察署に持参すると、この大礼服は前日に公家華族の竹屋光昭邸の土蔵から盗まれたものであった。[73] 盗んだものの、売り先に困った泥棒が側溝に落としたと思われる。これらの盗難事件は、大礼服を調製する洋服店が増えたとはいえ、依然として高価な商品であったことを物語っている。大礼服が戻ってきた竹屋はよいが、盗難に遭った華族や勅奏任官は再び調製しなければならなかった。

大礼服など注文に応じて仕立てる洋服店を「一ツ物屋」というのに対し、古着屋などの既製服を売る洋服店は「数物師」と呼んだ。東京に比べて大阪の洋服店は「数物師」が多く、注文服である「一ツ物屋」の数は少なかった。[74] その大阪でも高麗橋二丁目三番地で諸糸組紐類および陸軍将校飾章を扱う三井糸店の豊田善右衛門が、「文官大礼服（勅任奏任）飾章及ビ付属品共惣シテ正価ヲ以御予約ニ応ジ調進可致候也」[75] と、広告を出している。大阪に大礼服を調製する洋服店が登場するのは、文官大礼服が改正された頃である。

三越は宮内省御用達であるが、洋服部の新設を決定したのは大礼服の改正と同じ明治十九年であった。改正当時は請負うことはできず、洋服部の新設にあたり藤村喜七と山岡才次郎をヨーロッパに派遣した。翌年にフランスから女性裁縫師三名を招き、同二十一年一月八日に開店した。だが、洋服の受注は芳しくなく、明治二十八年には閉鎖を余儀なくされた。それから約十年経った明治三十七年十月一日に洋服部を再開すると、ロンドンから裁縫師アレキサンダー・ミッチェルを招聘した。最新流行の紳士服を仕立て、宣伝にも力を入れるようになった。[76] 生地の仕入れは、創設当時より京都室町で洋服商兼羅紗商を開業した植村伝助商店が担ってきたというから、[77] おそらく大礼服の生地も植村の手によるだろう。

三越洋服部の新設当初は柴田光之助が手伝いに来ていたが、彼の弟子で後任の名和小六は「裁縫の神様・明治中期の名人」と称された。洋服部が再開された際には、同じく柴田の弟子である平山桂蔵が三越百貨店の初代洋服部長に就任した。その後、平山は京橋に平山洋服店を開業する。米田屋で大礼服を縫う技術力は米田の娘婿となった佐野忠吉が一番で、彼は一月にフロックコートを十八着も仕立てたという。ほかにも米田屋で修業を積んだ増田保は八官町に増田洋服店、桜井鉄五郎は日本橋に洋服店を開業している(78)。明治三十年代から四十年代には、北村洋服店を親、米田屋洋服店を子とすると、孫にあたる新進気鋭の洋服店が登場したのだった。

大礼服制の制度的な不備が改善された頃、西洋の洋服店にも見劣りしない技術力を有する洋服店が数多く登場した。ここに至るまでには十余年という歳月を要したのであり、にわか仕込みでできるようなものではなかった。これらの洋服店は、次章以降で述べる大礼服の有力な供給源となる。

註

(1)「大礼服調製期限并換用准許・二条」(「太政類典」第二編第五〇巻、国立公文書館所蔵、二A—九—太二七二)。

(2)「学校教員ハ大礼服着用ノ節タリトモ通常礼服ヲ用ユ」(前掲「太政類典」第二編第五一巻、二A—九—太二七三)。

(3)『法令全書』明治十年太政官達第六五号。

(4)「大礼服新製取調書」明治五年—六年(「宮島誠一郎文書」早稲田大学図書館所蔵、D—二三)。

(5)「大礼服衣袴黒羅紗ヲ用ヒ通常礼服着用ノ場合ニフロックコート換用」(前掲「太政類典」第二編第五〇巻)。

(6)『法令全書』明治十年司法省達丁第七〇号。

(7)(8)「服制関係雑件」外務省外交史料館所蔵、六門—四類—五項—一号。

(9)「東京非役勲六等同従六位以上大礼服着用帯勲無位ノ輩ハ通常礼服着用朝拝参賀・附勲七等正七位以下ノ者東京府へ出頭」(「太政類典」第三編第一二巻、二A—九—太六一六)、明治十二年一月十六日、朝刊。

(10)『読売新聞』明治十一年十二月二十八日、朝刊、同十二年十月三十一日、朝刊。

(11)「御用掛或ハ判任官中勲六等及従六位以上ノ者大礼服着用朝拝参賀但帯勲無位御用ハ通常礼服着用」(前掲「太政類典」第三編第一二巻)。

(12) 山県悌三郎『児孫の為めに余の生涯を語る』弘隆社、一九八七年、九九〜一〇〇頁。
(13) 拙稿「まぼろしの大蔵省印刷局肖像写真—明治天皇への献上写真を中心に—」(『中央大学大学院研究年報・文学研究科篇』三八、二〇〇九年二月)、『明治十二年明治天皇御下命「人物写真帖」—四五〇〇余名の肖像—』宮内庁書陵部三の丸尚蔵館、二〇一三年。
(14) 「明治九年出納正算」(『東久世通禧日記』下、霞会館、一九九三年、二六四頁)。
(15) 「嵯峨実愛日記」明治十年十一月十八日〜二十一日、二十六日条、十二月二十二日、二十五日、二十六日条、宮内庁書陵部宮内公文書館所蔵、識別番号三五〇九三。
(16)〜(18) 「大礼服制の議」(「三条実美関係文書・書類の部」国立国会図書館憲政資料室所蔵(北泉社マイクロフィルム、R一九—一三—四))。
(19) 池田章政の大礼服は林原美術館、尾張徳川家の大礼服は徳川美術館で所蔵する。細川護久の大礼服は、田中万逸編『画譜憲政五十年史』(国政協会、一九三九年、一三頁)で確認できる。
(20) 『岡山県立博物館だより』六九、二〇〇八年三月、六頁。
(21) 『華麗なる装い』徳島市立徳島城博物館、二〇〇三年、四九頁、『大名から侯爵へ—鍋島家の華—』日本芸術文化振興会・泉屋博古館、二〇〇七年、六八頁。
(22) 寺島宗則研究会編『寺島宗則関係資料集』上、示人社、一九八七年、口絵。
(23) 藤井勉三の大礼服は広島県立公文書館、浜田清心の大礼服は旧南会津郡役所で閲覧できる。
(24) 『徳川将軍家展』NHK・NHKプロモーション、二〇〇三年、一四二頁。
(25) 「三条公恭書翰」(明治十八年)十二月二日(「三条実美関係文書・書翰の部」国立国会図書館憲政資料室所蔵(北泉社マイクロフィルム、R八六—三〇〇—二六))。
(26) 『官報』明治二十年、勅令第一〇号。
(27) 「在京都正二位伯爵中院通富外三十一名礼服換用聴置」(「帝室例規類纂稿本」明治十七年族爵門・名籍三、識別番号二三三七八—二四)。
(28) 「和歌山県華族従五位男爵紀俊尚大分県華族従五位男爵到津公誼大礼服調製猶予願ニ付京都支庁照会」(同右)。
(29) 「有爵者大礼服制ニ付京都及散在有爵者心添ノ為メ別冊見本等ヲ廻付」(前掲「帝室例規類纂稿本」族爵門・名籍五・爵位、明治十七年、識別番号二三三七八—二六)。
(30) 「有爵者服制取調ニ関スル件」(「例規録」調度課、明治十七年、宮内庁書陵部宮内公文書館、識別番号一〇〇九)。
(31) 前掲「有爵者大礼服制ニ付京都及散在有爵者心添ノ為メ別冊見本等ヲ廻付」。
(32) 前掲「和歌山県華族従五位男爵紀俊尚大分県華族従五位男爵到津公誼大礼服調製猶予願ニ付京都支庁照会」。
(33) 「従五位子爵日野西光善外十四名大礼服換用願ニ付京都支庁参照」(同右)。

(34)「在京都従二位三室戸陳光外一名大礼服換用ヲ聴サス」(同右)。
(35)「在和歌山県従五位男爵紀俊尚ノ大礼服換用願ヲ聴ス」(同右)。
(36)「在大分県従五位男爵宮成公矩従五位男爵到津公誼外一名来十八年一月中大礼服換用ヲ聴置」(同右)。
(37)「京都并散在有爵者ニ来明治十八年一月ヲ限リ爵服ヲ調製セシム」(前掲「帝室例規類纂稿本」族爵門・名籍五・爵位、明治十七年)。
(38) 拙稿「宮中勤番制度と華族—近習・小番の再編—」(『大倉山論集』五七、二〇一一年三月)参照。
(39)「在京都正二位冷泉為理以下十六名大礼服換用ヲ聴サス」(前掲「帝室例規類纂稿本」族爵門・名籍五・爵位、明治十七年)。
(40)「殿掌子爵船橋遂賢外四名丁年未満ト雖トモ爵服着用方」(前掲「帝室例規類纂稿本」明治十七年族爵門・名籍三)、「殿掌子爵舟橋遂賢其他礼服換用方」(同上、族爵門・名籍一、明治十八年、識別番号二三三七九—二四)。
(41)「福岡県行幸ニ付大分県華族従五位男爵到津公誼行在所参上并着服等伺」(同右、明治十八年族爵門・名籍一)。
(42)「布哇国へ御派遣ノ杉特命全権公使ニ随行ノ判任官へ大礼服支給方ノ件」(「例規録」調度課、明治十五年、宮内庁書陵部宮内公文書館所蔵、識別番号一〇〇八)。
(43)「岩倉大使欧州聘問ノ際公使書記官等大礼服調製ノ輩へ官費支給伺」(「公文録」明治八年四月・外務省伺、国立公文書館所蔵、二A—二五—公一四〇三)、「大使欧洲聘問ノ際公使書記官等大礼服調整代価ノ義書類」(「諸帳簿・諸照会物」明治八年・第五科、国立公文書館所蔵、二A—三五—七—帳四五)。
(44)「大使欧州聘問ノ際英仏在勤公使等大礼服調製代価御下ケ渡ノ儀再上申」(前掲「公文録」明治八年五月・外務省伺、二A—二五—公一四〇四)。
(45)(46) 前掲「服制関係雑件」。
(47)『法令全書』明治十六年太政官達第四八号、『官報』明治十六年太政官達第五九号、同上、明治十七年太政官達第二四号、第七八号。
(48)『官報』明治十七年太政官達第九七号、同十八年太政官達第五六号。
(49) 尾崎三良『尾崎三良自叙略伝』中、中央公論社、一九七七年、二六頁。
(50)「官中奏任官以上出仕ノ節ハ洋服ヲ着セシム」(「公文類聚」第九編第二巻、明治十八年、国立公文書館所蔵、二A—一一—類二一七)。
(51)「官中準奏任御用掛及判任官準判任御用掛成ルヘク洋服ヲ着用セシム」(同右)。
(52)「内閣各局高等官及判任官登衙ノ節必洋服ヲ着用セシム」(前掲「公文類聚」第十編第七巻、明治十九年、二A—一一—類二五三)。
(53) 沼田哲・元田竹彦編『元田永孚関係文書』山川出版社、一九八五年、二四二頁。
(54)「文官大礼服改定ノ件」(「例規録」式部職、明治十九年、識別番号六六六〇)。
(55) 同右、拙著『明治国家の服制と華族』吉川弘文館、二〇一二年十二月、一九五—一九六頁、拙著『洋服・散髪・脱刀—服制の明治維新—』

講談社選書メチエ、二〇一〇年四月、一七五～一七六頁参照。
(56) 野口孝一編『明治の銀座職人話』青蛙選書、一九八三年、一六四頁。
(57) 東京洋服商工同業組合神田区部編『東京洋服商工同業組合沿革史』一九四二年、一三、一五頁。
(58) 渋沢敬三編『明治文化史』一二・生活（原書房、一九七九年、四四頁）には、宮内省が山城屋に洋服調製を命じたのは明治三年の春と書かれているが、この段階では太政官において洋式服制を取り入れる方針すら定まっておらず、これは明治五年の誤りであると思われる。実際、ドイツ人洋服仕立師が明治天皇と体型の似た宮内省職員の寸法を測ったのが、明治五年四月のことである。詳しくは、前掲『明治国家の服制と華族』第一部第三章、拙稿「明治天皇の服制と天皇像―「見せる天皇」と「見せない天皇」―」（『明治聖徳記念学会紀要』四八、二〇一一年十一月）を参照されたい。
(59) この論点については、拙稿「明治太政官制形成期の服制論議」（『日本歴史』六九八、二〇〇六年七月）、前掲『洋服・散髪・脱刀　服制の明治維新』、前掲『明治国家の服制と華族』第一部第四章を参照されたい。
(60) ユネスコ東アジア文化研究センター編『資料御雇外国人』小学館、一九七五年、二〇八頁。
(61) 前掲『明治の銀座職人話』一六四頁。
(62) 『東京日日新聞』第I期第三巻（明治六年十二月十五日）日本図書センター、一九九三年、二九六頁。
(63) 柴田和子『銀座の米田屋洋服店―時代と共に歩んだ百年―』東京経済、一九九二年、五七～五八頁。
(64) 『読売新聞』明治十七年十月二十六日、朝刊。
(65) 同右、明治十七年十一月一日、朝刊。
(66) 同右、明治二十年三月九日、朝刊。
(67) 同右、明治二十年三月四日、朝刊。
(68) 前掲註（66）。
(69) 『読売新聞』明治十九年九月二十二日、朝刊。
(70) 同右、明治二十六年十月二日、別刷。
(71) 同右、明治十三年二月十九日、朝刊。
(72) 同右、明治二十二年九月三日、朝刊。
(73) 同右、明治十六年十月四日、朝刊。
(74) 大阪洋服商同業組合編『日本洋服沿革史』一九三〇年、一二五～一二六頁。
(75) 『大阪朝日新聞』明治二十年一月五日、朝刊。

(76)『株式会社三越八五年の記録』三越、一九九〇年、三一頁、四七頁。
(77) 植村伝助商店「三越が洋服店を創設当時からのお取引」(『社史で見る日本経済史五四　三越』ゆまに書房、二〇一一年、二一二頁)。
(78) 前掲『銀座の米田屋洋服店』三一〜三五頁、四六頁。

第三章　宮内省と大礼服制

文官大礼服が改正された頃、宮内省は各種礼服類の整備をおこなった。これにより大礼服の魅力が高まったと考えられる。『官報』に掲載された服制図と図説だけでなく、新たに発見した宮内庁宮内公文書館所蔵の公文書類などを利用し、その整備過程はもとより、それらの種類や管理方法、着用区分などを明らかにする。そして大礼服制と関係が深い勲章制度や宮中席次にも触れ、大礼服を着て参内する意味を考える。

一　宮内官大礼服制の制定と整備

宮内省官員の礼服で最初に制定されたのは、明治六年（一八七三）二月九日制定の、行幸に際して馬車に乗る馭者が着る礼服であった。二行金釦の折詰襟フロックコート型で、黒羅紗製の生地で袖と腰と襟に金線、襟部には菊紋が縫いつけられた。また菊紋のある三角形の帽子を被った（図35）。同じ形で銀線、銀飾としたものも定められているが、それが馭者の官等に応じたものか、行幸の区分によって使い分けたのかはわからない。この服制は運用に不都合があったようで、明治七年七月十三日には改正されている。縁に金線をつけたシルクハットに変え、従来の二行金釦の折

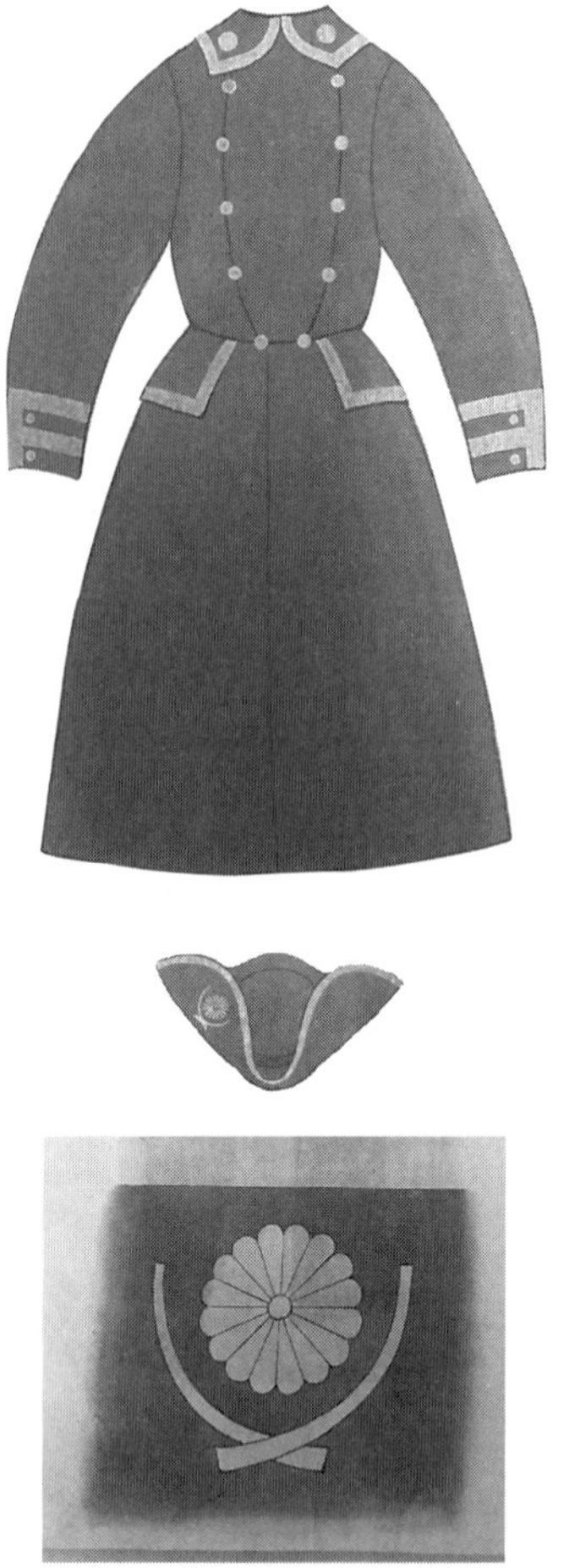

35　馭者　「太政類典」(国立公文書館所蔵)

詰襟フロックコート型を礼服とし、これに開襟二行四個釦のフロックコートを平常服として加えた[1]。

天皇が洋式の御正服を着用し、乗物を葱華輦から洋式の馬車へ変更した以上、馭者が狩衣や直垂姿では不釣合いであったに違いない。天皇が外出することを行幸、皇后および皇太子の外出を行啓と称すが、明治十一年八月三日には行幸行啓の鹵簿《ろぼ》が定められている。この鹵簿の区分により、行幸行啓の際の行列の組み方や服装は異なる。

このとき定められた鹵簿は第一公式、第二公式、式外、公事行啓の四区分であり、第一公式は「遠路御発輦幷東京へ還幸御当日」、「鉄道開業式幷内国勧業博覧会開閉場式」、第二公式は「天長節飾隊式天覧」、「新年陸海軍始元老院開院等」、「官立諸院校開院開校式等」、式外は「習志野原諸兵演習幷吹上其外ニテ整列式天覧等」、「平素公事ニ付諸官省へ行幸ノ類」、公事行啓は「女子師範学校開校ノ節及学習院開校ノ類」となっている[2]。明治十年代の奥羽・北陸・山陽道などへの行幸や、鉄道開業式や内国勧業博覧会の開会・閉会式への行幸は、第一公式として重視された。第一公式が臨時行幸だとすれば、第二公式は毎年恒例の行幸と位置づけられる。天長節の観兵式、陸海軍始や元老院

36　御料馬車礼式馭者服

37　供奉馬車礼式馭者服

38　御料馬車平常馭者服

36〜39 は「公文録」明治７年（国立公文書館所蔵）

開院式、官立学校の開校式などがそれにあたる。それ以外の演習天覧や諸官省への行幸は式外となった。皇后の行啓は、女子師範学校と学習院の開校式とした。

天皇の服装は、第一公式の遠路行幸では「御略服」を用いる場合があるが、第一公式と第二公式ともに基本は「御正服」とし、式外は「御略服」であった。天皇に不都合があり、その名代を臣下が務める場合には、略式と式外を問わず大礼服着用とある[3]。行幸に随行する官員の服装は明記されていないが、天皇の「御正服」「御略服」に対応すると考えるのが自然であり、第一公式と第二公式は大礼服、式外は燕尾服またはフロックコートであったと思われる。もっとも、遠路行幸ではフロックコートを用いる場合もあった。

鹵簿が定められても、行幸の際に出動する馭者の礼服を除けば、宮内省官員の服装は変わりなかった。天皇の側近である侍従をはじめ、御進講をおこなう侍講なども普段はフロックコートを着用し、儀礼に

39　供奉馬車平常馭者服

際しては文官大礼服を官等に応じて着た。明治九年八月三十一日、行幸のときに被る黒色の山高帽が指定されたが、[4]これはフロックコートに対応した帽子が定まっていなかったことによる。明治十五年十二月四日には、黒または紺羅紗製の上下のフロックコートに加え、縞のズボンや夏の白リンネル製のズボンの着用を認めたが、供奉服は依然として制定されていない。[5]

立憲制の導入を企図していた伊藤博文は、明治十五年三月に憲法調査のため欧州に向けて出発し、現地で憲法について学んで翌年八月に帰国すると、同十七年三月には宮中を管轄する長官である宮内卿に就任した。宮内卿の伊藤は、宮中儀礼に不可欠な洋式服制の整備を進めた。明治十七年七月七日の華族令を受けて十月二十五日に有爵者大礼服が制定されたことは先述したが、十月二十九日には宮内省の侍従職および式部職の大礼服制も定めている。翌十八年十二月に内閣制度が設置されたことに鑑みると、伊藤は宮中と府中を明確に区別するため、内閣のとは異なる宮内省独自の大礼服が必要と考えたと思われる。

宮内省侍従職と式部職の大礼服は、ガウン型というのが特徴である。上衣正面の襟から裾縁にかけて勅任官は十三枝、奏任官七等以上は九枝、同八等・九等は七枝の菊枝紋が刺繡してある。菊枝紋は、勅任は背面の首下部分と腰から下の部分にも刺繡されているが、奏任官は腰部分のみである。袖章は、勅任官と奏任官七等以上が菊枝二本、奏任官八等・九等が一本であった。正帽の側章も菊枝紋であり、チョッキは上衣で隠れて見えないが、ズボンと同じで通常の儀礼は深黒羅紗、特別な儀礼は白羅紗とし、勅任と奏任は側線の雷紋と無紋で区別した。正剣は有爵者大礼服と同じ形式で（一七四頁の図138）、柄頭と鍔、鞘の口と先にそれぞれ菊枝紋が彫刻されている。[6]

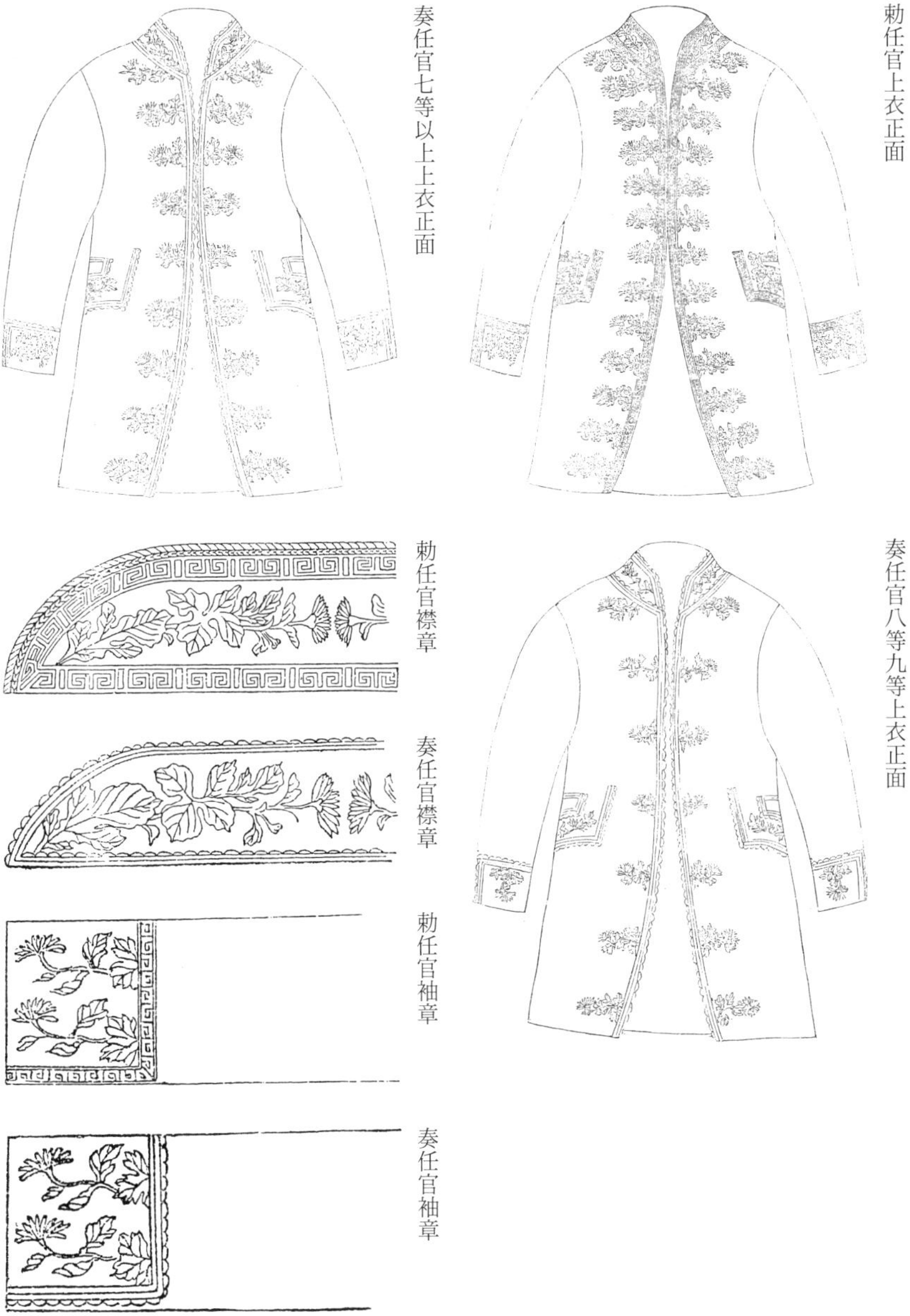

40　宮内高等官大礼服　『官報』明治 17 年太政官達第 91 号

侍従職の襟と袖の刺繍部分は生地と同じ深黒羅紗であったが、式部職のそれは緋羅紗で違っていた。この段階では両職だけだったが、後述するように各職で同じく大礼服が制定され、宮内高等官大礼服として統合されることとなる。勅任官や奏任官は俸給が高額だったため、宮内省のお仕着せではなく、各自洋服店で調製しなければならなかった。この点は、この後で述べる職服と呼ばれる宮内省各職の礼服とは大きく異なるところである。

宮内省侍従職と式部職の大礼服の制定後、明治十七年十二月十七日には舎人・馭者・玄関番・配膳員の礼服が定められ、翌十八年一月一日から実施された。この制服類は、宮内庁書陵部宮内公文書館が所蔵する調度寮の「例規録」という史料簿冊に収められている。明治十七年十二月に舎人・馭者・玄関番・配膳員の礼服が制定されたことは、『近代日本服装史』でも取り上げているが、その詳しい内容についてはこれまで知られていないため、本書では新しく発見したこの服制史料にもとづいて紹介する。

舎人礼服は、ガウン型の正面左右に菊紋金釦七個、上着の襟・袖・腰とズボンの側線に赤線が入り、金縁の赤いチョッキを着た（図41）。御料礼式馬車馭者服は、舎人礼服と同じくガウン型の正面左右に菊紋金釦七個であるが、金釦に金線の飾りがつき、袖部に山形の赤地に五個の金釦をつけるところに違いが見られる（図42）。御料平常馬車馭者服は、菊紋金釦五個のダブルの外套であり、襟と腰は赤、袖部には山形の赤地に五個の金釦がつく。これを着る場合はシルクハットを被り、ズボンの側線は金色だった（図43）。供奉平常馬車馭者服は、外套が開襟式ダブルの四個釦でズボンの側線は襟や袖とともに赤である（図44）。御車副大礼服は、九個金飾り釦のガウン式で、袖と腰は赤、袖部に六個飾り釦がついた（図45）。左肩に飾章、赤いチョッキを着て、赤いズボンを穿いた。御車添平常服は、黒ズボンに金と赤の側線である点を除くと大礼服と大差はなかった[7]（図46）。

玄関番礼服は、襟章がなく九個金飾り釦を右側につけること以外は御車副大礼服とほぼ同じで（図48）、帽子は海軍正帽と同じ舟形だった。内豎服は、赤線鉢巻の帽子に襟と袖が赤の七個金釦詰襟と、鉢巻と袖線が白のものがあっ

41　明治 17 年の礼服（舎人礼服）

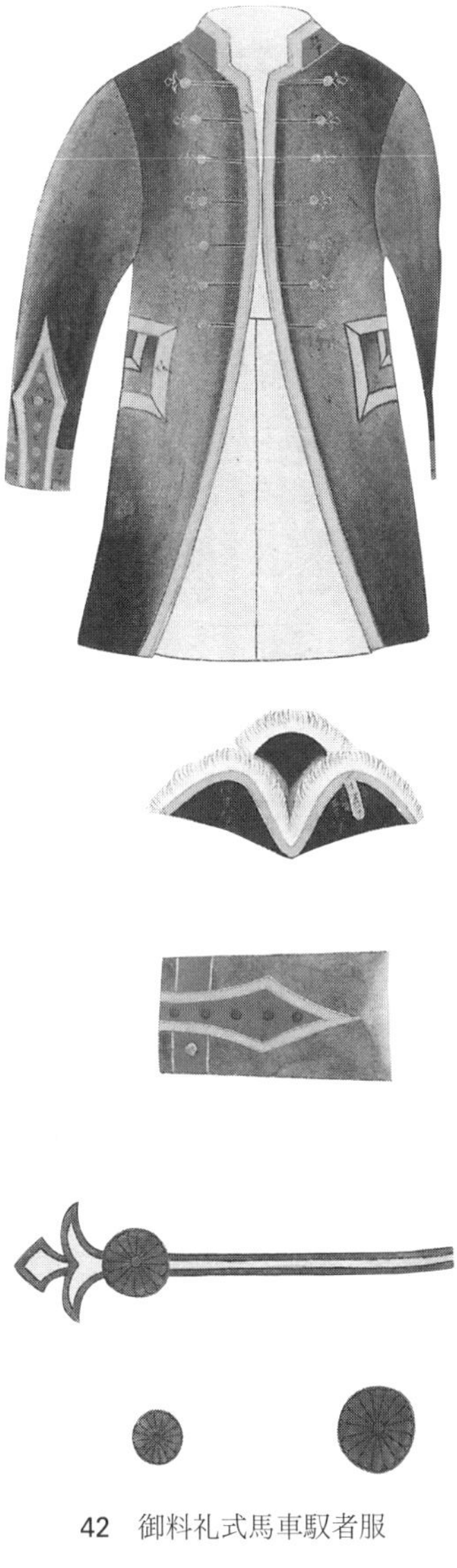

42　御料礼式馬車馭者服

41〜50 は「例規録」調度寮，明治 17 年（宮内庁書陵部宮内公文書館所蔵）

43　御料平常馬車馭者服装

44　供奉平常馬車馭者服

45　御車副大礼服

46　御車添平常服

47　御料馭者平常服・臣下馭者大礼服

49　配膳人勤務礼服

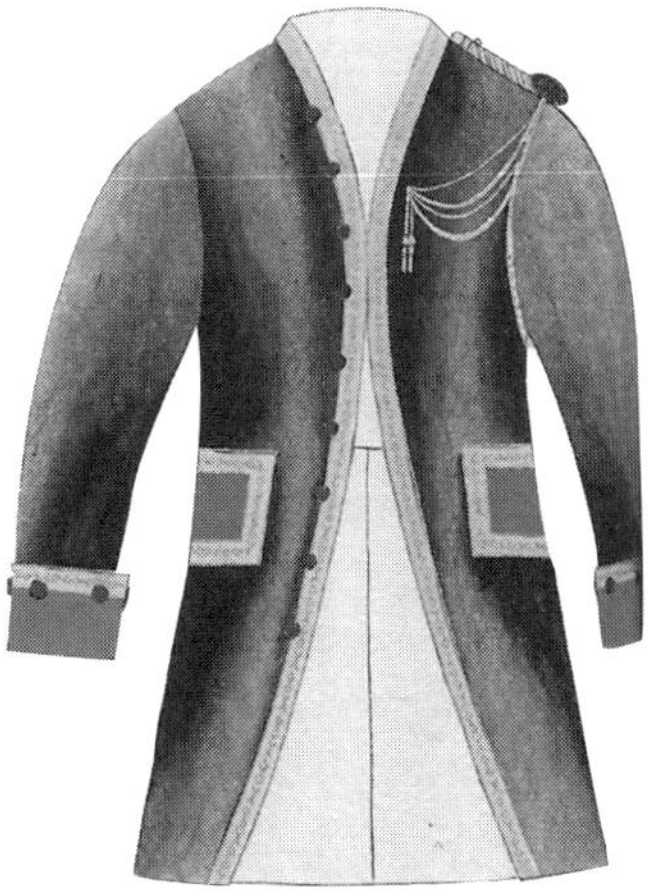

48　玄関番礼服

50　配膳服

た。また、受授員が着る宮の字金釦五個の詰襟黒色外套も定められ、外套の袖には赤線が入った。配膳人勤務礼服は、赤鉢巻の上下に金線をつけた海軍式の帽子、菊紋金釦片側四個の燕尾服であった。袖と燕尾背部左右に赤線を入れ、ズボンの側線は赤と金色とし、金縁の赤いチョッキだった。また、配膳人小礼服は黒釦片側三個の燕尾服、配膳服は黒釦片側四個のフロックコート、供進服は白リンネル四個釦シングル、料理服は白リンネル四個釦ダブルとしてある。後述する明治二十一年に改正増補された各種礼服に比べると、全体的にデザインは地味で、種類も少なく複雑ではない。礼服四十組をはじめ調製費用の予算は五千円とし、山岸民次郎が経営する大民洋服店が請け負った(8)。

宮内省の礼服の整備が進むと、前章で述べた明治十九年に文官大礼服が改正された。本書では詳しく触れないが、この年から勅任官・奏任官の婦人服制にも洋装が導入され、皇后も洋服を着た(9)。いずれも憲法の制定や議会開設に向けた法整備の一環であったが、明治二十年に入るとさらに制度的な不備をなくす必要に迫られた。そこで宮内省顧問としてドイツから招聘されたのが、外交官の経験があり欧州の宮廷儀礼に精通したオットマール・フォン・モールであった。同年四月二十七日に東京に到着したモールには、①勲章制度の拡充、②宮中晩餐会の配膳方法、③宮中礼服の整備という、大きく三点の課題について意見が求められた。

このうち③を例にとると、具体的な内容がモールに示されたのはその年の七月初旬であった。そこでモールは、プロイセン、オーストリア、イタリア、イギリス、ロシアなど、欧州各国の宮廷服制の「見本表」や「素描類」を入手することが必要だと提言した。それらが到着するまで作業は一時見合わせることとなり、翌二十一年九月二十四日にようやく宮内省の服制に関する会議が開かれたという。会議の出席者は、宮内大臣土方久元、式部長官鍋島直大、大膳大夫岩倉具定、皇后宮大夫香川敬三であり、これにモールが加わった。会議は数週間にわたって開かれたとモールは記している(10)。

だが、この服制調査や会議の流れに関する記述は正しくない。服制図を記載した『法規分類大全』には、「宮内省取調委員稟定」の日付が明治二十一年九月二十六日とあり、十月一日には裁可を得て服制が決定されているからである。[11] 九月二十四日の会議は最終確認に近かったと思われる。おそらくモールは、それ以前の調査・検討と、最終段階の会議を一緒くたにしているのであろう。天皇の身の回りの雑務をおこなう仕人の小川金男によれば、右のメンバーのほか、宮内書記官三宮義胤がいたという。外務省の書記官としてドイツのベルリン公使館に駐在した経験を持つ三宮は、欧州各国の服制調査をしており、その報告もいかされた。[12]

こうして議論が重ねられ、十月一日に宮内省の服制は決定される。決定を前に明治天皇も各種服制を確認し、仕人の礼服では仕人の日並某が試作品を身につけて天皇の面前に立ったという。[13] 服制の内容をモールの記述だけで推察するのは難しい。そこで実際に制定された服制図から、このとき制定された宮内省の服制がどのようなものであったのか確認する。

このとき決められた服制は、①舎人・舎人車従・配膳人大礼服、②舎人取締・配膳取締大礼服、③舎人取締・配膳取締小礼服、④舎人・配膳人小礼服・舎人車従中礼服、⑤御料馭車大礼服、⑥御料馭車大礼服外套、⑦御料馭車中礼服、⑧御料馭車中礼服外套・御料通常馭車服外套、⑨口付大礼服、⑩騎馭者大礼服、⑪騎馭者通常服、⑫前騎者大礼服、⑬御料通常馭者服〔鉢巻幅二寸五分〕・臣下御者礼服〔鉢巻幅一寸〕、⑭前騎者通常服〔天皇は鉢巻幅二寸五分、皇后は鉢巻幅二寸〕、⑮乗馬服〔御料の帽子鉢巻幅二寸五分、通常時鉢巻幅一寸〕、⑯馭車扈従車大礼服、⑰御料馭者服、⑱臣下馭者礼服、⑲臣下馭者通常服、⑳臣下馭者通常服外套、㉑注進使服〔鉢巻幅一寸〕、㉒舎人車従通常服、㉓舎人外出の中礼服、㉔仕人車従大礼服、㉕仕人車従礼服、㉖仕人車従通常服、㉗仕人取締礼服、㉘仕人平常服、㉙仕人礼服・平常御車寄番服、㉚玄関番大礼服、㉛玄関番大礼服外套、㉜玄関番中礼服、㉝玄関番中礼服外套、㉞内舎人通常供奉服、㉟御馬掛内舎人乗馬供奉服、㊱御裳取り役服である。[14]

非常に多岐におよんでいるのが見て取れる。また㉒のように、第一公式のときは天皇の馬車に随従する扈従車の服、

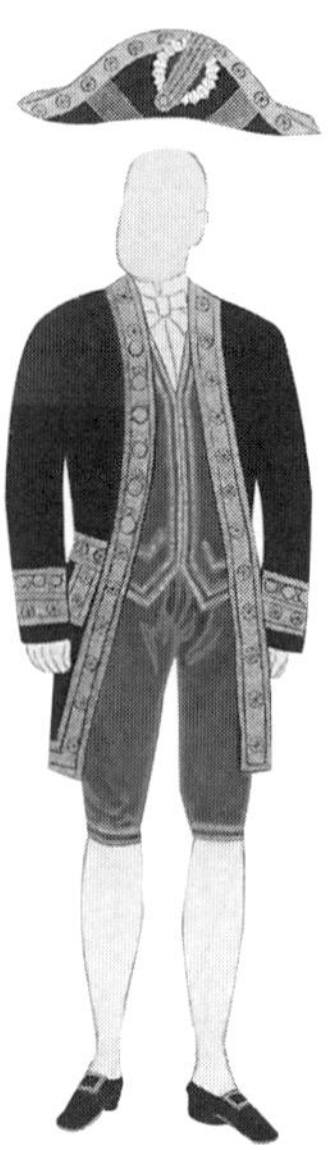

51　舎人・舎人車従・配膳人大礼服

52　舎人取締・配膳取締大礼服

53　舎人取締・配膳人取締小礼服

54　舎人・配膳人小礼服・舎人車従中礼服

51〜54　「例規録」大膳寮，明治 21 年（宮内庁書陵部宮内公文書館所蔵）

56　御料馭者大礼服外套

55　御料馭者大礼服

58　御料馭者中礼服外套・御料通常馭者服外套

57　御料馭者中礼服

55〜66，68〜72，74〜76 「例規録」主馬寮，明治 22 年（宮内庁書陵部宮内公文書館所蔵）

59　口付大礼服

60　騎馭者大礼服

61　騎馭者通常服

62　前騎者大礼服

64　前騎者通常服

63　御料通常馭者服

66　馭者扈従車大礼服

65　乗馬服

68　臣下馭者礼服

67　御料馭者服
「公文類聚」明治 21 年（国立公文書館所蔵）

70　臣下通常馭者服外套

69　臣下馭者通常服

71　注進使服

72　舎人車従通常服

73　舎人外出の中礼服
「公文類聚」明治 21 年（国立公文書館蔵）

74　仕人車従大礼服

75　仕人車従礼服

76　仕人車従通常服

77　仕人取締礼服
77〜86は「公文類聚」明治21年（国立公文書館蔵）

78　仕人平常服

79　仕人礼服・平常御車寄番服

80　玄関番大礼服

81　玄関番大礼服外套

82　玄関番中礼服

83　玄関番中礼服外套

84　内舎人通常供奉服

85　御馬掛内舎人乗馬供奉服

86　御裳取り役服

第二公式のときには御料馭者服になるなど、場合によって機能が変わる服もあり、詳細かつ複雑なのが特徴といえる。外套を除いて分類してみると、燕尾型＝②③、ガウン型＝①④⑤⑦⑨⑫⑯⑰㉓㉔㉚㉜、フロックコート型＝⑬⑭⑮⑱⑲㉑㉒㉕㉖㉗㉘㉙㉞㉟、その他＝⑩⑪㊱となる。

各種礼服の制定にともない、明治二十二年一月から新たな「鹵簿装飾表」が施行された。これを見ると、右の礼服がどのように使い分けられていたのか明らかとなる。第一公式（天長節観兵式、元老院開院式、陸軍始観兵式、軍旗授与式）では、御料儀装車の馭者と内舎人は大礼服、扈従雙幌車の馭者は馭者中礼服（菊紋少）、仕人は舎人中礼服を着用した。第二公式（開会式、開校式、開業式、観兵式、開場式、開橋式）では、御料儀装車の馭者と内舎人は中礼服、扈従雙幌車の馭者は「御料通常形臣下礼服」、仕人はそれに長靴を履く[15]。

少し複雑なのは、大礼服のない仕人が舎人の中礼服で代用していることと、馭者中礼服が二種類あることである。馭者中礼服は、袖章・襟から裾縁の飾章・背面腰と中央給の飾章の菊紋章が少ない服を第一公式の扈従車用とし、菊紋章の多い服を第二公式の御料馬車用としたのである[16]。「鹵簿装飾表」の第一公式の扈従馭者を「扈従車大礼服」、第二公式の御料馭者を「中礼服」と表記しているのも、この区別を反映していると思われる。また「御料通常形臣下礼服」という名称は[17]、先に示した全三十六種類の服制図にも載っていないが、これは主馬寮の「例規録」に掲載されている「臣下馭者礼服」（図68参照）と、「御料通常馭者服」（図63参照）を合わせて指すのだろう。実際、帽子金線の幅を除けば両者はまったく同じ服である。

平常行幸啓は甲乙に分かれ、甲式で四頭曳御料車の騎馭者は騎御者通常服、内舎人は舎人通常服、前騎者は前騎者平常服、扈従車の舎人騎馭者は馭者通常服、仕人は馭者通常服に長靴を履いた。乙式で御料通常車の馭者は御料馭者通常服、内舎人は舎人通常服に長靴、臣下通常の扈従車の馭者は臣下通常馭者服、仕人は仕人通常服を用いた。それ以外では皇族が名代で出向く際には、御料儀装車の馭者・内舎人は中礼服、臣下通常の扈従車の馭者・仕人は通常服を着た[18]。

もっとも複雑なのが外国の賓客を接待する「貴客接待用」で、甲乙丙丁に分かれていた。甲式のみを紹介すると、横浜で奉迎する際に御料通常車の馭者は御料馭者通常服、内舎人は通常服に長靴、臣下雙幌馬車の馭者は臣下通常馭者服、仕人は通常服に長靴であった。それが新橋の奉迎では随従の馬車は横浜と同じだが、御料儀装車の馭者は馭者中礼服、内舎人は舎人中礼服と格上げされている。参内の場合は御料儀装車で馭者は馭者大礼服、内舎人は舎人大礼服、臣下雙幌馬車の馭者は「御料通常形臣下礼服」、仕人はそれに靴下を履く。それ以外の通常時には御料および臣下雙幌馬車の馭者・内舎人・仕人のいずれも通常服を用いた[19]。

このように行幸啓などで外出する際や、外国の賓客を迎える際に接待用を着用していた。公式が第一か第二か、御料車か扈従車かで着る服を少しずつ変えた。ここで一読しただけでは頭に入らないように、当時の馭者・内舎人・仕人たちも理解するのに時間を要したことだろう。とくに外国賓客の奉迎が行幸の公式よりも複雑であったのは、西洋の王室に接するのにそれが必須になったためである。それゆえ、宮内省で用いる各種礼服は西洋王室の礼服類を参考にしており、それぞれのお国柄があらわれていた。

宮内省取調委員の会議では、「イタリアの宮廷で働く人々の制服やお仕着せの色刷り写真」をもとに議論を進めたというから、基本的にイタリアの宮廷服制の要素が取り入れられたことは否定できないだろう。そこにオーストリアとプロイセンの宮廷服の要素が加えられた。燕尾型・ガウン型・フロックコート型を問わず、上着に紺色が多く、菊紋章織出金線（菊紋入りの金のテープ）が服の襟・袖・縁取りなどに使われているのは、「お仕着せの上着の色にはオーストリアの宮廷で用いられている濃緑色が採用された。紋章のささべりの色は金」というモールの記述と合致する[20]。

金の菊紋で豪華に飾り、チョッキやキュロット型のズボンは緋、長靴下を白とした制服が多いのは、「プロイセンの宮廷で使用されているブランデンブルク式の上着に、従来用いられてきた形式を維持して、日本の紋章を縫いつけるという豪華衣裳に決まった」、「チョッキと半ズボンはプロイセン宮廷で用いられているバラ色のビロード、靴下は白であった」を参考にした結果であることが見て取れる。そして通常服と平常服が上下ともに黒や紺で菊紋章織出金線が少ないのは、「略式のお仕着せは、当然のことながらもっと簡素なものとされた。さらに廐で働く人々、先駆け、騎手、御者も、同じ色の制服を着ることになった」という記述と一致している[21]。

これら宮内省の服制は、国の勅令・法律をはじめ各省の省令・達・訓令などを掲載する『官報』には記されなかった。宮内省が貸与または支給し、各人が仕立てる必要がなかったため、内規ですませたのだろう。明治二十一年十月八日に主猟局勅奏任官服制、十一月二日に主殿寮勅奏任官服制、十二月十二日に主馬寮の服制が制定されているが、いずれも役職に応じて各自自弁で調製を義務づける制服であるため、『官報』に記載されている。主猟局と主殿寮の大礼服は、侍従職や式部職と同形であった。

違いは、主猟局を深萌黄、主殿寮を緋のビロード、主馬寮を緋羅紗という襟章・袖章・正帽右側章の色と地質で示した。上衣正面の菊枝の数は、主猟局は勅任官十三枝、奏任官一等から四等は九枝、奏任官五等と六等は七枝だったが、主殿寮は勅任官十三枝と奏任官九枝の区別しかなかった。主馬寮は、主馬頭を十三枝、主馬権頭・主馬助・主馬権助を九枝、車馬監を七枝、調馬師を六枝とし、いずれもキュロット型の白羅紗のズボンを穿いた。車馬監と調馬師は乗馬に適したジャケット型で飾章肩章をつけた大礼服と、菊枝を黒糸で刺繡した小礼服が定められた[22]。

宮内省の各種礼服は、明治二十二年二月十一日に宮中で挙行された大日本帝国憲法の発布記念式典で披露された。当日は天皇が賢所で憲法発布の奉告をおえると、正殿で記念式典が開かれた。正殿の参列者は大礼服姿であった。中央の玉座に天皇が陸軍大将の正装で立ち、その右側には美子皇后をはじめ皇族妃たちが中礼服（ローブ・デコルテ）を着て並んだ。内大臣三条実美が憲法発布の勅語が入った筥を持って玉座横に立つと、陸軍中将の正装姿の内閣総理大臣黒田清隆が天皇の前に進み勅語を受け取る。この儀式の間、天皇の対面には陸海軍大臣の正装を除くと、各大臣

87　憲法発布式　（宮内庁書陵部宮内公文書館所蔵）

は勅任文官大礼服、その後列には公爵以下の有爵者は有爵者大礼服を着て並んだ。さらに後列の参列諸員や拝観諸員には奏任文官大礼服姿の奏任官たちが整列している。[23] 二世五姓田芳柳が風俗を考証して描いた「憲法発布式」（図87）でも、参列者のなかに大礼服を用意できず、燕尾服を代用する者がいなかったことが見て取れる。[24]

帝国憲法発布式典の当夜は、宮中で晩餐会が開かれた。宮内省では式部官を中心として大膳寮の職員などが、当日に向けて準備と練習を重ねてきた。だが、通常の天長節では和食を出していたから、豊明殿に百十九名、南溜の間に八十六名、北溜の間に七十五名という多人数を招く洋式の晩餐会には不慣れであった。配置や用途に応じて異なる礼服を着るのも初体験である。彼らの働きぶりを見た元老院議官の尾崎三良は、「此日式部官大礼服にて斡旋甚だ務む」と感想を述べている。[25] 大礼服姿の式部官が式場で奮闘している様子がうかがえる。

帝国憲法発布式典が宮中で開かれた当日は、三大節の一つである紀元節と重なっていた。三大節の参賀を受けるのは仕人の仕事であり、当日は仕人全員が大礼服を着て宮中の正面玄関にある御車寄に出て、机の上に奉書を二つ折りにして青い紐で閉じた帳簿を並べた。三大節を除く通常の受付時には、小礼服を着た古参の仕人だけが御車寄に出た[26]。この詳細は、仕人を務めた小川金男の記述によっている。小川は仕人の礼服を着た経験を持ち、当時の宮中の模様を後世に伝えた数少ない人物である。彼は礼服について次のように書き残している。

仕人には小礼服と大礼服があるが、小礼服というのは普通の仕人マンテルの襟一面に金モールの菊の御紋章が縫いつけてあるだけである。大礼服というのは、詰襟に一つボタンのタケの短い上衣で、襟に金モールの菊の紋様が縫いつけてある。仕人の兼勤として御車寄に立つ玄関番があるが、この玄関番の着る服にも小礼服と大礼服がある。小礼服というのはビロードのチョッキに半ズボン、上衣はフロック・コートである。大礼服は赤のビロードのチョッキに半ズボン、白の長い木綿の靴下をはくが、上衣は白ネルの裏のついた黒ラシャ地にほとんど地の見えないくらいに金モールの縫いつけてある華麗なもので、まるで金モールが立つているような感じをあたえる。この大礼服を着るのは三大節とか、外国使臣の公式の参内のときで、玄関番になる仕人は役目柄体格のすぐれたものがなつた[27]。

玄関番が体格のよい仕人から選ばれたなどは、儀礼の権威を示そうとする意気込みがうかがえる話である。豪華絢爛な装飾の仕人や玄関番の大礼服および小礼服は、宮中における儀礼を権威づけようとする意図が含まれていたことは想像に難くない。小川の勤務初日の記述からは、仕人の通常勤務時の服装を知ることができる。小川は内匠寮の一室に出向くと、「金ボタンのついた黒ラシャのフロック・コートを着て、ヒモのない黒の短靴をはいていた」仕人たちを目にする。「わたしは仕人マンテルを支給されると、隣の部屋に案内されて、そこの一段高くしてある畳の間と床との間を利用して造られてある簞笥の一つをあてがわれた。この簞笥には仕人たち銘々の名前が貼りつけてあつて、このなかには支給された服やその他日用品を入れておくのである」[28]。

各儀礼に応じて宮内省の官員が着る豪華絢爛な礼服類が安価でないことは容易に想像できる。それらを判任官である仕人たちに自費で揃えさせるのは無理であった。そこで宮内省は、判任官が通常勤務に着る服は支給、儀礼の際に着る服は貸与していたのである。その詳細な内容は、明治二十二年一月三十一日に宮内省調度局が作成した「礼服貸与順序」から明らかとなる。

一、今般御制定ノ大小礼服以下ノ被服ハ・・・・（ママ）一己ノ私品ト異リ、素ヨリ官物ノ故ヲ以テ着用者ハ鄭重ニ取扱破損セサル様注意スヘシ、
一、調度局ニ被服着替所ヲ設ケ仝所ニ於テ各自着替ヲナシ、御用済次第付属品共取揃ヘ叮嚀ニ出納スヘシ、
一、脱着ノ際自服及所持品ハ混乱セサル様各自ニ注意相納メ封緘スヘシ、
一、着替所狭隘ナルトキハ臨時各所ニ設クルコトアルべシ、但其都度調度局ヨリ通知スヘシ、
一、着用者ノ不注意ヨリ生シタル被服汚損若シクハ遺失等ノ節ハ所属長官ノ検印ヲ受ケタル理由書ヲ添附シ調度局へ送附スヘシ、
一、被服着用ノ節ハ人名及被服ノ種類ヲ記載シ所轄部局ヨリ調度局へ通知スヘシ、但至急御用ヲ除クノ外ハ必ス前日迄ニ通知スルモノトシ、且新年其他一般着用ノ節ハ被服ノ種類ノミ通知スヘシ、
一、被服着用スヘキ職員中新任転免等有之節ハ所轄部局ヨリ調度局へ通知スヘシ、但必スシモ新調ヲ要セス前任者ノ被服ヲ後任者ニ充ツルコトアルヘシ、
一、被服及付属品共別表ノ通保存ハ一切無期限タルヘシ、
一、青山御所詰及明宮御殿詰内舎人仕人之儀ハ遠隔ニ付通常供奉服通常車従服ニ限リ平常仝御所詰調度局ニ於テ

保存シ、仕人大小礼服ハ主殿寮ノ通知ニ依リ其都度調度局ヨリ回送スヘシ、但修覆ハ本局ノ取扱タルヘシ、

一、観桜観菊会ノ如キ外出先ニ於着替ヲ要スルトキハ所轄部局ノ通知ニヨリ一纏メニ回送シ、出先ニ於テ着替所ヲ設クヘシ。(29)

着用方法については、「官物」のため破損しないよう「鄭重」に取り扱うこと、着脱の際は「自服及所持品」が混乱しないよう注意すること、各自の着替えは調度局に設けられた「被服着替所」でおこない、蝶ネクタイやシャツなど紛失しないように注意することが求められた。調度局へは、各部局から着用者の氏名と服の種類を前日までに原則的に知らせた。また不注意により服を汚したり、破損や紛失したときは、所轄長官の検印と理由書を添えて調度局へ報告しなければならなかった。異動するときは、その旨を調度局へ知らせたが、後任者の分は新調せず、前任者のものを再利用するとし、服や付属品の保管期間は無期限とした。

英照皇太后が住まう青山御所や、皇太子が住まう明宮御殿に詰める内舎人や仕人らの「通常供奉服」と「通常車従服」は同御所の調度局で管理し、仕人の大礼服は主殿寮の通知に応じて調度局が服を送るという方法がとられた。例外的措置としては、毎年春と秋に開催される観桜会や観菊会など、外出先で着替えが必要となる場合があった。その際は現地に「着替所」を設け、所轄部局の通知に応じて礼服類を一括して送ることとした。

これと、小川の証言をどう理解するかであるが、彼が簞笥に収納したのは「仕人マンテル」という通常礼服である。つまり、宮内省から貸与される礼服類のうち、大礼服に相当するものは調度局で管理し、通常礼服以下の服や付属品などは各自氏名の書いた簞笥で保管したと考えられる。そのように考えると、調度局の「着替所」で大礼服を着させたことや、簞笥の付属品が紛失しないよう注意を促したのも納得できる。仮に調度局がすべての礼服を各自で保管させたならば、青山御所で仕人の大礼服が必要になったり、観桜会や観菊会などの出先に送付するときも、すぐに対応

するのは困難であったに違いない。

宮内省の各礼服類は、御裳奉侍者は二十組、舎人取締六組、舎人四十三組、内舎人車従八組、内舎人及判任官供奉は三十組、仕人取締三組、仕人七十五組、仕人車従二十組、玄関番六組、配膳取締七組、配膳人六十八組、御料馭者六組、騎馭者四組、前騎者四組、馭者扈従車八組、口付役八組、乗馬服注追使服十六組、臣下馭者三十一組と、それぞれ形状は異なるものの総計三百六十三組が準備された。シャツ・手袋・蝶ネクタイ・靴下など汚れ易いものは複数貸与されたが、上着・チョッキ・ズボン・帽子は一人一個を基本とした(30)。

これら礼服類のうち舎人の通常礼服は、明治四十一年から新任に限って支給するようになるが、それまでは五年ごとに支給された。この切り替えに関する文書には、通常礼服一着の経費として約百六十一円五十銭とあるから(31)、文官大礼服と大差のないことがうかがえる。宮内省の貸与の仕方を見るには、明治二十二年一月に制定された受授員と仕丁の制服を例にするとわかりやすい。受授員と仕丁の制服は、転任や退職する際には返却を要したが、基本的に一年の保管期限が過ぎると、宮内省を示す字紋の入ったボタンを外し、袖などの赤線を取り除いてすべて返却することを前提に貰えた(32)。だが、宮内省の礼服類は高価なため、毎年支給される主殿寮内舎人のフロックコートや(33)、先のように年限を設けて貸与される制服とは異なり、基本的に支給されなかった。実際、明治十七年十二月に定められた配膳員の黒服上下は、同二十二年一月から改正服になったため不要となり、今回限りとした上で各員に下げ渡されたが(34)、そのなかに襟や袖に赤羅紗を使った菊紋金釦の礼服類は含まれていない。

調度局で管理する大礼服類はもとより、通常礼服や礼服の付属品も「各自ニ注意相納メ封緘」を命じられていたのだから、その取扱いは厳重になされていたと考えるのが自然である。だが「礼服貸与順序」で決められた方法は、時間が経つにつれ上手くいかなくなった。明治二十五年十二月には、行方不明のため白メリヤス手袋九十一組、皮手袋八十五組、シャツ八十枚、シャツ釦二十八組、靴下留二十三組、白長靴下十四足、フランネルズボン下六足、黒絹長靴下一足が足りず、逆に蝶ネクタイ八十八本、ネクタイ四十三本多いことが発覚した[35]。

さすがに礼服の上着は挙がっていないが、礼服のシャツが八十枚、ズボン下が六足も行方不明になっている点は見逃せない。この問題が発覚して調度局は、「付属品ノ如キハ出入繁多ニシテ錯雑致シ候ニ付、常ニ注意罷在候得共、如何セン多数ノ物品殊ニ各所ニ分配取扱候儀ニ付、始終一所ニ合一シテ員数取調難相成故ヘニ、大体ハ帳簿上ノ計算ヲ以テ相違ナキモノト確認セシニ、今回調査ノ顚末ニ至リ豈計ランヤ前記ノ如キ過不足ヲ生シ、実ニ案外ノ事ニテ驚入候[36]」などと、驚きを隠せないでいる。

「礼服貸与順序」で危惧していた着脱の際の混乱や、各自の管理不行届きが現実になったのである。注意を促せばその不安はなくなるのではないかという調度局の判断は甘かった。「始終一所ニ合一シテ員数取調難相成」という事情があるにせよ、調度局が帳簿で管理しなかったことがそもそもの原因だった。調度局は過不足が生じた原因を「修覆請求シテ商人へ授受ノ際、或ハ大破不用品ニシテ主管部へ引継キ払下ケノ際等ニ至リ員数ノ違算、又ハ皇太后宮職・東宮職・大膳職・主馬寮等ヨリ修覆品ト交換授受ノ際員数ノ違算、其他舎人已下各自着用中破損落失及遺失ノ品有之哉モ難計[37]」と、予想している。

洋服店などに修理に出した際に数が合わなくなったほか、修復困難で不用品として処分したときに数え間違えたり、皇太后宮職・東宮職・大膳職・主馬寮から修復を依頼され戻すときに数を間違えたことを理由に挙げている。最後の舎人などが紛失したのではないかという記述は、置き忘れし易い手袋の数が多いことから頷ける。調度局のいい訳からは貸与品の管理に不備があったことしかわからないが、簞笥で保管するシャツが八十枚、礼服のズボン下が六着も行方不明になっていて、これだけの付属品をなくすというのは、着用者の礼服を大切にする意識が希薄であるといわざるを得ない。宮内省で勤務する彼らは、年間を通して礼服類を儀礼に応じて着ていたため、貸与後にもらえる制服類と同様に考えるようになってしまったのではないか。また、自費で調製する必要がなかったことも、高価であると意識しなかった要因になっていたと思われる。シャツや手袋とはいえ、自費で揃えていたのであれば、紛失の数は減少したであろう。

このような認識は、高価な大礼服を自費で調製する宮内省の勅任官や奏任官たちと大きく異なる。次節で述べるように彼らの大礼服は、宮中儀礼の席次をあらわしており、誰もが着られるものではなかった。そこに権威と魅力が生じるわけだが、宮内省の官員は、彼らと立場が違っていた。転任や退職してしまえば、再び着ることはできない。過不足分の問題がこれ以降なかったのは、官員の意識が変化したというよりも、調度局の管理体制が改善されたと見るべきだろう。それはともかく、宮内省の華麗な礼服類は、参内する資格を持つ人々の大礼服姿を演出する効果があったことに違いはなかった。

二　宮中席次と勲章

明治二十一年（一八八八）十月八日、宮内省式部寮は麝香間祗候および宮中顧問官をはじめ、内閣・各省院・警視庁・東京府・各書記官秘書官・宮家令・非職奏任・大臣秘書官に対し、参内参賀の場合、通常礼服は燕尾服、通常服はフロックコートと心得るよう通達を出した(38)。このような通達を出した背景には、これまでその違いがわからず、参内参賀のたびに誤りを指摘される者がいたからに違いない。宮内省は省内の管理を整備するだけではなく、儀礼に参加する者の不備も是正しようとしたのである。

前節では迎える側の官員の礼服について検討したが、参内する人たちにとって大礼服を着る意味とはなにであったのだろうか。宮中で彼らはどのような様子だったのだろうか。だが、天皇に拝謁する臣下の姿はもとより、御陪食や宮中宴会の写真は簡単に見つかるものではないし、そのような写真が存在する可能性は低い。それに代わるものとして、撮影の時期は大正八年（一九一九）と少し後ではあるものの、宮中宴会を彷彿とさせる憲法発布三十年記念祝典の写真がある（図88）。

この写真からは、宮中宴会で椅子に座って食事などをする場合、正帽をどのようにしたかがうかがえる。左端に非役有位四位以上の大礼服を着た犬養毅、その右隣に勅任文官大礼服を着た床次竹二郎が座っているが、二人とも尻と背もたれの間に正帽を立てている(39)。

宮中では正帽を外して手に持っていたが、食事をする際には手から離さなければならない。大膳寮の職員に預けたのか、どこか帽子置きのような場所があったのか、今となっては定かではない。だが、この様子は、宮中宴会でも同じであったと考えられる。宮中宴会のように招待者が多ければ帽子を預けたり、どこかに置いておくのは、帰るときに混乱を招いたであろう。また、犬養と床次が当日相談して隣同士に座った可能性は低い。このような場合、席次が決められていることが多い。宮中席次について説明する前に、席次や大礼服とも関係の深い勲章制度に触れておこう。

文官や華族の大礼服に続いて、宮内省各職員の礼服が整備されると、それにともない席次と、席次に関係する叙勲制度も定まった。日本の勲章は、明治八年四月十日に制定された旭日章を嚆矢とする。同九年十二月二十七日には旭日章の上位に大勲位菊花大綬章が増設されたが、叙勲基準が不明確なことに加え、諸外国のように種類が少ないのが課題であった。そこで明治二十一年一月三日に最高位の勲章である大勲位菊花章頸飾、菊花章と旭日章の間に勲一等旭日桐花大綬章、旭日章の下に瑞宝章、女性を対象にした宝冠章を創設した。また少し遅れて明治二十三年二月十一日には軍功者を対象にした金鵄勲章も加わった(40)。

勲章の増設を受けて、明治二十一年九月三日に制定された「文武官叙勲内則」では、親任官は勲二等、勅任官は勲三等、奏任官は勲六等、判任官は勲八等を初叙とした。親任官の諸大臣・陸海軍大将・枢密院議長・元老院議長は勲二等から勲一等への昇叙が計八年、その他の親任官は計十二年であった。だが、判任官一等は勲八等から勲六等への

88　憲法発布三十年記念式典　『太陽』25–3

昇叙が計三十三年と、勲等が下がるにつれ昇叙に要する年数は長くなっている[41]。政府官員にとって勲等は、自分の功績を示すものであった。高等叙勲者は、退職してからも宮中儀礼に参加する権利を有した。

その序列を示したのが宮中席次である。明治二十一年六月十五日に公布された宮中席次では、大勲位・親任官（内閣総理大臣・枢密院議長・各大臣・陸海軍大将・参軍・侍従長・元老院議長・枢密院副議長・枢密顧問官・監軍）・公爵・勲一等（旭日桐花章・旭日章・瑞宝章）・勅任一等・勅任二等・麝香間祗候と、上位者だけが明示された[42]。これ以下は記されていないためわからない。実際に運用するにも不十分であり、明治二十四年十二月二十二日には全八条からなるものに改正されている。この条文では同じ官職内の順番は任補の日で定め、任補の日付も同じ場合は前官の席次によるとした。転任した人は異動の日ではなく、はじめてその官等に進んだ日によって決められた。席次は兼官と本官とを問わず高いほうを優先し、同じ日に同じ職に任官した者は年齢によって上下を決めた。廃官および辞職してから三十日以内に同等の官に任補した場合は前席を保つことができ、官職を降格した者は同等中の首座とした。ただし一等官から二等官に降格した場合に限り、二等中特別席の次席に座ると定められた(43)。

宮中席次表には、一等である大勲位・内閣総理大臣・各大臣・枢密院議長・陸軍大将・海軍大将・侍従長・枢密院副議長・枢密顧問官・参謀総長・監軍・大審院長・旭日桐花章・公爵・勲一等旭日章・勲一等瑞宝章から、十等の陸軍教授・陸軍編修・海軍教授・予備判事・予備検事・文部省直轄諸学校教諭・文部省直轄諸学校舎監・大林区署技師・商船学校教授・東京郵便電信学校教授・札幌農学校舎監まで掲載されている。

席次表では華族の地位が上級官職よりも低いのが目につく。華族の最高位である公爵でさえ十四番目であり、侯爵は二等の末席、三等の貴族院書記官長・衆議院書記官長の次に麝香間祗候・錦鶏間祗候《きんけいのましこう》・伯爵・勲二等旭日章・勲二等瑞宝章・子爵・勲三等旭日章・勲三等瑞宝章・男爵といった具合である。皇族や元勲クラスが対象となる大勲位が筆頭に定められていることから、宮中席次は実力によって勝ち得た政府官員の地位を基準にしていたといえる。明治十七年七月の華族令で公家や諸侯出身者の最低の地位とされた子爵も、勲二等の受章者より下に置かれている。

宮中席次では複数の肩書きがある場合、高い地位を優先したが、それによって大礼服も異なった。そこで明治二十四年十二月二十八日に式部長は、各庁長官宛に在官者は文官大礼服を着用、そのうち有爵者は有爵者大礼服でも可能、陸海軍人は正装、有爵者は有爵者大礼服、有位者は非役有位大礼服と、それぞれの官爵位相当の服を着て臨むよう通達した(44)。また麝香間祗候は非役有位大礼服を着ることになっていたが、そのうち他者よりも位階が高い従一位と、無爵の者は勅任文官大礼服の着用が認められた。

それでも複数の肩書きを持つ者にとって、通達内容は理解しにくかったようである。右の通達から一年後の明治二十五年十二月二十四日に宮内省式部職では、麝香間祗候従一位の醍醐忠順は非役有位大礼服を所有していないため代わりに勅任文官大礼服を着て出席してもよいか、また麝香間祗候正二位子爵の長谷信篤は正二位の席に座るが非役有位大礼服がないため代わりに勅任文官大礼服か子爵の有爵者大礼服を着てもよいか、同じく麝香間祗候正二位の池田茂政は勅任文官大礼服でもよいかについて検討している[45]。

このうち醍醐と池田は規定どおりであるから問題ないが、長谷は非役有位大礼服を着なければ出席できないことになる。式部職の回答の記録がないため、どのように対応したのか明確ではないが、明治二十三年十月十四日付で式部長鍋島直大が錦鶏間祗候正三位の醍醐忠敬にした回答から推測できる。忠敬は忠順の息子であるが、勅任官待遇の錦鶏間祗候なので勅任文官大礼服を着るのか、それとも正三位として非役有位大礼服で参加すべきかを問い合わせたのである。

これに対して鍋島は、「錦鶏間祗候ハ勅任官ノ待遇ヲ受クヘキ者ニ付、是又勅任官大礼服着用可致儀ニ有之候、右ハ自然調製等間ニ合ハサル故ヲ以テ万不得止時ニ在テハ、爵服又ハ有位ノ大礼服ニテモ不苦候得共、此事ハ只内規ニ止リ居候」などと答え[46]、基本的に錦鶏間祗候は勅任文官大礼服であるが、調製が間に合わない場合に限って有爵者大礼服や非役有位大礼服の代用を認めるとした。ただし、これは例外的な措置であるとの注意も忘れていない。この対応に鑑みると、長谷にも非役有位大礼服が出来上がるまでは、勅任文官大礼服や有爵者大礼服で代用が認められたと思われる。

宮中席次には、名誉職たる麝香間祗候や錦鶏間祗候の意義があらわれている。彼らには政治的な実権は与えられなかったが、儀礼に際して参内する権利があり、席次では勅任官待遇を得ていた。現任の一等級・二等級よりは下になるものの、勅任か奏任かで格段に待遇は異なるため、この資格が魅力的であったことはいうまでもない。宮中席次は国家における序列を示しており、それは席次にも明記された勲章の等級にはっきりとあらわれていた。その模様を目撃した仕人の小川金男は、大礼服に勲章を佩用する参内者の姿を次のように回想する。

御陪食の日には、わたし達仕人は詰襟に金モールの御紋章をちらした黒ラシャの大礼服を着て、黒のエナメル靴をはいて、白い手袋をはめている。その勿体ぶつた服装で、わたしが集つてきたお客様達を眺めたとき、わたしは急に小さくなつてしまつたような錯覚におちいつてしまう。見る人も見る人殆んどが胸いつぱいにぴか〳〵光る勲章を垂している。肩には幅広い色とり〴〵のタスキ（綬）を掛けている。袖には金モールが巻きついている。七色の宝石と金属が燦然と入り乱れて動き廻わる。わたしにはもう人の顔などわからなくなる。どれもこれも勲章に見える。事変勲章を持つ人間の顔は、その勲章なみの名誉と誇りをむき出しにしているのであろう。だから勲章と勲章とが出逢うと、位の高い勲章に対して低い方の勲章がへり下つた挨拶をする。(47)

三大節の御陪食の日には、仕人の大礼服を着る小川は肩身の狭い思いをしたという。彼とは違って参内者は文官大礼服や陸海軍正装に複数の勲章類をつけているからであった。彼の感想で興味深いのは、日清戦争や日露戦争などの軍功によって叙勲を受けた者たちが、その功績をひけらかしていたという点である。したがって、大勲位菊花大綬章を佩用する元勲クラスに出逢えば、勲一等旭日桐花大綬章の受章者も一歩下がり、さらに勲一等旭日大綬章や勲一等瑞宝章はへり下ったという。長年務めてきた勅任官は勲一等や勲二等をつけていたが、新任の勅任官には未叙勲の者もいた。宮中儀礼の場では、大礼服に耀く勲章の数で、その人が古参か新参かを推し量れたのである。大礼服や正装着用者にとって宮中席次と叙勲制度とは、国家における序列を明確にする意味を持っていた。

そのため勅任官になれるか否かは、上席に座れるか、奏任官として末席に甘んじるかの分岐点だった。宮中席次の制定に先立つ明治二十年七月、「文官試験試補及見習規則」が公布された。高等官希望者は高等試験を経て試補となり、普通文官希望者は普通試験を経て見習いに採用される。そして三年の試用期間を経て、奏任官または判任官に任じられた。すでに専門知識を習得していることから帝国大学卒業生は両試験を免除、私立法学校卒業生も普通試験は免除であった。

さらに明治二十六年十月に文官任用令が成立すると、翌二十七年から帝国大学と私立法学校の別なく文官高等試験を受けることとなり、三年の試用期間は廃止され、試験合格後に官僚として即時採用された。明治三十二年三月の文官任用令改正では、文官高等試験に合格した奏任官しか勅任官に任用されなくなり、政党員の自由任用などが制限された。

だが、ここで注意しなければならないのは、文官高等試験に合格したからといって必ず勅任官になれたわけではなかったことである。合格者のなかには、三等一級でおわる者や、勅任官待遇に任ぜられた直後に退職を迎える者も少なくなかった。高等官といっても勅任官と奏任官とでは、俸給などの待遇が大きく異なった。したがって、奏任官の最上級である三等一級は、官僚の間で勅任官に昇進できるかできないかの分かれ道だったことから、「三丁目一番地」と呼ばれていた。かなり後年ではあるが、大正九年（一九二〇）十月に文官高等試験に合格し、昭和二年（一九二七）五月に三等一級の内閣書記官に任官した横溝光暉は、同八年八月に二等の法制局参事官兼任により勅任官待遇となった。宮中席次では複数の役職がある場合、高い官職が優先されたため、横溝は兼官の肩書きにもとづき祝祭日の宮中儀礼に勅任文官大礼服を着て出席できた(48)。本官の肩書きしかなければ奏任文官大礼服を着用し、兼官よりもかなり低い席に座らねばならなかった。

このように天皇との距離を測る宮中席次は、少しでも高い地位を得ようとする政府官僚の権力欲を掻き立て、その権利の象徴として大礼服の魅力を高める効果があったと考えられる。

三　宮内官制服令の制定

大礼服を含め宮内省内の制服は、帝国憲法発布記念式典の前に定められたが、それで十分に整備されたわけではなかった。そのことは明治二十二年（一八八九）七月十一日付で宮内大臣秘書官の長崎省吾が斎藤某に宛てた書翰が示している。長崎は、野営演習および艦隊操縦の天覧に際して侍医の立場が判然としないため、侍医の服制を定める必要があると訴えた。そして「適当ノ服制取調候様侍従長ヨリ大臣へ相談ノ上被申聞候〔中略〕貴官自今御洋行中ニ付、各国皇室侍医ノ服制御聞合御報道被下候様奉願」と依頼する。(49) 各国の侍医の服制を調査する件は侍従長から宮内大臣へも相談済であったが、長崎は欧州を巡遊していた斉藤から最新の各国の情報を聞き出そうとしたのである。

また長崎はこの書翰に「御熟知ノ如ク一体ノ服制ハ文武官ヲ大別シ、其内文官中ニハ普通行政官司法官ト宮内官ノ区別有之候得共、特ニ侍医ノ服制トテハ如何ノモノカト相考へ候」などと記している。(50) 服制は文官と武官を区別するだけでなく、文官のなかでも行政官・司法官と宮内官の違いを明確にしなければならないが、侍医の制服がどのようなものかわからないという。

管見の限り侍医の服制は確認できないが、宮内省は帝国憲法発布記念式典以降にも服制を定めた。時系列で見ると、①天皇および皇太子の内舎人車従服（明治二十二年十一月一日制定）、②東宮職勅任官・奏任官大礼服小礼服（同年十二月二十三日制定）、③宮内官高等官供奉常服（同二十四年十一月二十四日制定）、④御料局地方部局員職服（同三十一年二月八日制定）、⑤楽師長職服（同年十一月十九日制定）、⑥皇族職員中別当家令小礼服（同三十二年十月三十一日制定）、⑦宮内大臣・宮内次官・宮内書記官の大礼服（同三十六年七月二日制定）、⑧学習院職員服制（同三十七年十二月二十四日制定）、⑨膳部長小礼服（同三十九年六月五日制定）、⑩爵位局高等官大礼服（同年九月十八日制定）となる。

ここでも順を追いながら基本的な内容を確認する。①の服の特徴は、深萌黄羅紗という色と、二行六個釦の詰襟服の右肩から勲章の大綬のようにかける剣釣りである。黒革の剣釣りには弓箭箙絃巻が金で描かれ、端には金製の五七の桐がつけられた。剣は日本太刀造りで白鮫の柄に鷹頭をデザインした他に類のないものであった(51)。⑤の楽師長が着る礼服は、二行七個釦の黒絨フロック型で襟と袖部分だけが赤絨を用いている。袖には二本の金線と二個の釦をつけ、襟章と釦は五七の桐紋である。帽子も黒絨に幅一寸の赤絨鉢巻とし、前章は菊紋にラッパの交差という目立つデザインをしている(52)。

③の供奉常服は、その名称のとおり宮内省高等官の通常勤務や行幸啓などで着用する。供奉常服により一般的な勤務服であるフロックコートと、宮内省高等官との相違が明確となった。服は海軍冬用の一種服に似ており、襟から中央縁取り部分と袖章に菊の枝葉の刺繍がある。勅任官の袖線幅六分に対し、奏任の袖線幅を三分とする以外に違いは見られない。冬は深黒紺羅紗、夏は白リンネル製としている(53)。④は皇室御料地の管轄各役場で勤務する者の制服、⑧は華族の子弟が通う学習院の職員の制服である。ともに通常服で海軍一種服の形状に類似している(54)。②⑥⑨の小礼服は、主猟寮の小礼服と一緒であった(55)。

②⑦⑩の大礼服は宮内高等官大礼服と同型で、⑦は宮内大臣と宮内次官を十三枝、宮内書記官を九枝、襟章や袖章を藍色ビロードとしたが、②は勅任官を十三枝、奏任官四等以上を九枝、五等以下を七枝、⑩は勅任官を十三枝、奏任官を九枝とするものの、襟章や袖章に色がないため侍従職と大差がなかった(56)。ちなみに、宮内高等官の菊枝の数は、明治三十二年十一月四日に大幅に改正されている。侍従職の奏任官八等・九等、主猟局の奏任官五等・六等、主馬寮の奏任官五等・六等、東宮職の奏任官五等以下の大礼服がなくなり(57)、宮内高等官は勅任の十三枝と奏任の九枝に限られるようになる。

このように変遷した宮内省の服制は、明治四十四年五月二十六日の宮内官制服令の公布によって統合された。この

90　皇太子の内舎人車従服　　89　天皇の内舎人車従服
「省達録」，明治 22 年（宮内庁書陵部宮内公文書館所蔵）

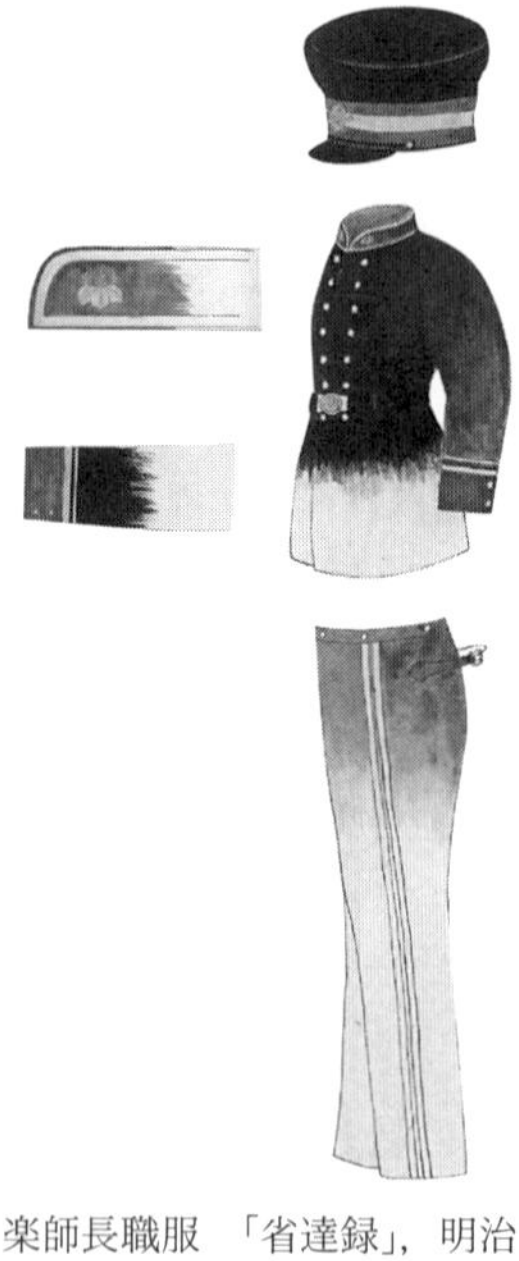

92　楽師長職服　「省達録」，明治 31 年

91　宮内官高等官供奉常服　『官報』明治 24 年宮内省達甲第 3 号

宮内官制服令は、同じ日に公布された皇族大礼服とともに十一月一日に施行される。公布の翌日には「奏任待遇宮内職員制服規定」と「判任待遇等外宮内職員制服規定」が定められ、煩雑でわかりづらかった服制を改善しようとしたのである。舎人・内舎人・馭者・仕人などの服制は、宮内省の内部資料にとどまっていたが、『官報』に記載され官公庁をはじめ広く国民にも知らされた(58)。

その理由は推測の域を出ないが、高齢にさしかかり体調不良となった明治天皇に万が一の事態が発生した場合に備えていたと考えられる。つまり天皇の崩御、大正天皇の即位という重大な国の儀礼を予期して準備していたのである。明治三十年代から皇室典範の不備を補うため、皇室関係法規の調査が進められていたことを考えあわせると、的外れな推測とはいえないだろう。皇室関係法規の調査は、明治三十二年八月二十四日に設置された帝室制度審査局が担当したが、審査局と「宮内官制服令」、「奏任待遇宮内職員制服規定」、「判任待遇等外宮内職員制服規定」の関連性ははっきりしない。

これらにかかわる史料が乏しく、宮内省内のいかなる官員が作成に携わっていたのかを明らかにすることも難しい。だが、調査に関与した長崎省吾の手元に残された「宮内省制服令案」、「奏任待遇宮内職員制服規定案」、「判任待遇等外宮内職員制服規定案」をはじめ(59)、近年公開された宮内庁書陵部宮内公文書館所蔵の史料から各種制服の詳しい内容がわかる。

これまで『官報』に記載された「宮内官制服令」により礼服をはじめ各種制服の形状は知ることができたが、その用途については記されていないため判然としなかった。大礼服制を検討する際、その着用区分が重要であることはいうまでもない。よって各種礼服の特徴を紹介しつつ、どのように使い分けられていたのかを明らかにする。まずは宮内省の主要な礼服である宮内高等官大礼服・小礼服・通常礼服から述べる。

宮内高等官大礼服・小礼服・通常礼服

宮内高等官大礼服が勅任官と奏任官の二種だけであったことは先に述べたが、宮内官制服令の服制図には菊枝数が十三枝の勅任官と九枝の奏任官しか載っていない。ここで主猟局、主殿寮、主馬寮、宮内大臣・次官・書記官の襟と袖の色別がなくなり、式部官の緋色以外は生地と同じ深黒紺羅紗に統一された。また主馬寮の大礼服だけ乗馬に適するようガウン式ではなくジャケット型にあらためられ、車馬監と調馬師の小礼服はなくなった。長いガウンと違って丈が短いため、正面菊枝の刺繡を勅任官は九枝、奏任官は七枝に限り、残りの枝は裾回りから背面につけるようになっている。またキュロット型の白羅紗のズボンを穿き、主馬寮の勅任官だけは右肩に飾章をつけた(60)。

宮内高等官小礼服と通常礼服は、参内する臣下との違いを示す意味があった。小礼服は一般的な燕尾服と変わりはないが、勅任官は襟と袖に深黒ビロードをつけた。また勅奏任官ともに正面片側四個と背面燕尾の左右二個の金釦は菊紋が用いられている。通常礼服も燕尾服で小礼服と同じであるが、正面片側三個と袖に三個の釦がつくところに違いがある。釦の図柄も半菊葉紋を使うなど小礼服との相違がわかるようになっている(61)。

宮内高等官大礼服は、新年朝賀・新年宴会・紀元節・天長節の参内や、東宮御所への新年参賀、新年晴御膳といった三大節を中心とした重要な儀礼に着用した。それ以外では軍旗・勲章・爵位記の親授式や奉授式、親任式、外国の皇族および特派使節の謁見、各国大使公使の信任状・解任状・勲章捧呈式、大使が信任状捧呈後に皇后・皇太子・同妃・その他の皇族にはじめて謁見するときなど、外国の皇族や大使公使との儀礼で用いられた。宮中の外では、正式の勅使として差遣されるとき、陸軍始観兵式・天長節・観兵式・帝国議会開院式・靖国神社臨時大祭へ行幸啓をおこなうときに着た。宮内官の勅任官や奏任官は、年間をとおして制服のように大礼服を着る機会が多かったといってよい(62)。

一方、宮内高等官小礼服は、皇后御誕辰に参賀するとき、侍従職・式部職・皇后宮職の高等官が拝謁の儀式に関与

94　宮内高等官通常礼服

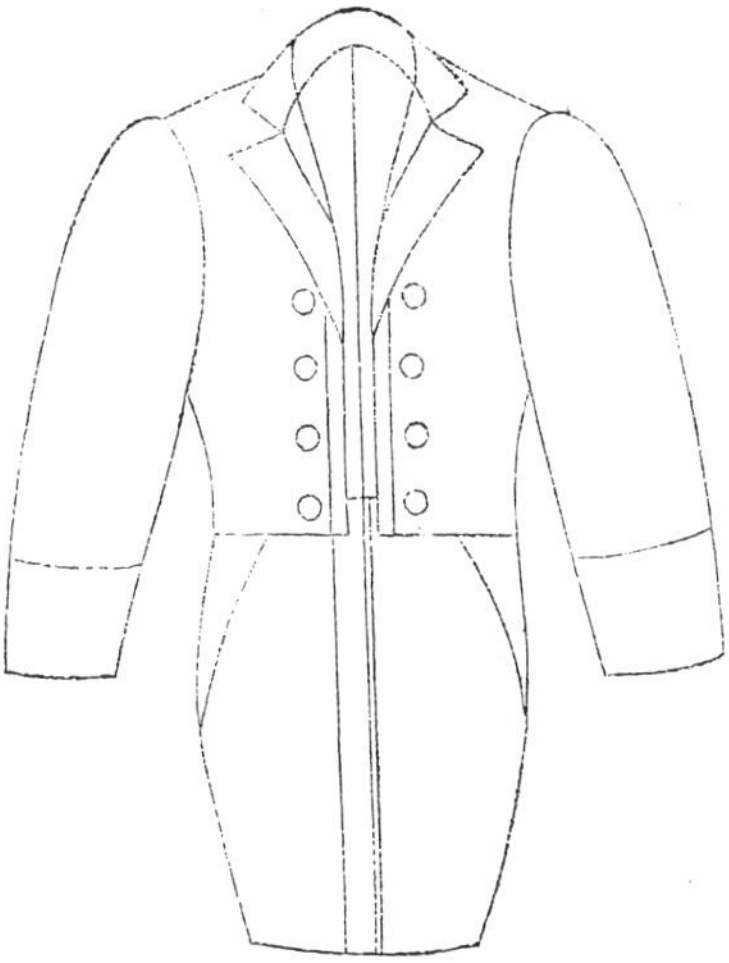

93　宮内高等官小礼服

95　主馬寮高等官（勅任官）大礼服

93〜95『官報』明治 44 年皇室令第 4 号

表 8　宮内官の服制

宮内高等官大礼服
新年朝賀・新年宴会・紀元節・天長節に参内
新年参賀のため東宮御所に参入
新年晴御膳の式
陸軍始観兵式・天長節・観兵式・帝国議会開院式・靖国神社臨時大祭に行幸啓ある場合に供奉
正式の勅使として差遣
外国の皇族または特派使節の参内謁見などの儀式
各国大使公使の信任状・解任状・勲章捧呈式
各国大使信任状捧呈の後，初めて皇后・皇太子・同妃，その他皇族に謁見する場合
軍旗・勲章・爵位記の親授式・奉授式，新任式
前各号のほか臨時に指示したとき
宮内高等官小礼服
東京府内諸学校の卒業式に行幸する際の供奉
皇后御誕辰に参賀するとき
皇族が名代として学校の卒業式に出席する際の随行
侍従職・式部職・皇后宮職の高等官として拝謁の儀式に関与するとき
大膳寮の高等官で宮中午餐・晩餐に関与するとき（大礼服・通常服を着用する場合を除く）
宮中の午餐・晩餐に関与するとき
帝国議会の閉会式
宗秩寮の高等官にして位記・襲爵の辞令を交付する儀式
前各号のほか臨時に指示したとき
宮内高等官供奉服
東京府外の行幸に供奉
皇后・皇太子・同妃の東京府外の行啓に供奉
皇族が東京府外の陸海軍諸学校に差遣される際に随行
前各号のほか臨時に指示したとき
宮内高等官通常礼服
皇族・王族・公族の晩餐，夜会に出席
皇族・王族・公族の臨席する晩餐，夜会に出席

出典：「宮内官大礼服小礼服供奉服通常礼服着用規程ノ件」（「例規録」式部職，明治 44 年，宮内庁書陵部宮内公文書館所蔵）から作成。

するとき、大膳寮の高等官で宮中の午餐・晩餐に関与するとき、宗秩寮の高等官にして位記・襲爵の辞令を交付するときに着用した。御所の外では、帝国議会閉会式のほか、天皇が東京府内の学校卒業式へ行幸するときや、皇族が名代として学校卒業式に差遣されるときであった。それ以外の行幸啓では宮内高等官供奉服、皇族や王公族の晩餐・夜会には宮内高等官通常礼服を着た。(63)

右の区分から、宮内高等官大礼服・小礼服・供奉服・通常礼服を儀式の軽重に応じて使い分けていたことがわかる。宮内省にはこうした礼服のほか、儀式の際に着用する式服と呼ばれる制服兼礼服があったことは先述したが、それらは第一号や第二号などに分かれ、さらに甲乙丙という順序で服の形が異なっていた。礼服としての格は、第二号より第一号、乙より甲のほうが高く、それぞれ宮内高等官大礼服・小礼服・供奉服・通常礼服に対応して着るようになっていた。

舎人職服制

舎人職服第一号甲種は、燕尾服で菊紋釦を上衣片側四個、袖に二個をつけ、袖と襟に菊紋章織出金線が縫いつけてある。乙種は袖の金線がない。甲種は上下に加えチョッキも深黒紺羅紗だが、乙種はチョッキだけ白羅紗または白リンネルだった。第二号甲種はガウン型で袖・襟袷から裾回りに一条、袖に二条、背面の腰下部分に五条の菊紋章織出金線とされた。乙種は折襟のガウン型で、襟袷の片側に菊紋釦六個をつけ、菊紋章織出金線は襟部と袖一条に限られた。甲乙ともチョッキは緋ビロードだが、ズボンは甲が緋ビロードなのに対し、乙は紺ビロードという差を設けている。(64)

舎人職服制の第二号甲種職服は、皇室令で定める儀礼に関係者が大礼服を着用する場合とあり、大礼服に相当したことがわかる。新年朝賀、新年宴会、紀元節宴会、天長節の拝賀および宴会、天長節や陸軍始の観兵式、帝国議会開

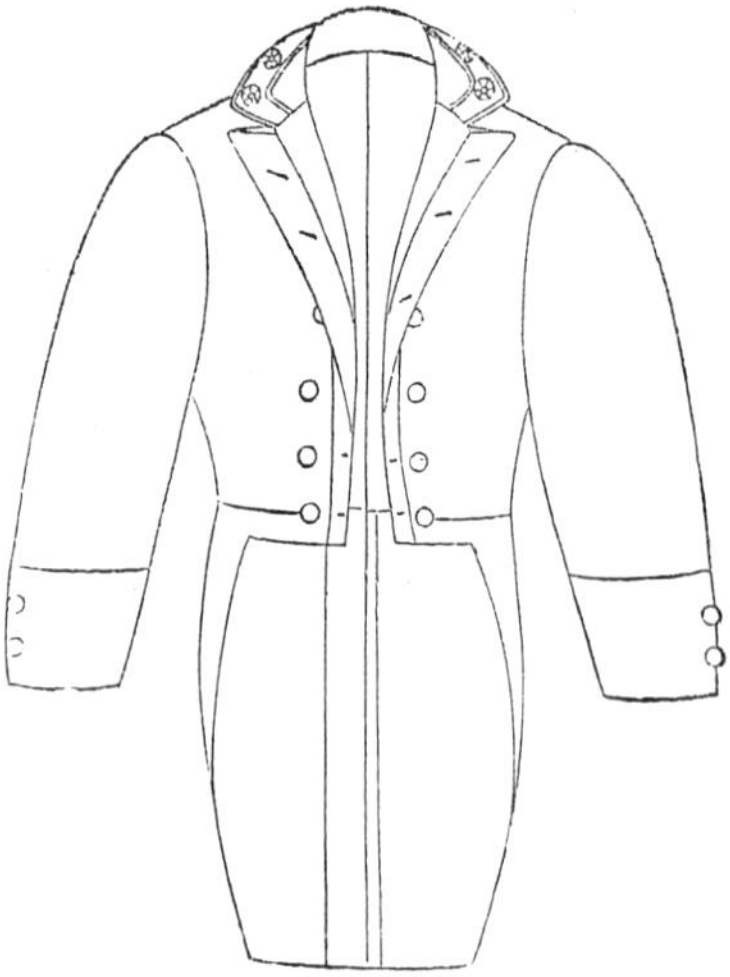

97　第 1 号乙種上衣

96　舎人職服　第 1 号甲種上衣

98　第 2 号甲種上衣

96～103 は『官報』明治 44 年皇室令第 4 号

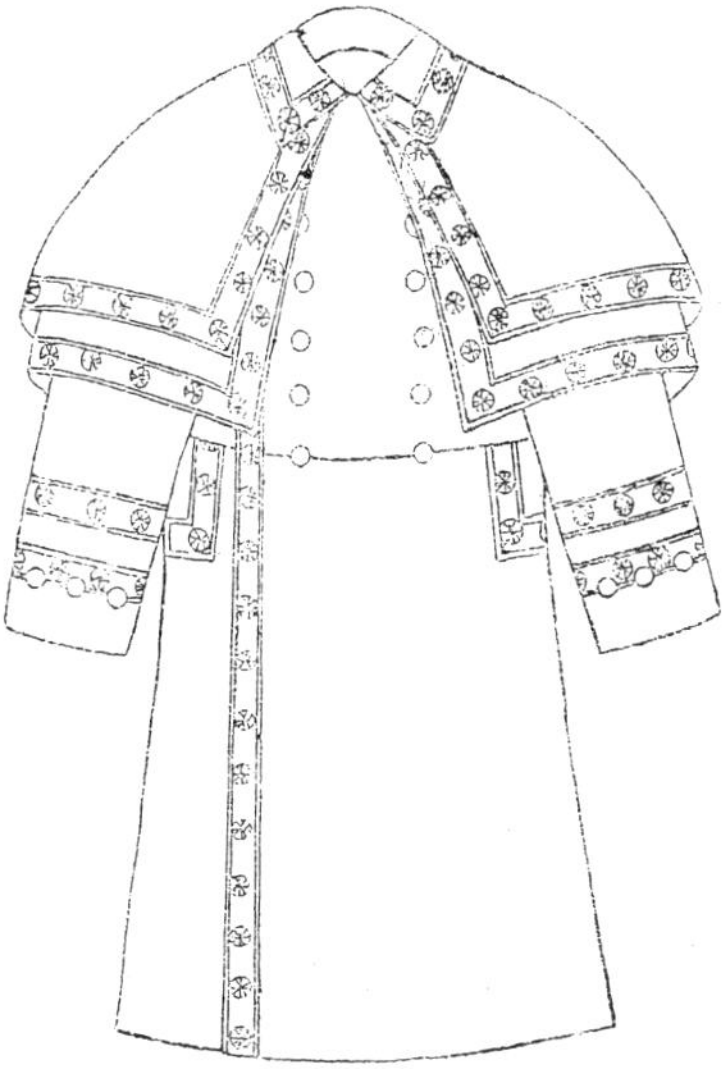

100　甲種外套

99　第 2 号乙種上衣

101　乙種外套

表9　舎人の服制

舎人職服（第２号甲種）
皇室令で定められた典式関係諸員大礼服を着用する場合，これに関与するとき
新年朝賀・新年宴会・紀元節宴会・天長節宴会
天長節・陸軍始の観兵式
帝国議会開院式，貴族院議長・衆議院議長勅語奉答のため参内
外国の皇族または特派使節の参内謁見などの儀式
各国大使公使の信任状・解任状・勲章捧呈式
各国大使信任状捧呈の後，初めて皇后・皇太子・同妃，その他皇族に謁見する場合
軍旗・勲章・爵位記の親授式・奉授式，新任式
前各号の外臨時に指示したとき

舎人職服（第２号乙種）
皇室令で定められた典式関係諸員小礼服または通常礼服および通常服を着用する場合，これに関与するとき
政治の儀式
大祓の儀式
皇后御誕辰の儀式
外国の皇族または特派使節の参内謁見などの儀式
観桜会・観菊会
各国大使公使の内謁見，外国人の謁見，内国人および雇外国人の拝謁
華族に天盃を下賜するとき
皇子女御式年の祭典
位記・襲爵の辞令を交付する儀式
前各号のほか式部長官が臨時に指示したとき

出典：「宮内官制服令及判任待遇等外宮内職員制服規程中数種アル職服着用ノ場合ヲ定ムルノ件」（「例規録」式部職，明治44年，宮内庁書陵部宮内公文書館所蔵）から作成。

院式、貴族院議長・衆議院議長が勅語奉答のため参内するとき、外国の皇族や特派使節が天皇に謁見するため参内するとき、各国大使・公使が信任状や解任状の捧呈、勲章の捧呈のため参内するとき、各国大使・公使が信任状や解任状を捧呈してからはじめて皇后、皇太子、同妃に謁見するとき、軍旗・勲章・爵記・位記の親授式および奉授式、それ以外に式部長官が指示をおこなったときに着用した(65)。

第二号乙種職服は、皇室令で定める儀礼に関係者が小礼服および通常服を着用する場合に用いた。ここから小礼服相当であったといえる。年末に宮中でおこなわれる大祓や、出産された皇后に挨拶にうかがうとき、帝国議会の閉会式、観桜会と観菊会、各国大使・公使の内謁見、内国人やお雇い外国人が拝謁のため参内するとき、華族に天盃を下賜するとき、皇子女の成人の儀式、

102 内舎人職服　第２号甲種上衣

103 第２号乙種上衣

位記や爵記を交付するとき、それ以外に式部長官の指示があったときに着用した[66]。

内舎人職服

内舎人職服第一号甲種は舎人職服第二号甲種、第一号乙種は舎人職服第二号乙種と同じである。第二号甲種は、詰襟二行六個菊紋釦、袖と襟に菊紋章織出金線を付し、右肩に金の飾章をつけた。第二号乙種は開襟フロック型の一行菊紋五個釦で、同じく袖と襟に菊紋章織出金線を、右肩に金銀線の飾章をつける。甲種のズボンは上衣と同じ深萌黄羅紗だが、乙種のズボンは白羅紗のキュロットであった。甲種は金地鷹頭白鮫柄の剣と、弓箭箙紘巻および五七桐紋を描いた剣釣りを用いており[67]、これは先述した内舎人車従服と一緒である。

内舎人職服第一号甲種は行幸第二公式鹵簿御馬車、皇族の公式鹵簿御馬車、各国大使公使が信任状を捧呈する際の馬車の車従のときに着用した。それ以外に内舎人は主殿頭、主馬寮技手は主馬頭の指示を受けたときもこれを着た[68]。

主馬寮技手職服

宮内官制服令のなかでもっとも複雑なのが主馬寮技手職服であり、

表 10　内舎人の服制

内舎人職服（第 1 甲種）
行幸第 1 公式鹵簿御馬車の車従 そのほか主殿頭が臨時に指示したとき

内舎人職服（第 1 乙種）
行幸第 2 公式鹵簿御馬車の車従 皇族の公式鹵簿御馬車の車従 各国大使が信任状捧呈のため参内するときの馬車の職務 前各号のほか主殿頭が臨時に指示したとき

内舎人職服（第 2 甲種）
公式以外の行幸鹵簿御馬車の車従 そのほか主殿頭が臨時に指示したとき

内舎人職服（第 2 乙種）
公式以外の皇后宮行啓鹵簿御馬車の車従 そのほか主殿頭が臨時に指示したとき

出典：表 9 と同じ。

表 11　東宮内舎人の服制

東宮内舎人職服（第 2 号甲種）
皇太子御馬車の車従 そのほか東宮大夫が臨時に指示したとき

東宮内舎人職服（第 2 号乙種）
皇太子妃御馬車の車従

出典：表 9 と同じ。

第一号から四号まで分かれ全十二種類におよぶ。主馬寮技手職服第一号甲種は、ガウン型で右肩に飾章をかけ、襟から裾回りに菊紋釦が六個つき、前面に四条、背面に九条、袖に三条、腕に二条の菊紋章織出金線が付されている。生地の深黒紺羅紗の部分はほとんどなく、全身金モールで覆われている印象を受ける。これに対して第一号乙種は、菊紋章織出金線が正面に二条、背面中央腰下に一条、袖に一条にしかない。また第一号丙種は、内舎人職服第二号乙種と同じだが、袖線幅一寸を八分に縮めて差をつけている[69]。一号丁種は記載がないためわからない。

第二号甲種は開襟ジャケット型で三行六個、袖に三個の飾釦をつけ、襟合せに一条、裾に二条、肩に一条、腕に二

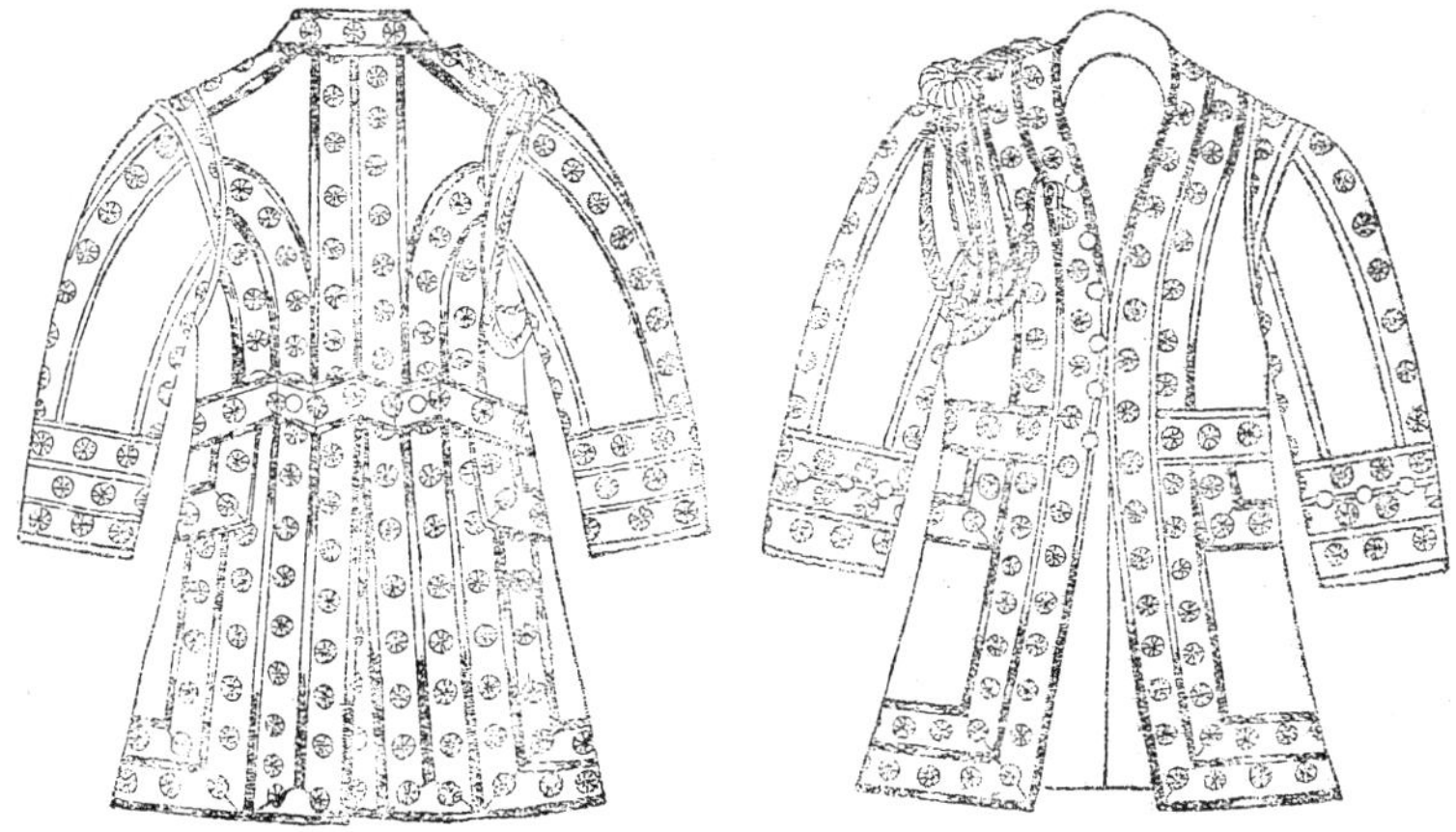

104　主馬寮技手職服　第 1 号甲種上衣

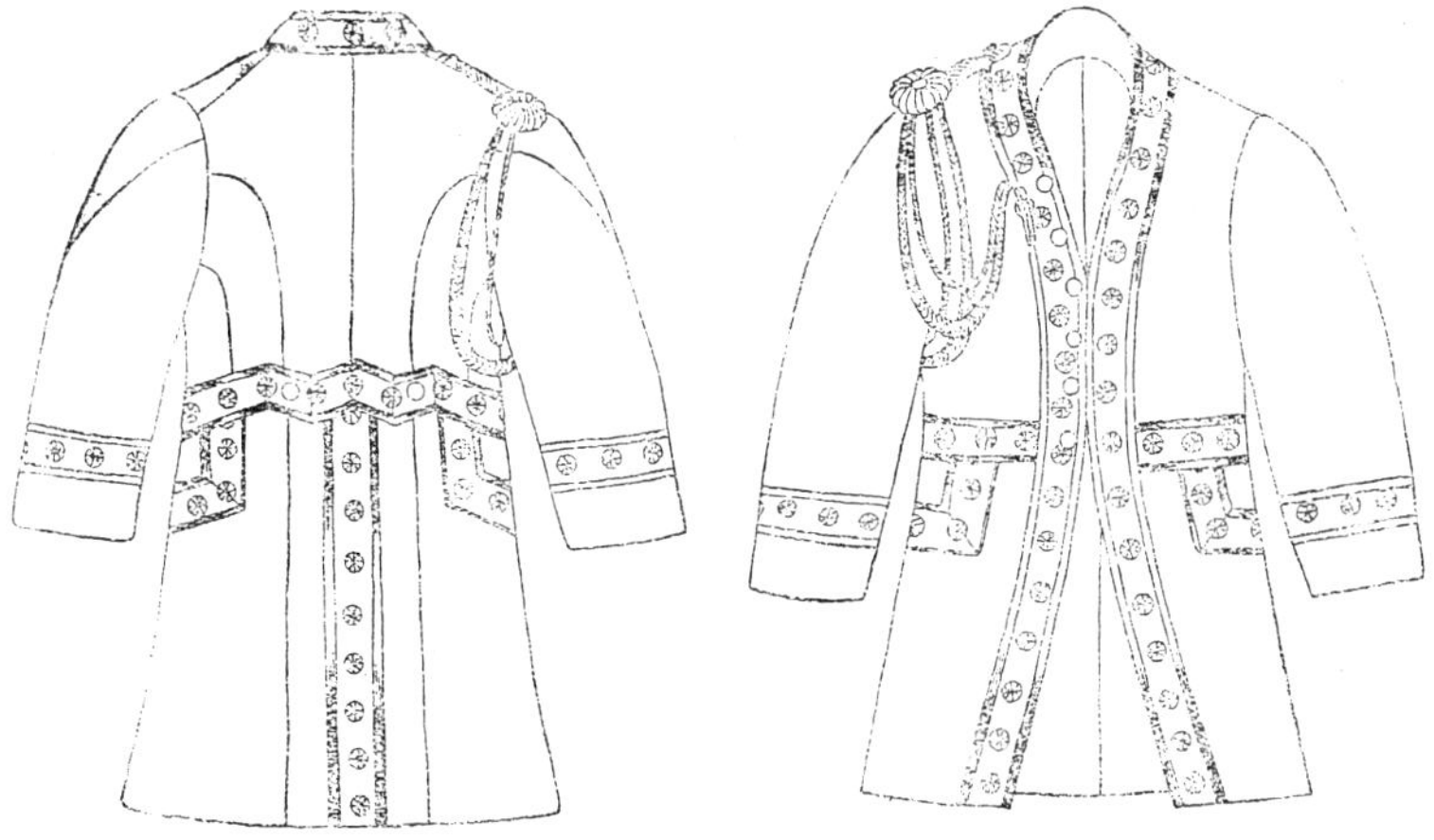

105　第 1 号乙種上衣

104～114 は『官報』明治 44 年皇室令第 4 号

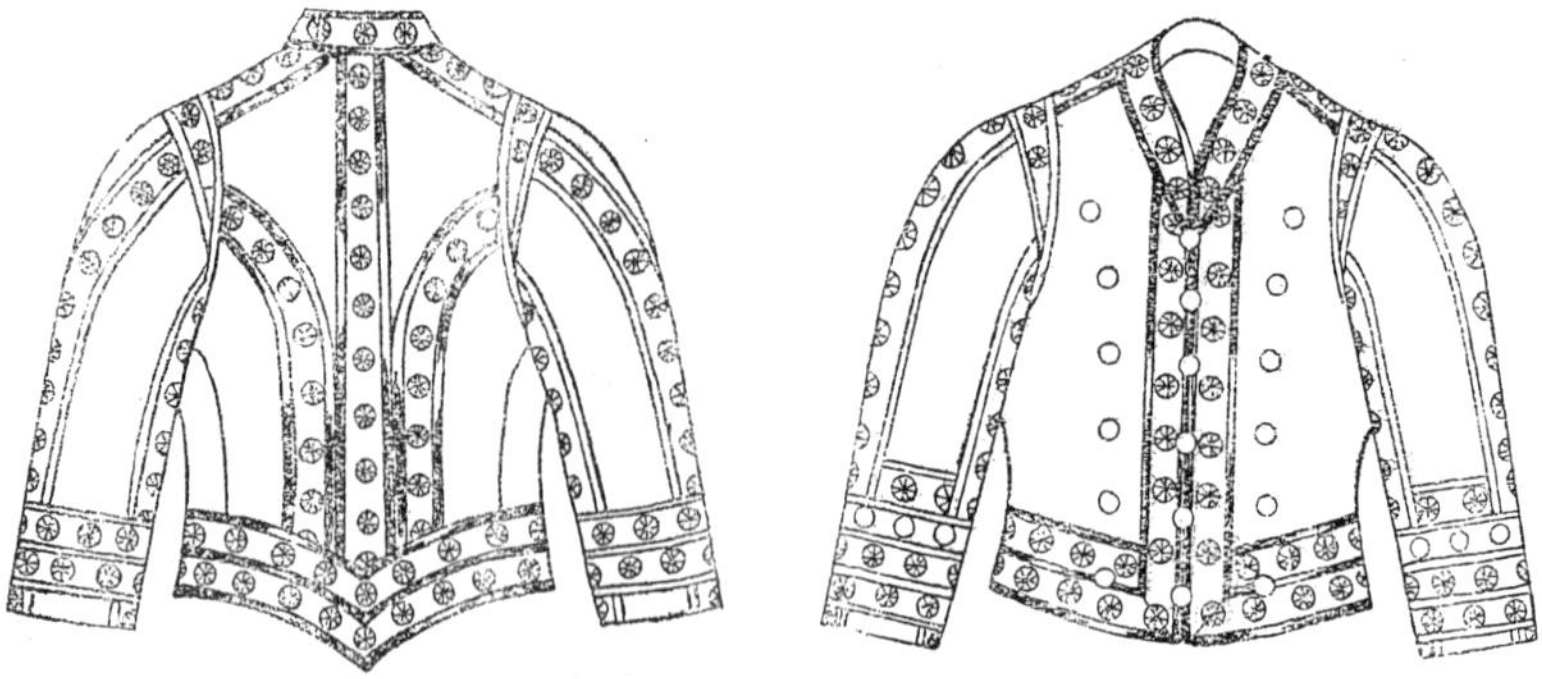

106　第 2 号甲種上衣号

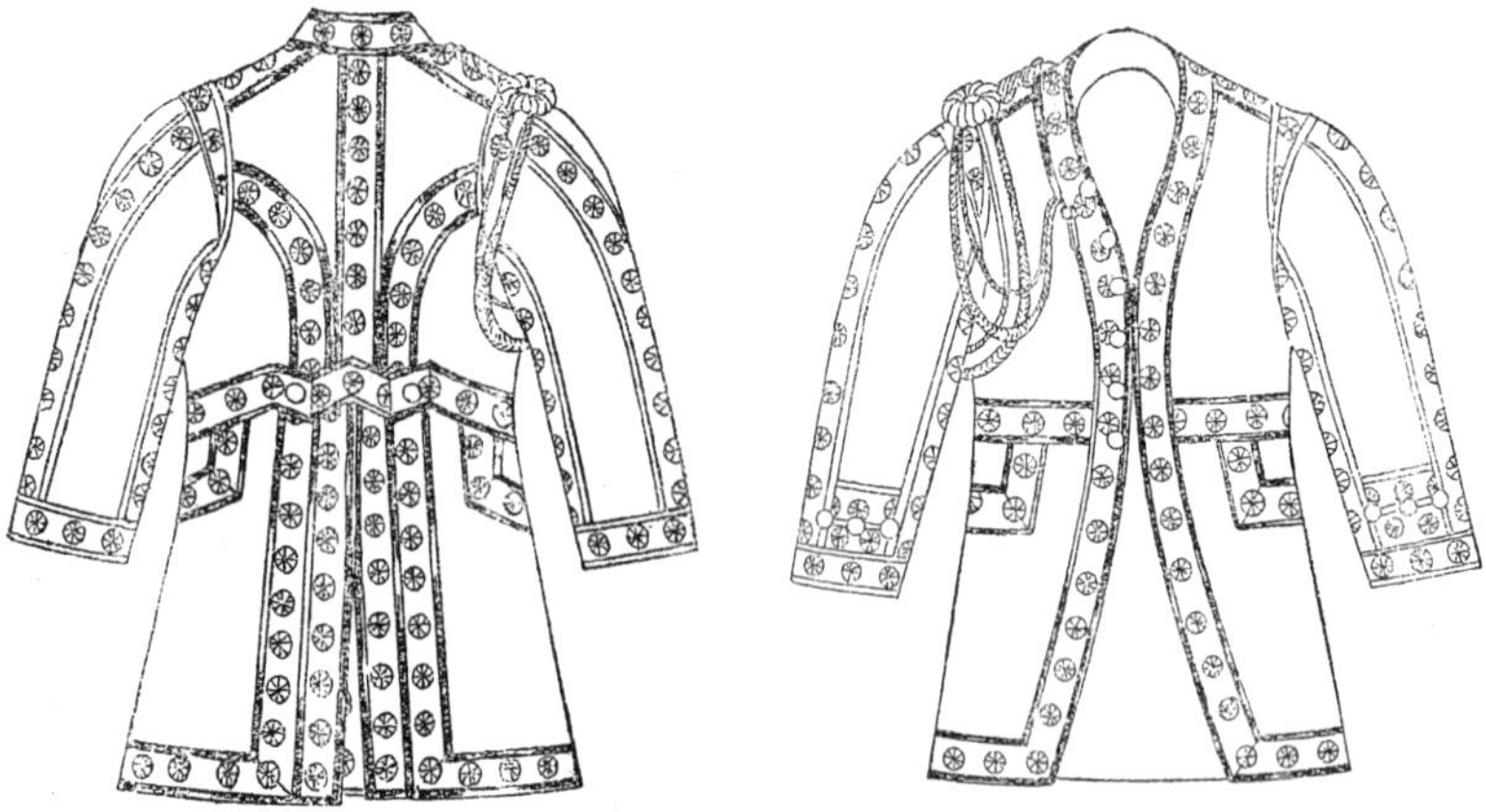

107　第 2 号乙種上衣

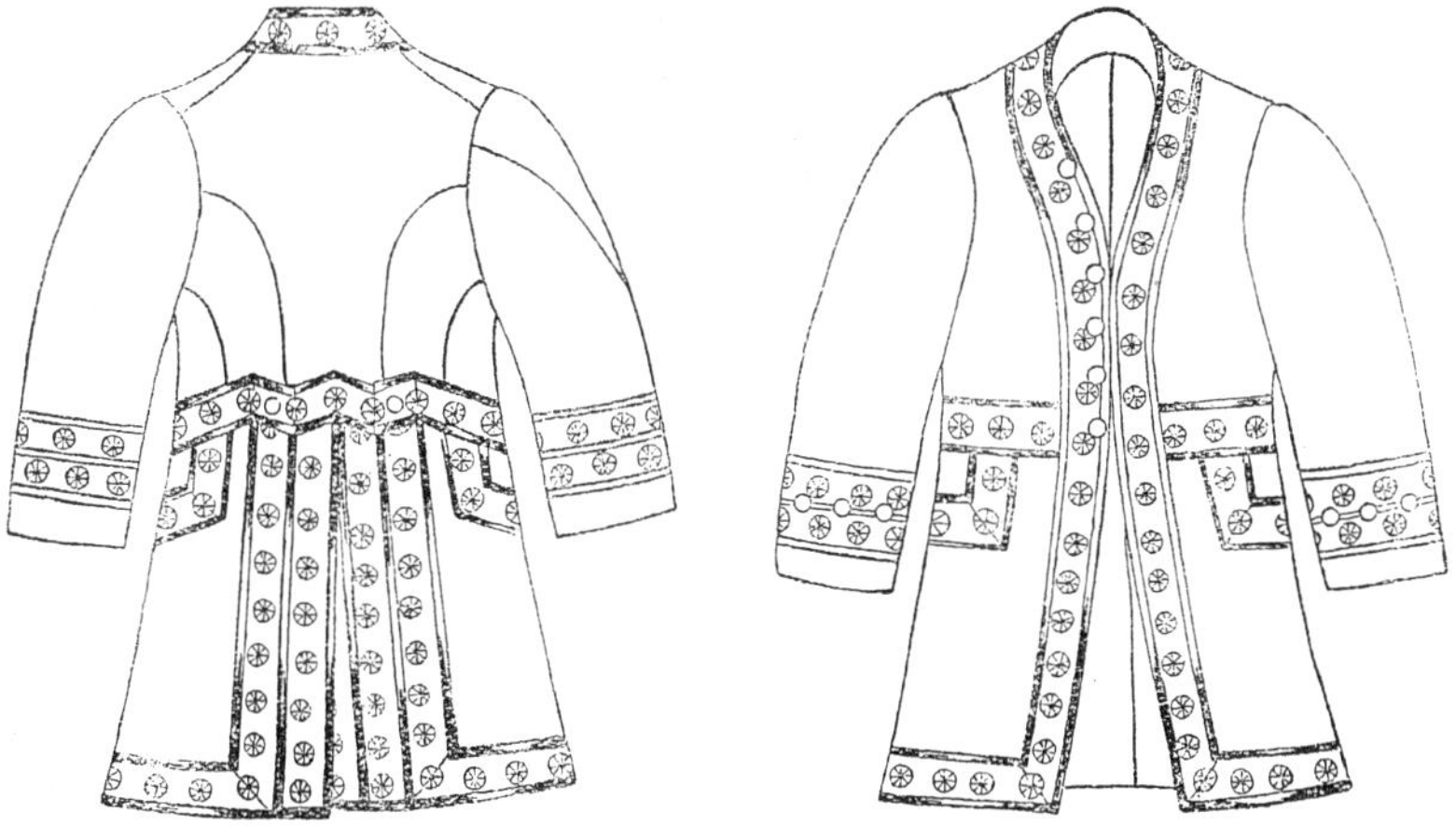

108　第 2 号丙種上衣

109　第 3 号甲種上衣

111　第 4 号乙種丙種外套

110　第 4 号丙種上衣

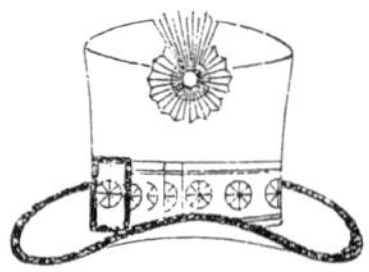

113　第 4 号乙種帽

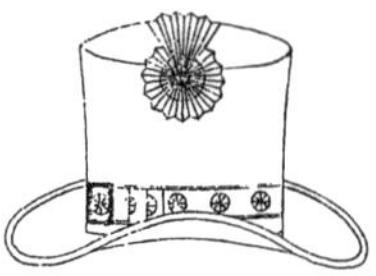

114　第 4 号丙種帽

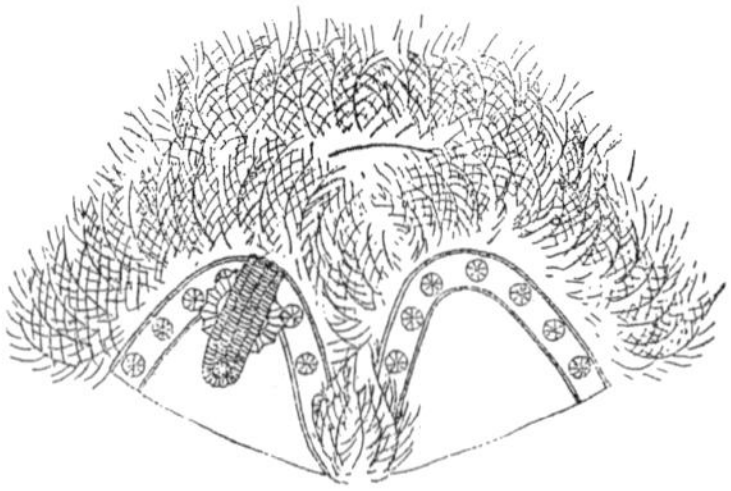

112　第 4 号甲種帽

条、袖に三条、背面に三条の菊紋章織出金線がある。第二号乙種は第一号乙種に似ているが、右肩の飾章が金であり、肩に一条、腕に二条、袖に三条、背面に五条と菊紋章織出金線がつく。第二号丙種は、第二号乙種の右肩の飾章と肩および腕の菊紋章織出金線がなく、背面の金線も腰下に限られた。第三号甲種は開襟ジャケット型で中央七個、左右八個、袖に三個の飾釦をつけ、袖と襟に菊紋章織出金線をつけるが、第二号甲種に比べると地味である。第三号乙種は第一号丙種と同じであり、第三号の甲乙ともズボンは白羅紗のキュロットを穿いた。第四号甲種は第一号乙種、第四号乙種は第一号丙種および第三号乙種と同じである。第四号丙種は開襟フロック型で一行五個釦だが、乙種とは菊

表 12　主馬寮技手の服制

主馬寮技手職（第 1 甲種）
行幸第 1 公式鹵簿御馬車の馭者
そのほか主馬頭が臨時に指示したとき
主馬寮技手職（第 1 乙種）
行幸第 2 公式鹵簿御馬車の馭者
皇族の公式鹵簿御馬車の馭者
各国大使が信任状捧呈のため参内するときの馬車の馭者
前各号のほか主馬頭が臨時に指示したとき
主馬寮技手職（第 1 丙種）
公式以外の行幸啓鹵簿御馬車の馭者
皇太子・同妃の御馬車の馭者
皇孫および親王（泰宮）の御馬車の馭者
正式勅使の馬車の馭者
前各号のほか主馬頭が臨時に指示したとき
主馬寮技手職（第 4 甲種）
行幸第 1 公式鹵簿御馬車の馭者
そのほか主馬頭が臨時に指示したとき
主馬寮技手職（第 4 乙種）
行幸第 2 公式鹵簿御馬車の馭者
各国大使が信任状捧呈のため参内するときの馬車の馭者
前各号のほか主馬頭が臨時に指示したとき
主馬寮技手職（第 4 丙種）
注進使の職務に従事するとき
公式以外の行幸啓鹵簿御馬車の馭者
皇太子・同妃の行啓供奉馬車の馭者
皇孫および親王（泰宮）の随員馬車の馭者
皇族の随員馬車の馭者
正式勅使の随員馬車の馭者
略式勅使御使または御代拝の馬車の馭者
各国大使が信任状捧呈のため参内するときの随員馬車の馭者
前各号のほか主馬頭が臨時に指示したとき

出典：表 9 と同じ。

紋章織出金線をつける襟の形が異なり、袖には菊紋のない金線がつけられた(70)。

主馬寮技手職服第一号乙種の職服は、内舎人職第一号甲種と同じ場合に馬者の馭者を務める者が着用した。第一号丙種の職服は、公式以外の行幸啓鹵簿御馬車、皇太子同妃両殿下の馬車、皇孫殿下および内親王殿下の馬車、正式勅使の馬車の馭者を務めるときに用いた。第四号乙種の職服は、行幸第二公式鹵簿供奉馬車、各国公使が信任状捧呈のため参内するときの馬車の馭者を務める際に着た。第四号丙種の職服は、注進使の職務に従事するとき公式以外の行幸啓鹵簿供奉馬車、皇太子同妃両殿下行幸啓供奉馬車、皇孫殿下および内親王殿下の随員馬車、皇族の公式鹵簿の随員馬車、正式勅使の随員馬車、略式勅使御使および代拝の馬車、各国大使が公使信任状捧呈のため参内するときの随員馬車の馭者を務める際に着用した。各種ともこのほか主馬頭が指示を与えたときに用いた(71)。

この区分からは、主馬寮技手職服は全四号十二種類を定めながら、実際には第一号乙丙種、第四号乙丙種に限られていたのがわかる。残りの七種は規定はあるものの、具体的な用途は示されていない。用途が不明確であることに加え、第一号乙種と第四号甲種、第一号丙種と第三号乙種・第四号乙種と同じだったため、鹵簿の服制はわかりづらかった。この課題は、第七章で述べる昭和大礼まで存続する。

仕人職服

仕人の第一号甲種は、主馬寮技手職服第一号甲種と同じであった。小川金男が「まるで金モールが立っているような感じをあたえる」(72)と述べていたのも頷ける。また、第一号乙種は主馬寮技手職服第一号乙種、第二号甲種は舎人職服第二号乙種の上衣と甲種のズボン、第二号乙種は主馬寮技手職服第四号乙種、第二号丙種は主馬寮技手職第四号丙種と同じである。仕人独特の職服は第三号に見られる。甲種は詰襟フロック型の菊紋五個釦、乙種は開襟フロック型二行菊紋四個釦で、襟部の菊紋章織出金線を除くと装飾はない(73)。

116　第3号乙種上衣

115　仕人職服　第3号甲種上衣

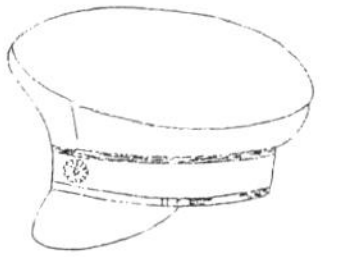

118–1　甲種乙種帽

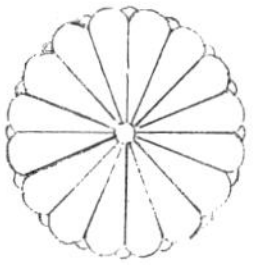

118–2　帽前章

117　第3号丙種上衣

115〜118は『官報』明治44年宮内省令第4号

仕人の職服は、御車寄階下で奉迎する際に着る第一号、行幸啓や奉迎の馬車に従事する際に着る第二号、それ以外の場所で儀礼に関与する際に着る第三号に分かれている。第一号甲種の職服は、外国の皇族や特派使節が天皇に謁見するため参内するとき、各国大使や公使が信任状・解任状・勲章の捧呈のため参内するとき、各国大使や公使が信任状や解任状を捧呈してからはじめて皇后、皇太子、同妃に謁見するときに御車寄階下の出迎えで用いた。また新年朝賀、新年宴会、紀元節、天長節では御車寄階下のほか、東車寄階下でもこれを着た。(74)

第一号乙種の職服は、各国大使や公使が暇乞いで参内するときの御車寄階下や、同じく東宮御所の車寄階下で出迎えるのに用いた。東宮御所の車寄階下では新年参賀当日にも着用した。紛らわしいのが第三号乙種の職服で、一月一日から三日まで東宮御所の車寄に従事する際はこちらを着ることとなっている。新年参賀の東宮御所は車寄と階下とで服の種類が違うのである。それを除くと第三号乙種の職服は、大祓や皇族参拝で賢所に従事するときや、観桜会・観菊会に着たが、「宮殿内ニ勤務スルトキ」とあり、仕人の通常勤務に用いていたことがうかがえる。(75)先述の小川金男の言説でいう「仕人マンテル」とは、第三号乙種の職服を指していると見て間違いない。

第三号甲種の職服は舎人の第二号甲種と同じ場合に着用する。第二号は甲種・乙種・丙種に分かれており、甲種は公式鹵簿供奉馬車の車従に従事する場合に着用した。第二号乙種は、行幸第二公式鹵簿供奉馬車、正式勅使の馬車、各国大使や公使が信任状・解任状・勲章の捧呈のため参内する馬車の車従に従事するときに着た。第二号丙種の職服は公式以外の鹵簿供奉馬車、皇太子同妃の行幸啓の供奉馬車、皇族の公式鹵簿供奉馬車、各国大使や公使が信任状・解任状・勲章の捧呈のため参内する馬車の車従に従事するときに着用した。なお各種ともこのほか主殿頭が指示を与えたときに用いた。(76)

表13　主膳の服制

主膳職服・膳手職服（甲種）
新年晴御膳の式
新年宴会・紀元節宴会・天長節宴会
新年に外交官に茶菓下賜の場合
外国皇族と御会食の場合
前各号のほか大膳頭が臨時に指示したとき
主膳職服・膳手職服（乙種）
各国大使公使の信任状・解任状・勲章捧呈式の後、御暇乞のため参内御陪食
観桜会・観菊会の宴会に従事
前各号のほか大膳頭が臨時に指示したとき
主膳職服・膳手職服（丙種）
着用する場合は大膳頭が定める

出典：表9と同じ。

主膳職服の第一号甲種は舎人職服第一号甲種、第一号乙種は舎人職服第一号乙種と同じであった。第一号丙種も舎人職服第一号乙種と同じだが、襟の金線をつけず、釦を片側三個とした。また長ズボンで剣は佩用しなかった。第二号甲種は舎人職服第二号甲種、第二号乙種は舎人職服第二号乙種と同じ、第二号丙種はチョッキが深黒紺羅紗なだけで主膳職服第一号丙種と一緒であった(77)。

宮中の御陪食や晩餐会でこれを着る者は主膳を務める者と判断できるが、廊下などで見かけた場合は判別に困ったであろう。主膳職服の第一号・第二号甲種は、新年の晴御膳の式をはじめ、新年宴会、紀元節宴会、天長節宴会、新年に外交官に茶菓を下賜するとき、外国皇族と御会食のとき、大膳頭の指示があるときに着用した。一方で第一号・第二号乙種は、各国大使や公使の信任状・解任状・勲章の捧呈後の御陪食や、御暇乞のため参内した際の御陪食、観桜会・観菊会、大膳頭の指示があるときに着用した(78)。

皇族大礼服

宮内官制服令とともに皇族大礼服も改正された。皇族大礼服は明治六年に制定されたが非役有位大礼服と誤解され、同九年に改正されたことは第一章で述べた。なぜ三十年以上も続けてきた皇族大礼服を変更した

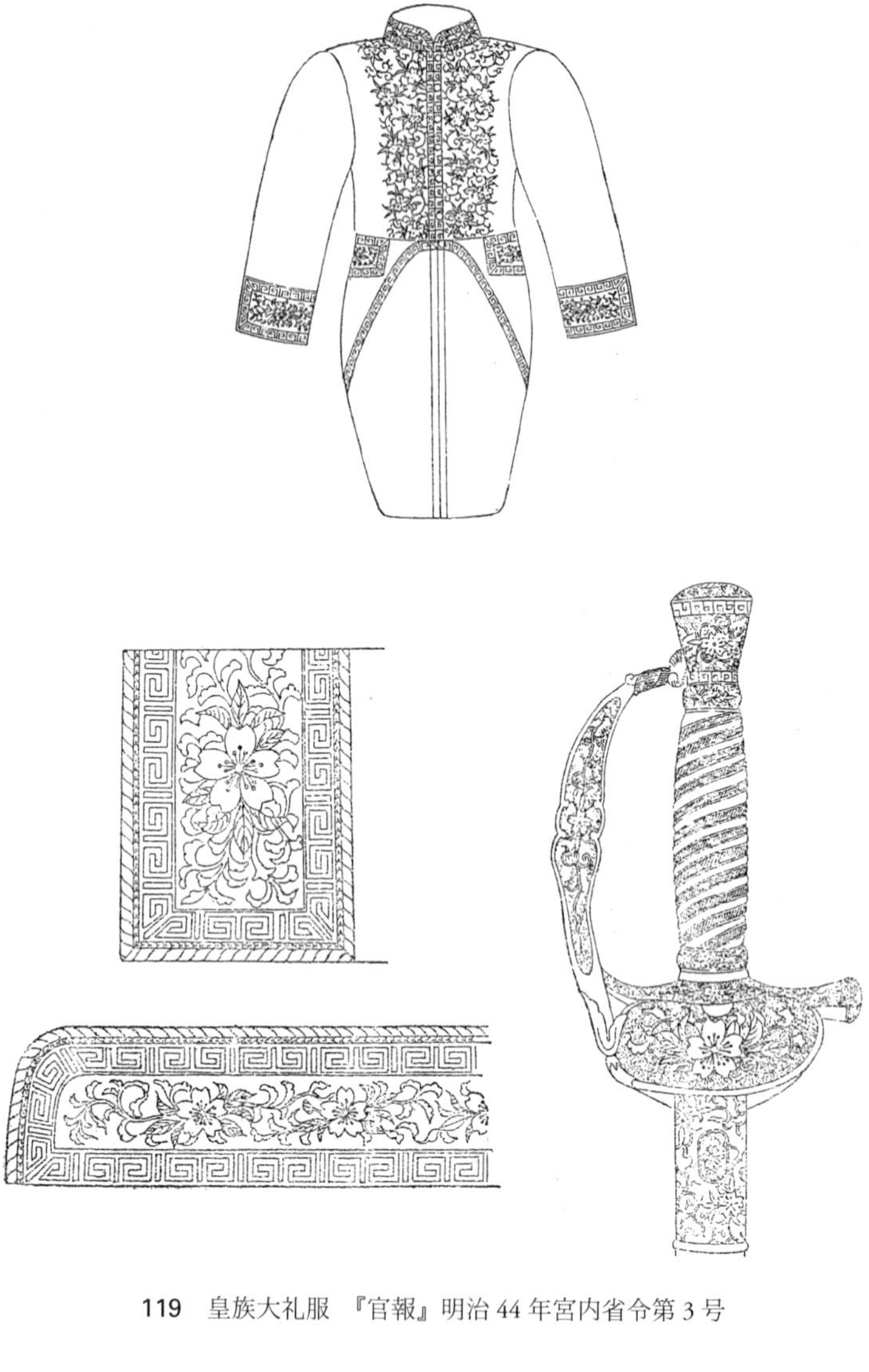

119　皇族大礼服 『官報』明治 44 年宮内省令第 3 号

のかはわからない。だが、従来の菊葉紋から桜花唐草紋へ改正しているため、菊紋を多用する宮内官制服と皇族の違いを明確にしようとしたと推測できる。

改正された皇族大礼服は、上衣片面に八個の桜花唐草紋を入れ、開襟から詰襟に変更し、背面上部に桜花唐草紋が刺繍されているのが特色である。また従来白ズボンだけであったのが、ほかの大礼服と同じようにズボンが通常儀礼の黒と、特別な儀礼に用いる白とに分けられた。正帽の側章をはじめ、正剣の頭部と鍔も桜花唐草紋に変更されている。そして以前にはなかった特別な小礼服と外套が設けられた。深黒紺羅紗の小礼服は、片側四個の桜花紋の金釦、袖に深紫のビロードと、その上部に幅一分の黒毛をつけ、下衣は白羅紗製を用いた。深黒紺羅紗の外套は、二行六個の桜花紋の金釦、袖に雷紋二条をつけた[79]。

このような特色のあるデザインに改正したものの、皇族が軍務に就く役割は変わらなかった。したがって、皇族のほとんどが儀礼の場では陸海軍の正装姿であった。明治四十四年に皇族大礼服が改正されてから、適齢期になっても軍務に就かなかった皇族は、賀陽宮邦憲、久邇宮多嘉王・邦英王、伏見宮邦芳王、山階宮藤麿王しかいない。さらに管見の限り改正された皇族大礼服姿を確認できるのは、久邇宮多嘉王・邦英王、山階宮藤麿王に限られる[80]。久邇宮多嘉王は伊勢神宮の祭主、山階宮は太平洋戦争終戦後に靖国神社の宮司を務めた。彼らは病弱および体質上の問題で軍務には不向きと判断された。そうした特殊な事情がない限り、皇族大礼服を着ることはなかったのである。

120　久邇宮多嘉王　『皇族画報』

これほど複雑で細かい礼服規定がなぜ必要であったのか。それは大礼服が欠かせないヨーロッパの王室との関係を考慮していたと思われる。明治三十一年五月、ウィ

122　久邇宮邦英王　『皇室皇族聖鑑』昭和篇

121　山階宮藤麿王（学習院大学史料館蔵）

ーンに着任した特命全権公使の牧野伸顕は、大礼服を着て国書捧呈を無事にすませると、オーストリアの皇族に挨拶する慣習となっていたため、フロックコートに着替えて向かったところ「大礼服着用が恒例だと注意」を受け、再び大礼服に着替えて出直したという。牧野は「これが唯一の失策だった」と振り返る[81]。このオーストリアでのドレスコートからもわかるように、大礼服制の着用規定は複雑で、熟知していないと間違えてしまう。礼服は相手に対する礼儀を示すものであり、着る場面を間違えては失礼にあたる。

帝室制度調査局が設置されたのは、牧野がオーストリアで失敗したのとほぼ同じ時期である。皇室がかかわる儀礼に不備があってはならない。帝室制度調査局は、各国王室から失礼と指摘されないような配慮をしたのだろう。明治時代にはオーストリアのような大礼服制の着用規定に厳しい王室が少なからずあったため、それに対応する服装規定が不可欠であったとしても不思議ではない。考えてみれば、前近代の宮中儀礼における服装も複雑であった。身分と儀式によって、装束はもとより色・素材・紋様などが異なったのである。

前近代と近代の礼服の違いは、身分から階級を示すものへと変化したことと、有職故実から服装規定へと変わったところにある。有職故実に詳しい一部の人しか知らなかった礼服の用途が、服装規定に明記され誰もが知ることができるようになった。だが、帝室制度調査局が作成した服装規定に精通することは容易ではなく、多くの宮内省の官員は複雑な規定に苦慮するようになる。この問題は第七章の宮内官制服令の改正で述べるが、時代は変わっても宮中儀礼の場には礼服が不可欠であった。

宮中儀礼には、官等・勲等・爵位・位階により席次を定められた者が集まり、大礼服はその地位を示した。彼らを迎える宮内省の官員たちも、儀礼の軽重に応じて礼服を使い分けた。華麗で複雑な礼服は、海外からの皇族・大使・公使に対する配慮であったが、天皇をはじめ華族や官僚らの権威を引き立てる役割を担っていたともいえる。そのような場に参加できるか否かは、個人の名誉と権威にもかかわる。参加条件に大礼服着用とあれば、大礼服を着たいと思うであろう。宮内省の礼服や服装規定が整備されていくにつれ、各人の権威欲を掻き立てたのだった。

註

(1)「御厩馭者ノ服制并改正・二条」(「太政類典」第二編第五一巻、国立公文書館所蔵、二A―九―太二七三)。
(2)(3)「行幸行啓鹵簿并改定・二条」(同右、第三編第十三巻、二A―九―太六一七)。
(4)(5)「供奉服改正ノ件」(「例規録」総務課、明治十五年、宮内庁書陵部宮内公文書館所蔵、識別番号三七三―二)。
(6)『官報』明治十七年太政官達第九一号。
(7)(8)「舎人、馭者、配膳員及玄関番等ノ礼服制定ノ件」(「例規録」調度寮、明治十七年、宮内庁書陵部宮内公文書館所蔵、識別番号一〇〇九)。
(9) 皇后や女子華族の洋装については、拙稿「鹿鳴館時代の女子華族と洋装化」(『風俗史学』三七、二〇〇七年三月)を参照されたい。
(10) オットマール・フォン・モール著、金森誠也訳『ドイツ貴族の明治宮廷記』新人物往来社、一九八八年、七五、一七二頁。
(11) 内閣記録局編『法規分類大全』七五、宮廷門・儀制門・族爵門、原書房、一九八〇年覆刻版、六五二頁。

(12)(13)　小川金男『宮廷』日本出版共同株式会社、一九五一年、八頁。
(14)「内豎（御裳ヲ取ル幼年ノ者）舎人馭者配膳人玄関番仕人取締及仕人等ノ服制ヲ定ムルノ件」（「例規録」内事課、明治二十一年、宮内庁書陵部宮内公文書館所蔵、識別番号三七九―三）、「大膳職配膳取締配膳人服制改正施行ノ旨大臣ヨリ達ノ件」（「例規録」大膳職、明治二十一年、宮内庁書陵部宮内公文書館所蔵、識別番号三〇六〇）、「馭者、前騎者、騎馭者、乗馬役、口付服制改正ノ件（宮内大臣達）」（「例規録」主馬寮、明治二十二年、宮内庁書陵部宮内公文書館所蔵、識別番号四五九二）、「宮内省内豎、舎人、馭者、配膳人、玄関番、仕人等ノ服制ヲ定ム」（「公文類聚」第一二編第六巻、国立公文書館所蔵、二A―一一―類三四一）、前掲『法規分類大全』七五、六五三～七一三頁。
(15)　前掲『法規分類大全』七五、七三六頁。
(16)　同右、六九五～六九六頁。
(17)～(18)　同右、七三六頁。
(20)(21)　前掲『ドイツ貴族の明治宮廷記』一七二～一七三頁。
(22)『官報』明治二十一年宮内省達第十九号、第二十二号、第二十四号、「主馬頭権頭助権助大礼服及車馬監調馬師大小礼服制定ノ件」（前掲「例規録」総務課、明治二十一年、識別番号三七九―一）。
(23)「憲法発布式御次第取調請可ノ件」（「憲法発布式録」一、宮内庁書陵部宮内公文書館所蔵、識別番号五八八―一）、拙著『洋服・散髪・脱刀―服制の明治維新―』講談社選書メチエ、二〇一〇年四月、二〇一～二〇三頁参照。
(24)　明治神宮監修、米田雄介編『明治天皇とその時代―「明治天皇紀附図」を読む―』吉川弘文館、二〇一二年、一一三頁。
(25)　尾崎三良『尾崎三良自叙略伝』中、中央公論社、一九七七年、一八五頁。
(26)　前掲『宮廷』九頁。
(27)　同右、八～九頁。
(28)　同右、三～四頁。
(29)(30)「被服貸与順序制定ノ件」（前掲「例規録」調度寮、明治二十二年、識別番号一〇一二）。
(31)「内舎人へ支給ノ被服改正ノ儀伺定ノ件」（同右、明治四十一年、識別番号一〇二六）。
(32)「受授員及使丁被服支給方稟議ノ件」（同右、明治二十二年）。
(33)「主殿寮内舎人へ支給ノ袴地質改正方稟議ノ件」（同右、明治三十五年、識別番号一〇二二）。
(34)「服制改正ニ付キ従来ヨリ貸与ノ配膳黒服ヲ各自へ下賜ノ儀稟議ノ件」（前掲「例規録」大膳寮、明治二十二年、識別番号三〇六〇）。
(35)～(37)「貸与被服附属品過不足ノ儀ニ付キ処理方ノ件」（前掲「例規録」調度寮、明治二十五年、識別番号一〇一五）。
(38)　前掲『法規分類大全』七五、七一四頁。

(39)『太陽』二五―三、一九一九年二月、口絵写真。
(40)勲章制度については、拙稿「栄典制度の形成過程―官僚と華族の身分再編を中心に―」(『日本史研究』五五三、二〇〇八年九月)、同「明治時代の勲章制度」(『中央史学』三五、二〇一二年三月)、同「明治時代の勲章授与式」(『明治聖徳記念学会紀要』五二、二〇一五年十一月)を参照されたい。
(41)同右「明治時代の勲章制度」参照。
(42)『官報』明治二十一年、宮内省達第十七号。
(43)同右、明治二十四年、宮内省達甲第六号。
(44)「宮中席次改正ニ付新年朝拝着服心得ノ件」(『例規録』式部職、明治二十四年、識別番号七〇九五)。
(45)「三大節宴会ノ節勅任官中有爵者並麝香間祇候中無爵従一位等ノ向着服ノ件」(同右、明治二十五年、識別番号七〇九六)。
(46)「勅任官及錦鶏間祇候着服ノ儀ニ付醍醐正三位ヘ回答ノ件」(同右、明治二十三年、識別番号七〇九四)。
(47)前掲『宮廷』八三頁。
(48)『横溝光暉氏談話速記録』下、内政史研究会、一九七三年、一三六頁。
(49)(50)「鴻信留」第三巻(「長崎省吾関係文書」聖心女子大学所蔵、C―一一)。
(51)前掲『法規分類大全』七五、七四九〜七五一頁。
(52)『官報』明治三十一年宮内省達甲第八号。
(53)同右、明治二十四年宮内省達甲第三号。
(54)同右、明治三十一年宮内省達甲第二号、同三十七年宮内省達甲第九号。
(55)同右、明治三十二年宮内省達第二六号、明治三十二年宮内省達甲第六号、同三十九年宮内省達甲第七号。
(56)同右、明治三十二年宮内省達第二六号、同三十六年宮内省達甲第六号、同三十九年宮内省達甲第一〇号。
(57)同右、明治三十二年宮内省達甲第七号。
(58)同右、明治四十四年皇室令第四号、宮内省令第四号・第五号、「宮内官制服令・奏任待遇宮内職員制服規定・判任待遇等外宮内職員制服規定」(前掲「長崎省吾関係文書」C九四)。
(59)「宮内省制服令案」(前掲「長崎省吾関係文書」C九五)、「奏任待遇宮内職員制服規定案」(同上、C八八)、「判任待遇等外宮内職員制服規定案」(同上、C九三)。これら史料の形状については、佐々木隆「長崎省吾関係文書」(『日本歴史』六二九、二〇〇〇年十月)に写真が載っているので参照されたい。
(60)(61)前掲『官報』明治四十四年皇室令第四号、「機密　皇族制服令案」(宮内庁書陵部宮内公文書館所蔵、識別番号九三一一九)。

(62)(63)「宮内官制服令奏任待遇宮内職員制服規程判任待遇等外宮内職員制服規程」(同右、識別番号九三六九一)。
(64)前掲『官報』明治四十四年皇室令第四号。
(65)(66)「宮内官制服令及判任待遇等外宮内職員制服規程中数種アル職服着用ノ場合ヲ定ムルノ件」(「例規録」式部職、明治四十四年、宮内庁書陵部宮内公文書館所蔵、識別番号七二三三)。
(67)前掲『官報』明治四十四年皇室令第四号。
(68)前掲「宮内官制服令及判任待遇等外宮内職員制服規程中数種アル職服着用ノ場合ヲ定ムルノ件」。
(69)(70)前掲『官報』明治四十四年皇室令第四号。
(71)前掲「宮内官制服令及判任待遇等外宮内職員制服規程中数種アル職服着用ノ場合ヲ定ムルノ件」。
(72)前掲『宮廷』九頁。
(73)前掲『官報』明治四十四年宮内省令第四号。
(74)〜(76)前掲「宮内官制服令及判任待遇等外宮内職員制服規程中数種アル職服着用ノ場合ヲ定ムルノ件」。
(77)前掲『官報』明治四十四年宮内省令第四号。
(78)前掲「宮内官制服令及判任待遇等外宮内職員制服規程中数種アル職服着用ノ場合ヲ定ムルノ件」。
(79)前掲『官報』明治四十四年皇室令第三号。
(80)『皇室皇族聖鑑』昭和篇、口絵。学習院大学史料館編『写真集近代皇族の記憶—山階宮家三代—』吉川弘文館、二〇〇八年、一〇〇頁。
(81)牧野伸顕『回顧録』上、中公文庫、一九七七年、二二二頁。

第四章　官僚と代議士の服装観

文官大礼服の改正および宮内省の各種礼服の制定は、帝国憲法の発布にともなう法典整備の一環であったといえる。憲法発布の翌年には帝国議会が開かれるが、開院式の礼服はもとより、議員たちの服装について、これまでまったく検討されていない。よって本章では、貴族院と衆議院の服装について検討し、議会の開設後に「官の礼服」と「民の礼服」の接近という課題が浮上したことを明らかにする。二つの服装観が生まれた原因について、当時の官僚の洋服と和服の関係性から探る。そして官僚や代議士が実際に着用した各種大礼服を分析し、明治二十年代以降に大礼服制の飾章は画一化されたのかを確認する。また、下級官員である判任官から、「民の礼服」である羽織袴を公認してほしいという声が出たことに触れ、「官の礼服」を厳格に定めると同時に不満も生じたことを明らかにする。

一　帝国議会の開院式と大礼服制

帝国議会の服装問題

明治二十三年（一八九〇）九月二十五日、「欧州諸国ノ制規ヲ調査」して取り決めた「帝国議会議員ノ身分取扱」

によれば、「爵位ヲ有スル者及文武官ハ其大礼服ヲ着シ、普通ノ議員ノ制服ハ燕尾服トス」と定められている。(1) 元日・天長節・紀元節などの際、爵位のある者は有爵者大礼服、文官は文官大礼服、陸海軍の階級を有する者は陸海軍の正装、それ以外の議員は燕尾服を着用するよう指示したものであった。

この規定にもとづき、帝国議会開院式の出席者には大礼服および正装が義務づけられたが、有位者については燕尾服の着用を認めている。「大礼服を携帯せざる有位議員もあり、又新調の間に合はざる等より迷惑不少べし」という事情に配慮したためである。(2) 同年十一月二十九日、帝国議会開院式が挙行された。明治天皇は馬車で議場に向かったが、鹵簿は第一公式か第二公式か明記されていなかったため、翌二十四年から第一公式と定められた。(3)

天皇の馬車には、前章で述べた第一公式に合わせて華麗な馭者や舎人が乗車し、馬車の前後は陸軍近衛騎兵が隊列を組んだ。貴族院の議場正面にある玉座に立つ天皇は、明治十九年制の陸軍正装に大勲位菊花章頸飾の副章を佩用し、天皇の左側には宮内高等官大礼服を着た侍従長徳大寺実則、皇族大礼服を着た山階宮晃親王が並んだ。東アジアの国ではじめて近代的な議会が開かれた瞬間であった。

貴族院の皇族議員は陸海軍の正装、華族議員は有爵者大礼服、勅選議員は勅任文官大礼服、多額納税者議員で有位者は非役有位大礼服を着た。これに対して衆議院議員で大臣を務める者は文官大礼服、有位者は非役有位大礼服を着たが、それ以外は大礼服を着る権利がないため、燕尾服を用いた。第一回総選挙で選ばれた衆議院議員は、国家の官僚のように勅任・奏任・判任という官等を持たない。位階のない者も多く、大礼服を着る立場になかった。

帝国議会開院式に列席したイギリス公使夫人のメアリー・フレイザーは、そのときの模様について「傍聴席は、他のあらゆる隅々と同様、立派な制服と輝かしい勲章を身につけた人々であふれかえっていました。衆議院議員のいでたちはほとんどみな飾り気のない礼装でした。彼らはおだてられ大喜びしているように見える、と意地悪い言葉も聞かれました。一方、豪華な軍服や大礼服ですぐそれとわかる貴族院議員たちは、日本の貴族の特徴である無表情な威

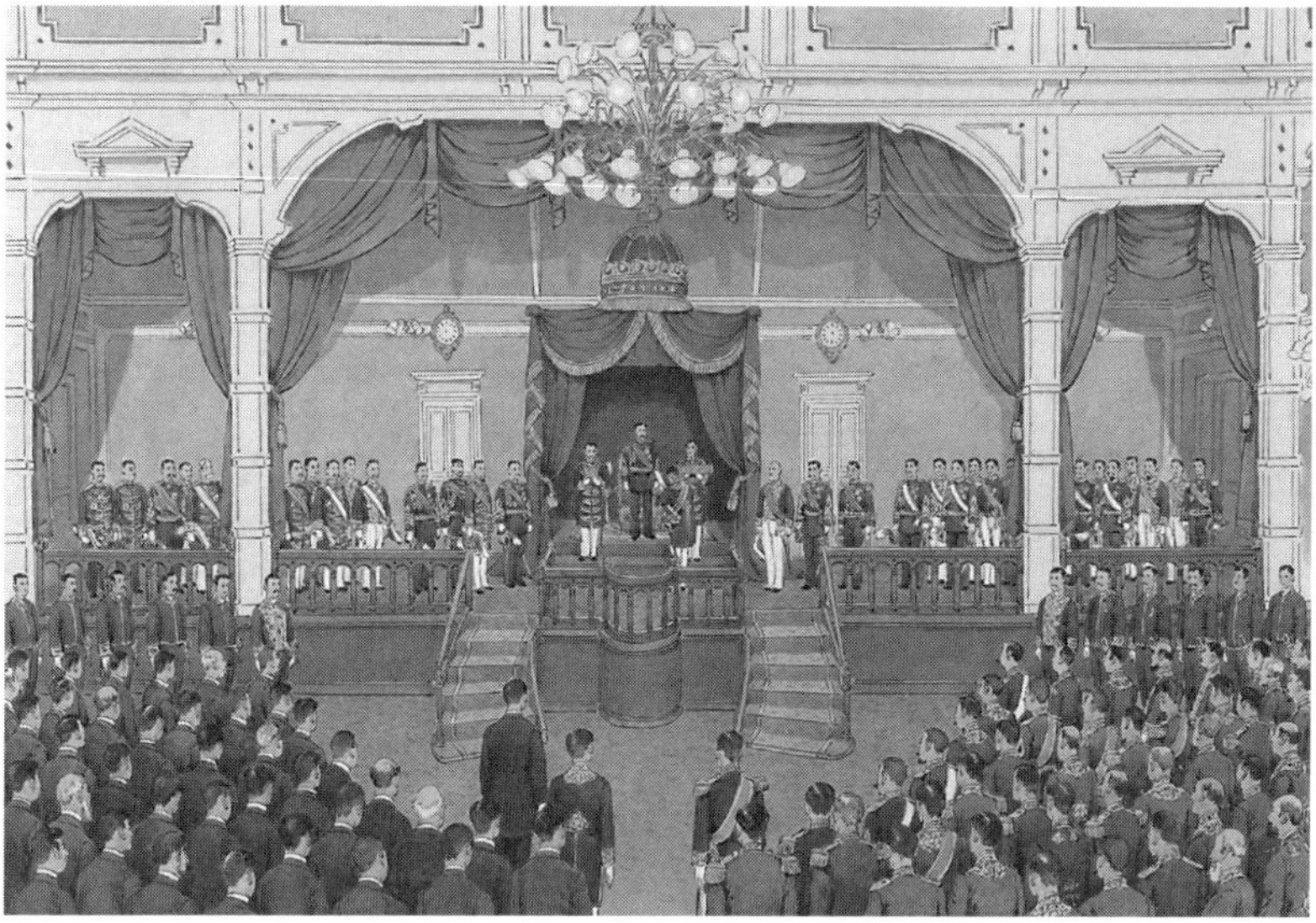

123　帝国議会開院式臨御　（宮内庁書陵部宮内公文書館所蔵）

厳と平静を保っていました」と感想を記している。[4]　彼女の率直な感想から、貴衆両院議員の出で立ちに落差のあることがわかる。また大礼服や燕尾服の着こなしについては、明治八年に来日したクララのような酷評は見られない。十余年の間に制度が整っただけでなく、人々も洋式礼服に慣れたといえる。

開院式の場面は、天皇にまつわる絵画を収めた聖徳記念絵画館の小杉未醒筆「帝国議会開院式臨御」が有名だが、二世五姓田芳柳が描いた「帝国議会開院式臨御」に、華麗な大礼服を着る貴族院議員と、衆議院議員の飾り気のない礼装の違いがはっきり見られる。[5]　これは、開院式に限らず通常議会でも同じであった。有権者から選ばれた衆議院議員が、華族を中心とする貴族院議員と同じ服装で登院することは容易ではない。衆議院議員のなかからは、服装規則に対する不満が噴出した。

衆議院規則案第百四十九条には「議員議場に入る時ハフロックコート又ハモーニングコートを着すべし、総て異様の服装を為すべからず」とあった。明治二十三年十月、この草案に対して衆議院議員芳野世経は、「予の如きチョン髷頭にハ甚だ異様の服装」であり、かといって「羽織袴に日和下駄」で出席すれば規則違反となるから、単に「異様の服装を為すべからず」と修正すべきであると意見を提出し、洋服の調製を見合わせた。[6] つまり結髪では、フロックコートやモーニングコートと不釣合いで異様な出で立ちとなるため、羽織袴に日和下駄でも出席できるような規則案に変更すべきだというのである。

文明開化が標榜された明治初期ならともかく、まだ「チョン髷」とは驚く向きもあろうが、帝国議会が開設された当初、議員のなかには意外にも結髪の者が数名いた。東京府下第九区選出の衆議院議員芳野世経の「チョン髷」は、当選した際に人々から「あの頭をどうするであろうか」と注目された。彼のもとには切るべきだという意見と、そのままにすべきだとの賛否両論が書面で寄せられたが、芳野は自分の個性でもあるし「チョン髷」を続ける者が一人や二人いてもよいだろうと、散髪を拒否した。[7] 貴族院でも公家華族の子爵議員竹内惟忠や、武家華族の公爵議員島津忠義が結髪を続けていた。[8]

議院内の服装規則は、議員だけではなく議会傍聴者にも適用された。衆議院規則案をめぐっては、弥生倶楽部、議員集会所、大成会の議員が相談している。その結果、「羽織袴若くハフロックコート」という条文が「羽織若くハ袴又ハ洋服」へと変更された。[9] 時代遅れの結髪はともかく、羽織袴での登院や傍聴を望んだのは、それが彼らの礼服や通常服であったからにほかならない。衆議院議員は、有権者が限られているとはいえ国民の代表であった。貴族院議員のように大礼服を着る権利はない。そこで衆議院議員は、「官の平服」であるフロックコートだけではなく、「民の平服」である羽織袴の着用を認めさせることに固執したのである。

そして、明治二十三年十二月一日の衆議院では、次のように修正された衆議院規則が議決された。

第百七十一条、議場ニ入ルモノハ羽織袴、「フロックコート」又ハ「モーニングコート」ノ外総テ略服ヲ着シ又

ハ異様ノ服装ヲ為スヘカラス、
第百七十二条、議場ニ入ルモノハ外套傘杖ノ類ヲ携帯スヘカラス帽子ヲ着スヘカラス。(10)
この衆議院規則は、貴族院にも影響を与えた。「貴族院規則案」では羽織袴の着用を認めていなかった。(11)だが、十二月一日に貴族院で議決された貴族院規則では、その着用を許可する文言が加わっている。
第百三十七条、議員議場ニ入ルトキハ「フロックコート」又ハ「モーニングコート若クハ羽織袴」ヲ着スヘシ、総テ異様ノ服装ヲ為スヘカラス、

124　竹内惟忠　宮内庁三の丸尚蔵館所蔵

125　島津忠義　宮内庁三の丸尚蔵館所蔵

〔中略〕

第百五十一条、凡ソ傍聴席ニ在ル者ハ左ノ事項ヲ遵守スヘシ、

一、羽織袴又ハ洋服ヲ着スヘシ、

二、帽子又ハ外套ヲ着スヘカラス、

三、傘杖ノ類ヲ携帯スヘカラス〔以下省略〕[12]。

これは開院式の基準とした「帝国議会議員ノ身分取扱」ではなく、貴族院会期中の議場における服装を規定したものである。貴族院議員も羽織袴での登院が許され、一般の傍聴者も衆議院と同様に羽織袴の着用が認められた。なお帽子を認めていないのは、室内で被るのはマナーに反する行為だからである。外套の禁止は小刀や爆弾などの凶器の携帯を防ぐためで、仕込み銃や刀という危険もある傘や杖の持ち込みを禁じているのと同様である。

開院式と大礼服

これまでの政治史研究では、初期議会の予算や選挙干渉といったことが注目を集め、議場における服装などは些末な問題として気にもとめられなかった。だが帝国議会ではしばしば服装が話題となっていた。明治二十四年二月二十三日、商工局長斎藤修一郎は、度量衡法案政府委員として衆議院に臨んだものの背広姿であったため、井上角五郎からその略服は規則違反であると指摘された。議長からフロックコートに着替えるよう指示を受けた斎藤は、退場を余儀なくされている[13]。苦い経験をした斎藤は、三月三日の衆議院に「虱の這ひそうな前日の古着」をあらため、「光沢鮮麗」なフロックコート姿であらわれた。衆議院「三百の議員中」一人もそれに匹敵する服を着た者はいなかったというから[14]、名誉挽回せんとする意気込みがうかがえる。

帝国議会の開院式では貴族院議員が大礼服や正装を着用したのに対し、衆議院議員の多くが燕尾服やフロックコートだったことは前述した。この光景は変わらなかったのか、大礼服の着用区分はどのようになっていたのか。その後の開院式の模様から検討する。明治二十五年五月六日の第三回帝国議会開院式では、衆議院議員の鳩山和夫が勅任文官大礼服（なぜ着ることができたかは不明）に外国勲章を数個佩びて臨んだが、ほとんどの議員は燕尾服かフロックコートで登院した。そのため陸軍少将の正装だった青山朗は「黒装議士の間に立つや燦爛として暗夜に星の輝くが如し」であったという[15]。また、渡辺洪基は青茶色の外套に茶色の山高帽を被って行ったところ、守衛から見とがめられており、河島醇にいたっては「封建時代の草履取の如し」と新聞に書かれる始末だった[16]。初期の衆議院には、外見からは代議士とは思えぬような者もいたことがうかがえる。

ここで注目すべきは、青山のように陸軍少将の正装で登院した者がいたことである。貴族院でも同様に、皇族議員は陸海軍の正装を着ていた。皇族は病弱な者を除いて陸海軍に入るのが慣例であり、陸海軍人は通常は軍装、儀礼では正装と定められていたから、当然のように陸海軍の正装だったのである。ところが、明治十五年に公布された軍人勅諭では、軍人は政治に関与してはならないと規定されていたため、皇族議員は開院式のみ出席した。陸海軍人は、予備役や後備役になっても正装や軍装を着ることができた。予備役の青山は通常議会に出席したが、陸軍少将の軍服を着ることは避けたに違いない。

そもそも軍人勅諭が作成されたのは、明治十四年の北海道開拓使の官有物払下に対して、陸軍中将の三浦梧楼、鳥尾小弥太、谷干城、曾我祐準らが払下を推進する薩長藩閥の政府を批判したことがきっかけである。参謀本部長の山県有朋は、三浦らの批判を不快に感じ、その発言を封じるために軍人勅諭の制定に取り組んだ。明治二十一年十二月に予備役となった三浦は、同二十三年十一月から翌二十四年九月まで短期間ではあるが、貴族院議員を務めた。

少し時代は下るが、大正四年（一九一五）十一月の大正天皇の即位式で山県が「やあ君は急に政治家になったな」

と話しかけると、子爵で有爵者大礼服姿の三浦は「この通りだ。軍人じゃないぜ」と反論している。このときの模様を三浦は、「我輩の礼服を指して見せた。我輩のその時着ていたのは、陸軍の服ではなくて、子爵の服だ」と説明する。[17] ここから、政治活動をする者は軍の正装や軍装をしてはならなかったことがわかる。三浦は、明治四十三年十月から枢密顧問官を務めていたが、依然として政府を困らせるような発言をやめなかった。山県は、三浦の同志である貴族院議員の鳥尾、谷、曾我についてもよい感情を持っていなかったが、彼らも軍人が政治活動をしてはならないことは承知していた。三浦と同様に軍服からフロックコートに着替えて通常議会の論客となったのである。

薩長藩閥の政府は、不偏不党の超然主義を掲げたが、衆議院で予算案を可決させるには政党の力を軽視するわけにはいかなかった。明治二十六年十月に公布された文官任用令では勅任官を対象にしなかったため、勅任官の自由任用が可能であった。そのため、政党員を勅任の官僚にする猟官がはびこった。同三十一年六月には陸海軍大臣を除くと、すべての閣僚が憲政党出身という初の政党内閣である第一次大隈重信内閣が成立した。大隈内閣は、旧自由党系と旧進歩党系に分裂し、共和演説事件で文部大臣尾崎行雄が辞任すると、後任人事をめぐって両派の対立は激しくなり、四か月という短命におわってしまう。

これにより大隈内閣で大臣を務めた犬養毅、尾崎行雄、大石正巳、大東義徹、松田正久も辞職を余儀なくされる。『読売新聞』によれば、彼らは「前大臣の身分あるものハ大礼服を着用せざれバ参列相成難しと内命ありたる」ため、明治三十二年十一月二十二日の開院式には全員欠席したという。[18] これは非役有位大礼服の準備が間に合わなかったからだと考えられる。貴族院議員と同じように大礼服を着る権利を得たせいで、燕尾服で開院式に臨むことができなくなったのである。権力の座は魅力的かもしれないが、その権利には相応の服装がともなった。

したがって、その権利を持たない者が大礼服を着ることは許されなかった。翌三十三年十二月二十五日の第十五回帝国議会開院式では神奈川県多額納税議員平沼専蔵の大礼服姿が問題となった。彼は国への献金によって従五位を得ており、非役有位大礼服を着る権利を有した。ところが平沼は、袖や襟に唐草のない非役有位大礼服ではなく、唐草のある奏任文官大礼服を着て開院式に臨んだ。この間違いを開院式の行幸に同行した式部官は見逃さなかった。式部官は「如何に野人礼に嫻《なら》はらずとハ云へ其僭越無識なる驚くに余あり」と感じ、平沼に「違礼」を指摘して参列を拒絶した。これには平沼も赤面して控所で待機を余儀なくされた。この件を報道した新聞記者によると、平沼が着ていた奏任文官大礼服はかなり古びており、彼は高利貸であるから官員の質草を入手したのではないかという[19]。

この程度の間違いなら大目に見てもよいのではと思うかもしれない。ところが、明治十三年七月十七日に公布された刑法は二百三十二条で「官職位階ヲ詐称シ又ハ官ノ服飾徽章若クハ内外国ノ勲章ヲ僭用シタル者ハ十五日以上二月以下ノ軽禁錮ニ処シ、二円以上二十円以下ノ罰金ヲ附加ス」と定めており[20]、れっきとした軽犯罪であった。権利のない者が大礼服や制服を着た場合は、十五日以上二か月の禁固刑、二円以上二十円以下の罰金を科せられた。これにより文武官員に成りすます者を抑止し、大礼服を着る者の特権を保護したのである。

両院議長の参内

貴族院と衆議院の正副議長および議員は、帝国議会の開会中に限り新年朝賀・紀元節・天長節に参内することができた。明治二十三年十二月、宮内省式部職は貴族院書記官長に宛て参内の服装について通知している。それによると、有位者は大礼服、その他は燕尾服、勲章受章者は本綬を佩用することとし、正七位勲七等以下および官爵位勲のない者は議員の資格とした[21]。また開院式をおえると貴族院議長および衆議院議長は、それぞれ参内して天皇に拝謁し、勅語奉答の儀式をおこなった。貴族院議長は有爵者から選ばれるため、当然参内の際は有爵者大礼服を着なければならない。有爵者で勅任官を務める者は、勅任文官大礼服を着ることができたが、明治二十五年の新年朝賀から有爵者は有爵者大礼服のみとし、文官大礼服との併用を避けるように指示されている[22]。

この指示が出る直前の明治二十四年十一月二十七日、貴族院議長の蜂須賀茂韶は、午前中にフロックコート姿で登院したが、午後は侯爵の有爵者大礼服に複数の勲章をつけたまま登壇した。これは勅語奉答のため参内してから、そのまま議場に戻ったことによる。しばらくして再びフロックコートに着替えたため、新聞では「議長の早着替り」と報じられている[23]。蜂須賀は議長という立場上、議場でもしばしば大礼服姿になっており、周囲には議長は威厳があると受けとめられていた。ところが、「鳥尾子爵の無頓着なる発言に接する時ハ威容頹然として苦色あるを見る」とある[24]。貴族院の論客である鳥尾が議長を糾弾すると蜂須賀はタジタジとなって、かえってその麗々しい格好が空疎に映った。

衆議院議員は、貴族院議員を構成する華族や勅選議員のように特別な資格をもともと持たない。それゆえ参内する機会は、議員に当選するまで皆無であった。そのため開院式で天皇に随従した舎人の第二号甲種職服を見た代議士某は、皇族と誤って敬礼してしまった[25]。明治二十三年十二月二十五日、貴衆両院の議員は新年朝賀・紀元節・天長節の参内の際には正門から東車寄へ通行が許可されたが、馬車の混雑を解消するため、議員徽章を佩用するよう指示があった[26]。衆議院議員の多くは大礼服を着用する権利もなく、燕尾服を着ていた。大礼服とは違って燕尾服では外見で官員・有爵者・有勲者・議員などの区別がつかないため、通常は通行許可証である御門鑑を見せた。それをこのときから議員徽章に変えたわけである（図126・127）。

参内の折、有位者は燕尾服でもよかったが、明治二十七年の新年参賀から非役有位大礼服の着用が義務づけられた[27]。だが、現実には無理が生じる。明治二十九年十二月二十六日、衆議院議長の鳩山和夫は、第十回帝国議会開院式の勅語奉答のため参内したが、「有位大礼服着用ノ筈ノ処所持不致ニ付、特ニ勅許ヲ乞ヒ通常礼服ニテ参内セリ」と[28]、非役有位大礼服を所持していないため、天皇の許しを得て燕尾服の代用が認められた。明治三十二年一月十三日、在京の衆議院議員に天機伺いのための参内が許可された。このときも議員徽章を襟につけていれば、入門許可証である御門鑑は必要なく、また三大節の参内ではないためフロックコートでよかった[29]。

126　貴族院議員徽章（箱と表・裏）　個人蔵

127　御門鑑（表・裏）　個人蔵

燕尾服ではなくフロックコートでよかったのは、国民に選出された衆議院議員という立場に配慮したものと考えられる。大礼服の代わりに燕尾服、燕尾服の代わりにフロックコートとすることで、大小礼服の扱いをしていたといえる。だが、登院の際にフロックコートとともに認められていた羽織袴は許されなかった。明治十九年の文官大礼服の改正とともに、参内では洋装が絶対となったのである。衆議院議員で位階を得れば、三大節などには非役有位大礼服で臨むことも可能であった。だが、議長がその権利を放棄し、燕尾服の代用を申し出たように、彼らが大礼服を着て参内することは現実的に難しかった。そこで衆議院議員たちは、大礼服に権威と魅力を感じたものの、自分たちも公式儀礼に参加できるような服装の簡略化を要求することとなる。

二　官僚たちの和服と洋服

文官大礼服を改正した翌年の明治二十年（一八八七）七月には文官試験試補及見習規則が公布された。この規則で奏任官候補の試補は、法学および文学博士の学位所有者か、帝国大学法科大学・文科大学の卒業生で、高等試験の合格者から任命され、所定の実習期間を経て奏任官に任用すると定めた。また判任官候補の見習は、官立府県立中学校や帝国大学の監督を受ける私立法学校、司法省法学校の卒業生、普通試験合格者から任命され、所定の実習をおえたら判任官に任用すると規定した。

帝国大学の法科または文科卒業生は、無試験で奏任官への道が約束されていた。無試験では判任官にしかなれない私立法学校の不満は少なくない。そのようななか明治二十四年の高等試験が中止されたため、私立法学校は帝国大学卒業生の特権廃止を求めるようになる。こうして明治二十六年十月に文官高等試験が定められ、同月三十一日に文官任用令が公布された。これにより法科大学卒業生の無試験任用を定めた試補及見習規則は廃止された。奏任官は、文官高等試験の合格者、満三年以上高等文官に在職した者、満三年以上判事または検事を務めた者とした。判任官は、文官普通試験の合格者、文官高等試験の合格者、官立公立尋常中学校または同等以上の学校の卒業生、高等商業学校旧付属主計学校・同主計専修科・同任用令施行前の特別認可学校の卒業生、満三年以上文官に在職した者から任用すると定めている。(30)

無試験任用は廃止になったが、これは奏任官や判任官だけで、勅任官には適用されなかった。そのため、政党員の猟官運動が後を絶たなかった。第二次山県有朋内閣は、これを防ぐため、明治三十二年三月二十八日に文官任用令を改正した。特別任用以外の勅任官は文官高等試験に合格した奏任官から任命すると定め、政党員を官僚にする自由任用が制限された。これにより例外を除いて、奏任官はもとより、勅任官になるにも文官高等試験に受からなければならなくなった。

文官高等試験の合格者には、私立法学校の学生もいたが、官吏養成を目的とする東京帝国大学の出身者が多かった。東京の第一高等学校を筆頭に各地の高等学校は、東京帝国大学の予備門と位置づけられた。そこに通う学生らが、将来官僚になりたいと夢見るのは不自然ではない。そのなかの一つ金沢の第四高等学校では、学校長の北条時敬が職員と学生に必ず羽織袴を着用するように命じていた。北条は自宅と職場を問わず羽織袴を着るほど体裁にこだわった。借家を決めたときに彼の羽織袴姿を見た家主から、通常よりも高い家賃を要求されたという(31)。

地方では着物のなかでも羽織袴は有力者の着る服と見なされていたことがうかがえる。北条は明治三十五年五月十二日付で広島高等師範学校長に任命されるが、同校の校史には勅任文官大礼服姿の北条の写真が掲載されている(32)。日常生活で羽織袴姿に徹する北条は、学校の式典日（新年拝賀式・紀元節・天長節）には紋付羽織袴ではなく、勅任文官大礼服を着たのである。服装にこだわる北条らしいといえばそれまでだが、勅任官は文官試験に通った官僚と、帝国大学総長をはじめ官立高等学校の校長の地位をあらわす。その意味で、学校の式典に勅任文官大礼服を着込んだ彼の姿は、将来の官僚を志す高等学校生と、教員を志す師範学校生のいずれにも魅力的に映ったと考えられる。

東京帝国大学法科大学法律学科を卒業後に司法官試補を拝命した小原直は、静岡地方裁判所詰を経て明治三十七年二月に東京地方裁判所の判事に採用された。所長の前田孝階は「貴族的の人で、いつもフロックコートを着ていたため、判事の多くもまたフロックを着用した」と小原はいう。そのため自分もフロックを着て当庁したと回想している(33)。背広ではなく、庁舎で辞令を受けるときに着るフロックコートをいつも着ていたのは、所長前田が「貴族的」と称される所以である。

しかし、彼らにしても政府官員になる前から洋服に袖を通していたとは限らない。明治三十二年九月に外務省の外交官および領事官の試験に合格した芳沢謙吉は、内閣からの呼出状を受け取ったものの、そこに書かれた着用規定のフロックコートを所有していなかった。それを知った友人が、「僕の父のフロックコートを着て行ったら」といってくれたので、芳沢はありがたくこれを借りて内閣に出頭した(34)。後年、外務大臣に就任する芳沢は大礼服を調製しているが、外務省の試験に通らなければ洋服を着る機会もずっと遅かったに違いない。また芳沢の事例からは、帝国議会が開設され都内に貸衣装店が登場してからも、洋服を所有する友人や知人から借用する人がいたことがわかる。友人や知人から借りれば金を取られずに済むため、貸衣装店で借りるのはその次の手段であったといえる。

この年の五月、山口県参事官を辞職した小倉正恒の事例を見ると、当時の官民の服装の違いを知ることができる。小倉は、五月十九日に住友本店に再就職し、九月には監査係主任に就任する。彼の印象について同店の職員は「和服姿で執務して居られたのが、かすかに記憶にのこっています。その素朴さは前身が官吏とは思われぬ程でした」と、回想している(35)。大阪では民間の大手会社であっても、仕事着は和服だったことがわかる。山口県参事官を務めた小倉がフロックコートを持っていないわけがなく、むしろ現状を知っていたから、洋服を避けて和服で出社していたと考えるのが自然である。

もっとも当時の大阪では、官吏が着る洋服を忌避する風潮があったことには留意しなければならない。明治三十一年一月十二日に日本銀行大阪支店の金庫監査役に就任した町田忠治は、総裁の岩崎彌之助から「出来るだけ平民的にし、一般の人々と接触するやうに心掛けよ」との注意を受け、洋服をやめ、縞の着物に縞の羽織の着流しで出社した(36)。日本銀行の歴史を記した本にも「当時の大阪は東京に較べて遙かに旧式で、東京でも洋服を着た銀行員は少かつ《ママ》たが、大阪では殆ど全部の銀行員が縞の着物に縞の羽織の着流しという服装であり、また学校出の銀行員は殆どいなかつた」とある(37)。大阪では民間人の多くが着物を着ていたため、そうした風潮に銀行員たちも合わせていたと判断される。

裏を返せば、全国の県庁所在地では、官庁をはじめ警察や学校などの公共機関、銀行や大手企業の事務職が洋服を着ていたといえる。その証左となるのが、明治四十年四月に呉市吏員に任官し、同四十五年一月から東京市吏員を務めた田辺定義の談話である。田辺によれば、呉市はもちろん東京市でも和服の職員はかなりいたという。和服に靴、夏には羽織なしで浴衣に袴、麦わらのカンカン帽子姿も少なくなかった。そして四季を通じて帽子だけは被っていたと回想し、「まあ会社銀行員の連中などはさすがに和服はなかったと思います。ですから東京でも、そういう服装をしたのは勤め人では大体区役所の吏員、市役所の吏員です」という[38]。この証言から、和服で勤務する大阪の銀行員が異色であること、呉市や東京市でも洋服姿は役所の官吏や銀行員に多かったことがわかる。

役所の服装が変化したのには、日露戦争後に制服を着る人が増したことも関係していた。当時の東京市街の雰囲気について作家の永井荷風は、大正五年（一九一六）八月に「洋服論」という随筆で語っている。荷風の父久一郎は文部省の官員であり、役所から帰宅すると「洋服の上衣を脱ぎ海老茶色のスモーキングヂャケット」に着替えた「西洋崇拝家」であった。雨の降る日に久一郎は革靴の上に長靴を履いて出勤したといった逸話は紹介されるが、大礼服に関する記述が見られないところから、永井家に大礼服はなかったと思われる。父親の洋服姿を見慣れた荷風は、明治四十年代から大正初期の東京市街の服装について次のように捉えている。

日露戦争この方十年来到処予の目につくは軍人ともつかず学生ともつかぬ一種の制服姿なり。市中電車の雇人、鉄道院の役人、軍人の馬丁。銀行会社の小使なぞ、これらの者殆ど学生と混同して一々その帽子またはボタンの徽章にでも注意せざれば、何が何やら区別しがたき有様なり。以前は立襟の制服は学生とのみ、きまりてゐたりし故、畝衣も更に賤しからず、かへつて物に頓着せぬ心掛殊勝に見えしが、今日にては塵にまみれし制服着て電車に乗れば車掌としか見受けられず。学生の奢侈となりしも道理なり。○到る処金ボタン立襟の制服目につくは世を挙げて、陸軍かぶれのした証拠なり。何となく独逸国にゐるやうな心地にてわれらには甚閉口なる世のさまといふべし。○夏となればまた制服ならぬ一種の制服目につくなり。銀行会社は重役頭取より下は薄給の臨時雇のものに至るまで申合せたるやうに白き立襟の洋服を着手に扇子をパチクリさせるなり。保険会社の勧誘員新聞記者また広告取なぞもこれに倣ふ。(39)

日露戦争から十年の間に軍服や学生服のような制服姿が多くなったことがうかがえる。市中電車の雇人、鉄道院の役人、銀行会社の小使たちの制服は類似しており、帽子や釦の徽章を見ないと判別がつかないという。銀行会社では重役から臨時雇までもが洋服を着用し、保険会社の勧誘員や新聞記者なども和服姿では勤務していないことがわかる。それゆえ和服で通勤する官員の姿は目立ったようである。明治三十九年七月二十五日、外務大臣林董が和服を着て枢密院会議に出席したことが問題となった。翌二十六日付で枢密院副議長の東久世通禧は、林に宛て「枢密院会議ニ於テハ陛下臨御ノ有無ニ拘ハラス、参列者ハ必ス通常服着用スヘキ例規ニ有之、付テハ昨日和服御着用ヲ御承認致タルハ特ニ昨日ニ限リタル儀ト御承知、今後ハ必ス通常服御着用相成度」と注意した。(40)

枢密院会議は天皇の出席有無にかかわらずフロックコートの着用を義務づけており、和服は昨日だけ認めるが今後は規則を守るようにと厳命している。これを受けた林は東久世に宛て「頃日来所労ニテ昨日ハ押シテ参列致候次第ニテ、兼而通常服着用スヘキ例規有之事ニ実ハ不相心得、全ク所労之故ヲ以テ和服相用候次第ニ付、将来ハ例規ニ遵ヒ必ス通常服着用可致」と弁明および謝罪の意を伝えている。(41)林が枢密院会議の服装規定を知らなかったため起きた出来事だったが、枢密院では体調不良でも和服の着用を許可していないことがわかる。

精励恪勤で知られた市来乙彦は、明治四十二年三月十二日に勅任官の大蔵省参事官に就任した。だが、健康を害していたため午後だけの勤務で、さらに和服姿で人力車に乗って通勤した。(42)これは勅任官や大蔵省参事官ゆえの特別待遇ではない。先述した明治十八年に定められた規定にもとづき、病気により洋服での出勤が困難なため、和服着用の願いが許可されたことによる。つまり病気でない限り、明治十八年の規定どおり親任官や勅任官といえども、政府官員は公務に際して洋服の着用が徹底されたのである。

洋服姿は官員が着ていたこともあって、羽織袴よりも格式の高い服装と見られるようになった。また、洋服だけでなく、出勤時の乗物も権威の象徴となった。市来の事例からは、勅任官ともなると出勤には徒歩ではなく人力車を用いていたことが知れるが、その上の親任官には馬車で通勤する者もいた。高額な馬車を個人で所有している者は少なく、公務の場合も親任官や勅任官でなければ乗ることは難しかった。

東京帝国大学法科大学を卒業後、明治四十四年十一月に試験に合格して愛知県試補に任命された松本学は、愛知県庁で勤務するときに背広を着ていたが、あるとき県知事の代理として某式典に参加せざるを得なくなった。その際に松本は、官房主事に「シルクハットをかぶって、フロックコートを着て、電車に乗って行くことは困る」と主張し、知事が式典に向かうときに必ず利用する馬車を出してもらいたいと要望している。このとき二頭立て馬車に乗った松本は、「一人でふんぞりかえって乗っているのだからね。後ろへ別当が二人付くのだ。前の別当は一人だ、二頭立てを一人で禦して行く。後の別当は曲り角に来たときに飛び降りて前へ立って走り「ハイ、ハイ、ハイハイ」と言って、露払い、人払いをやるわけだ。あんないい気持なものはなかった。ほんとうに、忘れられない」と述べている(43)。

官員は外出するときに、徒歩、人力車、馬車と交通手段の違いによって格差を見せつけた。それは洋服にもあてはまり、フロックコートか背広、燕尾服、大礼服によって相手の見方は変化するのである。服装で相手の地位を判断するのは、ドレスコートが厳格な欧州諸国の政治家や外交官では当たり前のことだった。外務省の外交官や領事官は各国の政府高官と接する機会が多いため、他省の官僚よりも服装に気をつけたのはいうまでもない。若槻礼次郎の経験からもそれは明らかである。明治四十四年八月、第二次桂太郎内閣の総辞職にともない大蔵次官を辞職した若槻は、人生初の浪人生活を送ることとなった。同年八月から貴族院の勅選議員に選ばれたとはいえ会期中を除くと仕事はない。そのような折に若槻は桂太郎から欧州への随行に誘われ、錦鶏間祗候を命じられた。

錦鶏間祗候は、特定の職務があるわけではなく、三大節などの祝祭日に宮中で開かれる儀礼に出席することのできる名誉職である。儀礼では勅任文官大礼服の着用が認められる。桂が渡欧の前に若槻を錦鶏間祗候に任命した理由は、「ロシアでは皇帝に謁見したり、大官たちにも会う。そういう際には、みな大礼服を着て行く。大礼服を着ないものは、向うの人から軽く見られる。桂公も後藤も大礼服を持つているが、私には大礼服を着る資格がない。それではいけないというので、桂公がわざ〳〵あつせんされ、錦鶏間祗候にして貰つた」というのである[44]。帝政ロシアでは大礼服を着ていなければ、元大蔵次官の肩書きなど通用しない。大礼服を着る公爵の桂や男爵の後藤新平よりも軽く見られる。桂が錦鶏間祗候の任命を斡旋したのは、若槻が軽視されるのを避けるためであった。任命を受けた若槻は、「私はこれまで、そんな服装のことなど気にしたこともなかつたし、外国で金ピカの大礼服を着用するための「錦鶏間祗候」などゝはまるで思いも及ばなかつた」と回想している[45]。

この若槻の回想に、前章で宮内省が複雑な各種礼服を定めた理由があらためて見出せる。明治時代に外国で政府高官と接するには大礼服の着用が不可欠であった。高等学校の学生たちは、普段着に着流し、礼服には紋付袴という一般人の服装感覚と変わりなかった。だが卒業して任官すると洋服を着用し、文官高等試験に合格して高等官に任じられると大礼服を調製した。勅任文官大礼服は誰しもが着れるものではなく、文官高等試験に受かって奏任官から勅任官へ狭き出世街道を順調に進んだ者だけが着ることができた。大礼服は馬車と同様に、一般人や平官員との違いを見せつける権威の象徴となっていった。

三　官僚と代議士の大礼服姿

文官大礼服が改正されるまでさまざまな飾章の大礼服が出現したことは述べたが、これは明治十九年の改正で統一したのか。本節では、総合雑誌『太陽』に掲載された肖像写真から、この点について検討する。『太陽』の創刊号である明治二十八年（一八九五）一月号から、大正天皇即位の礼がおこなわれた大正四年（一九一五）の十二月号までを通覧すると、勅任文官大礼服百七十七名、奏任文官大礼服五十名、非役有位四位以上大礼服三名、非役有位五位以下大礼服三名、有爵者大礼服五十九名、宮内高等官大礼服勅任十四名、同奏任八名、同不明五名の写真が確認できる。

これらの写真のうち、まずは文官大礼服から分析する。『太陽』に掲載された写真と、明治十九年に公布された文官大礼服の改正図を比べて見ると、概ね服制図と同じであるのがわかる。その意味でいうと、明治十九年の文官大礼服の改正によって、既存のさまざまな飾章をほぼ統一することに成功したといえる。そうはいうものの、明治二十年以降の文官大礼服にも細かな違いはあった。

犬養毅の勅任文官大礼服は、服制図に近く、桐紋や唐草の配置および唐草の量から見て、文官大礼服の基本形といえる（図128）。この基本形は『太陽』に掲載された文官大礼服でもっとも多いが、洋服店によって唐草の配置に多少の違いが見られる。

末松謙澄のような唐草が細く量の少ないものや（図129）、池田謙斎のように桐紋と桐紋の隙間を埋めるように唐草の量の多いものもあった。池田の服は、唐草の形が標準的な弦ではなく、蕨の葉のような形をしているのが特徴である（図131）。また清岡公張が着る薔薇の鋭い棘枝のような刺繡も散見される（図130）。薔薇の棘枝のような形は、明治十九年の改正以前に調製した大礼服にも見られ、その技法が継続していたのだろう（図133）。

また蕨の葉のような形は、大勲位菊花大綬章の副章を胸につけた三条実美でも確認される（図135）。彼は明治十二年に岩倉使節団改変の模倣タイプを着ていたから（図134）、明治十九年の改正に際して、服制図にもとづきながら蕨の葉のような形の大礼服を新調したと思われる。この唐草の刺繡の仕方は、後述する有爵者大礼服の袖章や襟章では

128　犬養　毅　『太陽』5-8

129　末松謙澄　『太陽』2-10

130　清岡公張　『太陽』4-8

131　池田謙斎　『太陽』4-7

133　井上馨②

132　井上馨①　東京国立博物館所蔵

135　三条実美②　国立国会図書館所蔵

134　三条実美①『お雇い外国人キヨッソーネ研究』（中央公論美術出版，1999年）

多く見られるため、それが文官大礼服に応用されたと考えられる。

西徳二郎の文官大礼服は、実に個性的である。襟・袷、裾縁に雷紋刺繍が浮き彫りされ、各桐紋は縦長、唐草も細長く丸味を帯びる独特な形をしている（図136）。彼がこの大礼服を、どの洋服店で、いかなる意図を持って調製したのかはわからない。だが、これほど特徴ある大礼服は偶然作られたものではないはずだ。その意味でいうと、改正後も依然として袖の桐紋唐草の下に雷紋をつけたり、袖章の下に無地の部分があるなど、従来の様式を取り入れているのも、個性を出したいとの意識が読み取れる。実際、明治十九年十二月四日の「文官大礼服制改定ノ処、従前ノ服ハ当分標条ヲ除キ着用スルモ苦シカラス」という宮内省達に則って[46]、それより前に調製した大礼服を着用し続ける者も少なくなかった。

またあえて明治十九年制の袖章ではなく、岩倉使節団式の袖章を模倣する者もいた。その一人が英吉利法律学校の

136　西徳二郎『男爵西徳二郎伝』1933年

137　菊池武夫『中央大学資料集』9（中央大学広報部大学史編纂課, 1991年）

創設に尽力した菊池武夫である。菊池は、明治二十七年三月九日に開催された明治天皇と美子皇后の銀婚式である大婚二十五年祝典に招待された。そのために奏任文官大礼服を銀座の森村洋服店で調製しているが、袖章の上下に等級標条をつけられるようになっており、桐紋が二個ではなく一個であることから、明治十九年制より古い岩倉使節団の大礼服を模倣したことがうかがえる（図137）。ちなみにこの調製費は二百二十円であった[47]。

このような刺繡の違いはよく見比べない限りわからないため、服制上の問題にはならなかった。それを官僚や代議士たちも理解しており、服制の許容範囲内で他者とは違った大礼服を調製していたのである。多くの費用をかければ、唐草の金モールの幅は太くなり、刺繡の面積も広くなる。金を節約すれば、それが細くなり、量も少なくなる。薔薇の棘枝や蕨の葉のような形は、標準的な唐草とは違うため、他者の目を引いたと思われる。このように服制図と少し異なる形が生まれたのは、明治五年制のように服制に不備があったり、仕立技術が未熟だったからではなく、調製を依頼する官僚や代議士たちの意向による。まさに見栄の張合いである。大礼服の飾章が画一化されたため、少しでも豪華で魅力あるものにしたいという権威意識が芽生えたといい換えられる。

大礼服着用の際に佩用する正剣にも個性を見出すことができるが、これまでは付属品のように等閑視されてきたきらいがある。だが、服制でデザインが決められ、佩用が義務づけられている正剣を見過すわけにはいかない。有爵者大礼服の正剣は、陸軍将校用のものに似ていた。両者の違いは、陸軍用には握り手頭部に勝ち虫である蜻蛉の図柄を打ち出しているのに対し、有爵者大礼服の正剣には蜻蛉がないところにある。

また明治十九年六月の陸軍服制改正により雷紋に蜻蛉のついた剣は、将官と監督部・軍医部・獣医部の上長官、監督部・軍吏部・軍医部・獣医部の士官に限られた。将官には柄の旭日章下に星（大将三個、中将二個、少将一個）がついたが、各部上長官および各部士官にはそれがなく、有爵者大礼服の正剣に類似していた。だが、各部士官には蜻蛉の上下に雷紋がなく、また雷紋のある各部上長官の剣とともに旭日の光線の先が割れている。この点も光線が平面で

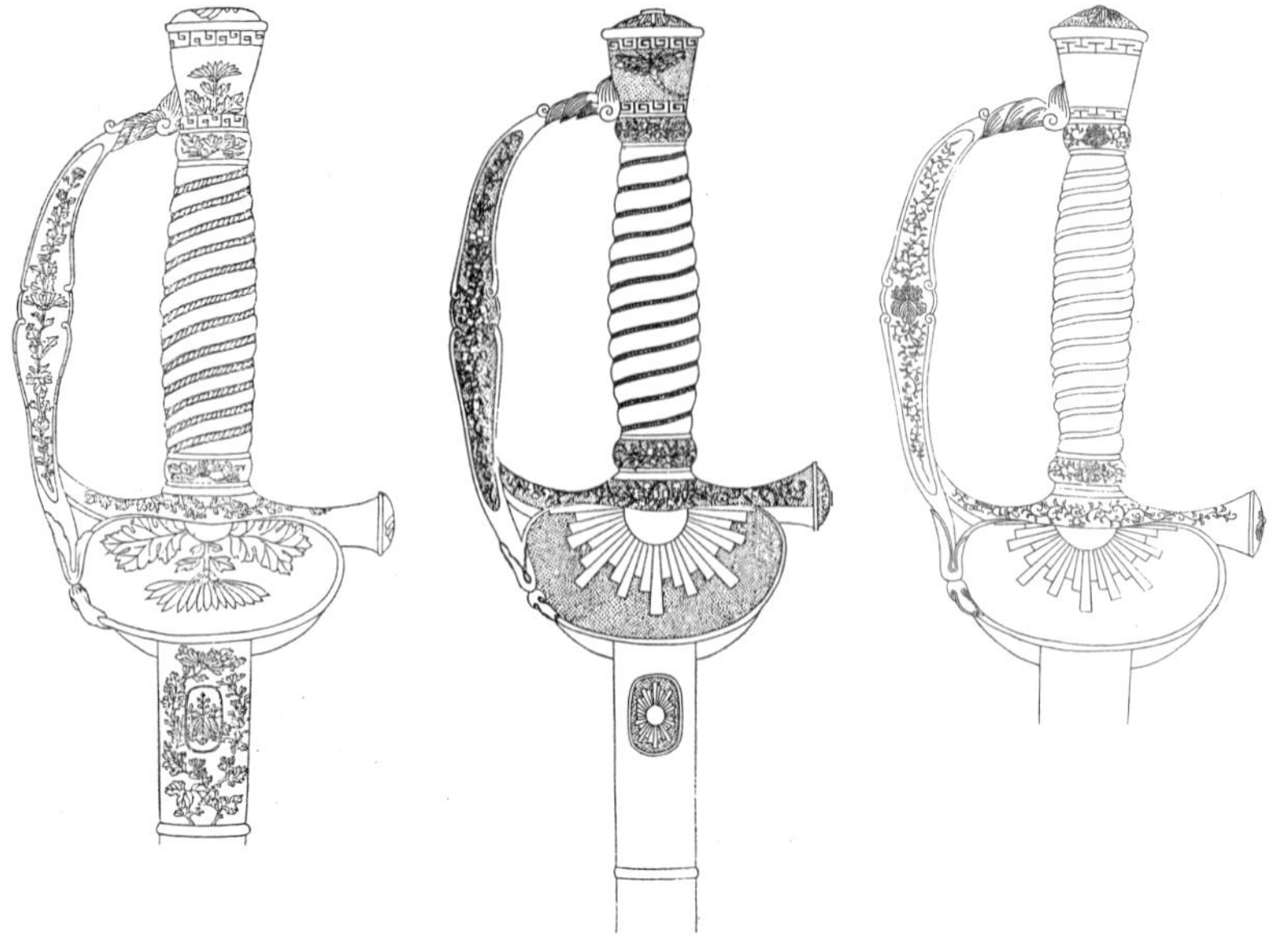

138　右から明治 17 年制の有爵者大礼服の正剣　『官報』明治 17 年宮内省乙第 8 号，明治 8 年制の陸軍佐尉官正剣　『法令全書』明治 8 年太政官布告第 174 号，明治 17 年制の宮内高等官大礼服の正剣　『官報』明治 36 年宮内省達甲第 6 号

ある有爵者大礼服の正剣と異なった。

正剣は細く垂直なのが特徴だが、徳川宗家で公爵の徳川家正は大礼服着用の際に日本刀を差した。古風な家扶に「サーベルではなさけなく見えるから、ぜひ武士のたましいである日本刀にしなさい」といわれたためであった。徳川は、頑迷な家扶に要求され、日本刀仕立の正剣を差したが、細身の正剣と違って重いので閉口したと回想している[48]。現存する徳川着用の勅任文官大礼服用の正剣は、細身の長剣である[49]。古風な家扶がいなくなってから、変更したのかもしれない。

正剣の外装を服制図にしたがって調製すれば、本身は日本刀でも問題はなかった。明治二十三年十月十三日付で皇太后宮亮の林直庸は、式部主事の丹羽龍之助と田中健三郎の両名に宛て「日本刀者其者祖先ヨリ伝来之品ニシテ由緒等之物ニ候ハ、不苦哉」と質問した。翌十四日付で両名は「中身ノミ日本刀ヲ用ユル義ハ別段許可ヲ得ザルモ差支無之」と指示している[50]。ところが、実際には中身だけではなく、外装も服制図とは異なる日本刀を使っていた者もいた。『太陽』に掲載された肖像写真では、文官大礼服姿の楫取素彦と[51]、有爵者大礼服姿の河田景与が確認できる。また『太陽』には掲載されていないが、文官大礼服姿の松浦詮と、非役有位大礼服姿の嵯峨実愛も別の資料で日本刀を持っている[52]。

もちろん彼らは許可を得ていたに違いない。その証拠に、明治十年十一月十八日に嵯峨は岩倉具視と面会した折、大礼服を着用するときに所有の「太刀作」を用いてもよいかと質問し、岩倉は認めている。そもそも嵯峨は、公家装束を重視して文官大礼服の着用には否定的であった。岩倉は彼に大礼服を着用させる交換条件として「太刀作」の利用を許可したとも考えられる[53]。旧平戸藩主家の出身で麝香間祇候の松浦、地方官を経て元老院議官に就任した楫取と河田などは、いずれも長老華族で政治家である。明治十九年制よりも前の様式や日本刀は、彼らにだけ許された特権といってもよいだろう。

139　楫取素彦　『太陽』4-15

140　中山孝麿　『華族画報』

華族の肖像を掲載した『華族画報』という写真集では、有爵者大礼服が数多く確認できる。全百四十七名のうち、詰襟の合せ部分が直角のものと、丸味を帯びたものとがあった。襟章の雷紋と釦合せの雷紋は直線にならないよう、詰襟下部に雷紋二個分の横線が入るのを基本としたが、丸味を帯びた様式にはそれが入らないものが多い。これは襟の高さが低いため雷紋の幅が狭くなり一個分ですむからである。釦合せの雷紋で特殊なのは加納久宜と中山孝麿であり、一般的な片側の刺繡ではなく勅任文官大礼服のように両側に刺繡がなされている。寺島誠一郎と中山孝麿の肩章は房の幅が細く、ほかに比べて本数が異常に多い（図140）。

現存する有爵者大礼服でも、細かい違いを発見することができる。有爵者大礼服は七個釦が多いが、浜松市博物館の企画展示で公開された男爵の有爵者大礼服では九個である。[54] 同じく山口県の伊藤公資料館で所蔵する伊藤博文が着用した侯爵の有爵者大礼服は七個釦であるが、公爵のものは九個釦だった（口絵13・15）。これは服制図には五個釦が描かれているものの、釦数を明確に規定していなかったことによる。袖章の五七桐には金モールを重ねるのが一般的だが（口絵14）、伊藤博文の侯爵のものと（口絵16）、文化学園服飾博物館所蔵の男爵三井高棟のものは、切り込む形で葉脈をあらわし、[55] 葉は周囲の唐草と同じやり方で刺繡されている。同館が所蔵する明治五年制の亀井茲監の非役有位四位以上大礼服（口絵6）や、[56] 篠山市立歴史美術館が所蔵する青山忠誠の非役有位五位以下大礼服（口絵7）にも同様の刺繡がされているので、この刺繡方法は初期に見られたものの、刺繡技術が成熟するにつれ珍しくなったと位置づけられる。

明治十九年の文官大礼服の改正により、飾章は統一され、かつてのような混乱は見られなくなった。だが、完全に個性がなくなったわけではなく、許容範囲内で他者と区別をつけていた。明治五年制の刺繡方法や岩倉使節団の飾章を部分的に取り入れることも許されていた。そして改正以前の大礼服や日本刀を用いるのは、古参の風格と権威の証になったと考えられる。

四　羽織袴の公認を要求する判任官

明治二十五年（一八九二）十月、栃木県宇都宮で第一回陸軍特別大演習がおこなわれた。このとき地元の名士たちは行幸を奉迎したが、多くの者は遠くから眺めるしかなかった。その模様を雑誌『日本人』は、「先年の大演習、陛下の宴を演習地の重なる士民に賜はせらるゝや、庄屋の類も且つ恐懼し且つ欣喜して来る、而して彼等は羽織袴にして燕尾服を着せざるが為め、番人の拒む所となりて入るを得ず、遥に帝座の方を拝して、飲泣して退けり。此他洋服にあらずんば、事の弁せずと云ふもの屈指に遑あらず」と報じている(57)。天皇の前に出るには燕尾服を着ていなければならず、羽織袴姿の者は遠ざけられたという。このように洋服を所持していないため、涙を呑む機会は数多いとも述べている。

明治五年に西国巡幸をおこなってから二十年が経過し、すでに洋服・散髪・脱刀という文明開化の価値観に異議を呈する者はほとんどいなかった。だが、第二節で確認したとおり、文官高等試験の合格者でさえ任官するときにようやくフロックコートを用意していたのだから、それよりも格式の高い燕尾服などを地方の一般人が所有しているはずがなかった。また洋服店は増えたとはいえ、大礼服や燕尾服を調製できる店は限られており、価格も既製服とは異なり高額である。このような事情に鑑みて、せめて宮中以外では羽織袴を認めてほしいという声が出てもおかしくはない。

陸軍特別大演習では、大演習の拝観、観兵式の陪観、大宴会への陪席とで、それぞれ服装に決まりがあった。明治三十四年十一月十日の宮城県での第三回陸軍特別大演習では「地方官心得」として服装規定が設けられている。「御宴会ニ召サレタル人ノ服装」はフロックコート、シルクハット、黒革靴、小豆色の手袋、黒の蝶ネクタイ、「晩餐ニックコート、夜用に燕尾服と使い分けている。また大礼服制で規定しているシルクハットを必須とした。ここでは昼用にフロ召サレタル時ハ其服装《ママ》」は燕尾服、シルクハット、礼靴、白革手袋、白の蝶ネクタイであった(58)。

ところが、「御奉迎送人々ノ服装」では、「御宴会ニ召サレタル人ノ服装」に加えて、「燕尾服若クハ紋付羽織袴ニ黒山高帽子ノ内ニテ随意」とした。これは「女子ノ御奉迎送服装」を白襟紋付としていることから(59)、「御宴会」や「晩餐会」に招待されていない者への配慮であったといえる。招待者であっても、国家が定めた通常礼服である燕尾服と、通常服であるフロックコートの両方を有していなければ、「御宴会」と「晩餐会」に出席できなかった。

その一方で明治二十六年十二月二十五日、宮内省式部職は各庁省中各部局宛に判任官以下の有位有勲者の参賀参拝における着装について通達した。「有位者及有位帯勲者ハ非役有位大礼服」、「無位帯勲者ハ通常礼服、但勲七等以下ハ其官ノ大礼服若クハ正装苦シカラス」と指示している(60)。位階を有する者は大礼服、位階のない有勲者は燕尾服と定めているが、但し書きでは無位で勲七等以下の者は大礼服か正装を着てもよいとしている。勲七等以下の者が着る大礼服は判任官大礼服、陸海軍では下士官の正装であるが、判任官大礼服を用意できなかったことは繰り返すまでもない。これらの服を調製しない限り参内することはできなかった。

このような規定に対して近衛予備陸軍歩兵一等軍曹勲八等の細谷五郎は、明治二十九年十二月二十八日付で式部長鍋島直大宛てに「参賀及賢所参拝礼服之儀ニ付稟請」を送付している。そこで細谷は「普通一般人民若クハ予後備役陸海軍下士卒以下ノ有勲者参賀又ハ参拝致候際ハ、古来帝国一般慣例ノ認ムル礼装即チ羽織袴着服致可然義ト相心得候〔中略〕皇宮警察部ニ於テ参内拝賀賢所参拝ハ洋服ノ礼装不致者許可不相成トノ理由ヲ以テ是等羽織袴着服者ノ入門ヲ不許為メニ已ムナク参賀参拝ノ礼ヲ欠カサルヲ得サルニ至リ、遂ニ命令遵奉ノ誠忠実尊皇意ヲ致スニ由ナキ様成リ来リ候事、是等一部帯勲者ノ平素最モ恨事ト致ス所ニ有之候」などと主張する(61)。

新年参賀や賢所参拝をおこなう予備役や後備役の陸海軍下士卒・一般民間人は、制服がないため羽織袴を着用すべきだが、皇宮警察は洋装礼服でなければ入門を許さないため、仕方なく参賀参拝を諦める羽織袴姿の有勲者がいるという。門前払いにあった人々は、「尊皇」の気持ちを表せなかったと感じ、融通のきかない宮内省の姿勢が「恨事」となっていると指摘する。ここで細谷のいう「普通一般人民」とは、位階や勲等を有する民間人のことと思われる。

宮内省側にしてみれば、すでに明治二十一年十月に通常礼服と通常服の違いを通達し、その後は『官報』で参賀参拝の着装については告知しており、その規定にしたがうのは当然と考えるに違いない。だから皇宮警察官は、門前で服装検査をおこなっていたのである。そうしなければ、明治十九年に文官大礼服制を改正する前のように燕尾服で代用する者が後を絶たず、制度があまり意味をなさなかった頃へ戻ってしまう。参内に際しての服装規定は、大礼服や正装の着用者は心得ていたから、それに反して入門を断られても文句はいえなかった。制度が厳密に運用されるほうが、大礼服を着る自分たちの権威も上がると心得ていたからである。

だが、細谷がいうように、宮中席次を持たず参賀参拝のときだけ参内できる予備役や後備役の陸海軍下士卒、一般民間人の受け止め方は違った。なぜ大礼服はもとより、制服を着る権利もない自分たちが、参賀参拝だけのために燕尾服を調製しなければならないのか。自分たちの礼服である羽織袴で参内を許すべきだとの不満にほかならない。第二章で明治十年に政府は大礼服と小礼服を国家の礼服とし、羽織袴や裃を民間の礼服と位置づけたことは述べた。宮内省はさらに国家の礼服を厳守し、その権利を持たない有位有勲者が民間の礼服での参加を求めるようになったのである。

美術家として名高い石川光明、川端玉章、山名貫義、海野勝珉は、帝室技芸員に任命されたため従七位の位階を得ることができた。彼らは燕尾服を着用して叙位式に臨んだが、襟の色などが標準と異なっていたため参内を断られ、白襟をつけた山名が総代として位記を受け取った。この失敗は例によって服装規定を心得ていなかったせいだが、彼らも有位者になって新年朝賀の資格と義務を持つと失敗はくり返さない。みな非役有位大礼服を調製し、明治三十年一月の新年朝賀からそれを着て儀礼に参加している(62)。

彫刻家の香川勝広も例外ではなく、彼は明治三十一年の暮に調製した大礼服を着て新年朝賀を無事におえると、友人知人の家を挨拶に回り、その姿で丸木利陽の写真館で記念撮影をしている。翌日は東京彫工会の新年宴会に羽織袴を着て出席した。私的な場で大礼服を着るのは禁じられていたとはいえ、燕尾服やフロックコートまで避けているのは、口の悪い美術家たちから非難されるのを意識したからだという。香川の危惧は的中し、「口も八丁手も八丁」の城田真から、「香川さん今日ハ何故大礼服を召してござらぬ」と冷やかされている(63)。

城田の発言には、帝室技芸員に選ばれた知人に対する嫉妬が感じられる。国家機構と直接関係ない美術家の礼服は紋付羽織袴であり、帝室技芸員の礼服は官僚と変わりがなかった。その位階は従七位と低いが、皇室に依頼される制作費は低くはない。また、判任官とは異なり、高額な手当てが保障されていた。お金にゆとりがあったから、彼らは美術家の礼服である羽織袴着用での参内を要求せず、叙位式には燕尾服、新年朝賀には大礼服を着たのであった。

民間からは大礼服や燕尾服に否定的な意見も聞かれた。明治三十年三月、衆議院議員の江藤新作は、燕尾服は日本人に合わず、外国の礼儀に不慣れなため威儀を正すことができず、一般人に燕尾服を普及させることも難しいと主張している。そこで大礼服制の見直しを提起するのだが、その特徴は「羽織袴は本我国俗の礼服に非ず、士人の常服なり、且羽織袴には一定の礼帽なければ礼服と為すに不都合なり」と、羽織袴を礼服として否定している点である(64)。

江藤は、衣冠を礼服とし、衣冠では動きづらい軍服は洋式とすればよいなどと、明治初年の服制論議を再現するような考えを持っていた。明治三年、彼の父親の新平は、制度局の和洋折衷的な官服採用を支持する立場から、洋式軍服案に反対したことがある(65)。その影響も少しはあるのかもしれない。明治二十年代半ばから「国粋主義」と呼ばれる復古的な論調が登場する。江藤もそれに含まれるが、彼のような衣冠に戻そうという非現実的な意見を掲げる者は少なかった。

判任官相当の位階や勲等を有する者から、行幸啓の奉迎などで羽織袴の着用を認めてほしいという現実的な意見も多かった。それは本章の第一節で述べたように、礼服ではないものの、衆議院議員たちが登院で許可を求めたことと も関係している。彼らは代議士に選ばれたとはいえ、もとは各地方の有力者であり、行幸啓を奉迎する者たちと立場に大差がなかった。そのため、紋付羽織袴も燕尾服のように礼服扱いしてもらいたいと考えたとしても不思議ではない。そもそも、紋付羽織袴を礼服として公認してほしいという意見が目立ってきたのは、明治十年代に比べて位階や勲章を受けた人の数が増えたことによる。とくに明治二十七年から二十八年の日清戦争、同三十七年から三十八年の日露戦争に対する論功行賞により、叙勲者数は著しく増加した(66)。

ところが、明治二十二年二月に制定された勲章佩用心得では、勲章を大礼服か燕尾服、または軍服を着用したときのみ佩用すると定めていた。職業軍人である将校は軍服を自弁で調製するが、下士官と兵士は軍から支給された。一般的に兵役をおえると軍服を返納したが、予備役でも階級に応じた軍服を着ることができた。軍服を返納した予備役が勲章を佩用するには、洋服店で軍服か燕尾服を調製しなければならなかった。だが、いずれも安価ではないため調製する者は少なく、せっかくの勲章をつけられない者が多かった。

明治三十九年九月二十五日に第三師団長大久保春野が陸軍大臣寺内正毅に宛てた上申書から、その状況がわかる。大久保は「今回ノ行賞者タル在郷下士以下ニアリテハ、凱旋復員ノ際軍服ノ支給ヲ止メラレタルヲ以テ、軍服ヲ所持スルモノハ私物ヲ所有スル処ノ少数者ニ止マリ」、燕尾服などの「西洋式ノ礼服ヲ所持スルモノハ其数ニ於テ千中ノ二三ニ過ギス」、叙勲という「特偉ナル恩典ニ浴シナガラ」、勲章は「家ニ格納シ置クニ過キズ甚ダ遺憾ノ次第」であると述べる(67)。大久保は、明治十年太政官達第六十五号で、判任官以下に燕尾服の代わりに羽織袴の着用を許可しており、それにあわせて、羽織袴への勲章の佩用を認めてほしいと述べている。

政府は羽織袴への勲章の佩用を黙認したが、その例外措置は勲章佩用心得には記載せず、また羽織袴では参内や公式儀礼に参加できないことに変わりはなかった。受章者が勲章を佩用できないという矛盾を是正しようとしたのが、衆議院議員大橋頼摸である。彼は「勲章佩用ニ関スル建議案」を第二十五回帝国議会に提出した。明治四十二年三月七日に大橋は、右の状況を説明しつつ「是ハ誠ニ国民ノタメニ遺憾ニ存ジマスノデ、ソレ故ニ町村ノ吏員総テノ軍人其服装ノナイモノハ紋付羽織袴若クハ「フロックコート」ニ之ヲ採用サレンコトヲ希望スル」と論じる。(68) つまり、フロックコートと羽織袴を、大礼服および燕尾服に加えて国家の礼服として公認してほしいというのである。この提案に対して議場からは異議は出ず、議長が指名する九名の委員に付託された。

これを受けて三月十一日の会議では、政府委員の安広伴一郎が「外国ニテモ「フロックコート」ノ上ニ勲章ヲ着クルヲ許サス、唯夕略章ヲ着クルヲ得セシムルノミ、我国ニ於テ和服ノ上ニ公然勲章ノ佩用ヲ許ササルハ此外国ノ例ニ倣ヒタルモノナラント」と答弁した。(69) つまり、フロックコートに相当する羽織袴に勲章の佩用が許可されないのは、外国でもフロックコートには勲章の略綬しか認めていないからだという。一方で大橋は、前回と同じように矛盾する状況が生じていると述べ、黙許ではなく公認してほしいと、勲章佩用心得の規定として認めるよう主張した。(70)

ところが、安広は「公然許容」すれば宮中儀礼にも影響して不都合であると返答する。(71) 出席議員の武市庫太は、「公許」ではなく「黙許」だと規則違反としての意識が生じることを指摘した。(72) 同じく議員の遠藤良吉は外国人から羽織袴は「優美高尚」と見なされていると説明し、森国造は勲章を佩用するために燕尾服を調製するのは勤倹の思想に背くと述べる。(73) そのほかに竹内清明も大橋の意見を支持している。(74) それでも安広は、燕尾服や軍服を調製できない軍人らには羽織袴に勲章を佩びてよいと黙許しており、有勲者は不都合と感じていないはずだと譲らなかった。(75)

大橋が「公許」に固執したのは、黙許だと着物に勲章をつける人が増えるため、縞柄の着物を禁じるなど新たな規定を設ける必要があると考えたからだった。彼は単に羽織袴を支持するのではなく「勲章ノ威厳ニモ関スル」ため、一定の秩序を保つことを目的としていた。このあたりは「国民ノタメニ遺憾」といいながら、衆議院議員の価値観があらわれていたといえる。なぜなら、帝国議会に登院するときに縞柄の着物を着てくる者がすでにおり、縞柄を禁止すべきだという意見も出ていたからである。衆議院議員たちにとって最低限遵守すべき礼服の境界線が紋付羽織袴であったといえよう。

大橋は「国民ノタメニ」といってはいるが、その対象は「町村ノ吏員総テノ軍人」の有勲者に限られていることを看過してはならない。念頭にあったのは国民ではなく、燕尾服やフロックコートを用意できない判任官および代議士だった可能性が高い。実際、大橋の主張の最大の欠点は、「国民」ではなく「有勲者」を争点としたところにあった。勲章に関する規定は、大蔵省賞勲局の意向を無視できない。よって安広は賞勲局と協議するとし、大橋の提案の可否を避けた。

内閣から意見を求められた賞勲局は、明治四十二年四月に次のような回答を寄せている。ここからは大礼服と勲章の関係性はもとより、それらと羽織袴およびフロックコートが一線を引かれていた事情を知ることができる。

> 勲章ハ男子ハ大礼服及通常礼服（燕尾服）着用ノトキ佩フヘキモノトシ、其通常服（フロックコート）着用ノ節ハ略綬ヲ佩ヒテ帯勲者タルコトヲ表スルハ既定ノ制度ナリ、蓋シ欧洲各国普通ノ慣例ニ拠ラレタルモノナリ、彼ノ紋付羽織袴ノ服装ハ封建時代武家ノ平服ニシテ之ヲ礼服トハ視ルヘカラス、若シ今時ノ服制ト比較スレハ「フロックコート」ニ当ルヘシ（中略）我帝国勲章ハ平服ニモ佩用スルヲ得ルト定メラレンカ、外国人ニシテ我勲章ヲ受領シタルモノハ皆平服（フロックコート）ニモ之ヲ佩用スルハ当然ノ結果ナルヘシ、果シテ然ルトキハ我カ勲章ハ欧洲各国ノ勲章ヨリ自ラ品位ヲ下タスモノト謂ハサルヘカラス、何トナレハ勲章ハ国家ノ元首ヨリ授ケラレシ最貴重ノ名器ナリ、故ニ之ヲ佩用スルニ相当ノ礼服ヲ為スハ即チ対勲章当然ノ敬礼ナリ、若シ相当ノ服装ヲ為サスシテ公然佩用スルカ如キハ自ラ勲章ヲ軽侮スルモノナリ、所謂自ラ侮テ人之ヲ侮ルノ理ニシテ、遂ニ外国

人ハ我カ勲章ヲ尊重セサルニ至ラン。(76)

賞勲局が勲章佩用心得で勲章の佩用を大礼服か燕尾服に限り、フロックコートには略綬だけをつけるように定めているのは、欧州諸国に倣ったものである。江戸時代まで武家の平服として用いられてきた紋付羽織袴は外国のフロックコートに相当する。その平服に勲章の佩用を許可すれば、外国人たちも同様の措置を取るようになる。すると礼服にしか佩用できない外国の勲章に対し、平服にも佩用できる我が国の勲章は品位を失う。国家元首が授与する勲章は名誉であり、それを受けるには相当の礼服が不可欠である。したがって、品位を失う恐れのある平服への佩用は許可できないという。

勲章を管轄する賞勲局が難色を示したものの、すぐに却下はされなかったようである。その経緯は判然としないが、翌年に陸軍省と海軍省にも意見が求められている。海軍省軍務局員の田中某は、明治四十三年五月二十五日付で「仮リニ「フロックコート」ニ佩用ヲ許サンカ外人ハ欧州各国ノ勲章ヨリモ劣等ナルモノナルガ如キ感ヲ起スハ当然ノ情ニシテ、我カ制限ノアルヲ知ラスシテ勲六等以上モ「フロックコート」ニ之ヲ佩用シ得ヘキモノトノ誤解ヲ招キ易ク自然〳〵ニ我勲章ノ品位ヲ下クルニ至ルコトナキトハ限ラサルヘシ、故ニ「フロックコート」ニハ現行ノ規定ノ通、単ニ略綬ヲ佩用スルコトトシ、紋付羽織袴ニハ其ノ場合ヲ限定シ、且衣モ亦無地紋付ノトキニ限ルコトトシ同意ス」という「覚書」を残している。(77)

勲七等と勲八等に限った例外措置だとしても、それを外国人が勲六等以上でも可能であると誤解されては勲章の品位が喪失する。だから現行どおりフロックコートには略綬をつけ、その場合にだけ無地の紋付羽織袴の着用を認めることに同意するという。田中の「覚書」には、賞勲局の意見を陸軍省と海軍省も支持と記されており、両省の公式見解はほぼ同じと思われる。賞勲局に加え陸軍省と海軍省も否定的な意見であったため、紋付羽織袴を公式の礼服として認めることは見送られた。

このような回答からは、参内や公式儀礼における「官の礼服」が大礼服と燕尾服に限られている理由が見て取れる。明治五年の大礼服制で定めたこれらの着用日は、欧州諸国の事例に倣って違いを設けており、そのような日に平服であるフロックコートや紋付羽織袴での参加を許可することは儀礼の品格を貶めることとなる。明治十九年に文官大礼服制を改正して大礼服の統一が図られ、その前後に宮内省の各種礼服を整備したのも、儀礼の品格を保つためにほかならない。したがって、紋付羽織袴を「民の礼服」と位置づけても、それを「官の礼服」として許容することはできなかったのである。

帝国憲法の発布の前後に整備された各種大礼服は、限られた国家のエリートだけが着用できる権威の象徴となり、華族や官僚たちも魅力を感じるようになった。だが、一方で衆議院議員が羽織袴での登院を主張し、公式儀礼に参加する一般人の間からは「民の礼服」である紋付羽織袴の許可を求める声が出てきた。この対照的な現象は、大礼服が権威と魅力をそなえた存在になったのと同時に、礼服に「官尊民卑」という意味合いが付加されたことをあらわしていたといえる。明治から大正へと時代が進むにつれ、政府は「官尊民卑」としての大礼服制を堅持しようと苦心するようになる。大勢の人が参加する国葬がおこなわれたため、制度を規定どおり維持しづらかったからである。そこで次章では明治時代の国葬における喪服に着目し、この点について検討する。

註

（1）「帝国議会議員身分取扱方ヲ定ム」（『公文類聚』第一四編・明治二十三年・第二巻、国立公文書館所蔵、二A―一一―四四八）。

（2）『日出新聞』明治二十三年十一月二十二日。

（3）「帝国議会開院式当日賢所皇霊神殿御祭典来年ヨリハ不被為行並議院ヘ行幸ノ鹵簿来年ヨリハ第一公式ヲ被用事ニ御沙汰ノ旨侍従長ヨリ三宮式部次長ヘ口達ノ件」（「例規録」式部職、明治二十三年、宮内庁書陵部宮内公文書館所蔵、識別番号七〇九四）。

(4) メアリー・フレイザー著、ヒュー・コータッツィ編、横山俊夫訳『英国公使夫人の見た明治日本』淡交社、一九八八年、二二二頁。

(5) 明治神宮監修『明治天皇紀附図』吉川弘文館、二〇一二年所収、明治神宮監修、米田雄介編『明治天皇とその時代―『明治天皇紀附図』を読む―』吉川弘文館、二〇一二年、一二三頁。

(6) 『読売新聞』明治二十三年十月七日、朝刊。

(7) 『東京日日新聞』明治二十三年七月八日（『明治ニュース事典』四、毎日コミュニケーションズ、一九八四年、一三六頁）。

(8) 同右、明治二十三年七月十三日（同右、一三六頁）。

(9) 『読売新聞』明治二十三年十二月二日、朝刊。

(10) 『官報』明治二十三年十二月三日号外。

(11) 「貴族院規則案」（「稲生典太郎文書」衆議院憲政記念館所蔵）。

(12) 『官報』明治二十三年十二月二日号外。

(13) 同右、明治二十四年二月二十四日、朝刊。

(14) 同右、明治二十四年三月四日、朝刊。

(15)(16) 『読売新聞』明治二十五年五月七日、朝刊。

(17) 三浦梧楼『明治反骨中将一代記』芙蓉書房、一九八一年、三一四～三一五頁。

(18) 『読売新聞』明治三十二年十一月二十三日、朝刊。

(19) 同右、明治三十三年十二月二十六日、朝刊。

(20) 『法令全書』明治十三年太政官布告第三六号。なお、明治四十年四月二十三日に改正された「刑法」（『官報』明治四十年法律第四五号）には記載がないが、翌四十一年九月二十九日の「警察犯処罰令」（『官報』明治四十一年内務省令第一六号）の「二十、官職、位記、勲章、学位ヲ詐リ又ハ法令ノ定ムル服飾、徽章ヲ僭用シ、若ハ之ニ類似ノモノヲ使用シタル者」に引き継がれている。

(21) 「議会開会中ノ三大節ニ限リ貴衆両院正副議長及議員ヘ参賀仰付ケ酒饌下賜ニ付キ其ノ取扱振並心得方ヲ両院書記官長ヘ通牒ノ件」（「例規録」大膳寮、明治二十三年、宮内庁書陵部宮内公文書館所蔵、識別番号三〇六一一）。

(22) 『東京朝日新聞』明治二十四年十二月十一日、朝刊。

(23) 同右、明治二十四年十一月二十八日、朝刊。

(24) 同右、明治二十五年五月八日、朝刊。

(25) 『読売新聞』明治二十五年五月七日、朝刊。

(26) 「貴衆両議院議員新年朝拝並紀元節天長節参賀ノ為参内ノ節馬車乗馬ニ限リ正門通行ノ件」（前掲「例規録」式部職、明治二十三年）。

(27) 『東京朝日新聞』明治二十六年十二月二十七日、朝刊。
(28) 「斎藤桃太郎日記」明治二十九年十二月二十六日条（宮内庁書陵部宮内公文書館所蔵、識別番号三五〇四六）。
(29) 『東京朝日新聞』明治三十二年一月十四日、朝刊。
(30) 日本大学百年史編纂委員会編『日本大学百年史』一、日本大学、一九九七年、九〇四〜九〇五、九一三〜九一五頁参照。
(31) 鵜崎鷺城『人物評論　朝野の五大閥』大空社、一九九五年覆刻版、三〇〇頁。
(32) 広島大学附属中・高等学校八十年史編纂委員会編『創立八十年史』上、広島大学附属中・高等学校八十周年記念事業会、一九八五年、三頁。
(33) 小原直『小原直回顧録』中公文庫、一九八六年、三〇頁。
(34) 「芳沢謙吉」（『私の履歴書』五、日本経済新聞社、一九五八年、三〇九頁）。
(35) 小倉正恒伝記編纂会編『小倉正恒伝』一九六五年、一〇八頁。
(36) 松村謙三『町田忠治翁伝』町田忠治翁伝記刊行会、一九五〇年、八〇頁、町田忠治伝記研究会編『町田忠治』伝記編、桜田会、一九九六年、六四頁。
(37) 三宅晴輝『日本銀行』文芸春秋新社、一九五三年、一五一頁。
(38) 『田辺定義氏談話第一回速記録』内政史研究会、一九七一年、四頁。
(39) 永井荷風「洋服論」（野口冨士男編『荷風随筆集』下、岩波文庫、一九八六年、二七五頁）。
(40)(41) 「五十七本院会議出席ノ際服装注意ノ件」（国立公文書館所蔵、二A―一六―二―枢九）。
(42) 大蔵省大臣官房調査企画課編『大蔵大臣回顧録』大蔵財務協会、一九七七年、二〇二頁。
(43) 『松本学氏談話第一回速記録』内政史研究会、一九六七年、一七〜一八頁。
(44) 若槻礼次郎『若槻礼次郎自伝　古風庵回顧録―明治、大正、昭和政界秘史―』読売新聞社、一九五〇年、一七六〜一七七頁。
(45) 同右、一七七頁。
(46) 『官報』明治十九年、宮内省達第一六号。
(47) 中央大学百年史編集委員会専門委員会編『中央大学史資料集』九、中央大学大学史編纂課、一九九一年、口絵、金銭出納帳六八頁。
(48) 『公卿・将軍・大名』東西文明社、一九五八年、二一二頁。
(49) 『徳川将軍家展』NHK・NHKプロモーション、二〇〇三年、一四九頁。
(50) 「大礼服着用ノ場合ニ於テ佩剣中身日本刀ヲ用ヒ差支無之ノ件」（前掲「例規録」式部職、明治二十三年）。
(51) 『太陽』四―一五、一八九八年七月。日本刀を佩用した楫取の勅任文官大礼服姿は、「楫取素彦肖像画」明治三十四年六月十一日（『楫取素彦と幕末・明治の群像』萩博物館、二〇一二年、七四頁）にも残されている。なお彼については、拙稿「楫取素彦」（宮地正人・佐藤能丸・

櫻井良樹編『明治時代史大辞典』一、吉川弘文館、二〇一一年、五四五頁）を参照されたい。
（52）『松浦詮伯伝』一、松浦伯爵家編修所、一九三〇年、口絵、成瀬関次編『千代乃古道』一九二八年再版、非売品、口絵。
（53）拙著『明治国家の服制と華族』吉川弘文館、二〇一二年十二月、一四九～一五〇頁参照。
（54）拙稿「平成一八年特別展『制服』の記録―コスチュームから見た日本の近代史―」（『浜松市博物館報』一九、浜松市博物館、二〇〇七年三月、写真図版四参照）。
（55）『明治・大正・昭和戦前期の宮廷服』文化学園服飾博物館、二〇一三年、二一頁。
（56）同右、一六頁。
（57）「官人の洋服着用」（『亜細亜』第二巻第一一号、明治二十六年九月十五日（『日本人』刊行会編『日本人』九、日本図書センター、一九八三年））。
（58）（59）『明治三十四年特別大演習宮城県事務概要』一九〇二年（推定）、二八～二九頁。
（60）「判任官以下ニシテ有位帯勲ノ輩参賀参拝等ノ節着服ノ儀各庁並省中各部局へ通牒ノ件」（「例規録」式部職、明治二十六年、宮内庁書陵部宮内公文書館所蔵、識別番号七〇九七）。
（61）「参賀参拝礼服ノ儀ニ付細谷五郎ヨリ問合ノ件」（同右、明治二十九年、識別番号七一〇〇）。
（62）（63）『読売新聞』明治三十二年九月十九日、朝刊。
（64）江藤新作「礼服復古之儀」（『日本人』三九、一八九七年三月（「日本人」刊行会編『日本人』一五、日本図書センター、一九八三年））。
（65）明治初年の服制論議については、拙稿「明治太政官制形成期の服制論議」（『日本歴史』六九八、二〇〇六年七月）、拙著『明治国家の服制と華族』第一部第一章参照。
（66）拙稿「明治時代の勲章制度」（『中央史学』三五、二〇一二年三月）参照。
（67）「在郷下士以下勲章佩用方に関する件」（「肆大日記」明治三十九年十一月、防衛省防衛研究所所蔵、陸軍省―肆大日記―M三九―一一―八〇）。
（68）「衆議院議事速記録」第一六号（『官報』明治四十二年三月七日）。
（69）～（74）「勲章佩用ニ関スル建議案委員会議録」第二回、明治四十二年三月十一日（『帝国議会衆議院委員会議録』五四、東京大学出版会、一九八九年、二五三頁）。
（75）同右、二五三―二五四頁。
（76）「勲章佩用に関する件」（「壱大日記」明治四十二年四月、防衛省防衛研究所所蔵、陸軍省―壱大日記―M四二―五―一四）。
（77）「勲章」（「公文備考」明治四十三年、巻六・儀制三、同右、海軍省―公文備考―M四三―六―一〇三七）。

第五章　大喪および国葬と喪服

帝国議会が開かれると、衆議院議員のなかから登院に羽織袴の着用を認めてほしいという意見が出た。官庁の服装規定では和装は病気などの理由がない限り認められなかったから、帝国議会もそれを踏襲したと見てよいだろう。それでは国費を投じておこなう国葬では、そのような要求は出なかったのだろうか。国家が定めた「官の礼服」に必ずしたがえ、「民の礼服」は認めないとなると、不参加を余儀なくされる人が多数生まれる。

この論点は大礼服制をはじめ、国民統合の意味を持つ国葬を考える上でも重要である。[1] だが、明治政府が定めた喪服制度については、これまで十分に研究がなされていない。[2] よって本章では、明治十年代から二十年代にかけて会葬者の喪服も大礼服の服制に則って定められたことを明らかにする。そのため明治三十年（一八九七）の英照皇太后の大喪では、「民の礼服」である紋付羽織袴の公認を求める運動が起き、「官の礼服」である大礼服制を厳守するのが難しくなったことに迫る。また宮中喪をはじめ、皇室服喪令や皇室喪服規程の形成過程を描く。そして両者にもとづいて挙行された明治天皇の大喪に注目し、葬列者の服装や会葬者の服装観について検討する。

一　国葬と大礼服制

大礼服は国家の祝祭日に限らず、天皇や皇后などの大喪や、皇族や国家功労者の国葬など、葬礼においても用いられた。明治六年（一八七三）九月二十五日の稚瑞照彦尊、同十一月十九日の稚高依姫尊の葬儀では、勅任官に大礼服を着用し拝礼するよう求めている(3)。ところが三年後の明治九年六月十六日の梅宮薫子内親王と、五月三十一日の華頂宮博経親王の葬儀では燕尾服でよくなった(4)。この変更は、当時の皇族の葬儀は皇族や勅任官などに参加者を限っていたものの、大礼服を所持する者が少なかったためと思われる。またこの段階では大礼服や燕尾服の着用を求めただけで、後述するような喪章などの指示はなされていない。

国費をもって国民全体で悼む国葬は、明治十六年六月二十四日の右大臣岩倉具視の例が最初である。それより五年前の明治十一年五月十七日の大久保利通の葬儀は、後の国葬の基本を形作ったことから準国葬と位置づけられる(5)。実際、大久保の葬儀では喪服の規定についても話し合われており、ここから喪服に関する本格的な議論が始まったといえる。

これより前の明治六年二月に太政官左院は、喪章として和服袖の端に黒地三角の布をつけることを提案したが、正院は採用していない(6)。洋式の文官大礼服制では白蝶ネクタイ、白手袋という白色が祝賀をあらわしたため、同じく西洋で葬儀を意味する黒色を採用しようとしたのだろう。だが、喪章が三角布でよいのかどうか、正院は決めかねたのである。当時は既述のとおり大礼服制が混乱していたため、喪服規定にまで十分配慮できなかったと考えられる。

そのようななか大久保利通が暗殺され、突然大規模な葬儀をおこなう必要が生じた。制度上なにも決まってないに等しく、各方面はあわてた。

暗殺の翌日である五月十五日に法制局長官の伊藤博文は、旧鹿児島藩出身の西郷従道および大山巌宛ての書翰で、諸外国の葬儀に関する情報を伝えている。伊藤が各国公使から得た情報によれば、ロシアとイタリアの国葬では大礼服の左腕・帽子・剣の柄に黒縮緬をつけるが、イギリスでは私葬を好むため大礼服を着用しないという[7]。大久保の葬儀後の五月二十五日付で伊藤は、法律に詳しい御雇外国人のフランス人ボアソナードからも意見を得ていた。ボアソナードは、フランスで大礼服を着用する場合は公式儀礼に限られ、私的な儀礼に着れば「狂人」と見なされるだろうと指摘した[8]。

フランスの情報は間に合わなかったが、伊藤が大久保の葬儀にロシアとイタリア公使の話を取り入れたことがわかる。伊藤はイギリスの私葬を踏まえて「国葬ニ相異無之、大礼服無論之事ト」と主張している。伊藤は大久保の功績に鑑みて私葬ではなく国葬にし、参列者の喪服を「官の礼服」である大礼服とさせたのである。だが続けて「大礼服所持無之者葬式ニ列スルヲ不得ト云ノ意ニハ無之」と述べていることも見逃せない[9]。大礼服所持者に限定すれば、葬儀に参加する者は大幅に減ってしまう。

そこで葬儀の前日に「明十七日大久保贈右大臣葬儀ニ会スル者、大礼服着用襟紐手袋黒色ヲ用ユヘシ、但大礼服無之者ハ上下黒色礼服着用不苦候事」と通達した[10]。当日の会葬者心得は、蝶ネクタイ・手袋・手拭は黒とし、大礼服の左腕には二寸八分の黒縮緬を巻き、大礼帽の側章の金飾、佩用する勲章、正剣の柄を黒縮緬で包むなど、全身黒ずくめであった。大礼服を所有しない者に黒色の礼服の着用を認め、左腕と山高帽には二寸八分の黒縮緬を巻いた[11]。

だが、この会葬者心得は参列者に周知されなかったため、「贈右大臣送葬ノ節、大礼服着用襟紐手套トモ黒色可相用旨内閣ノ指揮ニ従候ヘトモ、自餝余黒色ノ紗ヲ用帽ノ左側或ハ手首ヲ覆フ等各自其姿ヲ殊ニシ、中外ノ物議ヲ来タシ候哉ニモ相聞[12]」。黒の蝶ネクタイや手袋はしていたものの、勘違いで帽子の左側や手首を黒紗で覆う人たちもあらわれた。

このような問題点は残されたものの、会葬者心得を定めた点がそれまでの皇族の葬儀と異なっていた。その年八月二日には建宮敬仁親王の葬儀が執りおこなわれたが、「御送葬奉送者心得」には「大礼服着用ノ輩ハ黒色ノ紗或ハ之ニ類似ノ裂巾三寸ヲ以テ帽ノ飾章ヲ覆ヒ左腕ヲ纏フ、手袋ハ黒色ヲ用ウ可シ、但所持セサル輩ハ用ヰサルモ妨ナシ」、「通常礼服及換用服着用ノ輩ハ黒色ノ紗或ハ之ニ類似ノ裂ヲ以テ帽帯ヲ纏フ可シ」とある。[13] 大礼服の着用を原則とし、正帽側章や左腕を黒紗で覆うように指示した。だが、燕尾服の代用を許可し、黒手袋は所持する者だけでよいとするなど、参列者に配慮するあまり、かなり許容範囲の広い心得であった。

この心得がどの程度守られたのか明らかではないが、大久保の葬儀のように混乱をきたさないことが、明治十六年六月の岩倉具視の国葬には望まれる。岩倉の国葬では、奏任官以上の者は大礼服着用を原則とし、所有していない者には燕尾服の代用を認めた。燕尾服については、「通常礼服換用ノ時ハ魯西亜其外ノ国ニテモ襟飾手套ハ白色ヲ用ルヲ見ル、故ニ今般ノ儀モ白色ヲ可用ヤノ旨協儀ノ処、既ニ先年来黒色ヲ用フル事ニ内決有之上ハ、之ヲ不改可然」との議論があった。[14] ロシアなどに倣って燕尾服で代用する場合は、蝶ネクタイや手袋は白を用いるべきだという意見が出たが、大久保の葬儀の際に黒色と決めたため、今回も変更しない方針が取られた。

一方、明治十六年七月二十日に賞勲局から会葬者が佩用する勲章は「黒布」で包む必要はないとの指示があり、岩倉の国葬からその方針になった。七月二十二日には内務省から大礼服や燕尾服を所持していない官員の服装に関する問い合わせがあり、どちらも持たない者にはフロックコートでの参加を許可した。そのほかには左腕に巻く黒縮緬二寸八分が黒紗二寸へと変更された点を除けば、大久保の葬儀と会葬者の服装に違いはなかった。[15] 七月二十四日、赤坂仮皇居から派遣された勅使太田左門は文官大礼服の左腕に黒紗を巻いたが、白蝶ネクタイに白手袋をつけていた。勅使の大礼服は、他者のそれとは違って白色の蝶ネクタイと手袋を用いていたことがわかる。勅使用の四人乗り馬車の馭者は折詰襟の礼服で、帽子の銀飾を黒紗で覆った。だが、岩倉の棺を乗せた馬車の馭者は開襟の通常服を着用した。

また、各休憩場の接待員には羽織袴の着用を認めた[16]。

勅使の馬車とそうでない馬車や、礼服を所持していない会葬者・接待員に対する配慮が見て取れる。このあたりは、大久保の葬儀を経験し規定が細かくなっているのがわかる。岩倉の国葬の前には、新聞各紙に「会葬ノ人ニハ能々注意アリ度事」として「祭場ニ於テ祭文伝供等ノ時、着帽ノマヽ椅子ヲ離レサルモノアリ、或ハ黒色ニアラサルズボン襟飾ヲ用ルモノアリ」と掲載させている[17]。大久保の葬儀祭場では、脱帽せずに椅子に座る者や、黒ではない蝶ネクタイやズボンを着用する不心得者がいたのである。そうした人々を初の国葬となる岩倉の葬儀からはなくそうとした。

この後、滋宮韶子内親王（会葬日以下同様、明治十六年九月十三日）、増宮章子内親王（同年九月十五日）、島津久光（同二十年十二月十八日）、三条実美（同二十四年二月二十五日）、久邇宮朝彦親王（同年十月三十一日）、満宮輝仁親王（同二十七年八月二十一日）、有栖川宮熾仁親王（同二十八年一月二十九日）、北白川宮能久親王（同年十二月十八日）、毛利元徳（同二十九年十二月三十日）、島津忠義（同三十一年一月九日）、貞宮多喜子内親王（同三十二年一月十七日）、小松宮彰仁親王（同三十六年二月二十六日）、伊藤博文（同四十二年十一月四日）、賀陽宮邦憲王（同年十二月十五日）と、皇族の葬儀や国葬がおこなわれるが、会葬者心得に大差はない（表14参照）。

強いていうならば、燕尾服着用の項目として、北白川宮の国葬では黒羅紗で帽を覆うという規定と[18]、小松宮の国葬で黒紗または黒羅紗（伊藤の国葬では黒紗）を左腕に纏うという規定が加わったくらいである[19]。だが、久光の国葬では「列外会葬者ハ洋服又ハ羽織袴着用」を許可し[20]、毛利元徳の国葬では「当日会葬者ノ中羽織袴又ハ通常服（フロックコート）着用ノ向ハ黙許ニ可被付哉」という伺いが出ており[21]、会葬者服装心得どおりにはいかなかったことが察せられる。ただし、忠義の国葬では「列内ニ入ルヘキ資格アル者ニシテ羽織袴着用ノ向ハ、本列内ニ加ヘラレス総テ墓所へ先着ノ事」[22]と、会葬者服装心得と異なる者を葬列から外している点を見逃してはならない。この点は男性の羽織袴、女性の白襟紋付を許可した小松宮の国葬でも同様であったと考えられる[23]。

表 14　国葬の会葬者心得一覧

文官および有爵有位者大礼服・警察官正装

死者名	黒紗を左腕に纏う	黒紗で帽の飾章を覆う	襟飾黒	手袋黒	襟飾白	手袋白	黒紗で剣の柄を巻く
大久保利通（＊）	○	○	○				○
岩倉具視	○		○				○
滋宮韶子（※）	○	○	○	○			○
増宮章子（※）	○	○	○	○			○
島津久光	○	○	○				○
三条実美	○	○	○				○
久邇宮朝彦（※）	○					○（または鼠）	
増宮輝仁（※）	○			○（または鼠）	○		
有栖川宮熾仁	○	○			○	○（または鼠）	○
北白川宮能久	○	○			○	○	○
毛利元徳	○	○			○	○	○
島津忠義	○	○			○	○	○
貞宮多喜子（※）	○				○	○	
小松宮彰仁	○	○			○	○	○
伊藤博文	○	○（☆）			○	○	○
賀陽宮邦憲（※）	○	○			○	○	○

通常礼服（燕尾服）

死者名	黒紗を左腕に覆う	黒羅紗で帽を覆う	襟飾黒	手袋黒	襟飾白	手袋白
大久保利通（＊）	○	○	○			
岩倉具視	○	○	○			
滋宮韶子（※）	○	○	○	○		
増宮章子（※）	○	○	○	○		
島津久光	○	○	○	○		
三条実美		○		○		
久邇宮朝彦（※）						○（または鼠）
有栖川宮熾仁					○	○（または鼠）
北白川宮能久		○			○	○
毛利元徳		○			○	○
島津忠義		○			○	○
小松宮彰仁	○	○			○	○
伊藤博文	○	○			○	○
賀陽宮邦憲（※）	○	○			○	

通常服（フロックコート）

死者名	黒羅紗を左腕に纏う	黒羅紗で帽を覆う	襟飾黒	手袋黒	襟飾白	手袋白
大久保利通（＊）						
岩倉具視						
島津久光	○	○	○	○		
三条実美		○		○		
久邇宮朝彦（※）		○		○（または鼠）		
有栖川宮熾仁		○	○	○（または鼠）		
北白川宮能久						
毛利元徳						
島津忠義		○			○	○
小松宮彰仁						
伊藤博文						

陸軍将校正装，海軍将校正服

死者名	黒紗を左腕に纏う	黒紗で剣の柄を巻く	海軍将校は黒紗で肩章を覆う	海軍将校は黒紗で帽の徽章を覆う
大久保利通（＊）				
岩倉具視				
島津久光				
三条実美	○			
有栖川宮熾仁	○			
北白川宮能久	○			
毛利元徳	○			
島津忠義	○			
小松宮彰仁	○	○	○	
伊藤博文	○	○		○（☆）
賀陽宮邦憲（※）	○	○		

出典：「国葬儀等関係文書」（国立公文書館所蔵），「滋宮御葬儀録」，「満宮御葬儀録」，「貞宮御葬儀録」，「賀陽宮邦憲王御葬儀録」（宮内庁書陵部宮内公文書館所蔵）から作成。（＊）は准国葬，（※）は皇族の葬儀，（☆）は近親者に限る。

有栖川宮の国葬からは、大礼服または燕尾服では蝶ネクタイと手袋を白とし、フロックコートのときのみ黒とした。係員と当日出張員は燕尾服かフロックコートと定め、胸に係員を示す白と緑の二種類の徽章を設けた。[24]のちに忠義の国葬で葬儀掛の徽章を柑子色、葬儀掛附属を白と変更している。[25]その間の北白川宮の国葬からは、勅使を迎える家令が大礼服を着用するようになった。[26]このような細かい追加事項を除けば国葬の服装に関して大きな変更はなく、岩倉の国葬で大枠が定まり、北白川宮の国葬までに整備されたと見てよいだろう。

男子の羽織袴や女子の白襟紋付の着用を黙許したように、会葬者心得を徹底できなかった点については次節で述べる。その前にまず、国葬の服装心得が整備される過程で、公的な喪服と私的な喪服に分けられたことを明らかにする。国家の礼服である大礼服は、私的な葬祭で着ることはできなかった。だが、開港場のある府県では外国公使や領事などと接する機会が多く、彼らの葬儀に参列することもあった。その場合に大礼服を着るべきか、大礼服の着用日に指定されていないので燕尾服やフロックコートで臨んだほうがよいのか、判断に迷う知事も出てきた。明治二十五年五月二十三日付で司法省総務局長三好退蔵が式部長官鍋島直大宛てに送った文書は、その証左となる。

法制官僚の三好は、大礼服着用日は必ず着なければならない日を指定しただけであり、それ以外の日に大礼服を着てはならないことにはならないという解釈が成り立つが、だとすると私的な葬祭でも身分に応じた大礼服を着用しても構わないのかと質疑している。なぜなら「開港場在勤ノ官吏ニ対シ外国領事ノ葬儀ニ付殊更ニ会葬ハ大礼服着用ヲ要ムル向モ」あるからだという。これに対して七月二十五日に鍋島は、「大礼服ハ朝議ノ制服ニシテ自余之場合ニ於テ着用ノ制規無之候、乍併外交上ニ関シテハ彼我交際上権衡ヲ不失様大礼服着用之場合モ有之」と回答している。[27]外国公使や領事などの葬儀は、諸外国に対する配慮から私用とは判断せず、「官の礼服」である大礼服での参加を認めた。

この三好の伺いは、彼のもとに開港場のある府県から寄せられた意見を集約したものと思われる。大阪府知事の内海忠勝は、明治二十九年二月十三日付で式部長三宮義胤に「輓近海防費献金等ニ依リ民間ニモ追々位階ヲ賜候者有之、右等之輩ヨリ祖父母父母ノ葬送等一家ノ大礼ニ方リ着用差支ノ有無伺出候モノ有之、抑冠婚葬祭ハ人生ノ大礼ニ有之候得者右着用之義敢而差支無之義ト被存候得共、聊カ疑義相生候条至急何分之御明示相成度」と送っている。(28)

「輓近海防費献金」とは、明治二十七年七月に勃発した日清戦争を受けて、国防費として国に献金する民間人があらわれたことをいう。明治二十年五月には国家への献金者を対象とする黄綬褒章が制定されており、菊の御紋に大砲が描かれた褒章には、一万円以上の高額寄付者用の金製と、千円以上の寄付者用の銀製があった。(29)最低でも千円という高額の設定のせいで黄綬褒章の授与数は少なく、献金者の多くは従七位や正八位などが与えられた。

低位の彼らは、宮中席次を持たないとはいえ有位者にほかならず、五位以下の非役有位大礼服を着る権利がある。国に国防費を献金するくらいであるから、大礼服の調製費に苦しむとは考えられない。むしろ大礼服を着る権利を得て感激したであろう。

内海自身も、「冠婚葬祭ハ人生ノ大礼」であると考え、彼らが非役有位大礼服を着ることに疑問を感じていない。それでは内海から問い合わせを受けた三宮はどう判断したのであろう。三宮は「大礼服ハ朝儀ノ服ニ付、私ノ場合ニ之ヲ着用可致モノニ無之」と回答している。(30)ここからは宮内省が個人的な冠婚葬祭における大礼服の着用を許可しなかったことがわかる。

二　英照皇太后の大喪と喪服

国葬が国民を統合する儀礼だとすれば、できるだけ多くの国民を参加させなければならない。だが、国葬には前節で述べたとおり会葬者服装心得があり、その基準は皇族・華族・政府官員・軍人の服制におかれている。国民はいくら哀悼の念を抱いても、燕尾服か、黒か紺のフロックコートを着ない限り参加できない。国葬を執りおこなうたびに、服装心得を厳守して参加者を皇族・華族・政府官員・軍人らに限定するか、緩和して多くの人々に門戸を開くか判断が迫られた。明治三十年（一八九七）一月十一日に崩御した夙子皇太后（英照皇太后と追号、以下本書では追号を用いる）の大喪ではどのような判断をしたのだろうか。

一月十二日には十五日間の廃朝が告示された。(31) 国民の喪期は三十日間と定められ、営業者は十五日間、それ以外は三十日間の歌舞音曲を停止した。(32) また、一月十一日から第一期二十五日、二期二十五日、三期三百十五日とする宮中喪も同日発表された。(33) 宮中喪については次節で詳述するが、この期に参内する皇族・文武官員・華族は規定の喪服を着用することとなっていた。

男子は大礼服、陸海軍正装、燕尾服、フロックコート、女子は袿袴か洋式礼服に限られた。大礼服や燕尾服では蝶ネクタイと手袋は白、フロックコートでは黒と違いはあったが、黒紗を左腕に巻き、黒紗で帽の飾章を覆うのは同じだった。大礼服や正装の場合、第一期に黒紗で剣の柄を巻くという規定があったが、大礼服は第二期と第三期、正装は第三期では巻く必要がなくなるなど、(34) 期が進むにつれ服喪を示す黒色の面積が小さくなるのが特徴である。

この宮中喪は参内する資格がある者に限られた。そのため、この規定に疑問をもつ人はいなかったが、問題は喪期を定められた多くの一般人であった。大喪の儀に宮中喪と同様の規定を適用すれば、参拝はもとより、葬列を沿道で見送ることも難しくなる。そう予想した政治評論家の福本誠（号は日南）は、明治三十年一月十五日の新聞『日本』に「一般士民の礼服を制定す可きの議」という論説を載せている。彼は英照皇太后の「御大葬の日に当り、責めては晏駕の御後ろべ《ママ》に扈従して、哀悼の微意を表し奉らんと欲せざる者はあらざるも、うたてや服制の之を遮ぎるあり、泣を飲みて之を余所に見奉るの外なからんか、都民の遺憾、否な全国民の遺憾其れ以て如何にと為すや」(35) と、読者に問いかけた。国民の多くが哀悼の意をもち国葬に参列しようとしても、服制のせいでそれは困難になるというのである。そこで福本は「官人の礼服は暫く現制の儘となし、此際其他の士民には国宜の許す所に従ひ、適当の礼服を認められんことを望む」と要求した。[36]「官の礼服」を国民に強いるのではなく、国民に適した「民の礼服」での参加を認めるべきだという主張である。

この翌々日の一月十七日付の『日本』には、福本の見解を後押しする国友重章（号は随軒）の意見が載っている。国友は、公式の場での着用を燕尾服としているが、その普及範囲は極めて限られていると指摘し、「現に人民の大礼たる冠婚葬祭に在りては羽織袴を用ゆるが常にして、甚しきは山村僻邑に至れば、今尚ほ麻社袢を用ゆるもの少からず」という。[37]この文から、明治三十年代になっても地方の山村では麻裃を礼服として着ていたことがうかがえる。また国友は、大礼服の採用により喪服の色が白から黒に変化したことと、一片の黒布をつけるだけで喪をあらわしていることに不満を示す。彼の具体的な喪服案はわからないが、白装束や「支那朝鮮の喪服」などについて言及していることから、白色の着物を基本とした喪服の制定を望んでいたと見てよいだろう。

福本や国友の礼服に関する意見は個人的なものでなかった。一月十七日付の『日本』には「服制拡張の議」という記事があり、「服制を拡張せられんことを請願せんとて一両日来有志者等頻りに奔走し賛成者集蒐中のよし」と伝えている。『日本』の喪服案は、男子は「羽織有紋黒地、上着黒地下着白無垢、袴帽黒、足袋若くは靴下白、肩章白布（山形に折りて左肩に掛くること）」、女子は「白無垢、帯白、髪片ハヅシ、足袋白」である。[38]男子は「民の礼服」である羽織袴を主体とし、また女子は喪服に白を用いることを考えていた。

また右の喪服案で興味深いのは、「礼服には凡そ二種の別あり、則ちかの洋式にては大礼服は羅馬帝政及び中古封建時代に於ける彼の国の上流社会の伝来として今日其上流礼服と成り、燕尾服通常礼服（フロックコート）は一般人民の礼服と定まり、我国にても亦衣冠束帯の上流に用ゐられ羽織袴の一般人民に用られ居るが如く、上流と下流の二種あるは東西皆一様と云う可し、今茲に之を対照し来れば我衣冠束帯は所謂彼の大礼服に相応し、我羽織袴は彼の燕尾の服に相応する者にして、而して彼のフロックコートは恰も我無紋羽織袴たる略装に適当せり、今回の建議者が制定せる者は実に此標準」としている点である。[39]

政府が採用した大礼服制は西洋の上流階級の礼服であり、一般人民の礼服は燕尾服やフロックコートであると説明し、それは前近代の日本における衣冠束帯と羽織袴の違いに重ねられると指摘する。そして全国民に燕尾服やフロックコートを普及させるのは困難であるから、それに相当する紋付羽織袴と無紋羽織袴を「民の礼服」にしてはどうかという提案である。「官の礼服」を民間人にも強いる政府の方針に対し、不満を隠さない。

「民の礼服」である紋付羽織袴で公式儀礼への参加を認めてほしいという声は、福本誠を含む二百十一名が連署する「請願」となり、明治三十年一月十八日に内閣と大喪使へそれぞれ提出された。[40]「請願」には次のようにある。

皇太后陛下ノ大喪ハ、皇室ノ大典ニシテ国ノ重事ニ有之、晏駕ノ扈従ニ立チ奉送ノ末班ニ就キ、皇室ノ赤子国母ヲ喪シ奉ル微衷ヲ表センコト臣民一般ノ至願ニ御坐候、就テハ此際朝廷ニ於カセラレ御治定ノ服制ト同様ニ特ニ一般臣民ノ礼服ヲ御告示アリ、御発棺並ニ御埋棺ノ御当日右ノ御告示ニ由リ敬礼ノ儀表ヲ欠カサル者ハ大喪使ノ御指揮ニ従ヒ奉送ノ鹵簿ニ就クコトヲ許サレラレ候ハヽ、上ハ皇室ノ臣民ヲ赤子ト視ソナハシ給フ、聖旨益々耀キ下ハ臣民ノ国母ヲ喪シ奉ル微衷冀クハ酬ユルヲ得候ハンカト奉存候。[41]

二百十一名の内訳は、衆議院議員八十五名、士族および平民百二十六名である。士族や平民のなかには、陸軍軍医監の森林太郎、芸術家である岡倉覚三、橋本雅邦、川端玉章や、宮城県会議員などの名も見え、当時の著名人や地元の有力者が多かったことがうかがえる。なかには大礼服を着る権利を有する者もいたが、多くはその権利を持っていなかった。前章で述べた帝室技芸員に任命された川端が含まれているのも偶然ではない。それまで彼ら芸術家の礼装は紋付羽織袴であったのであり、大礼服を着ることのできないほかの仲間の立場を代弁したと考えられる。国民の代表である衆議院議員が多数連署しているのも同様の理由であろう。

このような意見を受けて明治三十年一月二十一日、内閣は「和服（男子）羽織袴、左肩ニ黒布ヲ附ス、一、羽織、紋付地色黒、一、上着、紋付」、「和服（婦人）白襟紋付、左肩ニ黒布ヲ附ス、髪飾其他ハ華美ナル装飾ヲ用ヒス」、「西洋服（男子）、通常礼服（燕尾服）、一、黒布ヲ左腕ニ纏フ、一、帽黒、黒布ヲ以テ之ヲ巻ク、一、襟飾及手套白」、「西洋服（婦人）、通常服（ローブ・ドゥヴィジット）、一、服及帽黒、一、服帽其他ノ飾品、一、手套黒」、「礼装セサル場合ニ於ケル表章、和服（男子、婦人）、衣服ノ左肩ニ黒布ヲ附ス、西洋服（男子）、黒布ヲ左腕ニ纏フ、西洋服（婦人）、服ノ飾黒又ハ帽手套ノミ黒」と告示した(42)。

洋式礼服を所持していない者は葬列を沿道で送迎してはならないとすれば、多くの不満の声が出たであろう。国家の儀礼に紋付羽織袴や白襟紋付を喪服として許可したのには、そうした不満を解消し、多くの人々を英照皇太后の国葬に参加させ、皇室を尊ぶ気持ちを持たせようとしたと考えられる。

大喪の「御本列」にいる大喪使属までを本列員、大勲位以下の諸員を供奉員という。それらの服装は、文官は大礼服、陸海軍人は正装を原則としたが、軍人を除いて燕尾服で代用することができた。ただし「供奉員及参列員心得」には「勲六等以上ノ輩ニシテ有位ノ者ハ大礼服（換用服ヲ用ヒス）」とあり(43)、有位者は燕尾服で代用することができなかった。このうち、大礼使属および傭員に対しては、燕尾服の新調手当として特別に三十円が支給されている(44)。葬列に加わる諸員はもとより、参拝や埋葬に立ち会う場合には、勲六等以上は燕尾服、同等有位者は非役有位大礼服を着用しなければならなかった。沿道で葬列を見送る見物人の喪服とは、この点が大きく異なる。

また大喪使長次官および事務官には、無紋巻纓の冠、黒橡色の袍、鈍色の単と袴、黒骨鈍色の末広という喪服が用意された(45)。斎主と諸陵頭は衣冠、伶人・内舎人・斎官補・諸陵属などは黒狩衣を着用し、松明・大直榊・白錦旗などを務める官丁の装束は鈍色雑色であった。[46] これら大礼服制とは対照的な装束類は、洋服を好まなかった英照皇太后に配慮したからではなく、明治五年十一月に文官大礼服と非役有位大礼服を制定し、従来の衣冠・狩衣・直垂・浄衣を祭服として残したことによる。そして同八年十二月には祭祀奉仕者は祭服、参拝者および参列者は大礼服と、明確に区分し、[47] これが葬列における大礼服か装束かを決定したといえる。神官神職にして霊柩を奉送迎する者や、宮中喪期間に宮中や行在所に参入する者は、冠は巻纓、袍は白、単は白、袴は鈍色、末広は黒骨鈍色、沓は黒と規定した。[48]

調馬手馭者の大礼服・通常服も、黒紗を左腕に巻き、黒紗で帽の側章と鉢巻を覆い、黒紗で肩章を覆った。さらに鞭にも黒紗を巻きつけ、輓馬の左右の耳飾りと小額皮にも黒紗を巻いた。京都出張の省丁や馬丁なども左腕に「黒色ノ布片」をつけた。[49] 皇太后崩御後の喪中は、裁判所の判事・検事・書記官・弁護士も制服になるときは「黒色ノ布片」で帽子を巻いた。[50] さらに文部省は、一月十六日の訓令で「制服又ハ筒袖ヲ用ユルモノニ在テハ黒色ノ布片ヲ左腕ニ纏ハシメ其他ニ在テハ左角ニ適宜之ヲ添付セシムヘシ」、「制帽ヲ定ムルモノニ在テハ黒色ノ布片ヲ以テ徽章ヲ覆フヲ帽ヲ巻カシメ其他ニアリテハ適宜帽ヲ巻カシムヘシ」、「女生徒ハ服装ヲ成ルヘク質素ニシ目立ツヘキ頭髪ノ粧飾ヲ廃セシムヘシ」と、注意を与えている。[51]

これらは従来の国葬にはなかった点である。参拝者や会葬者だけでなく、全国的に華美を自粛し、弔意をあらわすよう求める意図が見て取れる。大久保の葬儀から黒色は服喪の象徴とされ、次節で触れる宮中喪では喪期を意味するようになる。英照皇太后の大喪は、大礼服を着る権利のある人だけではなく、なるべく大勢の人が参加できるように配慮された。

英照皇太后の大喪は、それまでの国葬とは異なり、葬儀を通して多くの国民に皇室を尊ぶ気持ちを持たせる大規模なものとなった。大礼服制を厳守することは難しく、紋付羽織袴を「民の礼服」として認めさせる好機となった。これをきっかけに紋付羽織袴の許可を求める声は高まり、大礼服制もその声を無視できなくなる。次章の大正時代にこの動きはさらに活発になるが、原因が帝国議会の開設と、英照皇太后の大喪にあることを記憶に留めておいてもらいたい。

三　皇室喪服規程の制定過程

これまで国葬や大喪について述べてきたが、それとは別に皇室が喪に服する宮中喪と呼ばれるものがある。宮中喪は、『法令全書』および『官報』によると、明治十九年一月二十四日に薨去した有栖川宮幟仁親王のために五日間服喪をしたのが最初である(52)。だが、明治初年から皇族は薨去しており、公表はされなかったものの、内々に数日間の服喪はあったと考えられる。この点は外国の皇帝や皇族の宮中喪も同じであり、『法令全書』『官報』によると明治二十一年三月十日にドイツ皇帝ギーヨーム一世の崩御により、二十一日間の宮中喪を発したのが最初である(53)。外国の皇帝や皇族の死亡記事が載っている『明治天皇紀』で確認しても、明治十七年六月のオランダ皇太子オレンジ公ウィルレム、同十八年六月のドイツ皇族フリードリッヒ・カールの死の報には弔電を打っているが、宮中喪を発したとの記述はない(54)。ただし、次の「喪紀令ヲ設クル旨趣ノ大要」からは、それ以前から諸外国に宮中喪を発していたことがうかがえる。

我帝室ニ於テ各国帝室トノ御交際歳月ヲ遂ヒ頻繁ヲ加ヘラレタルヨリシテ既ニ去明治十四年已降露、独、澳、葡、西班牙、伊、和、清、希、朝鮮等ノ皇帝、皇后、太皇太后、皇太子、皇弟、皇伯父、大妃ノ為メニハ其御交誼ノ親疎ト系統ノ遠近ニヨリ、或ハ廿一日、或ハ十九日、十四日、或ハ九日、或ハ六日、各其差異ナリト雖モ、皆宮中喪ヲ発シ哀悼ヲ表セラレタリ、我帝室万一モ事アルノ日ニ方リテハ彼ノ国ニ於ケルモ亦之レニ対シ各自定ムル所ノ相当ノ喪礼ヲ尽スベキハ当然ナリ〔中略〕然レドモ未ダ其規則トシテ憑ルベキノ設ナキハ誠ニ欠典ト云ハザル可カラズ、之ニ依テ自今皇親ニ対セラルベキノ喪ハ勿論、外国帝室ニ対セラル丶ノ喪及ビ臣民之ニ則トル可キノ喪制ヲ定メラレ、聖徳ノ深遠高大ニシテ、下之ヲ仰ギ万生永ク其化ニ頼ラムコトヲ欲シ、茲ニ喪紀令案ヲ起草スルモノナリ(55)。

これによれば、明治十四年以降に諸外国の皇帝・皇族に対し、宮中喪を発してきたという。喪期は二十一日から六日まで段階があるものの、依然として明確な規定がないため、喪期の区分を定める必要があると論じている。明治十四年から二十一年までの具体的な事例はないが、その間も宮中喪を発していたことは否定できない。「喪紀令草案」が完成すると、それにもとづき明治二十三年一月二十一日に宮中喪の区分が定められた。外国の皇帝・皇族、大勲位を有する戴冠の国主・妃の宮中喪は二十一日以下三日以上の六段階とした。甲国はロシア・イギリス・ドイツ・オーストリア・イタリア、乙国はオランダ・スペイン・ベルギー・ギリシャ・スイス・ポルトガルと分け、甲国の皇帝・皇后・皇太子の崩御または薨去に際して二十一日間の宮中喪と定めた(56)。

宮中喪には喪服の着用が義務づけられた。先に述べた有栖川宮熾仁親王の際は「喪服ハ大礼服着用ノ節ハ左ノ袖、剣ノ柄、帽ノ飾章ニ黒紗ヲ纏フ」、「通常礼服、通常服襟紐等黒色ヲ用ヒ帽ニハ黒羅紗ノ帯ヲ附ス」とある(57)。これが明治二十一年六月のドイツ皇帝フリードリッヒ三世のときには、第一期と第二期とに分かれた。第一期の大礼服着用の際は、黒紗を左腕に纏う、黒紗で帽の飾章を覆う、黒紗で剣の柄を巻く、手袋は黒とした。通常礼服は手袋黒、通常服は帽に黒羅紗を纏う、襟飾と手袋を黒色と定めた（表15・16のA）。第二期の大礼服着用の際は、黒紗を左腕に纏う、手袋白又は鼠色、通常礼服は手袋白または鼠色、通常服は黒羅紗を帽に巻く、襟飾黒色手袋黒または鼠色とした（表15・16のB）。

喪期区分が定められた明治二十三年一月二十一日には、イタリア皇弟のヂュック・ダヲストの宮中喪が発せられ、そこでは表15・16のA・Bとは異なるCの規定が登場するが、その違いは「手袋白又は鼠色」に対し「手袋鼠色又は白」という文言の順序にすぎない。明治二十八年一月二十四日の有栖川宮熾仁親王の宮中喪では、大礼服と燕尾服に「襟飾白色手袋鼠又は白色」と規定が入り、黒紗で帽の飾章を覆う、黒紗で剣の柄を巻くという記述が見られなくなる（表15D）。そして第三期が加わった明治三十年一月十二日の英照皇太后の宮中喪ではE〜Gが、翌年二月十七日の山階宮晃親王の宮中喪ではHが設けられたが、この規定はその後、使われなかった。むしろ、明治三十三年七月三十一日のイタリア皇帝ウムベルト一世で定められたI・Jのほうが多く用いられた。

その後も明治四十四年までK〜Qの服装規定が公表されているが、そのいずれも文言の多少の違いや、大礼服・通常礼服・通常服の項目の有無程度の記載である。そこからは基本的に次のような特徴が指摘できる。大礼服・通常礼服・通常服の共通点は左腕に黒紗を巻くこと、通常礼服と通常服の場合はさらに帽子に黒紗を巻くことである。剣の柄に黒紗をつけるかどうかや、手袋や蝶ネクタイの色には相違が見られる。さらに黒紗か黒羅紗かも、異なる。

これは宮中喪の区分ができてからも、喪服については場当たり的に決めていたためであろう。そもそも、服制において「手袋白又は鼠色」と「手袋鼠色又は白」のように表記が不統一だったり、黒紗と黒羅紗のように素材が違うことは好ましくない。宮中喪を発する度に蝶ネクタイが黒になったり、白になったりするのも問題であった。明確な服装規定があれば、第一期から三期までの三種類ですみ、A〜Qの十七種類もの違いは生まれなかった。そこで帝室制度調査局では「皇室喪服規程」の策定作業が進められた。明治三十四年十二月二十八日に帝室制度調査局総裁土方久元が「皇室服紀令」「皇室服紀令附則服装規程」「上奏文」を提出し、同三十六年六月二十四日には枢密院議長西園寺公望が「皇室服喪令」「同第五条ニ因ル服装規程」「上奏文」を奉答している。

「皇室喪服規程」の草案の一つである「皇室服紀令附則服装規程」の第一条によれば、天皇、太皇太后、皇太后、

表15　宮中喪期と喪服

告示日	対象者	宮中喪期間		
明治21年3月10日	ドイツ皇帝ギーヨーム1世	記載なし		
明治21年6月17日	ドイツ皇帝フリードリッヒ三世	前11日(A)	後10日(B)	
明治22年1月31日	オーストリーハンガリー皇太子ルードルフ	前6日(A)	後6日(B)	
明治22年10月21日	ポルトガル皇帝ドン・ルイー1世	前10日(A)	後9日(B)	
明治23年1月8日	ドイツ太皇太后アウグスタ	前11日(A)	後10日(B)	
明治23年1月21日	イタリア皇弟ヂッソク・ダヲスト	6日(C)		
明治23年6月9日	朝鮮国大王大妃	9日(C)		
明治23年11月24日	オランダ皇帝ギュイヨーム3世	前10日(A)	後9日(C)	
明治24年1月7日	清国醇親王	6日(C)		
明治24年1月24日	ハワイ皇帝カラカワ1世	前10日(A)	後9日(B)	
明治24年10月29日	久邇宮朝彦親王	5日(A)		
明治25年1月26日	ロシア皇帝の皇伯公太公コンスタンタン・ニコライヴィチ	6日(C)		
明治25年8月8日	伏見宮邦家親王妃景子	3日(C)		
明治28年1月24日	有栖川宮熾仁親王	5日(D)		
明治28年11月5日	北白川宮能久親王	5日(D)		
明治28年12月5日	朝鮮国王后	7日(D)		
明治29年5月21日	オーストリア皇弟チャールス・ルーイス	6日(D)		
明治30年1月12日	英照皇太后	第1期25日(E)	第2期25日(F)	第3期315日(G)
明治31年2月17日	山階宮晃親王	5日(H)		
明治31年2月24日	韓国大院君	3日(H)		
明治33年7月31日	イタリア皇帝ウムベルト1世	前11日(I)	後10日(J)	
明治34年1月23日	イギリス女王ヴィクトリア	前11日(I)	後10日(J)	
明治35年4月24日	スペイン皇帝の皇祖父フランシスコ	前5日(I)	後5日(J)	
明治35年9月25日	ベルギー皇后マリー・ハンリエット	前11日(I)	後10日(J)	
明治36年2月18日	小松宮彰仁親王	5日(J)		
明治37年1月7日	韓国明憲太后	9日(J)		
明治37年7月30日	スペイン皇祖母イサベラ	前5日(I)	後5日(J)	
明治37年10月19日	スペイン皇姉ブランセッス・ダスチュリー	前4日(I)	後4日(J)	
明治38年11月29日	ベルギー皇弟コント・ド・フランドル	前4日(I)	後4日(J)	
明治39年1月4日	皇太子妃の父九条道孝(＊)	第1期50日(K)	第2期50日(I)	第3期265日(J)
明治41年11月21日	清国皇帝並皇太后	前11日(I)	後10日(J)	
明治42年12月19日	ベルギー皇帝レオポール2世	前11日(L)	後10日(M)	

明治 43 年 5 月 7 日	イギリス皇帝エドワード 7 世	前 11 日(N)	後 10 日(O)
明治 44 年 1 月 27 日	皇太子妃の姉大谷光瑞の妻寿子(＊)	第 1 期 20 日(P)	第 2 期 70 日(Q)

出典：『法令全書』,『官報』から作成。(＊)は宮中喪ではなく，皇太子妃の喪中期に伺候する者を意味する。

表 16　表 15 の A ～ Q の規定

大礼服	通常礼服
黒紗を左腕に纏う（A ～ Q） 黒紗で帽の飾章を覆う（A･E･K･P） 黒紗で剣の柄を巻く（A･E･F･I･K･L･N･P） 手袋黒色（A） 手袋白又は鼠色（B･C） 襟飾白色手袋鼠又は白色（D･H） 襟飾及手袋白（E･F･G･I ～ Q） 宮内高等官の小礼服のこれに准ず（E･F･G･I･J･K･L･M･P･Q）	手袋黒色（A） 手袋白又は鼠色（B･C） 襟飾白色手袋鼠又は白色（D･H） 黒紗を左腕に纏う（E ～ Q） 帽黒黒羅紗でこれを巻く（E･K） 襟飾及手袋白（E･F･G･I ～ Q） 黒羅紗で帽を巻く（L･N）
通常服	**文官で帯剣する制服**
帽黒色黒羅紗を纏う（A） 襟飾手袋黒色（A･E･K） 黒羅紗で帽に纏う（B･C･D） 襟飾黒色手袋黒又は鼠色（B･C･D･H） 黒紗を左腕に纏う（E･F･I･K ～ P） 帽黒黒羅紗でこれを巻く（E･F･I･K･L･N･P） 襟飾黒（F･G･I･J･L ～ Q） 手袋黒又は鼠色（F･I･L･P） 黒羅紗で帽を巻く（G･H･J･Q）	黒紗を左腕に纏う（K･P･Q） 黒紗で剣の柄を巻く（K） 但略服には黒紗を左腕に纏う（K）
陸軍正装・礼服，海軍正装・礼服	**陸軍軍装・通常礼装略装，海軍軍服・通常軍服夏服宮内官乗馬供奉服**
黒紗を左腕に纏う（E･F） 黒紗で肩章を覆う（E） 黒紗で剣の柄を巻く（E･F）	黒紗を左腕に纏う（全期）（E） 但下士官は喪期服制の別なく黒紗を左腕に纏い兵卒は褒章を付せす（E）
職務上帯剣する正服，通常礼服に代用する服（警察官，司獄官，林務官等の服制）	**職務上帯剣する略服**
黒紗を左腕に纏う（E･F･G） 黒紗で剣の柄を巻く（E）	黒紗を左腕に纏う（全期）（E）

出典：『法令全書』『官報』から作成。A・B はドイツ皇帝フリードリッヒ 3 世，C はイタリア皇弟チュック・ダヲスト，D は有栖川宮熾仁親王，E・F・G は英照皇太后，H は山階宮晃親王，I・J はイタリア皇帝ウムベルト 1 世，K は皇太子妃の父九条道孝，L・M はベルギー皇帝レオポール 2 世，N・O はイギリス皇帝エドワルド 7 世，P・Q は皇太子妃の姉大谷光瑞の妻寿子の宮中喪が最初のものとして確認できる。

皇后、皇太子、皇太子妃、皇太孫、皇太孫妃の喪服は別に定めるとした。第二条では、大喪中喪皇族喪における男子の服装を「一、大礼服及宮内高等官小礼服」、「一、陸海軍軍装軍服通常礼装通常軍服略装其ノ他帯剣アル常装略服及宮内官供奉服」、「一、台湾総督府文官、林務官等帯剣アル制服」、「一、帯剣ナキ制服」、「一、宮中奉仕判任官以下の制服」、「一、前各項外ノ衣服」に分け、それぞれ第一期から三期まで段階を定めている。[58] その内容を詳しく見ると左のようになる。

大礼服および宮内高等官小礼服は、①黒紗または黒羅紗を左腕に纏う（第一期から第三期）、②黒紗または黒羅紗で帽の飾章を覆う（第一期）、③黒紗または黒羅紗で剣の柄を巻く（第一期・第二期）、④襟飾および手袋は白（第一期から第三期）としている。これに準じて略服である通常礼服は、②を第一期・第二期とするが、それ以外は③を除いて同じである。通常服は、①は同じだが、②は通常礼服と同じく第一期・第二期とし、上衣下衣や袴は黒で夏季は白下衣・白袴を認める（第一期・第二期）、襟飾および手袋は黒だが第二期は鼠色の手袋を認める（第一期・第二期）という独自の規定と、第三期の襟飾を黒とするなどが異なった。

陸海軍正装・正服・礼装・礼服、その他帯剣する正装・正服・礼装では、黒紗または黒羅紗を左腕に纏う（第一期から第三期）、肩章ある者は黒紗または黒羅紗で覆う（第一期）、黒紗または黒羅紗で剣の柄を巻く（第一期・第二期）。陸海軍軍装・軍服・通常礼装・通常服・略装、その他帯剣する常装・略服や宮内官供奉服は、黒紗または黒羅紗を左腕に纏う。陸海軍の下士官は服制にかかわらず、喪期中黒紗または黒羅紗を左腕に纏うが、卒は喪章を必要としない（第一期から第三期）。

台湾総督府文官および林務官など帯剣する制服は、黒紗または黒羅紗を左腕に纏う。ただし通常礼服で代用できるのは第一期・第二期に限り、黒紗または黒羅紗で剣の柄を巻き、肩章ある者は第一期中黒紗または黒羅紗で覆う（第一期から第三期）。帯剣しない制服は、黒紗または黒羅紗を左腕に纏う（第一期から第三期）。宮中奉仕判任官以下の制服は、黒紗または黒羅紗を左腕に纏う（第一期から第三期）。ただし剣を帯びる者は第一期と第二期に限り黒紗または黒羅紗で剣の柄を巻く。それ以外の服装は、和服のときは左肩に黒色の布片をつけ、洋服のときは黒紗または黒羅紗を左腕に纏う（第一期から第三期）。

このように大礼服から制服にいたるまで洋服の場合は左腕に黒の喪章、シルクハットや山高帽には黒羅紗、正剣の柄には黒羅紗を、それぞれつけようとした。これは大久保利通の葬儀や、岩倉具視の初の国葬における会葬者心得に準じている。喪に入る第一期は黒羅紗で覆う部分が多く、喪があける第三期にはそれを減らすという工夫は、宮中喪の経験を積み重ねた成果といえる。制服姿の官員たちには喪章をつける程度にしたのは、煩瑣な規定で職務に支障が出るのを防ぐためだったと考えられる。和服のときは左肩に黒色の布片を付すという例外的な措置を認めている点も見逃せない。これは英照皇太后の大喪の際に紋付羽織袴や白襟紋付での参加を認めるべきだという要望が出たので、それに応えたものと判断できる。

さらに「皇室服紀令附則服装規程」は、喪中が二期しかない場合は第一期に二期の服装、第二期に三期の服装をし、期を分けないときは第三期の服装(59)を用いるとした。正七位、勲七等、功六級以下および判任官以下の者が通常服のときは、すべて第三期の服装とすることも明記されている。これらも大礼服はもとより、燕尾服を持たない人たちでも喪に服することを可能にする措置であったといえる。とにかく国葬には多くの人を参加させなければならなかったため、最低限の洋服や和装礼服にも対応した規定が望まれた。

「皇室喪服規程」よりも早く、明治四十二年六月十日に「皇室服喪令」が公布され、皇室の宮中喪の区分を明確にした。「皇室服喪令」では、父・母・夫の喪は一年、祖父母・夫の父母・妻の喪は百五十日、曾祖父母・母方祖父母・父の兄弟姉妹・兄弟姉妹の喪は九十日、高祖父母・嫡母・継母・夫の祖父母・母の兄弟姉妹・父の異父兄弟姉妹・異父兄弟姉妹・子の喪は三十日、男系の孫・父の兄弟の子・母の異父兄弟姉妹・兄弟の子・夫の嫡母継母・妻の父母の喪は七日、母方高祖父母・母方曾祖父母・男系の曾孫玄孫・父の姉妹の子・姉妹の子・異父兄弟姉妹の子・女系の孫の喪は五日とした。また天皇は皇族ではない親族の喪に服さず、皇族は華族ではない親族の喪に服さないことも記された。(60)

「大喪ニハ皇族及臣民喪ヲ服ス」、「宮中喪ニハ皇族及宮内官喪ヲ服ス」と、大喪と宮中喪は区別され、「皇太子皇太子妃皇太孫皇太孫妃薨去ノ場合ニ於テハ其ノ日ヨリ三日間及喪儀ヲ行フ、当日臣民喪ヲ服ス、但シ七歳未満ノ場合ノ殤ニ付テハ此ノ限ニ在ラス、親王親王妃内親王王王妃女王国葬ノ場合ニ於テハ喪儀ヲ行フ当日臣民喪ヲ服ス」としている。(61)これにより、宮中喪をおこなう者は皇族と宮内省官員に限られ、それ以外の者は大喪や国葬で喪に服すことが明確となった。

大喪は天皇・大行天皇・太皇太后・皇太后・皇后の喪とされ、天皇は、大行天皇・皇太后では一年、太皇太后では百五十日の喪に服すとした。天皇は第四条および第五条の規定にかかわらず、皇太子・皇太孫には九十日、両者が七歳未満の場合は三日の喪とし、同じく親族関係にかかわらず皇太子妃・皇太孫妃には三十日の喪に服すとしている。宮中喪の区分は、一年の喪は第一期と第二期を各五十日、残りを第三期とし、百五十日の喪は第一期と第二期を各三十日、残り九十日を第三期とし、九十日の喪は第一期と二十日、第二期を七十日とし、三十日の喪は第一期を十日、第二期を二十日とし、七日以下の喪は期を分けないとした。(62)

帝室制度調査局の草案にもとづく「皇室喪服規程」は、明治四十四年六月十五日に宮内省により告示された。「男子喪服制式」第一号の「帯剣帯刀ノ制アル制服」は、第一期から三期を「黒紗幅凡三寸ヲ左腕ニ纏フ」、第一期だけ「黒紗ヲ以テ剣又ハ刀ノ柄ヲ巻ク、但シ短剣又ハ短刀ハ此ノ限ニ在ラス」とし、「帯剣帯刀ノ制アル制服ニシテ剣又ハ刀ヲ佩用セサルトキハ第二号ニ依ル」と規定した。その第二号は、「帯剣帯刀ノ制ナキ制服」として、第一期から三期まで「黒紗幅凡三寸ヲ左腕ニ纏フ、但シ濶袖ノ制服ハ此ノ限ニ在ラス」とある。第三号では「通常礼服及通常服」

を第一期から三期について「黒紗幅凡三寸ヲ左腕ニ纏フ」、第一期だけ「黒紗幅凡三寸ヲ以テ帽ヲ巻ク」とし、また「通常服ノ帽、襟飾ハ黒色トシ、上衣、下衣、袴、手套ハ第一期ニ限リ黒色トス、但シ鼠色ノ手套ヲ用ヰルコトヲ得」としていた。[63]

左腕に黒紗または黒布を付すという方法は国葬でも確認した。だが、伊藤博文が複数の公使から聞いた情報をもとに手探りで作った会葬者服装心得とは異なり、「皇室喪服規程」を作成するにあたり、各国の喪服に関する調査をおこなっていた。宮内省で調査に携わった長崎省吾が所持していた「新旧服喪比較録」は、明治十年にルイ・メルシエが著した書物を翻訳したものである。それによると喪服の色は欧州では黒色だが、トルコは青色または紫色、エジプトは枯葉色、アビシニア（エチオピアの旧名）では灰色、日本は白色、清国は黄色を用いてきたと紹介している。日本が採用してきた白色は「純清」の象徴であり、欧州の黒色は「生活ヲ失フ」「光明ヲ失フ」ことに起因すると説明する。[64]

欧州各国のうちイギリスは「文官官服ヲ着スルトキハ、黒色ノ胴衣及ヒ袴ヲ着シテ、黒色ノ手套ヲ用ヰ、袖ト剣柄トニ黒紗ヲ附ス」。フランスは「黒色ヲ以テ大喪ヲ表シ帽ニ黒色ノ紗ヲ附シ、且黒色ノ手套ヲ用ウ」、「正服或ハ官服ヲ着スヘキ文武ノ諸官ハ、袖ト剣柄トニ黒紗ヲ附シ」とある。[65]さらに第三章で述べたドイツから招聘したフォン・モールは、プロシアの「六週間ノ喪」について「文武官一斉ノ大礼服ヲ着スル輩ハ此喪中「クレップ」（黒紗ノ類ニシテ縮ミタル者）ヲ左腕ニ纏フ、但シ前四週間ハ肩章、帽標、大小ノ綬及ヒ帯剣ノ柄ニ「クレップ」ヲ纏ヒ」と紹介する。[66]

この「比較録」は、長崎省吾の手元にあったことを見ると、「皇室喪服規程」に生かされたと考えて間違いない。その調査により白色を喪服としてきた日本は、欧米諸国の多くが用いる黒色を採用し、とりわけイギリス・フランス・プロシアを参考にした。すでに国葬や宮中喪で、左腕・正剣の柄・シルクハットに黒紗または黒布を付していたが、長崎の各国の調査によってその方法が適当であると確信したことは想像に難くない。したがって、「皇室喪服規程」は、従来の内容を大幅に変更するものではなく、宮中喪を発する度に見られた服装規定の違いをなくすことを重視したのである。

四　明治天皇の大喪と喪服

「皇室喪服規程」は、予想よりも早く役に立った。翌四十五年七月から明治天皇の体調は悪化し、同月三十日に崩御した。内閣は、一切の大喪事務をおこなう「大喪使」を置いた。皇室喪服令にもとづき、喪期は一年間、第一期と第二期はそれぞれ五十日、残りを第三期とした。「皇室喪服規程」によって各喪期の喪服を使い分けたが、八月一日にはそれらに該当しない一般人に対し、和服は左胸に蝶形結の黒布をつけ、洋服は左腕に黒布を纏うように指示が出された(67)。

英照皇太后の大喪や喪期間のときは喪章をしない一般人も見られた。だが今回は通知が徹底された。八月十三日には警察官が各戸を回って喪章をつけるよう指示し、三十日には喪章のない通行人を注意している(68)。その効果はあって高等女学生の間でも胸に黒蝶リボンをつける者が増えた(69)。中島三千男氏は、当時植民地だった台湾でも喪章をつけさせたことから、明治天皇の大喪を「日本国民の天皇制国家への統合」と位置づけている(70)。

大喪の儀は、九月十三日に皇居から青山葬場、十四日に御召列車で青山仮停車場から京都の桃山仮停車場に移動、十五日に桃山御陵に埋葬という流れでおこなわれた。青山葬場へ向かう葬列は、警察を先頭に、正装した陸軍近衛騎兵ら儀丈兵、大礼服や正装姿の文武官が後に続いた。そして天皇の霊柩の担ぎ手や、その周囲には前近代的な装束姿をしている者がいる。この装束は、大喪使によって大喪使総裁の伏見宮貞愛親王をはじめ、侍従長、宮内大臣、式部長官、諸陵頭、八名の侍従、侍従職幹事代、宮内次官は「衣冠、単、帯剣、藁沓、素服、桐杖」、松明を持つ二名の侍従、御挿鞋の侍従、その他の侍従は「衣冠、単、帯剣、藁沓、素服」、大喪使事務官四十四名、楽長、祭官副長二名、祭官十八名は「衣冠、単、帯剣、藁沓」と定められた。大喪使総裁、同副総裁、同事務官は合わせて五十八名いたが、そのうち陸海軍人と警察官の九名は衣冠ではなく各種正装を着た。大喪の祭祀奉仕者である祭官長、祭官副長、祭官たちは衣冠を着用した。衣冠の冠は巻纓で「艶消」、袍は「黒橡布」、単・奴袴は「鈍色布」[71]と、英照皇太后の大喪以降に定番となった喪中の色が使われた。

このほかに、祭官補・楽師、大喪書記官、宮内属、内舎人・舎人、大喪書記官内の舎人、牛飼長、牛飼、御車副、御輦駕輿丁、御列具奉持仕人、松明仕人、傘持、山作部土工傘其他雑具運搬人たちは、布衣を着た。祭官補・楽師は風折烏帽子に、布衣と袴は「鈍色布」、単は白布と定められた[72]。大喪書記官と宮内属は「艶消」の風折烏帽子を被り、前者の布衣・袴は「鈍色布」、後者の布衣は「黒橡布」、袴は「鈍色布」と衣袴に少し違いがある。内舎人や舎人は冠をつけ闕腋の袍・袴を「黒橡布」、牛飼長と牛飼は烏帽子に衫・袴を「黒橡布」とし、牛飼長は木刀を差して牛飼との差異を示すようになっている。また松明仕人の衫・袴も「黒橡布」であったが、牛飼の烏帽子が平礼であるのに対し、松明仕人の烏帽子が細立とすることで両者の違いをあらわした。衫・袴が「黒橡布」なのは御車副や御輦駕輿丁も同じだが、両者にはそれと区別するため「鈍色布」の裲襠と脛巾をつけた。御列具奉持仕人は細立の烏帽子に「鈍色布」の衫・袴とし、松明仕人と傘持は細立の烏帽子に「鈍色布」の「雑色」、山作部土工傘其他雑具運搬人は「白丁烏帽子」に「鈍色布」の「雑色」と、少しずつ差異を設けている[73]。

これは葬列において誰がどのような地位で、いかなる役目をおっているのかを明確にする意味があった。だが、現在我々が大喪写真帖や大喪絵巻物の類を見たところで、前近代的な装束を身に纏う人たちの相違を理解するのは難しい。それは当時、沿道で葬列を目にした民衆はもとより、御大喪に参列した華族や文武官員たちも同じであったに違いない。しかし、大礼服の着用を前提とする公式儀礼において、なぜ前近代的な装束を着ているのかは、重要な問題を含んでいる。

簡単にいえば、英照皇太后の国葬の節で述べたとおり、参拝参列者が着る大礼服や正装と、祭祀奉仕者が着る祭服を明確に分けているのである。大礼服と装束はこの点で役割が大きく異なる。八月十日、大喪使儀式部により、諸儀式に奉仕する大喪使書記で舎人を兼任する者は諸官員が大礼服を着用する場合は舎人服第二号甲種を着用し、兼任しない者は燕尾服と決定された(74)。だが、青山祭場殿や桃山祭場殿の祭典掛書記は、膳舎内で「祭器御膳等ノ繰出シ」をおこなうため、燕尾服で舎内へ出入りするのは不体裁と判断し、御列の書記と同様に布衣を着ると決められた(75)。このように葬列の舎人服と布衣も同じように区別されているのである。

陸海軍人や警察官は、他の服装に優先して終身正装することとなっていたため、大喪使事務官を命じられた彼らは各自の正装で大喪に参列した。大喪使らが葬列で着る装束は大喪使用度部が用意したため、調製費用を心配する必要はなかった。ちなみに、ここで用いた装束一式は、大喪使の解散にあたって各自に記念品として与えられている(76)。これに対して大礼服の着用者は各自で調製しなければならない。明治天皇の大喪に参列を許された者が大礼服を所有しているとは限らなかった。多額な費用を要するため、焦った参列者も少なくなかっただろう。大礼服を着なければ参加できないため、当然新調するか、貸衣装店を利用しなければならない。

そこで貸衣装店が注目される。貸衣装店の利用者は、これより二年前に挙行された伊藤博文の国葬のときに増加した。燕尾服とフロックコートのいずれも、三円から五、六円で借りることができた。直前に価格が高騰するのを恐れて、十日前から予約を入れる用意周到な客もあらわれた。貸衣装であるから当然自身の体型に合致する服があるとは限らない。その点は貸衣装店も抜け目がなく、顧客の体型に合うよう袖や裾の仕立直しをし、相当の手数料を取った(77)。手数料を入れても新調するよりは安く、自身の体型に合うのだから、借りる者にとっては「我が物顔に着てゆくこと」ができた(78)。

社会主義者の堺利彦は、転居の際に「羽織や仙台平の袴」を失ってしまい、フロックコートも体型に合わなくなった。そこで彼は背広を新調し、それで冠婚葬祭は押し通すことにした(79)。だが、公式儀礼に堺の服装観は通用しない。伊藤博文の国葬でもフロックコートに勲章を佩用した代議士たちが葬列に加わろうとしたところ、国葬委員から「アナタは不可ません」と注意を受けた。代議士たちは「イヤ我々は代議士です」と反論したが、服装の規定に違反していると追い出された。また羽織袴姿の者は「拙者は伊藤家の親族なり」と主張したが、彼も葬列に加わることはできなかった(80)。

そのため明治天皇の大喪では、大礼服を入手しようとする者で古着屋や貸衣装店が繁盛した。明治天皇の大喪に際しては東京柳原で古着を扱う高久、高橋、園部の店で借りる者が少なからずいた(81)。園部の一日の賃料は、最上級の燕尾服で五円以上、上級で三円五十銭、並で五十銭、シルクハットは一円から二十銭までの間である。大喪日は雨であったため、園部では大礼服だけは貸し出しではなく、利用者に買い取ってもらったという。勅任文官大礼服で百二十五円から六十円、奏任文官大礼服で七、八十円から十四、五円のものが四十二着、有爵者大礼服は子爵と男爵で八十円から二十五円のものが五着売れている。また誰が処分したかはわからないが、店内には公爵や侯爵の有爵者大礼服もかかっていた(82)。大喪に際して園部以外の店では大礼服も貸したが、通常賃料の二十円に対し、倍額の四十円を取った(83)。服が雨水で汚れるからにほかならない。

神奈川県内務部勧業課長兼外事課長の長岡隆一郎も大礼服を持っていなかった。彼は「当時の年俸金一千円、指定地加俸金二百円を通算するときつかり月収金一百円である。其中から学生時代の貸費を月々償還しなければならない。又燕尾服タキシードの新調で相当痛手を受けた後でもある。到底数百円の大礼服を新調する余裕などありやうはない。已むを得ず高利貸の御厄介にでもならうかと考へて居るところに、平塚警察部長〔筆者註：平塚広義〕が訪ねて来られて、「僕の参事官時代に拵へた奏任大礼服があいて居る。僕は御警護には警察部長正装を着用するから君は僕の大礼服を着て駅に出給へ」と救ひ船を出して呉れたのでやつと恥をかかずに職務を了る事が出来た。いい気なもので其翌日借用の大礼服を一着に及んで写真を写した」という[84]。年収が千二百円あっても諸経費から大礼服を調製するのが簡単ではなかったことと、貸衣装店が登場しても友人や知人から借りた者がいたことがわかる。また借りた翌日に写真撮影しているところからは、大礼服に魅力を感じていたことが見て取れる。

明治天皇が崩御した翌日の七月三十一日には、大正天皇の践祚後に文武百官が拝謁する朝見の儀がおこなわれた。この儀式に大礼服に喪章をつけて臨んだ男爵の尾崎三良によれば、「盛夏に当り天気晴朗、特に大礼挙行の時は日中に近く、各員大礼服盛装にて暑熱燬くが如く流汗淋漓たり。然れども団扇等を用ゆること能はず、汗流を拭ふことも能はず、殆んど堪へがたく一人卒倒せしものありし。退出帰宅、直ちに大礼服を脱したる所、流汗背に溢れシャツを透し大礼服の裏まで湿潤せり」という[85]。

あまりの暑さに耐えられず、気を失って倒れた者がいたというから、夏季に大礼服で長時間の儀礼に参列するのは容易ではなかったようだ。尾崎は寒さに弱いため、冬季に大礼服で臨む新年朝賀を欠席しがちであったことは先述したが、楽ではないとはいえ、彼には夏季のほうがよかったのかもしれない。

卒倒はしなかったものの、高齢の土方久元にとっても苦痛であった。八月十三日、彼は天皇の殯宮を御座所から正殿に移す儀式に参加したが、「大礼服ニテ実ニ満汗淋漓タリシ也」と感想を述べている[86]。九月十三日に天皇の霊柩が青山祭場から京都に向けて出発すると、翌日に土方も大礼服を着用して東京駅を出発した。そして十五日の明け方まで休憩を取りながら祭典に参列する。午前十時半に宿屋に到着した土方は「大礼服之儘ニテ有之タル所、入浴之上平服ニ改メ大ニ疲労ヲ慰タリ」と記している[87]。

明治天皇の大喪は国家にとって重大な儀式であり、参列できる者は限られていた。国家の重臣として天皇を長年支えてきた者たちは真心をこめて見送りたいと考えた。だからこそ、猛暑のなか大礼服で儀式や徹夜の祭典に臨んだのだった。黒の喪章をつければ沿道で天皇の霊柩を奉送することは可能であった。そうした一般人からすれば、大礼服で京都に向かい儀式に参列できる者は羨望の的であっただろう。だが、数時間におよぶ儀式に大礼服姿で参列することは、想像以上に過酷であった。

なお、大正期および昭和期の国葬における服制の特筆すべき点については、第六章第五節と第八章第一節で触れている。

註

(1) 英照皇太后の大喪が明治天皇や大正天皇の大喪の原型になっている点や、大喪が国民統合に大きな役割を果たした点については、笹川紀勝『天皇の葬儀』(新教出版社、一九八八年九月)、中島三千男『天皇の代替りと国民』(青木書店、一九九〇年十一月)、小園優子・中島三千男「近代の皇室儀式における英照皇太后大喪の位置と国民統合」(『人文研究』一五七、神奈川大学人文学会、二〇〇五年十二月)などの研究がある。だが、本書で論じる喪服の関係性については触れていない。

(2) 風見明『明治新政府の喪服改革』(雄山閣、二〇〇八年十月)は、服飾史の駄作の代表例である。同書は、序章で述べたとおり大礼服制に関して太田臨一郎氏の『日本服制史』中(文化出版局、一九八九年三月)だけに依拠し、その後の研究成果である拙稿「岩倉遣欧使節と文官大礼服について」(『風俗史学』一九、二〇〇二年四月)、同「明治前期文官大礼服の実像」(『明治維新史学研究』二、二〇〇五年十二月)を看過している。そのため大礼服制の混乱などの諸問題を理解できていない。また国葬や葬儀に関する先行研究も無視しており、歴史研究としての目的が明確でなく、内容も前近代まで服喪の象徴が白色であったのが、近代を迎えて黒色に変化したという単純なもので、なぜ変化したのか、どの国を模範としたのかなどは全く描かれていない。趣味で執筆するにしても、必ず先行研究を確かめて参考文献として取り上げるべきである。

(3) 「御送葬ニ付参拝並先着方」(「稚瑞照彦尊御葬儀録」宮内庁書陵部宮内公文書館所蔵、識別番号五九七)、「御送葬ニ付勅任官ノ輩参拝方」(「稚高依姫尊御葬儀録」同上、識別番号五九八)。

(4) 「御霊遷式及御入棺式」(「梅宮御葬儀録」同右、識別番号五九九)、「大臣参議並各省長次官ノ内一員宛会葬方」(「華頂宮博経親王御葬儀録」同右、識別番号六〇〇)。

(5) 大久保の葬儀については、宮間純一「大久保利通の葬儀に関する基礎的考察―国葬成立の前史として―」(『風俗史学』四一、二〇一二年十二月）が詳しい。
（6）「喪服ノ制下議」（「公文録」明治六年自一月至四月左院伺録、国立公文書館所蔵、二A—九—公七五四）。
（7）「葬儀に関する伊藤博文の書翰」明治十一年五月十五日（日本史籍協会編『大久保利通文書』九、マツノ書店、二〇〇五年覆刻版、四二二〜四二三頁）。
（8）「公私ニ通シ大礼服着用之儀法制局へ問合ノ件」（「例規録」式部職、明治十一年、宮内庁書陵部宮内公文書館所蔵、識別番号六六四九）。
（9）前掲註（7）。
（10）「葬儀会葬者大礼服着用内達書」明治十一年五月十六日（前掲『大久保利通文書』九、四二三頁）。
（11）「贈右大臣正二位大久保利通送葬略記」乾（「国葬儀等関係文書」国立公文書館所蔵、二A—三八—五—葬一）。
（12）「麝香間祇候ノ輩自今大礼服着用ノ節勅任官ノ大礼服着用可致ノ件」（前掲「例規録」式部職、明治十一年）。
（13）「会葬者心得」（「建宮御葬儀録」宮内庁書陵部宮内公文書館所蔵、識別番号六〇二）。
（14）「岩倉贈太政大臣薨去一件」五（前掲「国葬儀等関係文書」二A—三八—五—葬七）。
（15）（16）「岩倉贈太政大臣薨去一件」葬儀之部二（同右、二A—三八—五—葬四）。
（17）前掲「岩倉贈太政大臣薨去一件」五。
（18）「故能久親王葬儀書類」（同右、二A—三八—五—葬三八）。
（19）「故彰仁親王葬儀書類」（同右、二A—三八—五—葬四一）、「故枢密院議長公爵伊藤博文国葬書類」上（同右、二A—三八—五—葬四二）。
（20）「故島津前左大臣葬儀書類」共二十一冊・故島津前左大臣葬儀要録（同右、二A—三八—五—葬一二）。
（21）「故従一位公爵毛利元徳葬儀書類」（同右、二A—三八—五—葬三九）。
（22）「故従一位公爵島津忠義葬儀書類」（同右、二A—三八—五—葬四〇）。
（23）前掲「故彰仁親王葬儀書類」。
（24）「故熾仁親王葬儀書類」（前掲「国葬儀等関係文書」二A—三八—五—葬三七）。
（25）前掲「故従一位公爵島津忠義葬儀書類」。
（26）前掲「故能久親王葬儀書類」。
（27）「人事ノ大礼ニ関シ大礼服着用ノ儀ニ付司法省総務局長三好退蔵ヨリ問合ノ件」（前掲「例規録」明治二十五年、識別番号七〇九六）。
（28）「父母喪祭等一家ノ大礼ニ当リ文官及有位大礼服着用ノ可否内海大阪府知事ヨリ照会ノ件」（前掲「例規録」式部職、明治二十九年、識別番号七一〇〇）。
（29）総理府賞勲局編『賞勲局百年資料集』上、大蔵省印刷局、一九七八年、五四四—五四五頁。

(30) 前掲「父母喪祭等一家ノ大礼ニ当リ文官及有位大礼服着用ノ可否内海大阪府知事ヨリ照会ノ件」。
(31) 『官報』明治三十年宮内省告示第三号。
(32) 同右、明治三十年閣令第一号、第二号。
(33) 同右、明治三十年宮内省告示第四号。
(34) 同右、明治三十年宮内省告示第五号。
(35)(36) 『日本』明治三十年一月十五日付(『日本』二五、ゆまに書房、一九八九年、一一一頁)。
(37) 同右、明治三十年一月十七日付(同右、一二三頁)。
(38)(39) 同右(同右、一二四頁)。
(40) 同右、明治三十年一月二十二日付(同右、一五七頁)。
(41) 「臣民奉送ノ儀ニ関シ有志総代岡倉覚三小中村義象ヨリ請願書提出ノ件」(「英照皇太后大喪録」八、宮内庁書陵部宮内公文書館所蔵、識別番号五八一一—八)。
(42) 『官報』明治三十年内閣告示第三号。
(43) 「供奉員及参列員心得追加ノ件」(前掲「英照皇太后大喪録」三、識別番号五八一一—三)。
(44) 「大喪使属及庸員ニシテ喪服ヲ給セラレサル者ヘ通常礼服新調費下賜ノ件」(同右、七、識別番号五八一一—七)。
(45) 「庶務部ニ官報新聞紙等ノ報告掛ヲ置クノ件、全国日刊諸新聞社並新聞通信社員各一人ヘ青山仮停車場京都七条停車場泉山御祭場ノ拝観ヲ許スノ件及大喪使長次官事務官ノ服制ヲ定ムルノ件」(前掲「英照皇太后大喪録」八)。
(46) 「御送葬御列」(「大喪録」宮内庁書陵部宮内公文書館所蔵、識別番号二〇六八)。
(47) 拙著『明治国家の服制と華族』吉川弘文館、二〇一二年十二月、九五—九六頁参照。
(48) 『官報』明治三十年、内務省訓令第一号。
(49) 「馬車馬匹及馬車割等ニ関スル件」(前掲「英照皇太后大喪録」九、識別番号五八一一—九)。
(50) 『官報』明治三十年、司法省告示第二号。
(51) 同右、明治三十年、文部省訓令号外。
(52) 『法令全書』明治十九年宮内省号外。
(53) 『官報』明治二十一年宮内省告示第一号。
(54) 『明治天皇紀』六、明治十七年六月二十四日条、同十八年六月二十日条、吉川弘文館、一九七一年、二一六、四二七頁。
(55) 「服喪ニ関スル参考書」(宮内庁書陵部宮内公文書館所蔵、識別番号九三三六二)。

(56)『明治天皇紀』七、明治二十三年一月二十一日条、吉川弘文館、一九七二年、四六三頁。

(57) 前掲『法令全書』明治十九年宮内省号外。

(58)(59)「皇室服紀令附則服装規程」（宮内庁書陵部宮内公文書館所蔵、識別番号九三二九五）。

(60)～(62)『官報』明治四十二年皇室令第一二号。

(63) 同右、明治四十四年宮内省告示第一一号。

(64)「新旧服喪比較録」（「長崎省吾関係文書」国立国会図書館憲政資料室所蔵、一三二一―三）、「新旧服喪比較録　千八百七十七年ルキー・メルシエー著」（同上、一一七―六）。

(65)「貴族ノ説、葬礼ノ事、英国貴族身分略記、有爵者ノ名称、年中儀式祭典目録」（同右、一一四―七）。

(66)「普漏斯国皇室之喪制」（同右、一三五―五）。

(67)『官報』大正元年閣令第二号。

(68)『横浜貿易新報』大正元年八月十五日、三十日、朝刊（国立国会図書館所蔵を利用）。

(69)「黒リボン主義」（『婦女新聞』六四一、大正元年八月三十日〔福島四郎編『婦女新聞』一四、不二出版、一九八三年復刻版、六五頁〕）、「同上（再び）」（同上、六四二、九月六日〔同上、八一頁〕）、「同上（三たび）」（同上、六八七、大正二年七月十八日〔福島四郎編『婦女新聞』一五、不二出版、一九八三年復刻版、三五一頁〕）、「同上（四たび）」（同上、六八九、八月一日〔同上、三七五頁〕）。

(70) 中島三千男「明治天皇の大喪と帝国の形成」（岩波講座『天皇と王権を考える五―王権と儀礼―』岩波書店、二〇〇二年七月）参照。

(71)(72)「祭官長以下着服調製ノ件」、「大喪使総裁以下着服別調書」（「着装録」大正元年、国立公文書館所蔵、三A―一二―喪五）。

(73) 同右「大喪使総裁以下着服別調書」。

(74)「大喪使書記官ニシテ諸儀式奉仕ノ場合舎人兼任者ハ舎人服其他ハ燕尾服着用ノコトニ決定ノ件」（「大喪儀式録」五、国立公文書館所蔵、三A―一二―喪四二）

(75)「葬場殿并祭場殿御祭典ニ奉仕ノ祭典係書記ニハ御列内書記同様ノ布衣着用被致度伺」（「大喪儀式録（祭典ノ部）第二」（国立公文書館所蔵、三A―一二―喪四四）。

(76)「大喪儀関係着用ノ被服ハ各自ヘ下賜之儀ニ付用度部長ヨリ通牒之件」（「明治天皇大喪儀書類」国立公文書館所蔵、三A―一二―喪八八）。装束の下賜についての問い合わせは、昭憲皇太后の大喪でも見られることや（「大喪使総裁以下諸員着用ノ衣冠以下各着用者ヘ賜与ノ件」、「大喪使総裁以下諸員着用ノ衣冠以下各着用者ヘ賜与ノ儀各部長ヘ通牒ノ件」（前掲「着装録」大正三年、三A―一二―喪一二五））、「王朝貴族の装束展」（東京大学駒場博物館、二〇〇五年五月十七日～六月十二日）で大喪使の装束が展示されていたことに鑑みると、伺いに応じて下賜されたと判断される。

(77)(78)『読売新聞』大正元年九月七日、朝刊。
(79) 堺利彦「礼服廃止説」(『家庭雑誌』五―四、一九〇七年二月一日〔堺利彦編『家庭雑誌』五、龍溪書舎、一九八二年復刻版〕)。
(80)『東京朝日新聞』明治四十二年十一月五日、朝刊。
(81) 前掲『読売新聞』大正元年九月七日、朝刊。
(82)『東京朝日新聞』大正元年八月二十八日、朝刊。
(83) 前掲『読売新聞』大正元年九月七日、朝刊。
(84) 長岡隆一郎『官僚二十五年』中央公論社、一九三九年、四四~四五頁。
(85) 尾崎三良『尾崎三良自叙略伝』下、中央公論社、一九七七年、三〇八頁。
(86)「土方久元日記」大正元年八月十三日条(首都大学東京図書館所蔵、C一―七)。
(87) 同右、大正元年九月十五日条。

第六章　大正時代の服装の簡略化

明治中期までに大礼服制は宮内省の礼服類などとともに整備され、公式儀礼における政治家や官僚たちの服装に強制力を持つようになった。だがこの頃帝国議会が開設され、国葬もおこなわれると、それらに参列する代議士や一般人の間からは、服制の緩和を求める運動が起きた。この運動は大正時代になると活発化するが、議会政治の研究は厚い蓄積があるものの、当時の政治家や官僚たちの風俗は注目されにくい。

よって本章では、大正時代の「官の礼服」と「民の礼服」の関係性から大礼服制を検討し、帝国議会や宮内省で服装が簡略化していく過程を描く。また簡略化するなか、大礼服を着る権利を持つ華族や官僚たちがどのような服装観を持っていたかを明らかにする。

一　大正大礼と大礼服制

大正三年（一九一四）十二月二十八日、中央報徳会評議員総代岡田良平および早川千吉郎の両名は、宮内大臣波多野敬直に宛て「国産奨励ノ時機ニ際シ礼服改正悃願ノ件」を提出している。「宮廷朝堂ノ御事ハ典礼ノ源、儀式ノ本ニシテ、苟モ更改アラセラルヘクモアラス、現行礼服御制定ニ就テハ夫夫事由来歴アルコト、奉推察[1]」と、宮中内の儀礼は容易に変更すべきものではなく、現行の大礼服制が制定されたことを認めた上で、次の五項目を願い出たのであった。

①位記や勲章の授与式では燕尾服を着用としているが、羽織袴も認めること、②女性が参内する際に「本邦普通ノ礼装」すなわち白襟紋付を加えること、③観桜会および観菊会の招待者を妻と娘だけでなく、父母や祖父母にも範囲を広げ、服装は羽織袴や白襟紋付などとすること、④行幸行啓を地方の者が送迎する場合や、大演習御宴会に招待される場合は洋装でなければ参加できないが、和装でもよいと改正すること、⑤宮城内にある振天府は女性教育者も洋装でなければ拝観できず、男性はフロックコートにシルクハットでなければならないが、和装でも拝観できるようにすること[2]。要約すればこのようになる。

すなわち、祝祭日の儀礼を除いて羽織袴や白襟紋付の着用を許可し、一般市民も参加しやすくなるようにしてほしいという趣旨である。したがって、一般市民が対象にならない国の祝祭日の祭祀典礼や、外賓接待における洋式礼装の廃止や改正を主張したのではなかった。また「国風国産ヲ奨励シテ外品ノ輸入ヲ制スルノ一助トモ可相成[3]」と、国産品を使えば輸入品が抑えられる（国内経済を活性化する）とも述べているが、これは明治初年から和装を正当化する際の常套文句である。

私立愛知淑徳高等女学校の創立者で名古屋市学務委員の小林清作は、大正四年十一月九日の日記に「御大典につき、国民礼服制定論が盛んになってきた。宮内省で通常礼服といえば、燕尾服のことである。燕尾服を持っている人は、まことに少ない。その他フロック・コートを持っておらねばならず、黒の紋付に羽織袴も持っておらねばならず、こう礼服が幾種類もいっては、不経済千万といわねばならん。いわんや貧乏の日本国においてをやだ。国民礼服制定論が盛んになってきたのは無理もない。一定が難しいならば、羽織袴の代用を許したらばよかろうと思う。国産奨励の趣意にも叶うことではないか」と記している。[4] 小林は、燕尾服やフロックコートという官僚主体の礼服や平服ではなく、多くの者が着用できる「国民礼服制定」を支持し、それが難しいならば「民の礼服」の羽織袴を認めるべきだと主張する。

大正大礼の直前に雑誌『太陽』に「礼服」という論説を寄稿した山本良吉も、小林と同じような意見を述べている。山本は、「さて幾人が礼服を製り得るか、又之を製る事を奨励すべきであらうか。かの燕尾服の如きは、決して我一般の民度に適したものではない。国家が勤倹質素を奨励する精神よりいへば、あんなものはなるべく製らぬ様に勧告すべきである」、「今でも宮中ではフロックを通常服とされてあるが、之は一般社会には通用できぬ。社会の事実よりすれば、洋服を着て式に臨む場合は実に少数である。その他の多数の場合に於ては、一々洋服の礼服を着ることは事実上不可能である。そこでまじめな儀式にも礼服とは公然認められぬ袴羽織を着けねばならぬ事となり。法定の礼服と社会上の礼服との間に差異を生ずる結果を来たす」という。[5]

山本によれば、燕尾服は民度に適したものではなく、勤倹および質素を奨励する国家の方針からしても相応しくない。宮中ではフロックコートを通常服としているが、一般社会では儀式に洋服を着る者は限られ、多くの者が羽織袴を着ている。国家が法的に定める礼服と、一般社会における礼服には大きな差異が生まれていると指摘する。そして望ましい礼服の一例として、江戸時代に広く用いられた麻裃を挙げている。「徳川家の麻上下は勿論上下共通の正装ではなかつたが、事実上礼服として使はれて居た」し、「上大元帥陛下から下一兵卒に至るまで同様の制服を着て居る」のと同じだからという。[6] 好古趣味から麻裃を復活させたかったのではない。「官」と「民」とで差のない礼服を設けることを期待したのである。

このような意見は、大正大礼に際して服制を厳守しようとする宮内省や内閣の方針に影響を与えた。その証拠に大正四年十月十四日、大礼使次官の江木翼と石原健三は内務省と外務省の次官宛てに、即位式・大嘗祭の後、各地の饗餐参列者には山高帽にフロックコートを許可する通牒を出している(7)。大礼使とは、大喪の際の大喪使と同じく、大礼を挙行する際に置かれた内閣所管の大礼使官制を指す。従来はシルクハットに燕尾服と決められていたが、それに固執しなかったのは、明治期から燕尾服を所持していないため行幸に際して奉迎できない者がいたうえ、大正初期から「国民礼服制定論」が活発になっていたためだと考えられる。

　大正大礼を前に、内閣のもとに置かれた大礼使宛てに各方面から服装について質問が寄せられた。大正四年六月十八日付で朝鮮総督府政務総監山県伊三郎は、大礼使典儀部長戸田氏共に朝鮮総督府所属諸員は制服、朝鮮人は朝鮮の礼服で参加しても差支えないかを確認している。朝鮮総督府の制服は、海軍正肩章や有爵者正肩章と同型のエポレット型の正肩章をつけると、文官大礼服の代わりとして用いることができた。だが、大礼使典儀部は、七月十日付で「今回ノ御大礼各儀ニ着用スヘキ大礼服ニハ総テ代用服ヲ認メザル儀ト了承相成度、従テ代表朝鮮人ノ服装モ規定通燕尾服タルヘキ事」と回答しており(8)、大礼服か燕尾服を厳守としている。

　通常儀礼とは異なる場合の大礼服については、明治四十二年（一九〇九）二月十一日に登極令で規定されていた。通常儀礼では黒チョッキと黒ズボンのところ、白チョッキと白ズボンという点が大きな違いであった。だが、文官大礼服制で定める奏任文官大礼服のズボンは黒色と鼠色しかなかった。そこで大蔵大臣秘書官は、大正四年七月二十二日付で大礼使典儀部事務官に宛て、登極令の「大礼服白下衣袴」とは鼠色と考えてよいか問い合わせている。これに対して大礼使典儀部は、八月十四日付で各庁宛に「奏任文官大礼服下衣袴ニ関スル件ハ文官大礼服制ノ所定ニ拘ハラス登極令所定ノ通リ白色タルヘキ」と回答した(9)。つまり文官大礼服制は勅任官だけ白チョッキと白ズボンと定めるが、同服制ではなく登極令にもとづいて奏任官にも適用したのである。

　奏任官は、特別な儀礼用として定めた鼠色のチョッキやズボンはこの際関係なく、白チョッキと白ズボンを新調しなければ即位式などに参列できなかったのである。これは非役有位大礼服も例外ではなく、「大典ニ参列ノ在住民総代ニシテ位階ヲ有スル者ノ服装ハ位階服白ノ下衣袴ヲヨシトス」という指示があった[10]。大正大礼は、文官大礼服が制定されてからはじめて迎える即位式・大嘗祭であるから、略儀化することは考えられなかった。この点は、昭和大礼と大きく異なるところである。

即位式および大嘗祭は、京都でおこなうと大日本帝国憲法に明記されていた。十一月六日、天皇は大元帥の陸軍正装に大勲位以下の勲章を佩用し、東京駅まで馬車で向かう。馬車の前後は正装の近衛騎兵と近衛兵が護衛した。お召し列車が出発する東京駅と、列車が到着する京都駅は大礼服姿の文武官で溢れた。彼らは京都駅から人力車に乗って京都御所に向かったが、沿道で奉迎する京都の人々にとって大礼服に勲章をつけた姿はよく目にするものではなかった。大正天皇の即位式は大正四年十一月十日に京都御所でおこなわれ、十四日には仙洞御所で大嘗祭、十六日には旧二条城で大饗宴が開催された。それらを総称して大正大礼や御大典などという。

京都の三大節などに参加する公家華族の多くが大礼服ではなく、燕尾服を代用していたことは第二章で述べた。「大礼服見物」という見出しの新聞記事は、「金光燦たる大礼服は京の人には中々に珍らしくも美しく眺めらるゝらしい」と紹介する。それゆえ、沿道に立つ人の間では、「車上の金モールをいかにも物珍らしさうに迎へ見送りして「ほんまに美しうおすえな、あんたはんこつちやをおみんかい、へェ仰山な勲章やないか、あら大将はんどすやろ」」といった会話が交わされた[11]。沿道の一般人が華麗な大礼服に魅力を感じ、なかでも複数の勲章をつけている人に注目しているのがわかる。国家の勲功者の証である勲章は、階級の上下、在官と非役の差をあらわす大礼服の権威を強調したのだった。

即位式を彩る大礼服は儀礼に参列する権利の証であり、権利を持たない者の羨望の的だった。したがって、その服装規定をゆるがせにすることは、儀礼の威厳を損なうおそれがあった。各地の饗餐参列者には山高帽にフロックコートを許可した大礼使も、京都御所の儀礼では礼服を譲らなかった。大礼服制にもとづく礼服でなければ、御所に入ることはできなかった。

総理大臣の大隈重信は個人的な意見としながら、「各府県下に於ける御饗の賜宴」において「紋付の着物に羽織袴を着用」を許可すれば、「聖上の思召を充分に普及する事も出来頗る結構な事と思ふ」と述べている[12]。内閣では「地方官の経済状態を察し、日本固有の礼服たる紋服を許すべし」と主張した。だが、宮内省は「官吏として相当礼装を平常より調へ置かざると云ふが抑の怠慢也」と、紋付羽織袴での参加を認めなかった。意見が対立するなか、内閣に属す大礼使長官の鷹司煕通は宮内省の肩を持った。結局、宮内省側の意見がとおり、府県の賜宴で官員が羽織袴を着ることは許可されなかった。『東京朝日新聞』は「宮内省は依然公卿式の頑固一点張」と報じている[13]。

こうした議論を経て十月十四日、大礼使は「官吏、有爵者以外の者に限り（待遇者を除く）特に通常服（フロックコート）シルクハット、黒山高帽を以て代用するも差支なき事」と通牒した[14]。これにより官員や華族以外の参加者の服装は、各地方長官に委ねられた。「大礼と国民」と題する新聞紙面では、地方の饗宴において燕尾服に限らず、フロックコートでの参加を認めたのはよかったと評価している。だが、加えて「我国固有の礼服たる羽織袴にても可なりとせられんこと」を要望する。そして「大礼に於ける地方の饗宴には、フロックコート若くは羽織袴の自由を与へても、決して非礼に失することなきを信ず」ともいう[15]。こうした声もあって、各地方長官のなかには、男性の紋付羽織袴、女性の白襟紋付での参加を許可する者もいた。地方饗宴における服装規定を確認すると、新潟、埼玉、群馬、千葉、茨城、奈良、三重、愛知、静岡、山梨、兵庫、宮城、福島、岩手、青森、山形、福井、秋田、京都、島根、山口、香川、愛媛、高知、福岡、大分、佐賀、熊本、鹿児島、沖縄で紋付羽織袴を認めている[16]。

またフロックコートや紋付羽織袴を認めた地方饗餐でも、大礼服制を大幅に緩和したわけではなかったことが、千葉県庁の賜饌会場の様子からうかがえる。この会場には県内の有位者、有勲者、町村長、警察署長などが招かれ、午前八時四十分頃から集まりはじめ、同十一時にほぼ揃った。参列者の一番乗りは陸軍少尉の正装を着た鈴木久米吉で、文官では燕尾服の千葉県技師長岡哲三であった。匝瑳郡白浜村に住む鈴木あきは、節婦などを受章対象とする緑綬褒章を胸につけ、黒木綿の紋付羽織に縞の着物を着ていた。ところが縞の着物は婦人の礼服規定に違反するため、入場を断られた。京都御所での即位式や大嘗祭では、白襟紋付でも参加できなかったため、当然の措置といえる。だが、七十歳という高齢の鈴木は、村長に手を引かれながら遠路やってきたのである。それにもかかわらず、服装だけで入れてもらえないとなると、当事者は不満を覚え、第三者が気の毒に思うのも不思議ではない。この憂き目に遭ったのは彼女一人だけではなかった。燕尾服には白ネクタイ、白手袋、エナメルキット、フロックコートは黒ネクタイ、黒靴と決まっていたが、なかには燕尾服に黒ネクタイ、フロックコートに白ネクタイをつけて来る者もいた。そのような服装規定に違反する者は門前払いされた(17)。

この状況は当然予想されていたため、商魂たくましい多田屋洋服店の番頭は、千葉県庁入口の脇に出店し、白と黒の手袋や襟カラーなどを用意していた。困っていた百七八十名が買い求め、ネクタイ十五ダースとカラー三個が売れたという。その場でつけ替えて無事参加できたわけだが、多田屋が出店していなければ彼らも退場を余儀なくされたのである。この模様を見た新聞記者は、会場の撮影許可がおりなかった恨みも重なり、「県庁の役人どもの頑迷固陋と来たら今に始まつた事でないが、持たない手袋をポケツトに入れて居るものと見做して関門を通過させる程の雅量があるなら、新聞社をして饗饌場の写真位撮影させてもよかろう」と批判している(18)。

『東京朝日新聞』の調査によれば、千葉県における地方饗餐の招待者は九百九十七人であったが、このうち服装に困らなかったのは三百余人に過ぎなかったという。その多くは「地方の名望家」で「済生会へ千円以上の寄付をした者」など、「金に不自由のない先生方」であった。フロックコートに山高帽でよいのは一般人に限られ、官員には認められなかった。それゆえ薄給の判任官たちは燕尾服を用意するのに苦労した。この状況を知った某老人は、「燕尾服や絹帽は官吏に取つて昔の武士の武具馬具だ、常に其用意が無いやうな嗜みの悪い事ではお勤めは出来ぬ」と語っている。千葉県の高等官で燕尾服を所持していたのは内務部長の錦織幹と警察部長の大海原重義だけで、そのほかは知事の佐柳藤太を含め新調を迫られた(19)。

それでは大正大礼の招待状を携え無事に京都御所の会場に参列できた者は、どのような感想を抱いたのであろうか。兵庫県立神戸高等女学校長の篠原辰次郎は、「各宮妃殿下。外国使節の夫人方、或は其ノ他の夫人方が、洋装或は袿袴の御姿にて、各宮殿下を始めまゐらせ、大礼服を召したる方々の間に交つて居らるゝのは、宏壮燦爛たる周囲の装飾とよく調和して、宛がら極彩色の錦絵を見るやうでありました。此れを思ふと唯もう夢の様な心地が致します(20)」と、感想を述べている。篠原は勅奏任官の大礼服の間に見える皇族や外国公使夫人の洋装や、参加者夫人の袿袴姿が錦絵のように美しく、その場にいられるのを夢のようだと感激した。だが現実に見ることができたのは、彼が大礼服を着る権利を有していたからである。

大正大礼の参加者はみな、この篠原と同じ感想を抱いたと考えてよいのだろうか。そこで同じく大礼に参列した貴族院議員加太邦憲の印象を確認する。加太は、「紫宸殿には廻廊ある故、幄舎は設けられざりしが、廻廊には腰掛の設なく、凡そ一時間半、大礼服にて起立のままなれば、微恙中の予は、殆んど堪え難かりき(21)」と、素直に苦痛であったと感想を述べている。紫宸殿の回廊には腰掛がまったく用意されておらず、参加者は儀式がおわるまで約一時間半立っていなければならなかった。嘉永二年(一八四九)生まれの加太は、このとき六十六歳であるから、金モールで重量のある勅任文官大礼服が体にこたえたとして無理はない。さらに複数の勲章を佩びれば重さは増す。

大正大礼と同じ頃発行された杉謙二編『華族画報』には、大礼服姿の写真が多数掲載されており、宮内高等官大礼服に数々の勲章をつけた土方久元と徳大寺実則の姿が確認できる。大正四年当時、長年にわたり宮内大臣を務めた土方は宮内省帝室臨時帝室編修局総裁、同じく侍従長を務めた徳大寺は非役有位であり、天保四年(一八三三)生まれの土方は八十二歳、同十年生まれの徳大寺は七十六歳の高齢であった。土方は、大正四年十一月六日に大正天皇が即位式のため東京を出発した際には「病気ニ付奉送モ不致終日静養」していたが、九日には遅れて京都へ向かった。[22]大嘗祭には天皇から「老体ニ付参列ニ不及」と配慮してもらい欠席したが、[23]それ以外の式典には老骨に鞭打って大礼服に勲章を佩用して参列した。この年四月に徳大寺は、大隈重信から「大礼長官」を依頼されるが、「名誉アル長官」と感じながらも「糖尿病ノ持病」と「高齢老衰」を理由に断っている。[24]そして十一月の大正大礼にも腰痛のため出席していない。[25]

明治期の人物評論家として名高い鵜崎鷺城は、徳大寺を「其人格円満にして寛厚の量あり」、「盛夏炎威の候と雖もフロックコートを着して一滴の汗すら流れずと云ふに至つては、其胸次の和平にして二十年来謹厳の習ひの性となりしを見るべし」と高く評価する。[26]徳大寺は高齢とはいえ長年にわたり大礼服と勲章を身につけてきたため、宮中儀礼は慣れたものであったかもしれないが、晩年は自分より一回り年下の加太と同じ感想を抱いたと思われる。このように大礼服を着ることには栄誉と、苦痛を強いる着心地の悪さがともなった。

二　帝国議会の服装の簡略化

大正元年（一九一二）八月二十三日、元号が大正と変わってから初の帝国議会が開かれた。開院式当日の衆議院の模様を報じた記事によれば、政友会領首席では尾崎行雄、鶴原定吉、元田肇、元大臣の松田正久、原敬、長谷部純孝が大礼服をつけ、その近くに座った早川鉄治、田中隆三、小林源蔵の「何れ負けず劣らずの元気者」の大礼服姿が目立ったという。また政友会員では斎藤珪次、高橋光威、岸本賀昌、国民党では犬養毅、大石正巳、野村嘉六、武富時敏、無所属では中橋徳五郎が大礼服を着ていた。[27]明治三十年代まで衆議院で大礼服を有する者がほとんどいなかったのに比べると、着る人が増えているのがわかる。

その要因としては、明治三十三年（一九〇〇）に立憲政友会が発足するなど、藩閥政府から政党政治へ移行し、衆議院議員に大臣経験者が増えたことが考えられる。右のなかでも「松田、原、長谷部の三大臣議員が政友会幹部の所に腰を据ゑた、現任親任官である丈大礼服は一入華美で其得意も左こそと察せられる」という。大臣に就任すると高額を投じて華美な大礼服を調製したのである。新品だからひときわ輝き、「今日は又金モールのピカ〳〵とあつて一入風采が揚つた」などといわれた。(28)

大正時代初の衆議院開院式を見ると、見た目は貴族院に幾分近づいたように思われる。新任の大臣が得意顔で立派な大礼服を着ていたことも事実である。しかし、衆議院議員たちが「官の礼服」を手に入れ、「民の礼服」を無視するようになったと判断してはならない。むしろ大正時代に入ると、衆議院規則の制定直後から見直しを求める声があがっていた服装条項をめぐる動きが本格化することとなる。大正二年十二月八日付『読売新聞』の「議員服制の改正」という記事によれば、これより前から立憲政友会の幹部の間では議会内の服装に関する協議がおこなわれていたという。幹部らは、フロックコートまたはモーニングに限るのは不便であると結論を下し、「異様にあらざる限り洋服又は羽織袴」を認めるよう、議長の大岡育造に交渉する。これに対して大岡は、衆議院事務局で調査しているところであり、その結果次第で近いうちに各派交渉会を開き、そこで同意が得られれば院議に付し、可決されたらすぐに実施する予定であると回答している。(29)

そして十二月十六日には、二十日に各派交渉会を開催することが決定した。交渉会の前に衆議院の林田亀太郎は、「議員の議場に於る職務は儀式典礼に列するにあらざる」と指摘し、「赤色若くは異様の縞柄は議員各自の申合を以て之を禁じ、羽織も紋付に限らるべきは当然ならん」と述べている。背広を望んでいるものの、なんでも自由にしてほしいというわけではなかった。参内の服制とは違うといいながら、赤色や縞柄を禁止し、羽織も紋付に限るなど一定の節度を保とうとしている。そして林田は、「今回服装の制限を寛にするは時代的の要求にして或は交渉会を通過す

るやも知れずと思はるゝなり」と予想する。(30)

ところが、政友会議員の間で「苟も国政を議する議場に於いて、しかも国民の代表者たる議員が礼に適わざる服装をなすが如きは議院の神聖を傷つけるもの」と反対意見が続出し、服装改正案は提出しないこととなった。(31)そのため、二十日に予定していた服装改正案の提出は見送られた。(32)結局、服装の改正がされなかったことは、翌三年六月二十五日の請願委員会の席上で高木正年が「勲章ハ従来正服ニ限ッテ佩用スルコトニナッテ居リマスノデ、折角功労ニ依テ得タル勲章モ之ヲ佩用スルコトノ機会ヲ得マセヌ」と述べていることからもわかる。(33)

高木の要望は、明治四十二年に提出した「勲章佩用ニ関スル建議案」の継続事案であった。大正三年七月には大阪洋服商同業組合長の長谷川源次郎が、顧問の秋本秋津や弁護士の尾形兵太郎とともに上京し、内閣と賞勲局へ「請願書」を提出している。(34)日清日露戦争によって勲章を授与される者が増加したものの、燕尾服を所持していないためつけることができないという、従来と同じ趣旨であった。ただし、彼らは洋服同業組合だけあって、紋付羽織袴ではなく、フロックコートに勲章を佩用できるように求めた点が違っていた。

だが、なかなか燕尾服以外の佩用は許可されなかった。長谷川の請願から五年後の大正八年二月八日、内閣は功六級および勲七等以下の有勲者に対し、男子の紋付羽織袴、女子の白襟紋付の左胸に勲章・記章・褒章を佩用してよいと許可した。(35)低位低等の叙勲対象者が燕尾服やフロックコートを所持していないため、受章してもつけることができないという訴えに応えたのである。叙勲基準を定める大蔵省賞勲局は、「今日ではフロックコートも追々儀式の場合に着用される風になつて居るからして、一方羽織袴、白襟紋服を普通の礼服として認める状態であつて見れば、場合に依つては自然此の特例を開くと云ふことは時宜に適せる措置であらうと思ふ」と説明している。(36)だが、羽織袴が公式儀礼の場での礼服として許容されたわけではなかった。これより前に羽織袴姿の日本研究者であるフレデリック・スタール博士が伊勢内宮の参拝を拒否され、同じく実業家の金原明善が宮内省の出頭を断られた。(37)そうした場には依然としてフロックコートでなければならなかった。

　こうした礼服の簡略化を求める声は、当時の社会状況を反映していた。神道教導職の池田由己止は「国民大礼ノ公式制定」を求める請願書を提出した。「国民思想ヲ統一シテ社会ノ秩序ヲ維持スル為皇室ノ制度ニ準拠シ上下ノ礼服ヲ改造シ以テ婚礼喪儀ニ関スル国家的公式ヲ制定シ、一般国民ヲシテ之ニ導由セシメラレタシ」という(38)。この請願書は明治四十一年にも提出されていた。そのときは衆議院で議決されたものの、内務大臣と文部大臣が「婚姻葬儀ノ二事ハ人生ノ大礼」だが「国家ノ直接干渉スヘキモノニアラス」と反対したため、閣議決定には至らなかった(39)。今回の請願は大正八年三月二十五日に衆議院で議決された。だが、七月十八日に内務大臣床次竹二郎が内閣総理大臣原敬に「礼服典礼ノ如キハ苟モ善良ナル風俗ニ反セサル限リ国家ノ干渉スヘキモノニ非サルヲ以テ採納ノ限リニ無之ト認ム」と言上したため、前回と同様に法案は成立しなかった(40)。

　この前日の七月十七日には各次官会議で「官庁職員ノ服装ニ関スル件」が検討されている。その背景には「近時物価ノ騰起ニ伴ヒ中流以下ノ社会ニ於テハ洋服調製費カ家計上重キ負担ト為ルニ至リ洋装ノ種類ヲ減シ之レカ調製費ヲ節スル」という経済的な問題と、「欧米ニ於テハ「フロックコート」既ニ廃タレ礼服ニハ専ラ「モーニング」ヲ用ヰ時ニ背広スラ用ヰラルル」という欧米諸国の変化があった。そこで「最先ニ「フロックコート」ノ使用ヲ廃シ「モーニング」ヲ以テ礼服ト為シ、進ンテ背広ニテモ黒又ハ紺色ノモノハ礼服代用タルコトヲ得セシメ度、又我国固有ノ黒紋付羽織袴ハ之ヲ洋装ノ礼服ト比較シテ毫モ遜色ナキノミナラス、之ヲ礼服トシテ認ムルトキハ、普通一般ニ所持スルカ故ニ、洋装ノ礼服ヲ節約シ中流以下ノ社会救済ノ一助トモ為ルヲ以テ茲ニ黒紋付羽織袴ヲ礼服ト認メ、之レト共ニ通常服トシテハ背広又ハ詰襟ノ外羽織袴ヲモ認ケ（ママ）ルヲ以テ相当ノ儀ト思考ス」と提案している(41)。

　そして「国民ノ服装ノコトハ官庁ノ命令ヲ以テ強制スヘキモノニ非ス」と、国民に服装を強制することを避けながら、「各省官吏以下ハ直ニ服装改良ノコトヲ実行シ、之ヲ公共団体ノ吏員ニ及ホシ、惹ヒテ一般ニ行ハルル様致度」

と、まずは官員が模範となり、それを公共団体、一般人へと普及させようとしたのである。礼服は「黒又ハ紺色ノ「モーニング」又ハ背広、但シ当分ノ中「フロックコート」ヲ着用スルヲ妨ケス、黒紋付羽織袴」、通常服は「背広又ハ詰襟服、羽織袴」と決定した。ただし、「宮中ニ参入スル場合及服装ニ付特ニ別段ノ指定ヲ必要トスル場合ハ此ノ限ニ在ラス」という、注意事項がある。[42]この服装規定は、あくまでも判任官などの下級官員や、低位低等の有位者と有勲者に配慮したものであって、勅任官や奏任官などの高等官が出席する宮中儀礼などは範囲外であった。

この服装規定が決まると、大正八年八月九日に内閣は、宮中および特定の場所を除き、フロックコートの代用としてモーニングコートや背広、羽織袴の着用を認めると発表した。新聞各紙は、礼服の緩和により多くの国民が礼節を守ることができると好意的に報じた。羽織袴は現代的ではないとの指摘もあるが、動作性を重視する仕事着と礼服とは別物で、東西を問わず礼服というものは動きづらいものだ。ただ惜しまれるのは燕尾服の代用としては認めなかったことであり、今後のさらなる緩和が望まれると述べている。[43]

帝国議会の内外から服装の簡略化の要求を突きつけられた総理大臣の原敬は、大正九年一月一日に文官大礼服に勲一等旭日大綬章などの勲章をつけて参内したが、この日「身の老や礼服重き初日影」という意味深長な句を詠んでいる。[44]大礼服と勲章の重量は老体に堪えるという意味なら加太邦憲と同じだが、原の養子である原奎一郎はその重みと内閣総理大臣の重責とを重ねているのではないかと指摘する。真意は定かではないが、爵位を受けることを拒み平民宰相といわれた原敬にとって、権威の象徴とされる大礼服の着心地は良くなかったように思われる。

この点は原の服装観にもあらわれている。原奎一郎によれば、「父はどちらかというと和服党で、旅行に出るときとか、宮中へ参内のときとか、やむを得ない場合以外は、和服で通すことを好んだ。家庭のふだん着はむろん和服。役所も議会も和服でいくことが多かった。また、たとえば昼間洋服で出かけても、夕刻から日本料理のおよばれというようなときは、かならず一旦帰宅して和服に着かえて出なおす」という。[45]羽織袴での登院が許可されると、原は明治以来の伝統だったフロックコートではなく、自身の好む和服で通うことが多かった。仮に国家の礼服として紋付羽織袴が認められたら、大礼服をやめていた可能性もある。

だが、紋付羽織袴を礼服として認可するような大礼服制の緩和は容易ではなかった。原は服装の簡略化を望む人々と同じような服装観を持ちながらもその要望を実現させることができず、権威の象徴である大礼服を着る立場にいた。「身の老や礼服重き初日影」という句には、そのような矛盾に対する想いが込められていたのかもしれない。

原がこの句を詠んでから半年後の大正九年六月十七日、衆議院交渉委員会室で襟付き無地の背広着用を許可するべきだという意見が出された。それ以前より交渉委員会では背広姿の登院を主張していたが、その度に政友会が反対したため実現できなかった。それが猛暑のため政友会も賛同し、今回の臨時議会に限定して襟付き無地の背広が許可されることとなった。国民党交渉委員の前川虎造は、「今議会開期中着用を黙許する、そして若し其結果が良ければ今度は議院法を改正して根本的に制定する予定である」と語っている[46]。簡略化は既定路線となった感もあるが、一方で衆議院書記官長の寺田栄は、「無地といふても真逆に赤色や青色の服を着けられはしまい、又儀礼や必要の場合は矢張りフロックを着るのは当然である[47]」と、あくまで期間限定の特別措置と考える議員も少なからずいたことには留意を要する。

この特別措置が許可されると、大正九年七月二十四日に衆議院各派連合は、衆議院規則第百七十二号に「但し無地又は之に準ずべき折襟背広服の着用を妨げず」という条文を加える改正案を提出した[48]。これに対する回答は見つからないが、実現しなかったと思われる。

簡略化を望む議員がいるなかで、「礼に適わざる服装」を「神聖を傷つけるもの」と考える者がいたことは見逃せない。背広でも和服でも色物や縞物などは許容範囲外であった。簡略化に反対する議員は、フロックコートやモーニングコートを代議士の象徴であると自負していた可能性が高い。

三　大礼服制と華族

帝国議会で服装の簡略化が議論されるなか、有爵者大礼服を着る権利を持っていた華族たちは、どのように考えていたのか。ここでは華族の服装観について述べる。

貴族院議員の田健治郎は、明治四十年（一九〇七）九月二十一日に男爵を授爵すると、すぐに菅田政次郎の洋服店へ有爵者大礼服の調製を依頼した。十一月一日には同店から届けられ、同月三日の天長節にさっそくこれを着て参内している(49)。この直前には授爵の祝宴を自邸で開き、大理石製の置時計が贈られるという騒ぎであるから(50)、士族出身の田が華族に昇格できた喜びのほどがうかがえる。有爵者大礼服を急いで調製したのは、華族であることを他者に示したいという意識のあらわれにほかならない。その田にしても大正大礼に用いる白ズボンは持っていなかったため、大正四年（一九一五）七月十一日に洋服商の武内隆太郎に「白袴製作」を依頼している(51)。

だが、田とは異なる服装観の持ち主もいた。それが旧久留米藩主家で育った伯爵の有馬頼寧である。宮中の新年宴会に臨んだ有馬は、自らと同じように大礼服を着て参内してくる華族や政府高官たちの姿を見て、次のような感想を述べている。

> 夕方から御所の新年宴会へ行く。金モールの大礼服を着た者約六百名洋服を集めた価格の方がそれを着て居る人を集めた価値よりも遥に高い。立派な而も貧弱な集りである。話をする様な友達は少しも見へなくて唯礼をする様な人のみ多く見へる。金モールの大礼服を着てこんな処に来て唯御耻《（馳）》走をもらつて帰るなんて考へて見れば何の事やら分らぬ。大家の犬が主人に知られずに台所で御耻走されて居る様なものだ。皇室は国民の皇室である。

私達の様なものが特に招かれるといふ事は意味がない[52]。

六百名の参加者は、いずれも高価な金モールの大礼服を着ているが、その価格に見合った人物は少なく、実に貧弱な集まりだと批判する。立派な大礼服を着て知らない者と挨拶を交わし、ご馳走をいただいて帰ってくる意味がどこにあるのだろうかという。そして皇室は国民のものであり、我々だけが特別に招待される理由はないと、大礼服着用日として定められている公式儀礼のやり方に疑問を抱いている。

大礼服を冷ややかに見る頼寧には、旧磐城平藩の安藤子爵家を継いだ信昭という弟がいた。大正十年二月二十六日、安藤信昭は侍従補に任命されたが、二月二十四日に「侍従と為すことは、愈々内定」という噂を得ると、侍従職に欠かせない大礼服・小礼服・供奉服の三着の調製費として九百円を有馬家から借用したいと申し出た。これを受けた頼寧は、有馬家の家政相談人である倉富勇三郎と相談するように命じている[53]。三月一日に宮内省で倉富と対面した安藤は、前日に祖父の有馬頼咸から「大礼服は有馬家より祝として贈る」、「供奉服は父より補助して作らしめ」、「小礼服は手元にて作ること」といわれた旨を伝えた[54]。

倉富は、三月二日に有馬家家令の橋爪慎吾に電話で「大礼服を贈る以上は、小礼服、供奉服は其価格も廉なる故、全部を有馬家より贈らるる」のがよいのではないかと伝え、「服は至急を要すへきに付、成るへく急に運ふことにする方宜しかるへし」と[55]、早急に頼寧と相談して取り決めるよう促している。そして三月五日、橋爪から倉富に連絡があり、頼寧は倉富が大礼服の贈答に賛同してくれたことを喜び、供奉服だけは安藤自身で調製させたいと述べた。橋爪は大礼服と小礼服を約千百円と見積もり、その代金を有馬家の音信贈答費として立替え、後日追加予算とすることで解決している[56]。

武家華族の有馬と安藤は、生まれながらにして特別な地位を与えられた家柄であった。それに疑問を感じる有馬のような者は例外で、華族は公式儀礼に参加する権利を有することに誇りを持っていた。その一方で儀礼に応じた制服を着用しなければならないという義務も課されていた。権威を示すため負担は軽いものではなかった。だからこそ安藤は、経済的に豊かな実家に援助を求めたのである。権威を保ちながら、経済的負担の軽い服制へ改正を望む者は少なくなかっただろう。

経済的に余力のある武家華族のなかには、他者に大礼服を贈り物とする者もいた。そうして幸運にも大礼服を手に入れたのが、加藤高明内閣の農林大臣岡崎邦輔である。彼は加藤内閣の寿命が短いだろうと予想し、大礼服の調製を見合わせていた。ところが、いつまでも大礼服を用意しないわけにはいかなかった。そこで所持していた非役有位大礼服の金モールを直そうと考えるが、洋服店から七百円かかるといわれて二の足を踏む。そこに旧藩主家である徳川頼倫が、大臣「就任のお祝ひをしたいが何を贈つたらよかろうか」と問い合わせてきたため、岡崎はちゃっかり「それでは早速大礼服一着」と答えている[57]。

同年の七月三十一日は恒例の明治天皇祭が予定されていたが、加藤内閣で大礼服を持っていないと思われていたのが岡崎と安達謙蔵であった。だが、岡崎は徳川から勅任文官大礼服を贈られ「涼しい顔」をしていた。一方で安達は、大礼服の有無を問われて「苦笑ひをやつて頭を掻いて居つた」。安達を気の毒に思った内閣秘書官の原田熊雄は、安達と同郷関係にあった旧熊本藩主家の侯爵細川護立に大礼服を調製してやってほしいと頼んだ。細川は「いくら同郷の関係でも大臣になつたからつて大礼服は」と渋ったが、最終的には「ウムよかろう」と引き受けた。その理由は、細川は相撲好きで熊本出身の力士が幕内になると化粧廻しを必ず贈るのだが、近年幕内になる力士が出ず、その資金が余っているからだという。化粧廻しが大礼服へと変わったわけである。細川は、大礼服の調製費として九百円を同郷の貴族院議員子爵安場末喜に持たせ、三越に向かわせている[58]。

このような粋な計らいをできる華族は少ない。多くは自分の分を仕立てるだけで精一杯であった。とりわけ贅沢とは縁遠い日常を送る公家華族たちが大礼服を調製するのは容易ではない。彼らには「旧堂上華族恵恤金」や「男爵華族恵恤金」が支給されていたとはいえ、[59] 多くは貴族院議員に選出されて歳費を得てから大礼服を調製した。いかに家計が苦しかったか、東坊城英子の家庭を見てみよう。英子は、昭和初期の無声映画時代に人気の高かった女優入江たか子の本名である。

彼女の父親の徳長は、大正十一年八月八日に五十三歳の働き盛りで死去し、三女英子のほかに母親のキミ、長男政長、次男光長、三男恭長、四男元長、長女敏子、次女宜子が残された。徳長の葬式には芸者が大勢来たというから、貧しさを忘れて花柳界に通ったようだ。大黒柱を失うと東坊城家の生活は苦しくなる。長男は科学者の夢を追い、次男は画家を志し、三男は慶應予科に通う文学青年、長女は女官勤めをしたが、次女は三輪田女学校の学生、英子と四男は子供と、家計を支える者はなく、母の質草通いが日課となっていた。[60] その頃英子がよく目にしたのが部屋に飾られた「父の大礼服を着ているお写真」であった。[61] 一家にとってその姿は、どのように貧しくとも、子爵家であるという名門の誇りであったのかもしれない。

学習院では、通学する生徒の服装が皇族・華族・平民という階層によって違いがあった。華族局主事桂潜太郎の六男で学習院に通学した桂皋の証言を見よう。明治三十八年に初等学科六年の桂によれば、自分のような平民はヘル地の制服であったが、華族は上質のメルトン地を着ていたという。さらに皇族はメルトン地に加え、帽子の徽章や襟章が金モールであったから、それを着た伏見宮博義王があらわれると、誰も頭が上がらなかったと回想する。[62]

武家華族と公家華族とでは経済力に格差があるから、貧乏な公家華族たちが高級なメルトン地で制服を調製していたとは思えないが、階層によって異なっていたのは間違いない。桂によると、平民だから行儀が悪いとか、新華族の子弟と喧嘩をしても平民がしかられるなど、[63] なにかにつけて平民はきまりが悪かったという。こうした状況から、仮に平民の金持ちの子弟がメルトン地で仕立てた制服を着て登校したならば、華族たちから身分不相応だと陰口を叩かれた可能性は高かったと思われる。

伏見宮の金モール姿は、皇族ならではの権威と魅力にあふれていただろうが、大正後期を迎えると変化が生じる。大正十一年六月八日の『読売新聞』は、「皇族方の席順も制服も普通の学生と同様に民衆化された学習院」という見出しで、「御通学の服装も学習院の制帽に金モールがつき、級章や襟章迄ほんとの金で燦然と光つてゐた」が、「帽子や襟の金モールはとり止め、又徽章も本金でなく普通学生と同じ銅製のものになり、その外総ての取扱ひが同等と決つた」と記している。[64]

皇族の徽章や襟章に使用する金モールは、鍍金ではなく本金であったというのには驚かされる。平民はもとより、華族たちも頭が上がらないというのも頷ける。そうした皇族の特別待遇をなくし、平民と同等に取り扱うこととなったのである。なぜ、このような措置に踏み切ったのかといえば、服装の簡略化を求める声が高まったことと、次に見るように宮内省の服制も簡略化を余儀なくされたためだと考えられる。

四　宮内省服制の簡略化

フロックコート以外も認めるかが国会で議論された頃、宮内省でも儀式の服制を簡略化するべく模索していた。大正十年（一九二一）四月には、男性の紋付羽織袴に相当する女性の白襟紋付での観桜会・観菊会への出席が許可された。[65]従来は通常服であるローブ・モンタントか袿袴に限られていたため、両会に出席する女性は少なかった。この変化は、招待客に対する配慮であったことはいうまでもない。

宮中でおこなわれる叙位式では燕尾服の着用が義務づけられてきたが、大正十一年八月に宮内省はフロックコートに変更した。これより前の同年二月二十八日に帝室会計審査局長官兼枢密顧問官の倉富勇三郎は、「叙位式に行くときは小礼服著用《ママ》にて、叙位せらるる者も燕尾服を著用《ママ》すへきことゝなり居るか、服装の関係上、来りて辞令を受くる人少く、殊に今日抔は極めて少数なりしなり。式を鄭重にして特に有り難く思ふ様ならは効能あれとも、服装の為出頭せさる様にては面白からさる故、寧ろフロックコートに改むる方宜しからんかと思ふ」と述べている。[66] 叙位式に参加する関係者は宮内高等官小礼服、叙位者は燕尾服を着なければならないため、位記を受け取りに来る叙位者が少ない。服装を理由に参加しないようでは困るから、フロックコートに変えてはどうかというのである。

この意見に対して宮内大臣牧野伸顕が「政府にては如何なり居るや」と問うと、倉富は「政府には叙位式なし。任官は勿論燕尾服に非す。大概の時は辞令を送ることゝなる様なり。尤も親任式丈は別段なり」と答えている。[67] 政府で叙位式はなく、また任官の場合も天皇の面前で辞令が渡される親任式を除けば燕尾服ではなく、多くは辞令を送付しているという。これを聞いた牧野は「此等も時勢の変りたる為なるへしと云ひたるのみにて、別に可否を云はす」という曖昧な態度であったが、宮内次官関屋貞三郎は「服装の為人か来らさる様にてはつまらさる故、フロックコート位にて宜しからん」[68]と、倉富に賛同している。

宮内省にフロックコートを着て出勤していた倉富は、宮中の儀式に出席するたびに小礼服へ着替えねばならず、ときには他者から一時的に借りることもあった。法制官僚の倉富は、謹厳実直な人柄らしく詳細で膨大な日記を書いたことで知られるが、その彼をしても一日に何度も着替えるような服制には不自由を感じていたのがうかがえる。

宮内大臣の牧野が時勢の変化を感じながらも態度を明確にしなかったため、叙位式でフロックコートが認められるには半年の時間を要している。大正十一年九月二十日の叙位式から宮中の授与は従四位以上に限られ、それ以下の者は各省で授与されるようになった。[69] 儀礼の簡略化にともなう服装規定の改正であったが、新聞記者からは「これはフロック廃止に一歩々々近づくものと見たはヒガ目か」、「いつそのことにフロック廃止とまで漕ぎつけて欲しかった」という厳しい意見も出ていた。[70]

はじめて叙位の対象となる者は燕尾服も持っていないため、多くは「所労」を理由に叙位式を欠席した。栄誉にあずかりながら、晴れの儀式に臨むことができなかったのである。この状況は明治時代を通して続いたが、大正期にその見直しが図られたことは、やはりデモクラシーの風潮を受けて皇室と国民の距離を縮めようという思惑もあったのであろう。だが、新聞記者が指摘したように、官員の通常服であるフロックコートを廃止し、より一般的なモーニングコートや背広を儀礼の場に採用しなかったのも事実である。

天皇の勅使が派遣されておこなわれる勅祭のうち、とくに重要な賀茂祭と石清水祭でも服装に関する議論が巻きおこった。大正十一年九月五日付で京都府知事若林賚蔵は宮内省式部長官井上勝之助宛てに、賀茂祭に参加する判任官にフロックコートを認めてほしいと要望した。若林によれば、大正七年の賀茂祭では式部官より口達で随員は燕尾服着用と指示されたが、判任官に燕尾服を用意させるのは難しいという。そして叙位式で燕尾服からフロックコートへ変更したのにともない、賀茂祭や石清水祭もそれにならいたいとのことであった。

これに対して式部職の回答は、「大礼服着用ノ儀式ナルヲ以テ判任官ハ燕尾服着用スルノ外ナシ」であり、フロックコートの代用を認めなかったように見える。実際、法令上で確認できないので、代用は許可されなかったのだろう。だが、フロックコートの許可を求める若林が、「今回叙位伝達式服装御改正ノ趣ニモ有之、且判任官ニテモ之ヲ有スルモノ稀ニシテ、実際困難ノ事情少カラサル次第ニ付、フロックコート着用スルモ妨ゲナキ様致度[71]」と、叙位伝達式の改正を根拠にしていた事実は見逃せない。

このような宮中内外の簡略化を求める動きを後押ししたのが、大正十二年九月一日に発生した関東大震災である。震災後に記された「宮内省の事務刷新に関する訓示」には「今次非常ノ震災火災アリ、家屋ノ倒壊焼失数十万ニ上リ、死者傷者数ヲ知ラス、前古未曾有ノ惨状ヲ現出セリ、天皇陛下如傷ノ心ヲ推シテ哀恤ノ詔ヲ下シタマヒ、東宮殿下亦之カ為予定ノ御婚約ヲ延期シタマヘリ、宮内省ニ於テハ万事簡素ヲ旨トシ、務メテ濫冗ヲ省キ次テ御思召ニ違ハサルコトヲ期スルハ固ヨリ其ノ所ナリ」、「祭祀祝典等一切ノ施設ヲシテ時勢ニ適セシムルニハ、皇室諸令ハ之ヲ改正スル必要アルヘク、又現行制度ノ範囲内ニ於ケル当面ノ措置ニ付テモ、此ノ緊要ナル時期ニ際シ特ニ機宜ヲ失セサルコトヲ務メサルヘカラス」とある(72)。宮内省の上層部でも、震災を機に皇室諸令を改正し、従来の祭祀祝典を見直そうという意見が出ていた(73)。これにより服制や服装規則は、大改正には至らなかったが「宮内省ニ於テハ万事簡素ヲ旨」と現行法規内で臨時に変更された。

関東大震災が発生すると、緊急事態ということもあって、フロックコートや背広姿のまま天機伺する官僚も少なくなかった。十月二十四日の秋季皇霊祭ではフロックコートの着用が認められ、十二月十一日の第四十七回帝国議会開会式と二十七日の第四十八回帝国議会開会式に皇太子裕仁は軍装で参列し、両院議員もフロックコートであった(74)。このときは震災という大事件が発生したためで、翌年の開会式からは再び大礼服や燕尾服に戻るが(75)、服装の民主化が大きく進んだ瞬間ともいえる。

宮内省のなかにも、ゆくゆくはモーニングコートや背広姿で天皇や皇太子に拝謁できるよう服装規則の変更を望む者があらわれた。某宮内官は「参内等の場合の服装については考慮中であるが、大分時代も変つてきたので金ピカの大礼服なとは追々何うにかなることであろう」と述べている(76)。同省は参内の服装だけでなく、宮内官制服令の簡略化も検討するようになる。経費節減と時代に応じた改革の必要に迫られたためであった。さらに複雑で把握しにくい制度を合理化する目的もあった。大正十三年十月二日に主馬寮で開かれた参事官の会議では、行幸啓に用いる主馬寮の制服など十二種類を五種類に削減する方針を固めている(77)。この方針は、次章で述べる宮内官制服令の改正となって実現することとなる。

この間も服装に関する要望はやまなかった。大正十四年一月二十九日、衆議院議員菊池謙二郎は「男子通常礼服ニ関スル建議案」を提出する。男性用の通常礼服に紋付羽織袴を加えるよう、宮内省と交渉してほしいと政府に願うものであった。菊池は、宮内省は女性の通常礼服に白襟紋付を認めたのに、男性の通常礼服を燕尾服に限っているのは道理が通らないと論じる。男子の紋付羽織袴は女子の白襟紋付と遜色ないのだから、公式儀礼の場で認めるべきだという。そして「日本人カ日本国ニ在リテ従来礼服トシテ認メラレタル紋服ノ着用ヲ排除セラルルハ意義ナキコトト信ス」と、日本国民が広く用いている紋付羽織袴を排除する理由はないだろうと主張したのである。菊池の建議書には、武藤山治、森田金蔵、森矗昶などの財界人を含めて三十名が連名していた(78)。

そして二月二十四日の衆議院委員会で菊池は、「普通ノ日本人ハ大抵ハ此紋服ヲ持ッテ居ル、婚礼ナリ葬式ノ場合ハ普通紋服ヲ着用スル、然ルニ燕尾服「フロックコート」ト云フモノハ持ッテ居ラヌ者モアル、併ナガラ宮内省デノ規定ニ依ルト、ドウシテモ通常礼服燕尾服、或ハ代用服トシテ「フロックコート」デアルカラ、紋服ノ上ニ斯ウ云フモノヲ備ヘナケレバナラヌト云フヤウナコトハ、此二重生活ヲ強ユルモノト考ヘル、ソレカラ燕尾服ヤ「フロックコート」ノ無イ者ハ、宮中カラ御召ニナッテモ、サウ云フ服装ノ無イ為ニ、或ハ借著ヲスルト云ウヤウナコトニナルト容姿ヲ崩ス、或ハ借著ヲスルノハ嫌ダ出来ナイト云フヤウナ者ハ、病気ト称シテ宮中ノ御召ニ応ズルコトガ出来ナイト云フヨウナ実際上ノ不都合ガアリマス」と述べた(79)。

菊池は、明治中期から噴出した低位勲者の不満も代弁していた。羽織袴は一般庶民の礼服や喪服であるのに、参内するには最低限でもフロックコートでなければならず、それを用意するのは負担である。貸衣装店を利用する者もいるが、貸衣装は体型に合わず、不恰好を嫌う者は病気を理由に欠席しなければならない。そのような不都合をなくすため、紋付羽織袴を通常礼服とするよう要望する、というのである。そして菊池は、これは国民の希望であるのだから内閣から宮内省に伝えるべきと考えた。菊池は、「民の礼服」として用いられてきた紋付羽織袴に誇りを持っていたわけで、明治期に見られた洋装の代用として和装を求めたのとは似て非なる主張である。

ところが、三月十六日の委員会で菊池は意外にも窮地に立たされる。委員長の松山常次郎は、「宮内省ニ関スル服装ノヤウナ事ヲ、余リニ民間カラヤカマシク言ヒタクナイ、但シ宮内省ニ於テ、サウ云フヤウニシテモ宜イト云フ御意見ガアルモノトスレバ、ソレハ通スコトハ差支ナイガ、宮内省ノ厭ヤガルモノヲ強テ服装ヲ斯ウ云フヤウニシテ貰ヒタイ、是ガ民間ノ声ナリトシテ、サウ云フコトヲ宮内省ニ余リ干渉ガマシク此方カラ言フコトハ慎マナケレバナラヌト思フ」と釘を刺している[80]。前回の委員会でも菊池と政府委員河上哲太との間で「所管以外」が争点となったが[81]、参内するときの服装は内閣が干渉すべき問題ではないという。

もともと参内していたのは、皇族や華族のほか、勅任官・奏任官・判任官・陸海軍人という政府官員であった。その礼服として大礼服と正装、略礼服として燕尾服、通常服としてフロックコートを定めていたのである。参内する資格が従七位や勲七等という低位低等や衆議院議員にも広がったからといって、彼らの礼服である羽織袴を宮内省に強要させるのは道理がとおらなかった。菊池は、委員長から紋付羽織袴は燕尾服の代用なのかと確認されると、フロックコートの代用であると答え、前回の通常礼服に加えてもらいたいという主張を後退させている[82]。

宮中儀礼の礼服を衆議院委員会だけで決めるわけにはいかない。宮内省と交渉するため、大正十四年三月十六日付で内閣書記官長江木翼は式部長官井上勝之助宛に右の建議案を照会している。三月十七日、井上は江木に対して女性の白襟紋付は観桜会と観菊会に限っており、儀式祭典では認めていないと回答した。続けて「然レトモ右ハ我国婦人服装ノ現状ヲ顧慮シ特ニ差許サレタルモノニシテ、女子ノ白襟紋付ヲ以テ男子ノ通常服ニ相当スルモノト認メ許容シタルモノニハアラス」と述べている[83]。

「婦人服装ノ現状ヲ顧慮」とは、女性の洋装は男性のそれとは事情が異なり、多額な費用や健康に害を与えかねない着ごこちの悪さなど山積する課題が克服できないことを指す。一方で裃袴の身じたくも楽ではなかったため、儀式祭典はもとより観桜会や観菊会も参加する女性が少なかった。それを解消するため先述のとおり白襟紋付を認めたのである。それでも宮内省は儀式祭典では白襟紋付を認めておらず、女性に比べて困難の少ない男性の礼装に羽織袴を許すはずがなかった。

宮内省が羽織袴を認めない理由は、三月二十五日の委員会で明らかにされた。まず「宮内省ノ方デハ此洋服ニ改メタト云フコトハ、昔聖徳太子ノ時ニ唐制ヲ採用シテ総テヲ唐服ニシタト云フ位ノ決心ヲ以テ―《ママ》大英断ヲ以テ之ヲ定メタモノデアル、ソレヲズル〳〵ニ又元ニ戻スト云フコトハ如何カト考ヘテ居ル」という。[84] 明治政府の制服から和装である衣冠や羽織袴を排除したのは、公家・諸侯・藩士という身分を払拭する目的が含まれていた。[85] 服制改革を推進した大久保利通たちからすれば、自身の身分の象徴である羽織袴を捨て、洋服を取り入れることは「大英断」であった。それを元に戻すとなれば、祭服として残した衣冠や直垂なども復活させることとなり、収拾がつかない。

また「紋ニハ大小ガアリ、数ガ一定セズ、紋ノ模様モ一定シナイ、袴ノ如キモ其柄ガ一定シナイシ、長サニ於テモ一定シナイ」[86]と、紋付羽織袴を宮中儀礼で用いることの難しさを説明する。明治初年の政府内の服制論議では、各種装束の紋様や素材の違いをめぐって紛糾した。[87] 洋式服制は、諸外国の王室に対処できるだけでなく、そうした問題も解消できた。

このような説明を受けた菊池は、「宮中ニ於テマデソレニ用ヰタイト云フ実ハ本意デハナカッタノダ、地方ニ御旅行中ノ際ノ拝謁、或ハ開院式、閉院式ナドノ場合ニ於テ、紋服ヲ用ヰルコトヲ許シテ貰ヒタイト云フ意味デアッタ」と弁明するが、[88] これが真実でないことはいうまでもない。彼は当初たとえ召されても参内できないと述べており、「宮中バカリデハナイ、例ヘバ観桜御宴、観菊御宴ト云フヤウナ場合モ含ムノデアリマス」と明言している。[89] 彼は参内はもとより、観桜会と観菊会、帝国議会の開院式と閉会式、地方行幸の際の拝謁など、公式儀礼全般で紋付羽織袴を認めさせようとしたのであろう。

菊池の弁明を受けた松山委員長は、そのような要望であればその趣旨を記して提出してほしいと述べた後で、「地方ニ御旅行中ノ際ノ拝謁、或ハ開院式、閉院式ナドノ場合ニ於テ、紋服ヲ用ヰルコト」については、「宮内大臣、或ハ宮内次官モ決メ得ナイ問題デ、元老マデ行カナケレバ決定シ得ザル問題デアル」とした(90)。宮内省や政府の管轄事項ではないため、元老に諮らねばならないというのである。

帝国議会の開設時から国民を代表する代議士たちは羽織袴を認めるよう求めていたが、宮中の儀式祭典にまで意見が出るようになったことは、デモクラシーの風潮が礼服の問題にもあらわれていた証左であろう。宮内省もそのような社会の空気を察していたが、民間の礼服で儀式祭典に参加させることは認めなかった。儀式祭典には大礼服、小礼服、観桜会および観菊会にはフロックコートとシルクハット、制服がある者はそれを着用するようにという、明治時代の制度を基本的には踏襲したのである。この点は譲歩しなかったとはいえ、宮内省が省内の礼服を簡略化しようとしたところにも注目しなければならない。

五　矛盾する大礼服の権威

こうした服装の簡略化を求める動きによって、それまで大礼服姿の肖像写真を多数掲載してきた雑誌『太陽』にも変化があらわれる。大正五年（一九一六）一月以降、掲載されるのは国内外の景勝地や市街地、外国の王族や政治家などの写真が多く、大礼服姿の肖像写真は大幅に減少している。大正五年一月号から昭和大礼が挙行された昭和三年（一九二八）二月号（最終号）までの間に確認できる大礼服姿の写真は、勅任文官大礼服十八名、奏任文官大礼服二名、非役有位四位以上大礼服一名、宮内高等官奏任大礼服一名、有爵者大礼服十三名に分類できる。そのなかに個性的な大礼服はなく、いずれも服制図にしたがっている。

大礼服姿の写真が減少したのは、明治期に比べて掲載する写真の数が全体的に減っていることもあるが、大正十一年二月に内田魯庵「服装差別待遇の撤回」などの論説を載せているように、大正期の世論を受けてもいた。内田は、山県有朋の国葬に参加者が少なかったのは厳格な会葬者心得のせいであり、国葬の実施を決めた国会議員でさえ参加できない者がいたという。大礼服や燕尾服、陸海軍正装の所有者に参加が限られたため、一万人収容可能な幄舎には五六百人しか集まらなかった。洋服は「紳士階級」の服装であり、「無産階級」にそれを普及させるには時間を要するから、羽織袴での公式儀礼への参加を認めるべきだと主張している[91]。

また、徳川家達や加藤高明が背広姿で渡米したのは、「金ピカ服」はアメリカのような「自由平等の平民国では却て軽侮されてゐる」からで、明治以降に取り入れた権威主義的な小礼服やフロックコートが外国人に歓迎されるとは限らないと指摘する。そして「服装の厳ましい欧羅巴でも近時は背広服が却て幅と利かすといふほど民衆的となれる今日、日本ではフロックコートにシルクハットでなければ紳士的待遇を受ける事が出来ない。較や重々しき儀式となると燕尾服ならざれば拒絶される。日本の固有の羽織袴の如きは野人の服装として賤民扱ひされる」と論じる[92]。

内田の意見は、明治二十年代の帝国議会開設時からの論調の延長線上にあり、紋付羽織袴の許可を要望する点では小林清作や菊池謙二郎の意見と同じである。ただし、「洋服主義者」を自負する内田は、礼服という概念を廃し、燕尾服、フロックコート、紋付羽織袴を自由に選べるようにすべきとした。大正十四年に銀座で調査したところ、男性は和服三十三％、洋服六十七％と約七割弱が洋服を着るようになっているが[93]、彼らが燕尾服やフロックコートを所持しているとは限らない。

それにもかかわらず、大正十一年二月九日におこなわれた山県有朋の国葬では、山県家が発行した入場券を有する一般拝礼者には、燕尾服の着用が求められた[94]。しかし、政治家・官僚・軍人たちに対しては、明治時代の国葬と変わらない「参列諸員ノ服装ハ大礼服、正装、服制ナキ者ハ通常礼服（燕尾服）、神仏各宗派ノ管長及住職ハ之ニ相当スル服装トス、但シ大礼服ニ代用スルコトヲ得ル、服制アル者ハ其ノ服装ヲ用フルコトヲ得」、「大礼服正装及通常礼服着用者ノ襟飾及手套ハ白色トシ左腕ニ黒紗ヲ纏フコト」という会葬者心得が通知された[95]。

日比谷公園の祭場には、各宮家、国務大臣、枢密顧問官など二百名以上が大礼服や正装で参集したが、「幄舎二棟は一万の参列者を入れる為に設けられたと云ふが、実際の数は二棟で一千にも満たず」という有様であった。また山県家は二千枚も入場券を発送したが、燕尾服の所持者は限られたため、三分の一の七百名しか集まらなかったという(96)。勅任官たちの参列後におこなわれた一般拝礼を自由にしたら違ったのだろうが、それを入場券所持者や燕尾服着用者に限定するあたりは生前の山県の姿勢がうかがえる。先の内田の発言は、この姿勢を批判したものであることはいうまでもない。

山県の霊柩には、陸軍大将の正装、軍帽、軍刀が載せられ、祭壇には大勲位菊花章頸飾、勲一等旭日桐花大綬章、功一級金鵄勲章、イギリスのメリット勲章、フランスのレジョン・ド・ノール第一等勲章などが置かれた(97)。岩倉具視の国葬以来、祭壇に勲章を並べて示し、勲章捧持者が葬列に加わっていたが、山県の複数の勲章類は生前に司法省・内務省・宮内省などの官僚を中心とする派閥を築いた彼の権威をあらわす。

一般参拝者が入場できなかったこともあり、山県の棺を乗せた葬列を見物しようとする人たちで、日比谷付近は大混雑となった。だが、「見当らぬ喪章、国葬としては珍しい」と報道されたように(98)、群衆は野次馬が中心で、山県に哀悼の意を示す者は少なかった。このような経緯もあり大正十三年七月十二日の松方正義の国葬では、「山県公国葬ノ例ニ準拠スルコト」としながら、大礼服や燕尾服を着た官員たちの国葬参列がおわった後、一般市民の拝礼を許可した(99)。勅任官など参列する権利のある者には服装規定が存在したが、一般市民にもそれを求めれば不満が出る。そこで山県のときと異なり拝礼に際して入場券など作らず、燕尾服でなくてもよくしたのである。これが葬儀に参加できる範囲を広げる意図によるものであることはいうまでもない。

国葬に参列する閣僚の大礼服に対する思いは強かった。少し時期が後だが、大正十四年に商工参与官に就任した野村嘉六は、「来議会の開院式には女房を質に入れても是非金ピカ服は作らにやならぬ」と、彼の郷里である富山市の洋服店に調製を依頼した。また野村は、洋服店主に「商工省参与官野村嘉六閣下御着用大礼服、価八百五十円也」と書いて仕上がった大礼服を陳列棚に飾るよう頼んでいる。これは選挙活動のようだが、故郷に錦を飾りたい気持ちが強かったのだろう。彼は、「政務官になつて最大の楽しみは三大節に大礼服を着られること」だという。(100)

これは、第二次大隈重信内閣の参政官たちも同じであった。大臣を補佐し、議会や政党と交渉する参政官は勅任官待遇だった。司法参政官に就任した田川大吉郎と、海軍副参政官に就任した田中善立は、ほかの新任者に先駆けて大礼服を新調した。二人とも写真館で大礼服姿を撮影し、選挙民に配布している。文部参政官の大津淳一郎は、柳原日蔭町あたりで中古品を安価で入手するつもりでいたが、新任者が新調しているのに触発され、自分もあつらえる決心をしたという。仕上がった服は儀式の日に備えて「もう簞笥の中にキラ〳〵光つて」いた。大正四年七月三十日、明治天皇三年祭で田川は勅任文官大礼服を着用している。(101) ところが、それを報道した新聞記事には、大礼服を着るのは「最初にして最後だろう」、「田川参政官以外にも随分このお仲合は尠くあるまい」とある。(102)

新聞記者の予想ははずれ、参政官たちは同年十二月一日の帝国議会開院式に臨んでいる。当日の新聞には「参政官、副参政官の面々が新調の大礼服に精々金ピカな極彩色を見せて、剣を腰に吊した姿は、大礼服の初登院として此朝さぞや奥さん連に歓喜の涙を飜《こぼ》させて来たであろ」と書かれている。勝手に妻の心情を汲んでいるが、大礼服を着る彼らの顔に歓喜の色があらわれていたのだろう。一方で「犬養君の正三位の位階服の皺ダラケになつて居るのと、高木正年君の柳原土手辺から拾つて来たやうな羊羹色の燕尾服は、中でも一番骨董好きの人々を喜ばせる」と表現している。(103)

これは新任の「金ピカ」に対して、色が褪めた古参議員をからかったものである。古参議員の尾崎行雄も次のように発言している。「吾々新米大臣の大礼服は金ピカが光り過ぎるもんだから我れながら極りが悪い、日本の礼服は無論西洋のをソックリ其儘持つて来のだが、五尺前後の小柄が着ては一向引立たん、之はどうしても六尺豊かの西洋人が着るべきもので、我国では他に何とか考案がありたいもんだ、金ピカが少し褪めて大臣の味が分る様になるのには少なくとも六箇月は掛る、夫れ迄は未だ見習ひの格でイヤハヤ滑稽至極です、憲政党内閣の時は丁度六箇月経つて是から愈々本舞台に掛らうと云ふ所で辞職と相成つた[104]」。

西洋を手本にしたものの、背の低い日本人には合わない、と代替案を望む。大臣などに就任して大礼服を着る資格を得ても、すぐに辞めてしまう任期の短かさを批判する。代議士の長い経験から大臣の仕事には最低でも六か月が必要である。内閣の要職には犬養や高木などの「骨董好きの人々を喜ばせる」外見こそが必要であり、「金ピカ」の参政官や副参政官をはじめ、新任の大臣たちは色が褪めるまで務まるだろうか不安だ。

尾崎が苦言を呈したように、大正時代の内閣では「金ピカ」の大礼服を調製する新任者が増えていた。そして色が落ち着く頃には、次の「金ピカ」の人物に交替するのである。これは政権交代が絶えない政党政治をあらわしていた。このように大礼服制の簡略化を望む者がいる一方で、従来どおり厳守しようとする者も少なからずいたことがうかがえる。大正五年に児童文学者の巖谷小波は「吾輩は大礼服である」という小文でこう指摘している。

例の無政府主義者共の眼には、定めし癪にさわつたに相違無い。然しその癪に障つた連中にも、一度着せてやつたらば何うだつたろう?、これに反して、官僚万能主義者には、また吾輩ほど難有がられる者は無いのだ。見たまへ何故な高慢ちきな先生でも、一度は吾輩を着た所を写真に取らずには居ないのだ。その仕立を急き立てゝ、これには敢へて高価を吝まない。(中には月賦もあるけれど)三大節の年賀の式に、奏任時代は専ら所労をした連中が、勅任服が着られると成ると、俄に元気付いて、寒空に外套さへ纏はず、この金ピカを見せびらかしながら、差引車を飛ばすのでも、吾輩の難有味が知られやう[105]。

冒頭の無政府主義者とは、有名な幸徳秋水をはじめとした政治活動家を指す。巌谷は、無政府主義者は天皇を中心とした政府を否定するが、彼らも大礼服を着る機会を得たら拒否するだろうかと疑問を投げかける。どのような主義主張の者でも、大礼服を着ると写真館で記念に撮影していたからである。奏任官のときに病気を理由に欠席していた者が、勅任官に昇格すると立派な大礼服を調製し、その姿を見せびらかそうと、三大節で寒空のなか外套も着ないで人力車に乗る光景をよく目にしたのだろう。

大礼服の調製に苦慮したのは、判任官を除けば奏任官待遇の中学校長であった。中学校長は、三大節の祝日には校内で奏任文官大礼服を着用して諸儀式をおこなうこととなっていたが、多くが燕尾服で代用していた。大礼服を仕立てるには費用がかかったからにほかならない。

大阪高等商業学校長の福井彦次郎は、生徒から「校長さんには毎度礼のことを懇切に御教示下されますが、別段校長さんには拝賀式の日などは大礼服を御着用なくても御差閊ないものでしようか」と質問された場合、「「生意気千万」と叱り飛ばす訳にも行くまい」という。そして将来は新任の中学校長に公費から大礼服新調費を半額補助すべきであるという。そして「全国中学校長会議の時に文部大臣が引率して両陛下に拝謁を仰せ付けらると余程御光がつくが、其の資格があつても衣服がないからそれが出来ぬとは情けない」と現状を歎いている(106)。

大礼服を着る権利の有無、調製する財政力の有無が、現在の服制に満足かどうかの分水嶺となっていた。だからこそ、巌谷は無政府主義者に大礼服を着せたかったなどと、その主義主張が本物なのかと皮肉を述べているのである。国家権力に立ち向かう無産政党員たちも、権威の象徴である大礼服を批判したかというと微妙といわざるを得ない。

註

（1）〜（3）「国産奨励ノ時機ニ際シ礼服改正悃願ノ件」宮内庁書陵部宮内公文書館所蔵、識別番号九三一一二五。

(4)「小林清作先生」編集委員会編『小林清作先生』愛知淑徳学園、一九八〇年、九六頁。
(5)(6) 山本良吉「礼服」(『太陽』二一—一三、一九一五年十月)。
(7)『東京朝日新聞』大正四年十月十五日、朝刊。
(8)〜(10)(「参列諸員其他服装ニ関スル件」(「大礼書類」五、国立公文書館所蔵、三A—二一—礼一六)。
(11)『読売新聞』大正四年十一月十五日、朝刊。
(12)『東京日日新聞』大正四年十月十三日、朝刊。
(13)『東京朝日新聞』大正四年十月十四日、朝刊。
(14)同右、大正四年十月十五日、朝刊。
(15)同右、大正四年十月二十五日、朝刊。
(16)「地方饗饌」(「公文備考」大正四年、巻一六の二・儀制一四の二、防衛省防衛研究所所蔵、海軍省—公文備考—T四—一七—一七六四)。
(17)(18)『東京朝日新聞』大正四年十一月十七日、朝刊。
(19)同右、大正四年十月二十日、朝刊。
(20)兵庫県立第一神戸高等女学校校友会・欽松会編『創立三十周年記念誌』一九三二年、四四三頁。
(21)加太邦憲『自歴譜』岩波文庫、一九八二年、二四四頁。
(22)「土方久元日記」大正四年十一月六日・九日条、首都大学東京図書館所蔵、C一八。
(23)同右、大正四年十一月十三日・十四日条。
(24)「徳大寺実則日記」大正四年四月七日条、宮内庁書陵部所蔵、C一—一四九。
(25)同右、大正四年十一月六日条。
(26)鵜崎鷺城『人物評論 朝野の五大閥』大空社、一九九五年覆刻版、六八頁。
(27)(28)『東京朝日新聞』大正元年八月二十四日、朝刊。
(29)『読売新聞』大正二年十二月八日、朝刊。
(30)同右、大正二年十二月十四日、朝刊。
(31)同右、大正二年十二月十七日、朝刊、『東京朝日新聞』、大正二年十二月十七日、朝刊。
(32)『東京朝日新聞』大正二年十二月二十日、朝刊。
(33)「請願委員会議録」第二回、大正三年六月二十五日(『帝国議会衆議院委員会議録』六、臨川書店、一九八一年、六四頁)。
(34)大阪洋服商同業組合編『日本洋服沿革史』大阪洋服商同業組合、一九三〇年、三六一〜三六三頁。

(35) 「功六級勲七等以下ノ勲章及記章褒章ハ時宜ニ依リ男子ハ紋付羽織袴婦人ハ白襟紋服着用ノ節衣服ノ左肋ニ之ヲ佩用スルコトヲ妨ケス」(「公文類聚」大正八年、第四三編第一四巻、国立公文書館所蔵、二A―一一―類一三一一)。
(36) 『東京朝日新聞』大正八年二月八日、朝刊。
(37) 『東京朝日新聞』大正八年二月十四日、朝刊。
(38) 「国民大礼ノ公式制定ノ請願ノ件」(「公文雑纂」大正八年、第一三巻、貴族院衆議院事務局・帝国議会二、国立公文書館所蔵、二A―一四―纂一四六一)。
(39) 「国民大礼ノ公式制定ニ関スル請願ノ件」(同右、明治四十一年、第三七巻・貴族院衆議院事務局・帝国議会、二A―一三―纂一一〇二)。
(40) 前掲(38)。
(41)(42) 「官庁職員ノ服装ニ関スル件ヲ定ム」(前掲「公文類聚」大正八年、第四三編第一四巻)。
(43) 『読売新聞』大正八年八月十三日、朝刊。
(44) 原奎一郎『ふだん着の原敬』中公文庫、二〇一一年、七四頁。
(45) 同右、七五頁。
(46)(47) 『東京朝日新聞』大正九年六月十八日、朝刊。
(48) 同右、大正九年七月二十五日、朝刊。
(49) 尚友倶楽部・広瀬順晧編『田健治郎日記』一、明治四十年十一月一日・三日条、芙蓉書房出版、二〇〇八年、一四二頁。
(50) 同右、明治四十年十月七日条、一三七頁。
(51) 尚友倶楽部・内藤一成編『田健治郎日記』三、大正四年七月十一日条、二〇一二年、七五頁。
(52) 尚友倶楽部・伊藤隆編『有馬頼寧日記』二、大正十年一月五日条、山川出版社、一九九九年、二九〇頁。
(53) 倉富勇三郎日記研究会編『倉富勇三郎日記』二、大正十年二月二十四日条、国書刊行会、二〇一二年、五七頁。
(54) 同右、大正十年三月一日条、六八頁。
(55) 同右、大正十年三月二日条、七一頁。
(56) 同右、大正十年三月五日条、七八頁。
(57) 『東京朝日新聞』大正十四年四月二十二日、朝刊。
(58) 同右、大正十四年七月七日、朝刊。
(59) 拙稿「宮内省の公家華族救済措置」(近代租税史研究会編『近代日本の租税と行財政』有志舎、二〇一四年六月)参照。
(60) 入江たか子『映画女優』学風書院、一九五七年、一～三四頁。

(61) 同右、二一頁。
(62)(63) 『桂皋氏談話速記録』上、内政史研究会、一九七三年、三〜四頁。
(64) 『読売新聞』大正十一年六月八日、朝刊。
(65) 「観桜、観菊会ニ召サルヘキ婦人服装ハ通常服或ハ袿袴ニ限定ノ処自今両会ニ限リ特ニ白襟紋付着用ノ向モ参苑ノ儀差許ノ件」(「例規録」式部職、大正十年、宮内庁書陵部宮内公文書館所蔵、識別番号一九九八)。
(66)〜(68) 前掲『倉富勇三郎日記』二、大正十一年二月二十八日条、六一二頁。
(69) 『東京朝日新聞』大正十一年八月二十七日、朝刊、『読売新聞』大正十一年九月四日、朝刊。
(70) 『読売新聞』大正十一年八月二十七日、朝刊。
(71) 「加茂、石清水両祭参列ノ判任官服装ヲ爾今通常服着用方照会ノ処大礼服着用ノ場合ニ付許可シ難キ旨回答ノ件」(前掲「例規録」式部職、大正十一年、識別番号一九九九)。
(72)(73) 「宮内省の事務刷新に関する訓示」(前掲「牧野伸顕文書・書類の部」三八―六)。
(74) 『東京朝日新聞』大正十二年十一月二十二日、夕刊。
(75) 同右、大正十三年六月二十六日、夕刊。
(76) 同右、大正十二年十月八日、夕刊、新聞記事では主馬寮の制服十種と書かれているが、第七章の宮内官制服令の改正過程では十二種とあることから、ここでは十二種とした。
(77) 同右、大正十三年十月四日、朝刊。
(78) 「衆議院議員菊地謙二郎提出ノ男子用通常礼服ニ関スル建議案ニ付式部長官ノ意見照会ノ件」(「公文雑纂」大正十四年、第十四巻、国立公文書館所蔵、二A―一四―纂一七一八)。
(79) 「教育ノ機会均等ニ関スル建議案」第二回、大正十四年二月二十四日(『帝国議会衆議院委員会議録』四五、臨川書店、一九八七年、一〇四頁)。
(80) 同右、第七回、大正十四年三月十六日(同右、一七一頁)。
(81) 前掲(79)一〇四〜一〇五頁。
(82) 前掲(80)。
(83) 「男子用通常礼服ニ関スル件」(前掲「例規録」式部職、大正十四年、識別番号二〇〇一)。
(84) 「教育ノ機会均等ニ関スル建議案」第九回、大正十四年三月二十五日(前掲『帝国議会衆議院委員会議録』四五、二〇一頁)。
(85) 拙稿「明治太政官制形成期の服制論議」(『日本歴史』六九八、二〇〇六年七月)、拙著『明治国家の服制と華族』吉川弘文館、二〇一二年十二月、第一部第一章参照。
(86) 前掲(84)。
(87) 前掲(85)。
(88) 前掲(84)。
(89) 前掲(80)。
(90) 前掲(84)。
(91)(92) 魯庵生「服装差別待遇の撤回」(『太陽』二八―三、一九二二年二月)。
(93) 今和二郎「東京銀座街風俗記録」(『考現学―今和次郎集―』一、ドメス出版、一九七一年、七一頁)。
(94)(95) 「故山県公国葬書類」(「国葬等に関する文書」国立公文書館所蔵、二A―三八―五―葬五二)。
(96)~(98) 『東京朝日新聞』大正十一年二月十日、夕刊。
(99) 「故松方公国葬書類」(「国葬等に関する文書」国立公文書館所蔵、二A―三八―五―葬五七)。
(100) 『読売新聞』大正十四年十月二十七日、朝刊。
(101) 同右、大正四年十月二十九日、朝刊。
(102) 同右、大正四年八月一日、朝刊。
(103) 『東京朝日新聞』大正四年十二月二日、朝刊。
(104) 同右、大正三年六月十六日、朝刊。
(105) 巌谷小波『目と耳と口』耕文社、一九一六年、三〇八~三〇九頁(後に同『小波世間噺』日本書院、一九二一年に所収)。
(106) 福井彦次郎『我観人生』日東堂書店、一九一五年、二〇〇~二〇一頁。

第七章　昭和戦前期の大礼服制の改正と限界

明治前期に大礼服制の手本とした欧州各国の王朝は、二十世紀を迎えるとナショナリズムの高揚によって多くが倒れ、昭和初期にはイギリス王室を残すくらいとなる。大正時代から日本国内でも政治の民主化を求める運動が拡がり、皇室と国民の接近を図る必要性が生じた。その意味でいうと、一般国民の礼服と乖離した大礼服制を堅持するのは困難であったように思われる。実際、前章で述べたとおり、儀礼の場で国家官僚の権威をあらわす大礼服を簡略化しようという動きが活発化した。

このような動きを昭和初期の官僚たちはどのように感じていたのか。この疑問は、近代国家における大礼服制の意味を考える上で看過できない。そこで本章では大礼服制の廃止および簡略化に向き合った官僚たちの服装観に着目し、宮内高等官大礼服の改正過程を中心に、非役有位大礼服の廃止に関する審議、宮内省の服制の簡略化、文官大礼服の改正案、大礼服の権威と魅力という五点について、この疑問の解明に取り組む。

一　宮内官制服令の改正

宮内省内では宮内官制服令の改正に向けた審議が進められた。具体的な審議が始まったのは、宮内次官関屋貞三郎の日記に初出するのが昭和二年（一九二七）六月九日条の「大礼服改正ニ千《（ママ）》スル協議ヲナシ」であるから[1]、昭和二年六月以降と考えられる。関屋のほかに宮内大臣一木喜徳郎、式部長官伊藤博邦が出席し、改正案は参事官大谷正男が中心となって作成した。大谷の改正案では、燕尾服型を採用し、従来のフロックコート型の長い上衣を廃止している。また式部官は少し派手にするものの、上衣の胸袖の三か所に簡単な菊葉紋様の刺繍を付すものにあらため、ズボンの金線幅の縮小も図った。これにより従来五百円から千円も要した調製費が、五百円未満になるという[2]。

大谷の案をもとに六月二十三日の事務調査会臨時会で大礼服改定に関する意見交換がおこなわれ[3]、二十八日の宮中南溜間における事務調査会では、①「共通、簡素、節約の主旨に依り、政府と協議すること」、②「様式は今一応考慮すること」、③「政府が応ぜさる場合も、宮内省は断行すること」、④「現制のものは当分認容のこと」という四点の方針が決まった[4]。

大礼服の改正は、翌年に予定された昭和天皇の即位式（昭和大礼）に向けた審議事項の一つであった。大礼服の意見交換がおこなわれた六月二十三日の関屋の日記に「大礼準備委員会第一回」と記されていることからもそれはわかる[5]。審議の内容は宮内高等官大礼服に限らず、七月二日の侍従たちの会議では供奉員の服装について話し合われている。供奉服とは、行幸や行啓に随行する供奉員の制服をいう（一二四頁の図91、大正十五年五月十四日の改正で中央縁取り部分の刺繍がなくなった）。十月十八日の供奉服乙種制服の検討では侍従たちと参事官の意見が合わず、十九日に侍従次長河井弥八は大谷正男に供奉服第二種制定を見合わせると告げ、一木喜徳郎からも了解を得ている[6]。

宮内高等官大礼服の改正案は昭和二年十月三十一日の事務調査会総会で可決され[7]、最終確認は、昭和三年一月二十七日の儀礼に関する事務調査会でおこなわれた[8]。審議の結果は、同年三月十六日に公布された。公布図を見ると、従来のフロック型から燕尾詰襟型に変わり、中央の釦縁取りの刺繡も簡素となったのがわかる。勅任官の場合、フロック型では中央のホック掛け縁取りの左右に十一枝の菊葉模様の刺繡があったが、これが五枝に減り刺繡の面積も大幅に減少している（図141）。刺繡の軽減は奏任官に顕著で、従来の九枝から無枝となった[9]（図144）。式部職の襟章と袖章の緋色地もなくなり、袖章の上に幅一分の緋絹織線を一条つけるものに変更された（口絵17）。式部職から侍従職など他の部局に転じた際には大礼服を新調せず、緋絹織線を取るだけですんだ。主馬寮の高等官大礼服は、大正十一年九月二十七日の改正で背面裾回りの菊枝刺繡を大形に変更していたが[10]、その刺繡も今回の改正では正面中央のホック掛け縁取りだけとなった。正面の刺繡は主馬頭のみとなり（図142）、車馬監や馬匹調習を掌る宮内技師の刺繡は奏任官同様になくなった[11]（図143）。宮内高等官大礼服は文官大礼服よりも格段に調製費用が軽減したのである。

実際、公布翌日の『読売新聞』は「大礼服の悩み柔らぐ、値段も半分で宮内官大喜び」という見出しで宮内高等官大礼服が改正されたことを伝えている。従来の調製費は宮内勅任官大礼服が千円、宮内奏任官大礼服が七百円だったのが、奏任官大礼服は四百円ででき、勅任官に昇格しても「ボタンの周囲に簡単な菊と唐草模様の装飾を施し、帽子の毛を黒から白に取り代えるだけ」でよく、その費用は二十円にすぎないという[12]。

宮内高等官大礼服に続いて昭和三年六月十三日には、楽服・内舎人・舎人・主膳監・主馬寮勤務宮内技手の服制が改正された。舎人職服第一号、主馬寮勤務宮内技手職服第二号・第三号は着用に関する規定がなく、実際にも使われていない。天皇鹵簿第一公式において用いる内舎人および主馬寮勤務宮内技手職服など、鹵簿に記載があるにもかかわらず、いかなる職服か規定していないものもあった[13]。明治四十四年五月に制定の宮内官制服令と大きな変化は見られないが、こうした無用な制服が整理された。

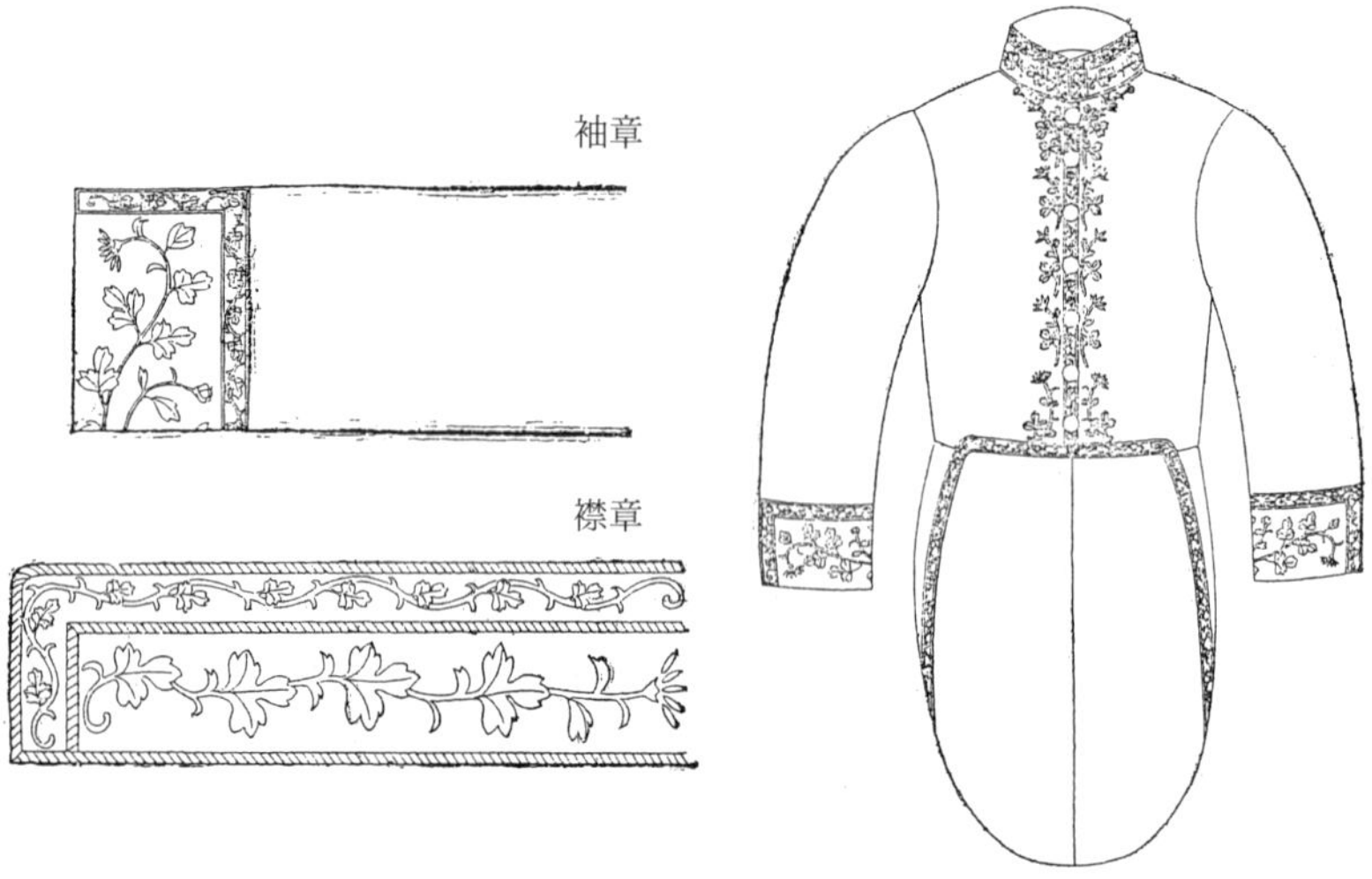

141　宮内高等官（勅任官）大礼服

143　車馬監及馬匹講習ヲ掌ル宮内技師上衣

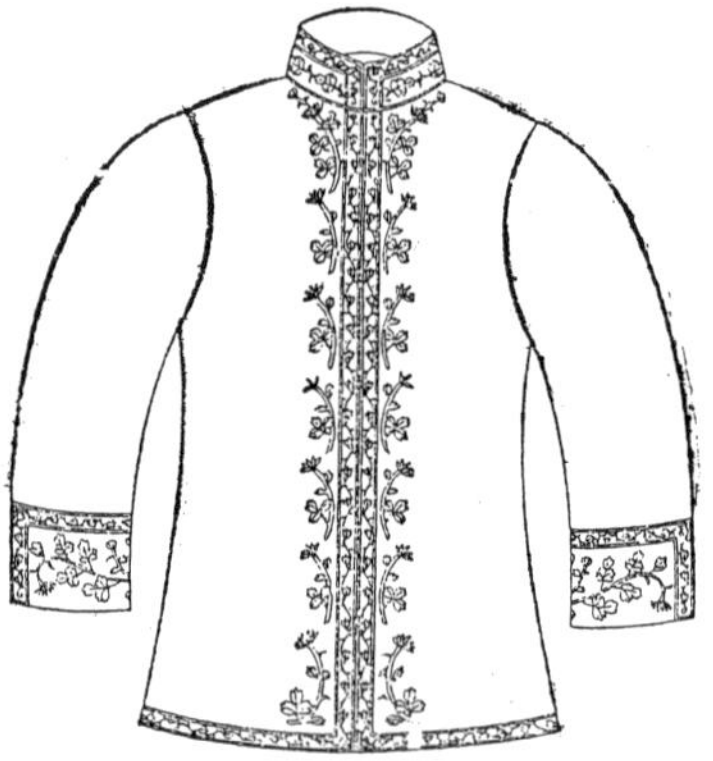

142　主馬頭上衣

いずれも『官報』昭和３年皇室令第２号

宮内官制服令は儀礼に応じて甲種・乙種・丙種・丁種に分かれ、それぞれ上衣や外套が定められていたが、その用途を簡略にした。楽服を例に挙げると、「欧州吹奏楽ニ従事スル場合」は第一号を、「欧州管弦楽ニ従事スル場合」は第二号を着用すると定められていたが、実際に吹奏楽を演奏することはなかった。そこで一行金釦七個を左右につける第一号を廃し、菊紋金釦四個をつける燕尾服であった第二号を、内舎人や舎人と同じかたちに変更した（図145〜147参照）[14]。

内舎人職服は、第一号甲種を甲種、第二号乙種を乙種とし、第一号乙種と第二号甲種・丙種を廃止して、五種の制式を甲乙二種に整理した。第一号甲種の職服は天皇鹵簿第二公式、同号乙種の職服は天皇鹵簿第三公式・摂政鹵簿第二公式・皇族の公式鹵簿、第二号甲種の職服は天皇の略式鹵簿、同号乙種の職服は皇后の略式鹵簿の車従の職務にあたる内舎人が着用した[15]。

天皇鹵簿第二公式と、同第三公式・摂政鹵簿第二公式との間には、配列馬車の多寡、儀衛の厚薄などの点に大きな違いがあり、車従の服装で金線の多寡、袴色の緋と紺の区別を設ける必要はないという。だが、天皇、摂政、太皇太后、皇太后、皇后、皇太子、同妃、皇太孫または同妃の公式鹵簿と、親王、親王妃、内親王、王、王妃または女王の公式鹵簿との間には相違があった。そこで後者の車従を従来の内舎人から舎人に変更し、舎人甲種の職服を着用することとした。

144　宮内高等官（奏任官）大礼服（秋山徳蔵）『一億人の昭和史　日本人4　三代の男たち上　明治・大正編』（毎日新聞社, 1981年）

第二号甲種職服は上衣・袴・外套が深萌黄色で、

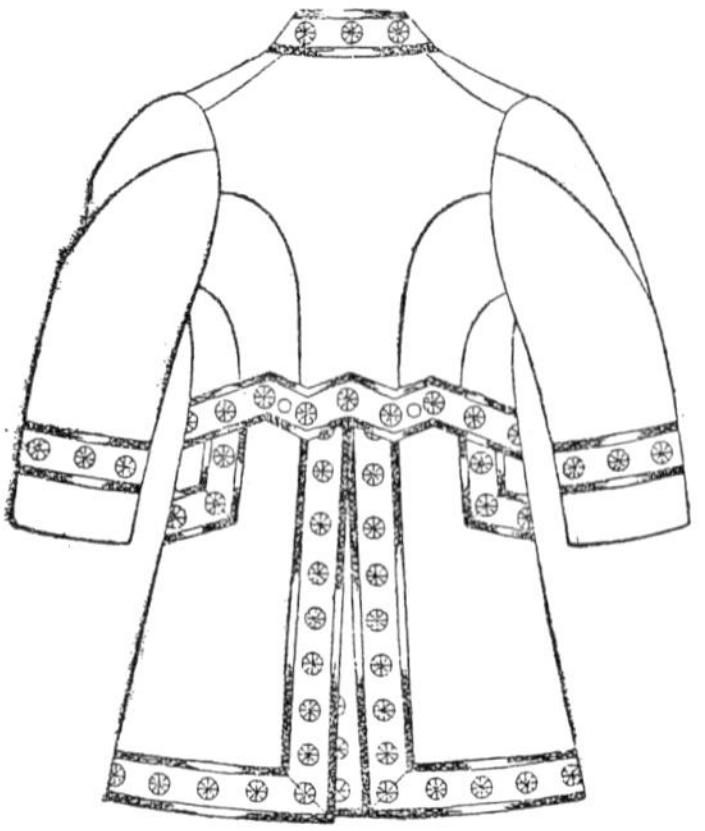

146　楽服乙種上衣（背面）

145　楽服・舎人職服・内舎人職服
楽服乙種上衣（正面）

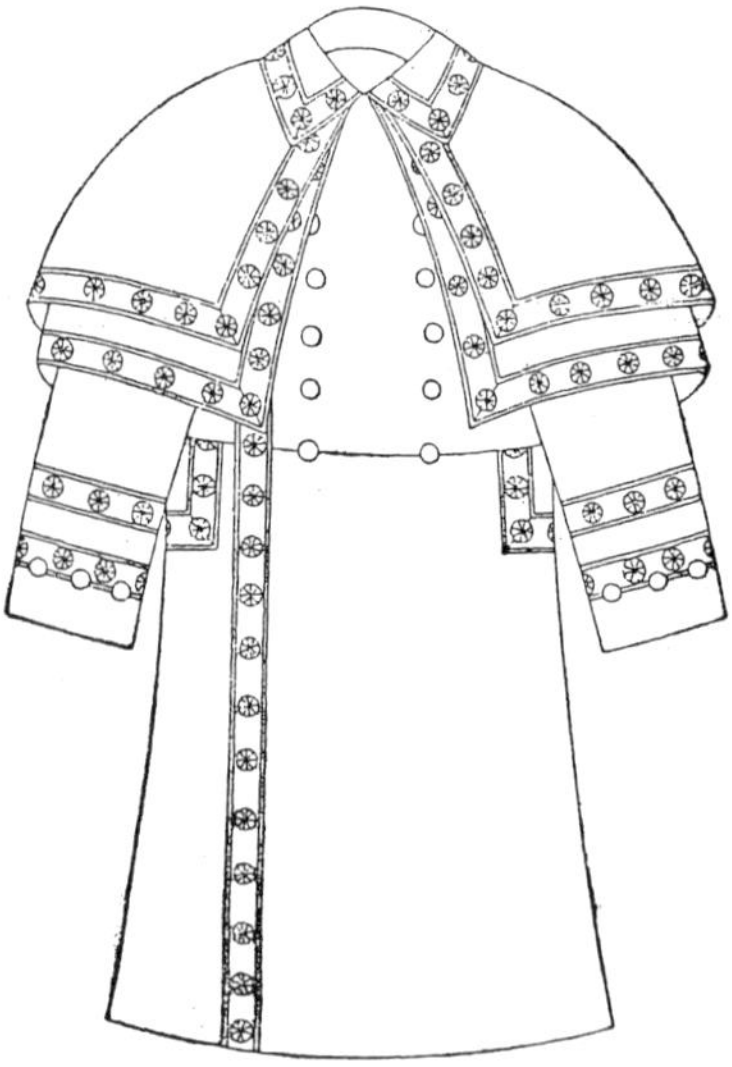

148　舎人・内舎人甲種外套

147　舎人・内舎人甲種上衣（背面）

いずれも『官報』昭和３年皇室令第３号

帽子には白や金色の大きな飾毛があり、鷹頭の柄の短剣を下げる黒色の釣革には、金色の弓箭箙弦巻模様と大きな桐章がついている。馭者や車従の職服より華美であり、自動車の鹵簿をおこなう現状ではほとんど使わなかった。第二号丙種の職服は、肩章や飾緒の金線が金銀線であるほかは第二号乙種の職服と同一であるうえ、着用規定がないため実際に使用されることがなかった。そこで肩章・飾章つきのフロックコート型上衣に高帽の乙種だけとした。また、天皇第三公式と皇后公式に相違がないにもかかわらず、天皇と皇后の略式鹵簿が著しく異なっているのは妥当ではなく、皇太子・同妃・皇太孫・同妃・親王・親王妃・王・王妃および女王の略式鹵簿は規定がないため、内舎人は乙種職服を着用するとした。

舎人職服は、四種を甲丙の二種とし、これに新制式の乙種を加えた三種へとあらためた。従来の第一号は甲種と乙種があったが、規定はなく、実際に使用されていなかった。これらを廃止する代わりに従来の第二号甲種を甲種職服、第二号乙種を丙種と定めた。また新たに加わった乙種職服は、内舎人の甲種職服と同型であったから、袖章の菊紋の有無、上衣背面の金線の多寡によって差がつけられていた。乙種の職服は、甲種上衣背面腰下の金線五条を三条、二号金線六条を四条、上衣袖の一号金線二条を一条、二号金線三条を二条に減らし、袖に紐釦をつけないものとした。

内舎人の甲種と舎人職服の乙種は、金線の多寡だけではなく、どのような馬車の車従を務めるかで異なった。内舎人の甲種職服が天皇の公式鹵簿などに用いられたのは先述したが、舎人の乙種職服は親王、親王妃、内親王、王、王妃または女王の公式鹵簿、各国大使信任状捧呈のため参内する場合などの馬車の車従を務める際に着用した。つまり外見上は同じように見えても、内舎人と舎人は明確に異なっていたのである。

主膳監職服および主膳職服は、華麗な甲種、簡素な丙種、その中間的な乙種の三種に分かれており、いずれも燕尾型であった。だが、乙種はほとんど利用されなかったため廃止とし、従来の丙種を乙種にあらためた。

主馬寮勤務宮内技手職服の職服は、自動車鹵簿の職服第五号甲種・同号乙種を除いても十二種類というバリエーションに富んでいた。第二号職服は甲乙丙の三種、第三号職服は甲乙の二種であったが、いずれも着用に関する規定がなく、現状では着用する機会がなかった。第一号丁種の職服も同様に規定がなく、実際に着用していたのは、第一号甲乙丙の三種、第四号職服甲乙丙の三種を合わせた六種のみであった。この六種には前騎者、騎馭者、口付役の職服は含まれていないため、その分の二種を加える必要があった。そこで現行の六種を四種に整理し、新規の二種を加えた六種を、鹵簿馬車の馭者の制服とした。

六種の職服を第一号と第二号とに大別し、第一号は甲乙丙丁の四種、第二号は甲乙の二種に分けた。第一号甲種を前騎者・騎馭者、同号乙種を口付役、同号丙種を公式鹵簿馬車の座馭者、同号丁種を公式鹵簿供奉馬車の馭者の職服とした。また第二号甲種を略式鹵簿馬車・公式鹵簿供奉馬車の馭者、同号乙種を略式鹵簿供奉馬車の馭者の職服と定めた。

第一号甲種は、従来の第二号甲種（大正四年の大礼のときに騎馭者が着用）を多少変更したものである。上衣裾の笹縁に沿ってついている一号金線および二号金線各一条と、袖の表半面金線上部についている一号金線一条、二号金線二条を削り、袖口の一号金線二条から一条へ、二号金線三条から二条へとあらためた。丸形の帽子は様式を一変し、幅一寸の菊紋章織り出し金線七条をつけたものとした。

第一号乙種は、従来の第二号丙種（大正四年の大礼のとき口付役が着用）上衣の金線が上半身に少なく下半身に多かったが、それを逆にして上半身に多く下半身に少なくした。これは美的観点に加え、動作上も効果的と判断しての改正であった。幅一寸五分の金線を、上衣背面中央と左右の縫い合わせに沿って三条、肩に一条、袖の上部肩縫い合わせに沿って一条加えた。一方、裾にあった一条をなくし、背面腰下の五条と袖口の近くの二条を各一条に減らし、これに応じて幅五分の金線も減らした。袖の紐釦はなくし、新たに右肩に肩章と飾緒をつけた。緋の下衣は縁辺についた金線の笹縁二条を一条に減らし、釦鉤は鈕釦にあらためた。高帽锷の周辺の金線幅一寸は八分へと減少している。

151–1　第 1 号乙種外套（正面）

150–1　第 1 号乙種（正面）

151–2　第 1 号乙種外套（背面）

150–2　第 1 号乙種（背面）

149　主馬寮宮内技手職服制第 1 号甲種上衣　正面・背面「宮内官制服令中改正ノ件正本附属書類」（「皇室令録」昭和 3 年，宮内庁書陵部宮内公文書館所蔵）

154-1　第 1 号丁種（正面）

153-1　第 1 号丙種外套（正面）

152-1　第 1 号丙種（正面）

154-2　第 1 号丁種（背面）

153-2　第 1 号丙種外套（背面）

152-2　第 1 号丙種（背面）

155–1　第２号甲種（正面）

156–1　第２号甲種外套（正面）

157–1　第２号乙種（正面）

155–2　第２号甲種（背面）

156–2　第２号甲種外套（背面）

157–2　第２号乙種（背面）

第一号丙種は、従来の第一号乙種（天皇鹵簿第三公式、摂政鹵簿第二公式および皇族の公式鹵簿の馬車の馭者が着用）とほとんど変わらず、改正された第一号乙種と上衣は同一であった。緋ビロード製で笹縁に金線一条の下衣や、外套の肩掛け二重という点も変化はないが、襟から裾までと肩掛けに金線の笹縁をつけ、袖章の金線を倍加し、新たに袖に鈕釦三個をつけた。

第一号丁種は、従来の第四号甲種（天皇鹵簿第二公式供奉馬車の馭者が着用）と同じであり、改正の第一号丙種とは上衣の肩と背に金線がないところが異なる。下衣と袴は緋、帽子は飾毛つき三菱山形であったが、外套には金線の笹縁のない肩掛け二重とした。靴は金具つきの短靴であった。

第二号甲種は、従来の第一号丙種（公式以外の行幸啓鹵簿馬車ならびに皇太子と同妃および皇孫の馬車の馭者が着用）と同じである。上衣は肩章と飾章つきのフロックコート型、袴は白色キュロット型、帽子は高帽、外套は肩掛け二重、靴は長靴である。新たな点は、高帽鍔周辺の金線幅一寸を八分へと減らすなど瑣末なことに過ぎない。

第二号乙種は、従来の第四号乙種（天皇鹵簿第三公式および摂政鹵簿第二公式供奉馬車の馭者が着用）に類似し、主馬寮勤務宮内技手職服の改正中でもっとも簡素な服と位置づけられる。第四号乙種上衣にあった金銀線の肩章と飾緒を

158–1　第 2 号乙種外套（正面）

158–2　第 2 号乙種外套（背面）

廃し、襟の構造をあらため、高帽周辺の金線幅を一寸から八分へと減らし、帽鉢巻の金線幅を二寸とした。そのほか不要な金線を排除している。

この改正により主馬寮勤務宮内技手職服は、十二種から六種へと半減した。各部分で見れば、外套四種と靴二種とに変化はないものの、上衣が九種から五種、下衣が二種から一種、袴が四種から二種、帽が五種から三種へと減少している。また全体的には、楽服は三種から一種、内舎人職服は五種から二種、舎人職服は四種から三種、主膳監職服は三種から二種、主膳職服は三種から二種、主馬寮勤務宮内技手職服は十二種から六種（史料上に十四種から八種とあるのは誤解と判断される）と、簡略化された。

これらの礼服類は、先述したとおりお仕着せである。宮内省内の箪笥に常時備えられており、儀式の種類に応じて着替えた。宮内官制服令の改正によって種類を減らしたことは、複雑な運用を改善できただけでなく、宮内省の経費節減としても意味があったといえる。

二　非役有位大礼服の廃止案

昭和二年（一九二七）十月三十一日の事務調査会総会で宮内高等官大礼服改正案が可決されたが、当日の議場ではもう一つの懸案事項として非役有位大礼服の問題が取り上げられた。非役有位とは官職に就かず、位階だけを有する立場の者をいう。非役有位大礼服は、文官大礼服とともに明治五年十一月に大礼服制で定められ、勅任官相当の四位以上と、奏任官相当の五位以下に分かれる。事務調査会総会では非役有位大礼服については意見が分かれ、小委員会で調査をすることとなった(16)。昭和二年十月二十日付で丸秘印の押された「位階服ヲ廃スルヲ可トスル理由」は、三十一日の会議で配布されたと思われるが、この史料から会議で非役有位大礼服を廃止するか、存続させるかで意見が分かれたことがうかがえる。

宮中儀礼の式場で非役有位四位以上の大礼服を着るのは、貴族院と衆議院の両院議長・副議長、勲一等有勲者、従一位・正二位有位者に限られた。このうち貴族院の議長・副議長は有爵者大礼服を着るし、従一位は生前に贈らない慣例であるから、事実上はそれ以外の者が対象となる。昭和三年の調査で非役有位大礼服を着用すべき「大臣礼遇及前官礼遇」は犬養毅、若槻礼次郎、高橋是清の三名、勲一等は三十五名、正二位は一名しかいない。有位者に特定の大礼服があるのに対し、有勲者にはそれがなく燕尾服を着ていた。非役有位大礼服の廃止理由には、対象者が少ないことと、有勲者の大礼服がない不平等性が挙げられている。また「正二位以上ノ者ノ外ハ単ニ参拝又ハ参賀ノ為メ、特ニ多額ノ費用ヲ投シテ位階服ヲ新調セサルヘカラス、為ニ実際ニ於テハ参拝参賀ヲ欲スル者モ、服装ノ関係上之ヲ能クシ得サルノ有様ナリ」(17)と、現状を指摘している。

実際、儀礼に有勲者は燕尾服で参列できるのに、有位者は大礼服がないと認められないため参列できず、涙をのむ人も少なくなかった。某有位者は、宮内大臣宛に非役有位大礼服の代用として燕尾服の着用を認めてほしいと陳情している。昭和二年二月七日の大正天皇の大喪に際して勲六等以上や代議士たちが燕尾服の着用を許容され、従六位以上の有位者だけ非役有位大礼服でなければならないのは不公平だという。また、今回の大葬から外套の着用も許可しているのだから、寛大な措置を願うとのことであった。宮内大臣は、この陳情を妥当と判断し、大喪使次官にも供覧している。(18)このような状況を受け、宮内省では宮内官制服令の改正に向けて調査が進められ、次のような「位階服ヲ廃スルヲ可トスル理由」が作成されたのである。

一、古制ハ位階ニ依リテ冠服ヲ区別スルカ故ニ大礼服ハ寧ロ位階ニ依ルヲ至当トス、之ヲ廃止セムトスルハ妥当ニ非ス、

二、位階服ノ欠点ハ其モノ自体ニ存スルニ非スシテ、之ヲ調製スルニ於テ負担ヲ感スルノミ、故ニ他ノ服ヲ以テ代用シ又ハ之ヲ利用スルコトヲ考案セハ可ナリ、其ノ方法凡左ノ如シ、
（イ）位階服ハ現制ノママ之ヲ存シ、前官ノ大礼服ヲ以テ之ニ代フルコト、
（ロ）位階服ヲ改メテ前官ノ大礼服ニ少許ノ加工ヲ施シタルモノトスルコト、
（ハ）位階服ヲ現制ノママ存シ通常礼服ヲ以テ代用スルコトヲ得シムルコト、
（ニ）（ロ）ノ方法ニ依リ且通常礼服ヲ以テ代用スルコトヲ得シムルコト、
（ホ）位階服ヲ廃シ前官ノ大礼服ヲ引続キ着用スルコトヲ得シムルコト。[19]

非役有位大礼服の継続を訴える意見もあったが、省内で検討を重ねて廃止という結論に至った理由を以下のように述べている。第一項目については、大礼服は昔の冠服のように位階だけに応じているのではない。第二項目については、（イ）は非役の者に文官大礼服や宮内官大礼服などの着用を許可すれば、服制が混乱するだけでなく、勅任官が位階相当である従四位を受けずに退官した場合は勅任文官大礼服を着ることができず、奏任官が従四位を受けて退官した場合に着用できることとなり、上下の階級を示す服制が機能しない。（ロ）は文官・宮内官・有爵者の大礼服に少し加工したものを制定することとなり、かえって服制が煩雑になる。（ハ）は非役有位大礼服を所有する者だけに着用者が限られる可能性が高いから、むしろ中途半端に残すよりも廃止すべきである。（ニ）は（ロ）の方法は妥当ではなく、（ロ）にするくらいなら（ハ）のほうがよい。（ホ）は位階服を廃止し、前官の大礼服を着られるようにする。このようにすべての理由は具体的であった。

だがこの「位階服ヲ廃スルヲ可トスル理由」を示しても、十月三十一日の議場で意見が分かれたように廃止に反対する者が複数いたのも事実である。審議未了となった非役有位大礼服は、十二月五日の事務調査会総会で「位階服廃

止の件」が議論されたものの結論には至らず、翌昭和三年二月十七日の事務調査会小委員会で協議されている。[20]その後も二月二十日、二十一日（大臣室会議）、三月二十八日（参事官会議）、三十日（儀礼小委員会）、四月六日（大谷、酒巻、大金が協議）、七日、十三日（式部参事官会議）、二十日（同上）、二十一日（儀礼小委員会）と議論は重ねられた。[21]

二月二十一日の大臣室における会議は、宮内大臣一木喜徳郎、宮内次官関屋貞三郎、庶務課長白根松介、式部長官伊藤博邦、儀式課長山県武夫、宗秩寮総裁仙石政敬、参事官の大谷正男、渡部信、酒巻芳男、大金益次郎が出席した。皇室令で非役有位大礼服の代用として燕尾服を定めるか、諸令で大礼服の代用を認めるかは重複しないようにすることが課題とされた。前年十月十八日に一木喜徳郎から照会を受けた内閣は、「同種類ノ大礼服中更ニ上下二様ノ区別ヲ設クルハ徒ラニ服制ヲ複雑ナラシムル」との理由により、文官大礼服の特別儀礼用である白ズボンを廃止し、通常儀礼用の黒ズボンに統一することを認めたが、[22]当日の会議では特別大礼に用いる白チョッキの廃止は見送ることとした。

そして「位階服ヲ廃止スルトキ」は「内閣ニ合議ノ上皇室令ヲ発布」するとし、「朕判任官大礼服及一般通常礼服ノ制ヲ裁可シ茲ニ之ヲ公布セシム」という案文も作成された。ここに登場する判任官大礼服は、すでに述べてきたとおり、明治期から着用する官員がほとんどなく、実体のともなわないものであった。それゆえ案文で判任官大礼服は「即服制ナキモノトス」と規定し、非役有位大礼服とともに廃止を図っていた。対象者には、「一般通常礼服」である燕尾服の着用を認めようとしたのである。

ところが、二か月後の昭和三年四月二十七日の儀礼小委員会では状況が一変する。この日に配布された文書名は「位階服ニ対スル取扱方ノ件」とあり、文面のどこにも廃止の文字は見当たらない。

一、在官者ハ参列資格ノ如何ニ拘ラス大礼服、正装ヲ着用スルコト（現在ノ取扱通）、

二、有爵者ハ参列資格ノ如何ニ拘ラス有爵者大礼服ヲ着用スルコト（前同断）、
三、爵ヲ有スル在官者ハ大礼服正装又ハ有爵者大礼服ヲ着用スルコト（前同断）、
四、非役有位者其ノ資格ヲ以テ参列スルトキハ位階服ヲ着用スルコト（前同断）、
五、議員市長等ノ職ニ在ル者其ノ資格ヲ以テ参列スルトキハ仮令有位者ナルモ通常礼服ヲ着用スルヲ得ルコト（前同断）、
六、有位有勲者ニシテ位勲共ニ参列資格ナルトキ及勲ノミ参列資格ナルトキハ通常礼服ヲ着用スルヲ得ルコト（現在ハ有位者ナルトキハ其ノ参列資格ナルト否トニ拘ラス位階服ヲ着用セシム）。[23]

非役有位大礼服を廃止せず（第四項）、従来は有勲者のみに限られた燕尾服の着用を、非役有位大礼服の代用として認める案に変更している。燕尾服の代用を認めたものの、非役有位大礼服が法的に廃止されることは避けられたのである。「位階服ニ対スル取扱方ノ件」には「取決」、「小委員ノ意見及西園寺修正説ニ依リ発案シタルモノ」とあり、[24]その後の会議記録でも大幅な変更が確認できないことに鑑みると、この方針で決定されたと見てよい。実際、先に提案された非役有位大礼服や判任官大礼服を廃止する皇室令は公布されていない。この直前の四月二十一日の儀礼小委員会では「廃止前程トシ代用皇室令」、「同上トシ代用扱但公示セズ」、「現状維持」の三案に絞られたが、最終的には「現状維持」に「代用」を加えるかたちとなったのである。

非役有位大礼服が廃止されなかったのは、昭和三年十月五日に定められた「儀式祭典ニ参列スヘキ者ノ服装」からも明らかとなる。

一、在官者其ノ資格ヲ以テ参列スルトキハ大礼服正装トス、但シ爵ヲ有スル在官者ハ有爵者大礼服ヲ着用スルコ

トヲ得、
二、有爵者其ノ資格ヲ以テ参列スルトキハ有爵者大礼服トス、但シ官ヲ有スル有爵者ハ大礼服正装ヲ着用スルコトヲ得、
三、有位者其ノ資格ヲ以テ参列スルトキハ、
（イ）官吏ニシテ現職ニアル者ハ大礼服正装トス、
（ロ）官吏ニシテ現職ニアラサル者ハ大礼服正装又ハ非役有位大礼服トス、
（ハ）有爵者ハ有爵者大礼服トス、但シ官ヲ有スル有爵者ハ大礼服正装ヲ着用スルコトヲ得、
（ニ）官爵ヲ有セサル者ハ非役有位大礼服トス、
四、服制ナキ参列資格ヲ以テ参列スルトキハ、
（イ）官吏ニシテ現職ニアル者ハ大礼服正装トス、但シ貴衆両院議員ハ通常礼服ヲ着用スルコトヲ得、
（ロ）官吏ニシテ現職ニアラサル者ハ大礼服正装非役有位大礼服（有位者ニ限ル）又ハ通常礼服トス、
（ハ）有爵者ハ有爵者大礼服トス、但シ官ヲ有スル有爵者ハ大礼服正装ヲ着用スルコトヲ得、
（ニ）官爵ヲ有セサル有位者ハ非役有位大礼服又ハ通常礼服トス、
（ホ）其ノ他ノ者ハ通常礼服トス、
五、前二号ノ資格ヲ併有スル者ノ服装ニ付テハ第四号ノ定ムル所ニ依ル、
六、親任待遇、勅任待遇、奏任待遇及判任待遇職員ニ付テハ、前各号ノ取扱ニ準ス。(25)

在官者は文官大礼服と陸海軍の正装、有爵者は有爵者大礼服、非役有位者は非役有位大礼服、服制のない貴族院議員と衆議院議員は燕尾服、官職と爵位のない有位者は非役有位大礼服または通常礼服と、各資格に応じて大礼服を定

めているところに変わりはない。新たな点は、服制のない参列資格者のなかで非役有位大礼服の対象者に燕尾服を許可したことである。つまり非役有位大礼服を廃止にしない代わりに、論点にあがっていた燕尾服の代用を認めたといえる。

それではなぜ非役有位大礼服を廃止にできなかったのか。その手掛かりとなるのが、当初から出ていた廃止論への反対意見である。廃止案については、「最近位階令ノ制定ニ依リ位階ノ制度ハ実質ハ兎モ角、形式上重セラルルニ至レルモノト認メサルヲ得サルヲ以テ、位階ニ基ク特権ノ一タル位階服着用ノ途ナカラシムルハ位階尊重趣向ニ反スルヤノ嫌ナキニアラス」という反論がはじめから見られた(26)。

ここでいう位階令は、大正十五年(一九二六)十月二十一日に公布された。大正四年二月十三日の宮中席次令で位階は示されたが、位階令でより明確になった。宮中席次において位階は勲等や官等よりも重視されなかったが(27)、前近代から天皇によって授与されてきた位階に対する「尊重趣向」は衰えていない(28)。昭和大礼に際しても贈位を望む多くの者に位階が授与されたことは、その証左となる。つまり、このような状況にもかかわらず非役有位大礼服を廃止するのは、その着用を望む者の意向に反するというのである。勲章を佩用する者は有勲者であることを他者に示せるが、形の見えない位階は非役有位大礼服を着ないかぎり外見では有位者であることはわからない。

また非役有位大礼服を廃止にできなかった大きな理由として、文官大礼服との関係も考えられる。非役有位大礼服を廃止するには、同時に制定された文官大礼服制ともかかわるため、当然内閣との審議が欠かせない。非役有位大礼服は着用者が少なく、宮内省でも廃止を検討していることを理由に挙げ、文官大礼服の改正の折に廃止する意見も出た。だが、燕尾服の着用は判任官と区別するため、当分の間は非役有位大礼服を残すべきだという見解に落ち着いている(29)。

内閣は宮内省から照会を受けても、位階制度や文官大礼服との関係で、非役有位大礼服を廃止することはできなかったと考えられる。内閣も宮内省も大礼服制の簡略化を望んだものの、限界があった。この点は、次節の参内の服装についても同様であった。

三　宮中諸行事の服装の簡略化

昭和三年（一九二八）十一月十日、昭和天皇の即位式が京都御所で執りおこなわれた。昭和大礼に際しては、参加者に次の服装規定が示された。

（一）官ノ廉ヲ以テ参列スル者
文官、宮内官大礼服、正装又ハ有爵者大礼服、
（二）爵ノ廉ヲ以テ参列スル者
有爵者大礼服又ハ文官、宮内官大礼服、正装、
（三）位ノ廉ヲ以テ参列スル者
在官者（現職）ハ文官、宮内官大礼服、正装又ハ有爵者大礼服、
有爵者ハ有爵者大礼服又ハ文官、宮内官大礼服、正装、
其ノ他ハ文官、宮内官大礼服、正装又ハ非役有位大礼服、
（四）勲ノ廉ヲ以テ参列スル者
在官者（現職）ハ文官、宮内官大礼服、正装又ハ有爵者大礼服、
有爵者ハ有爵者大礼服又ハ文官、宮内官大礼服、正装、

其ノ他ハ文官、宮内官大礼服、正装又ハ非役有位大礼服又ハ通常礼服（燕尾服）、

（五）其ノ資格ニ相当スル服制ナキ者

在官者（現職）並ニ有爵者ハ文官、宮内官大礼服、正装、有爵者大礼服但シ在官者（現職）ニシテ貴衆両院議員ノ廉ヲ以テ参列スル者ハ通常礼服（燕尾服）ヲ着用スルコトヲ得、

其ノ他ハ文官、宮内官大礼服、正装、非役有位大礼服又ハ通常礼服（燕尾服）、

（六）神道各派、仏教各派総代ハ大礼服ニ相当スル服。

基本的に前節の最後で述べた十月五日の「儀式祭典ニ参列スヘキ者ノ服装」にもとづいているのがわかる。また十一月十日の賢所大前の儀・紫宸殿の儀、同十三日の大嘗宮の儀、大饗第一日、同第二日の儀に参列する場合は、大礼服のチョッキとズボンは白色を着用した。十一月十一日の賢所御神楽の儀、大饗夜宴の儀に参列する場合はそれらを黒色としたが、大饗第二日の儀に引き続き同夜宴の儀に参列する場合は白色の着用を認めた。また女性参加者は、賢所大前の儀、紫宸殿の儀は大礼服（マントー・ド・クール）または袿袴（礼服）、大嘗宮の儀は袿袴（礼服）または大礼服（マントー・ド・クール）、大饗第一日・第二日の儀、同夜宴の儀は中礼服（ローブ・デコルテ）または袿袴（礼服）、賢所御神楽の儀は通常服（ローブ・モンタント）または袿袴（礼服）と定められた[30]。

賢所大前の儀・紫宸殿の儀を拝観した作家の久米正雄は、参列者の行列を「大礼服陸海軍の礼装いかめしき人々が胸をはり、ゆつくりゆつくり砂利を踏んで、承明門の左右の入口から庭内へと参入しはじめる様は、金装の連らなりである。金ピカ、白いズボンの金縞、鳥毛帽、また金ピカ」と記している。そして久米は、「式部官でもあるのだらう、殿上金ピカの制服と白い靴下?、瀟洒たる中世騎士にも似た姿がチラリ〳〵と通り過ぎて、何かと準備につくしてゐるさへ絵のやうだ」[31]と、舎人たちの礼服を見逃していない。彼らが豪華な礼服を着て作業する姿は、見慣れない

者にとって絵のように映ったのである（口絵4）。

諸官庁では、即位式に合わせて昭和三年十一月十日の午後二時から奉祝会が開催された。諸官員には、男性は通常服・制服・モーニングコート、女性は白襟紋付という規定に加え、男性の紋付羽織袴での参加を認めた。[32]さらに即位礼および大嘗祭後の大饗第一日の儀に地方で饗饌に招待された者で、事情により規定の礼服を用意できない場合、男性にはモーニングコートや紋付羽織袴を許可した。また教戒師やキリスト教宣教師の礼服に相当する服装をはじめ、朝鮮・台湾など固有の礼服の着用も認めている。[33]

いずれも即位式では許可されなかったとはいえ、大正大礼では地方饗饌でさえ許可しなかったことと比べると大幅に緩和されたといえる。この点は国葬と同じ理屈であり、国家の奉祝が一部の人間に限られるようでは意味がなかった。大正大礼で服装規定に反するとして不参加を強いられた招待者がいたが、そのなかには不満を持った者もいたであろう。そのため今回は、宮中の外で開かれる奉祝会では通常服であるモーニングコートや、「民の礼服」である紋付羽織袴や白襟紋付の着用を許可したのである。

昭和大礼がおわると、それらの服を参内の礼服とするかどうかの議論が本格化する。昭和四年二月十四日に内大臣秘書官長兼式部次長を拝命した岡部長景の日記からその様子が見て取れる。岡部は宮内省の入省を控えた一月二十九日に「フロックコート」「モーニングコート」「ブラックジャケット」「ビロード襟外套」を注文したが、[34]実際に着任するとフロックコートとモーニングコートの着用区分をめぐって省内では議論が繰り返された。この区分も大正後期からの懸案事項の一つであった。

岡部の日記にこの議論がはじめてあらわれるのは昭和四年三月三十一日に宮内次官関屋貞三郎の訪問を受けたときであり、ここで関屋は観桜会でのモーニングコート着用に同意している。[35]四月一日には、大臣応接室に宮内大臣一木喜徳郎、宮内次官関屋貞三郎、侍従長鈴木貫太郎、侍従次長河井弥八、庶務課長白根松介、大膳頭上野季三郎、儀式課長山県武夫が参集し、観桜会でフロックコートの代用としてモーニングコートを認めるか否かの会議が開かれた。誰がどのような発言をしたのかはわからないが、「フロックは時代遅れにて観桜会に際し御召を受けたる者の内之を所持せざる為種々迷惑する者尠からず、屋外に限り特に御差許相成差支なかるべし」ということに決まった[36]。

元号が昭和に変わり新たな時代にフロックコートは適さないし、実際に所持していない者が少なからずおり迷惑しているという。そこで観桜会にモーニングコートを認めたのだが、この段階では「屋外に限り」として参内には認めなかった。この会議に宮中の食事を管轄する長である大膳頭が出席しているのは、これまた従来から懸案となっていた観桜会の「ブフェ」の話題が出たからであるが[37]、省内の服装については大膳頭を除く人々によって議論が進められたと考えられる。

この半年後には皇后の誕生日を祝う地久節の服装について、従来の燕尾服に加えてフロックコートでの参加を認めてはどうかとの意見が挙がった。十一月四日に侍従職会議室に集まった鈴木侍従長、侍従の木下道雄、黒田長敬、岡本愛祐、本多猶一郎、式部官の山県武夫、相馬孟胤で協議された。このほか、行幸先における紋付和服の許可の是非や、男性が燕尾服やフロックコートでよいときは女性に白襟紋付での参加を認めてはどうかという意見も交わされた[38]。これは十一月十三日の「服装改革打合会」に持ち越され、さらに特に指定したモーニングコートを除いてフロックコートの代用を認めること、両陛下に拝謁する際にフロックコートかモーニングコートを許可すること、地久節では宮内官の燕尾服を廃止することという意見が加わった[39]。

ここに至り宮中の服装をめぐる議論は女性も対象に含めるようになった。女性の礼服は、洋装の大礼服・中礼服・小礼服・通常礼服と、和装の袿袴があった。洋装は用途に応じて四種類用意しなければならず、調製費でいえば礼服と通常服しかない袿袴のほうが手軽であった。だが、どちらも着心地が悪いのは同じで、大正大礼はもとより昭和大礼でも女性の参加者は少なかった。少ない参加者のうち、洋装は皇族や外交官夫人などであり、そのほかは大臣夫人

159　昭和大礼の大礼服と袿袴　個人蔵

でも袿袴を着ていた[40]。昭和大礼の大臣集合写真を見ると、男性は大礼服、女性は袿袴と、夫婦で和洋に分かれている（図159）。袿袴は洋装より費用の負担が軽いとはいえ、大正四年（一九一五）九月に三越製の礼服と通常服の一式で三百円から二百円しており[41]、参内する機会が少ない者は進んで調製しようとは思わなかった。実際、天長節の宮中宴会をはじめ、観桜会や観菊会などの招待状は夫婦宛てに出されたが、ほとんどの夫人は欠席している。

参内の服装を緩和したのは、参加者を増やすためであった。だが、従来から意見は出ても立ち消えとなっており、実現は容易ではなかった。昭和五年四月一日に岡部は「関屋次官と、宮中にて婦人の白襟紋付を認めらるることにつき更に運動を起すこととし、先づ次官より大臣の意向を確かめてもらふことに打合はせた」と記している[42]。岡部と関屋が中心となり、牧野の意向を確認しようとしていたことがわかる。注目すべきは「更に運動を起す」という点であり、前年末から運動を展開したものの、上手くいかなかった経緯がうかがえる。

そして翌日の四月二日、宮内省会議室に関屋と岡部をはじめ、侍従の木下、岡本、参事官の大金益次郎、式部官の渡辺直達、武井守成、白根松介、山県、相馬が集められ、女性の白襟紋付について意見が求められた。渡辺から、男性がフロックコートを着用して儀式に臨むとき、女性に袿袴か洋装のほか白襟紋付まで許容するには、相当の理由が必要ではないかとの質問が出た。これに岡部は、明治時代に女性の洋装を採用したとはいえ、裾が長く動作が困難な上に調製費が嵩むことから着用者が少ないこと、大正十年四月から観桜会・観菊会で白襟紋付の着用を認めたところ参加者が増加したことなどを挙げ、白襟紋付も認める妥当性を説明した。また「洋装を新調するは経費も嵩み緊縮の方針にも反する所以」であるともいう(43)。

この説明に納得したと見えて渡辺は反論していない。牧野は同席していなかったが、事前に関屋と岡部の間で話し合われていたから、終始議論は両者のペースで進められたと思われる。これにより、四月二日、モーニングコートとシルクハットは、観桜会・観菊会で通常服に代用してよくなり、天機・御機嫌伺いや、任官・叙位・叙勲・賜物などの御礼のため参内記帳する場合にも認められた(44)。九月三十日には、この場合に白襟紋付を着ることが許可された(45)。賢所参拝に際して「日本服」の着用を認めてはという意見も出たが、これは見送られた。ここでいう「日本服」とは、男性の紋付羽織袴、女性の白襟紋付を指す。結局、この会議では男性がフロックコートの場で女性の白襟紋付を認めることに決した(46)。

ここまでのところ、服装の簡略化は順調に進んでおり、なんら困難な様子は見られない。だが、最終的な天皇の裁可を受けるまでは、まだいくつも壁を乗り越えなければならなかった。昭和五年四月十日、白襟紋付の着用に関して宗秩寮総裁仙石政敬が異論のあることを関屋から聞いた岡部は、伺書案とローブ・モンタント（女性の小礼服）の服制図を携えて宗秩寮総裁室を訪ねた。すると仙石は絶対反対というわけではないが、白襟紋付だと裾が大きく開くおそれがあるから、袴をつけるような工夫が必要であると述べている。また陛下が望んでのことであるなら伺書案に捺印したが、続けて節約のために皇族に洋服の着用を義務づけないのであれば、和服の規定は宗秩寮に任せてもらいたいともつけ加えた。これを受けた岡部は、袴の工夫を含めて宗秩寮に任せている[47]。

岡部は宗秩寮総裁室を出ると、内匠寮の東久世秀雄を訪ね同じく説明して捺印をもらった。侍従長で皇后宮大夫の河井弥八から同意を得ると、その旨を関屋に報告するとともに、皇太后宮大夫入江為守の女婿である式部官坊城俊良に子細を説明するよう頼んだ。これは翌日の入江を説得する前の根回しであった[48]。昭和五年四月十一日に入江は、青山御所を訪れた岡部から説明を聞くと伺書案に捺印した。だが、裾が開くことから袴を穿かせることや、島田（女性の髪型）での参内は不都合であるから束髪を義務づけるべきだと述べた。また入江は捺印の条件として岡部に興味深い発言をしている。「思召に出でたるは難有ことなれども臣下としては一も二もなくそれに従ふよりは先づ之れを実施することとして、従来より敬意を減ずることなかるべきやを篤と考慮すること」、「式部にて敬意を失することなき様充分注意を加へられたし」というのである[49]。

それから一月の間に関屋が貞子皇太后に拝謁したところ、皇太后は白襟紋付を認めることに気が進まない様子であったが、絶対に反対という感じでもなかったという。皇太后は大宮御所では和服も映えるが、宮殿の建築構造ではどうであろうかと懸念したものの、結局白襟紋付を認めている。これを五月二十一日に知った岡部は、以降の取り計らいを関屋に一任した[50]。五月二十四日には、関屋が大臣にこれまでの経緯と皇太后が黙許していることを告げると、ついに大臣も伺書案に捺印し、ただちに侍従職へ回され、御手元への提出手続きが取られた[51]。ようやく五月二十六日に天皇の手元に宮内大臣以下が捺印した伺書案が届いたのであるが、これが却下されるはずはなかった。なぜなら白襟紋付をめぐる議論は、「思召」という言葉が散見されるとおり、天皇から節約案として提示されたものであるからだ。この日、白襟紋付を通常服の代用とする件は、御陪食拝謁、賜餐賜茶菓、観桜会、天機伺い、御機嫌伺い、御礼などの参内、御下賜品拝受、行幸啓供奉の際に限り許可された[52]。

宮中ではじめて白襟紋付が着られたのは、昭和五年六月十九日に新任イタリア大使を招いた御陪食の席であった。

侍従長夫人、関屋夫人、外務大臣幣原喜重郎の叔母と夫人がこれを着て出席した。関屋夫人は色物であったが、ほかの三名はいずれも黒を着ており、岡部は見慣れている黒がよかったと感想を述べている(53)。岡部は入江から日本の慣習上、紋付の色は黒に限るべきだと意見されたが、晩餐会では色物のほうが華やかになるのではないかということもあり、黒に限定はしなかった(54)。それはともかく着用をめぐってはさまざまな意見が出たものの、岡部は「変な形の洋服姿と異り、落付いて威儀も整ふた様に感じ、係員等の評判も非常によい」と当日の様子を記している(55)。

このようなかたちで女性の白襟紋付の問題は収束したが、参内でモーニングコートが許可されるのは翌年まで待たなければならなかった。その詳細については牧野、関屋、河井の日記にも記されていないためわからないが、昭和六年六月三日に「皇室諸令其ノ他ニ於テ指示スル通常服」としてフロックコートの他モーニングコートが正式に認められた(56)。これを報じた六月四日の『東京朝日新聞』は、「見捨てられるフロック」という見出しで次のように書いている。

明治二十一年以来宮廷録事により謁見拝謁、賢所参拝、御陪食、御進講等の場合参内するものは総てフロックコートを通常服と指定され、観桜、観菊御会に召されるものは代用としてモーニングでも差支ない事になつてゐたが今度はモーニングが昇格してフロックと共に通常服に指定された結果一般の便宜は非常なもので自然フロックはいよ〳〵影をひそめる事とならう(57)。

帝国憲法の発布を前に服制が整備されてから、長期にわたって踏襲してきた参内の通常服を変更した意義は少なくない。河井弥八はフロックコートとチョッキを五十円で調製していたが(58)、昭和六年六月一日に総務課長の木下道雄から皇后御誕辰日の拝謁に際してフロックコートに変更してはどうかといわれると、現状の燕尾服を維持すべきであり、変更するならば大礼服がよいだろうと反論している(59)。

河井の発言からは、時代の趨勢とはいえ、大礼服や小礼服に代えてフロックコートやモーニングコートを礼服として認める意思がなかった点が確認される。木下の考えは、おそらくは少数派であったと思われる。それは、前章で確認した非役有位大礼服の廃止案が実現しなかったように、大礼服や小礼服を廃止にしようという意見が現状で出されていないことと、次節で述べるように文官大礼服制改正試案が作成され、大礼服制の継続が図られているからである。

四　知られざる文官大礼服改正案

昭和大礼の前後に大礼服制の緩和が図られたが、それは複雑な規定をなくす実務上のメリットだけでなく、大正時代からの人々の要求に応えるものでもあった。その意味では、政府官員たちの着用する文官大礼服も例外ではない。明治期に制定された文官大礼服は大礼服制の根幹であり、昭和という新しい時代に相応しく変えるにはどうすればよいかが議論された。内閣では文官大礼服の改正案が作成されたが、『官報』で公布されなかったこの案を紹介しながら、当時の改正案にはなにが求められたのかを検討する。

文官大礼服制の改正案は、大正十三年（一九二四）に外務省がおこなった調査を参考にしている。外務省は、同年九月九日付の通達で、十七か国の特命全権大使と公使に外交官大礼服の調査報告を求めた。調査報告は、外務省外交史料館所蔵の「各国外交官大礼服制度取調ノ件」「附属書」と、国立公文書館所蔵の「文官大礼服制改正の件（未決懸案のまま）」に残されている。調査対象国は、洋式大礼服の発祥であるヨーロッパの諸国に限らず、南アメリカのチリ、アルゼンチン、ウルグアイ、ペルー、アジアの中華民国、シャム（タイの旧称）など多岐にわたる（表17参照）。

表から、日本と同じく文官大礼服と外交官大礼服の区別がないイギリスや、大礼服に開襟を採用しているギリシャとスイスなどさまざまな共通性や相違が見出される。刺繡には各国とも象徴的な花や葉の紋様を取り入れており、こ

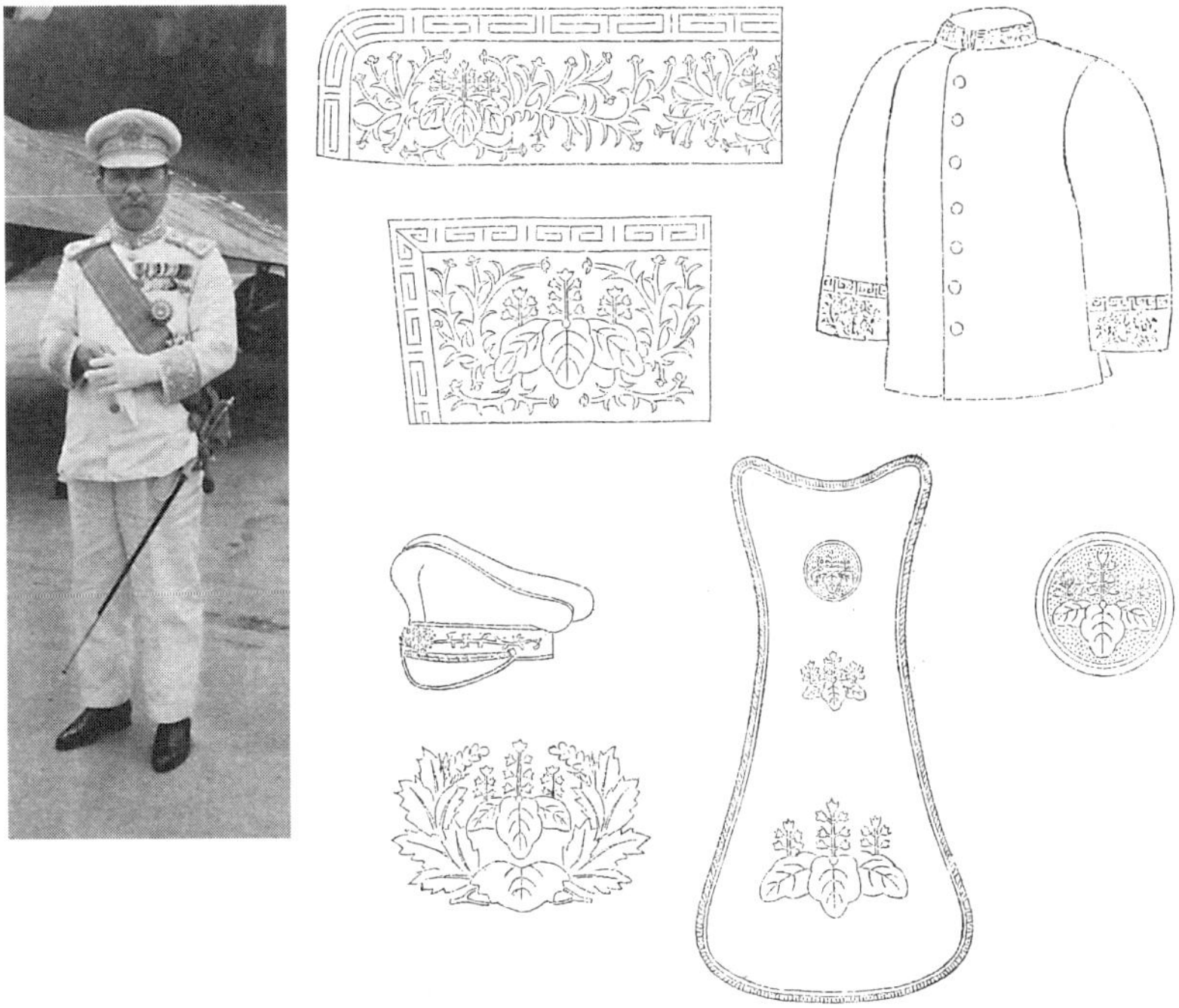

160　外交官大礼服・広田弘毅　『官報』明治 41 年勅令第 15 号,『一億人の昭和史　日本人 7　三代の宰相たち上』(毎日新聞社, 1982 年)

の点は文官大礼服の桐葉や唐草紋様も参考にしたのであろう。上衣正面の刺繍の有無により、大使や公使と、参事官や書記官の区別をしているのも、日本の勅任官と奏任官の区分と重なる。一方で日本とは異なり、文官大礼服制がないものの他国と交流するうえで不可欠との理由から、外交官大礼服を設けているスイス、チリ、アルゼンチン、ウルグアイや、文官大礼服のほかに外交官大礼服を制定し、詰襟を採用する国の多いことがわかる。

日本で文官大礼服とは別に外交官大礼服を設けなかった明確な理由は明らかではないが、外務省の官員だけを特別扱いするのを避けたと推測できる。明治十九年（一八八六）十一月の文官大礼服制の改正に向けて、各省の大臣を対象とする「大臣大礼服」が考案されたものの実現していない（七二頁の図32）。明治四十一年三月二日には「外交官及領事官大礼服代用服制」が制定されたが[60]、これは各国の

表 17　外務省の各国大礼服制調査一覧

国名	形状・色・素材	階級による差異	備考
イギリス	燕尾服型，詰襟，9 個釦，碧色ヴェルベット	上衣胸・襟・袖に金の樫葉模様（1 等・2 等），模様無し（3 等～5 等）	外交官と文官の区別なし
フランス	燕尾服型，詰襟，9 個釦，濃紺羅紗	上衣胸・襟・袖に金の三色菫の葉枝（大使・公使・総領事），大使館書記官・1 等領事・2 等領事以下は模様なし	
イタリア	燕尾服型，詰襟，黒色羅紗	金色刺繡，襟・袖・ポケットは赤天鳶（大使・公使），公使館参事官以下刺繡が簡素	
ベルギー	燕尾服型，詰襟，紺色羅紗	上衣胸・襟・袖に金の柏模様（特命全権大使・同公使），公使館参事官以下は胸の刺繡なし	
スウェーデン	燕尾服型，詰襟（開襟も有り），黒色羅紗	上衣胸・襟・袖に金の月桂樹（公使），公使館書記官および外交官補以下刺繡が簡素	領事官大礼服には規程があるものの，外交官大礼服には特別な規程はなく慣習的に着用している
ノルウェー	燕尾服型，黒色羅紗	上衣胸・襟・袖に金の松葉（公使），代理公使および総領事以下刺繡が簡素	
デンマーク	燕尾服型，詰襟，9 個釦，黒紺色羅紗	袖口の金星刺繡で区別（公使明記なし，総領事 3 個，領事 2 個，副領事 1 個）	
ギリシャ	燕尾服型，開襟，濃青色羅紗	上衣袖に金刺繡の大きさで区別（宮内・外務大臣 6 センチ，特派使節・全権公使 5 センチ，弁理公使および外務総務長官以下略）	その他，外務省官吏小礼服，外務省官吏夏季大礼服および小礼服がある
スイス	燕尾服型，開襟，暗緑色羅紗，上衣胸・襟・袖にエーデルワイスの花とロトダンドロンの葉を刺繡	9 個釦，金刺繡（公使），4 個釦，洋紅色羅紗地に銀刺繡（公使館参事官・同書記官，外交官補，領事）	文官は大礼服を着用しない
オランダ	燕尾服型，9 個釦，黒色羅紗	金刺繡（公使・弁理公使），銀刺繡（総領事以下）	外交官ではない文官は，各官職によって服制が異なる
スペイン	燕尾服型，詰襟，9 個釦，濃紺羅紗	上衣胸・襟・袖に金刺繡（代理公使以上），以下は胸の刺繡がない	
中華民国	燕尾服型，9 個釦，深青色羅紗	上衣胸・襟・袖に金の嘉禾（大使・公使），参事および総領事以下刺繡が簡素	
シャム（タイの旧称）	背広型，5 個釦，白襟リンネル，上衣襟・袖の紫色天鳶地に金刺繡，外務省記章	袖口で区別（将官相当刺繡複雑，佐官 1 級星章 3 個，同 2 級同 2 個，同 3 級同 1 個，尉官相当刺繡簡素）	イギリス外国官の熱帯地方用の大礼服を参考にしたが，改良を検討中

チリ	燕尾服型，詰襟，9個釦	上衣胸・襟・袖に金刺繡（大公使），1等書記官以下は胸の刺繡がない	文官大礼服はない
アルゼンチン	燕尾服型，詰襟，黒色	上衣胸・襟・袖に金刺繡（公使），1等書記官以下は胸の刺繡がない	文官大礼服はない
ウルグアイ	燕尾服型，9個釦	上衣襟・袖に金刺繡	文官大礼服はない
ペルー	燕尾服型，詰襟，9個釦，濃紺色羅紗	上衣胸・襟・袖に金の棕櫚（大公使・代理公使），書記官以下は胸の刺繡がない	

出典：「文官大礼服制改正の件（未決懸案のまま）」（国立公文書館所蔵），「各国外交官大礼服制度取調ノ件」「附属書」（外務省外交史料館所蔵）から作成。

制度に倣っただけでなく、熱帯地方に駐在する外交官が文官大礼服を着るのは困難と判断したからであった(61)。宮中府中の別から宮内省の官員は特別な大礼服を着たが、それ以外の文官の区別は不要と見なされた。

以上より、外務省の調査は、外交官大礼服ではなく宮内高等官大礼服の改正案の参考に使われたと考えるのが自然である。実際、大正二年八月に宮内省は、外務省に「宮内大臣以下一般宮内官ノ平常事務ヲ執ル場合及皇帝ガ庭苑ニ於テ乗馬其ノ他ノ運動ヲ為サル、場合ニ侍従ソノ他之ニ陪従スル宮内官ノ特ニ着用スベキ制服」について各国の調査を依頼している(62)。外務省の調査時期は、宮内省内で服制改正の動きがあった大正十三年十月前後とも重なる。そう考えれば、宮内高等官大礼服が各国外交官大礼服に近似したのにも納得がいく。

昭和大礼を前に宮内高等官大礼服は改正されたが、高額な調製費を要する文官大礼服の改正にはおよばなかった。その文官大礼服の改正案が生じたのは、当時の官員の減俸が契機となったことが内大臣牧野伸顕の日記から見て取れる。昭和六年（一九三一）五月八日に牧野は、天皇に官員の減俸問題について意見を申し出るため拝謁した。そこで天皇は、牧野に「服制を簡略にして官吏減俸に顧み可成其負担を軽減したし」との意向を、宮内大臣に伝えるよう話している(63)。天皇は官員の減俸が持ち上がったことにより、彼らの負担を軽くするため文官大礼服を改正してはどうかと考えた。

牧野は内閣書記官長に減俸について説明を聞くため宮中を出るが、その後再び拝謁した。このとき天皇は「官吏の減俸も被行はる（ママ）〻以上、皇室費も一部を減少するは当然と思考す」と述べており(64)、牧野は次のように感想を記している。

今日は実に非常の時機にて、国民の収入著しく減少し、引いては政治上、経済上、思想上、容易ならぬ空前の受難時代なれば、此れ迄も国家大事の場合におゐては皇室より必ず特別の御思召を御沙汰被為在たる（製艦費、大地震、戦後教育費、道路費）先例に顧み、今度も何等かの形式にて同様皇室は国民と休戚を共に遊ばさるゝ御趣旨にて聖慮の徹底する様相成度意見〔の〕旨を、次官を以て大臣へ言附け方依頼したる事もあり、旁々本日聖旨を拝聞して一層感激したる次第なり(65)。

「空前の受難時代」とは、具体的には昭和恐慌と呼ばれる経済不況により国民生活が悪化し、普通選挙が実施される一方、思想を統制する治安維持法が不可欠となった社会状況を指していると思われる。牧野は、国家の重大時には皇室から恩賜金が出た先例に鑑み、皇室は国民と苦楽をともにするような配慮から、なんらかの方針を示してほしいと宮内次官を介して同大臣に依頼していたため、皇室費を削減しようという天皇の言葉に感激したのであった。

ここに文官大礼服の改正案が作成された意味がよくあらわれている。国家の官員たちに、減俸するにもかかわらず高額な大礼服の調製を強制するのは道理が合わない。明治以来の豪華で華美な大礼服制の見直しを図り、経済不況や社会状況に適した改正をおこなうべきと考えたのである。国家の官員にとり大礼服の負担が軽くなかったことは、明治五年に大礼服制が制定されたときからの問題であった(66)。その改正を検討する動きは、国家経済の悪化に加え、大正期からの政治の民主化を求める社会風潮を意識したものと思われる。

浜口雄幸内閣の緊縮財政路線を引き継いだ第二次若槻礼次郎内閣の大蔵大臣井上準之助は、昭和六年五月二十七日に官吏減俸令を公布した。これにより、親任官である内閣総理大臣の年俸一万二千円が九千六百円、各省大臣や朝鮮総督の八千円が六千八百円、勅任官である内閣書記官長・法制局長官・各省次官の六千五百円が五千八百円、各省参与官や各省局長の五千二百円が四千六百五十円に引き下げられた(67)。判任官でも年俸二百円が百八十円、百円が九十七円へ下げられている(68)。宮内省も例外ではなく、五月三十日に政府と同様の減俸を実施する件が裁可され、宮内大臣は各部長を集めて趣旨説明をおこなった(69)。

内閣は本格的に文官大礼服制の改正に向けて動き出す。七月十六日の次官会議において「大礼服は今の社会状態とあまりに懸け離れ過ぎてゐる、もつと簡易で廉価でしかも上品な大礼服にしたいと、満場一致で制服改正の議を決した」(70)。そして改正案は内閣書記官長川崎卓吉に一任され、十分検討するため、宮内省とも相談を重ねることとなった。

東京市牛込区中里町に住む坂元徳三は、昭和六年七月二十五日付で川崎に宛て「文官大礼服改正私案相試之申候間御高覧ニ供度、何等カノ御参考ニモ相成候ハバ幸甚ニ御座候」などと、自身が考案した服制案を添えて送っている(図161参照)。昭和十年刊行の『東京市商工名鑑』の洋服店主名から坂元は確認できず、川崎との関係性も判然としないが、この「文官大礼服改正私案」は当時の改正案を知る上で貴重な史料である。よって、少々長くなるが全文を紹介する。

一、従来ノモノハ余リニ旧時代風ノ服装様式ニシテ、且ソノ製作費モ巨額ヲ要スルナレバ之ガ改正ハ真ニ時宜ニ適シタ事ト申サネバナラヌ。而シテ改正ノ上ハ簡素ニシテ威重ヲ失ハザタルモノタラシムルヲ要スル。(ママ)

一、本案ハ普通ノ燕尾服ヲソノマヽ、利用セントスルノデアツテ即チ燕尾服ニ肩章及袖章ヲ附シ、ボタンヲ制式ノモノト取換フルノミニシテ事足ルノデアル。之ニ従来ノ帽及剣ヲ着用スレバ宜シイノデアル。

一、之ニ似タル服装ハ外国海軍ノ礼装ニ見ル処デアルガ、未ダ文官ノソレニ用ヒタ例ガナイ。我国ニ於テ率先シテ改正ヲ断行シ以テ範ヲ諸外国ニ垂ルルモ一興デアル。ソノ追従者ノ出ズル事ハ想像ニ難クナイ。往年我陸軍

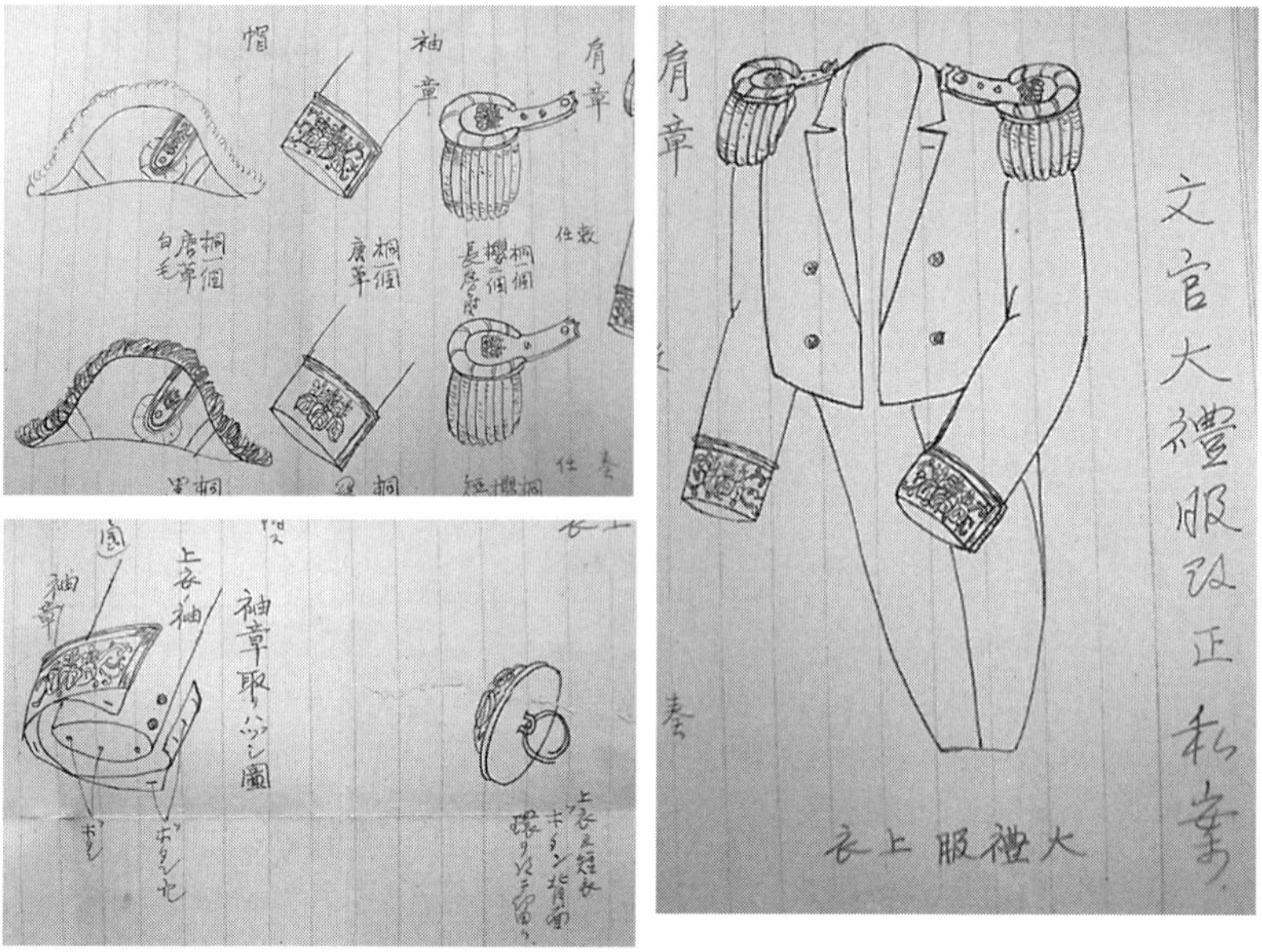

161　坂本徳三の文官大礼服私案図　「文官大礼服制改正の件（未決懸案のまま）」国立公文書館所蔵

ニ於テ軍服ニ戦時色（カーキ色）ヲ常用スルニ至テ後、各国之ニ倣ヒ今日ニ於テハ普遍的ノ事トナッテ居ル。

一、本装ヨリ肩章ノミヲ除キタル時ハ之ヲ小礼服トシテ用フル事ヲ得、即チ陸海軍ノ礼装（陸軍ニアリテハ前立飾帯ヲ除キタルモノ、海軍ニアリテハフロクハタ型ニ肩章ヲ附シ礼帽ヲ用ヒシモノ）ニ相当スルニテ、従来燕尾服ヲ着用セシ場合ニ用フル事ヲ得ル。

一、袖章及ボタンハ前図ノ如キ構造トナシ取リハヅシ自由トスル。即袖章ハ上衣袖裏ニソノ縁ヲ折リ込シボタンヲ以テ留ム。又ボタンハ環ヲ以テ上衣ノ裏ヨリ留ム。制式ノモノト黒色ノモノト具へ置キ必要ニ応ジ取換フ。

一、一切ノ服飾ヲ除ク時ハ燕尾服トシテ用ヒ得。即一ニテ三ノ働ヲナス事トナル。

一、奏任ヨリ勅任ニ昇格セル場合ニハ肩章ノ房ヲ取リ換ヘ桜一個ヲ増シ袖章ニ唐草模様ヲ縫ヒ、帽ノ羽毛ヲ白色ノモノニ換ヘ袖章同様唐草ヲ附スルノミニテ足ルナリ。

一、位階服及爵服モ之ニ准ジテ改正シ得、即位階服ハ肩章ニ陸軍式ノ縄型ノモノヲ用ヒ袖章ハ唐草模様ノミトスル。（四位以上ト以下ニ於テ着ケ付ス）爵服ハ肩章現在ノモノヲ用ヒ袖章ヲ改メテ桜花桜葉ノ組合セ模様トスル。退官者ハ服飾ヲ取換フルノミニテ位階服ヲ具フル事ヲ得。[71]

その主旨は、①従来の大礼服のデザインは時代遅れであり、高額な調製費がかかるので、時代に適した改正が求められるが、簡素でも威厳を失ってはいけない。②燕尾服を利用すれば、肩章や袖章を着脱し、釦を取り替えるだけでよく、従来の帽子や剣を使うこともできる。③改正案は外国の海軍礼服に似ているが、それを文官の礼服として用いた例はなく、我が国で採用すれば他国も倣うに違いない。④陸海軍の礼装のごとく、燕尾服に肩章をつければ大礼服にできるし、外せば小礼服になる。⑤袖章と釦は簡単に着脱できる。⑥一切の装飾を排除すれば燕尾服となる。⑦奏任官から勅任官に昇格した際は、肩章に桜を一個足し、袖章と帽子側章に唐草を刺繡し、帽子の羽を白毛に変えるだけでよい。⑧この案に倣って非役有位大礼服や有爵者大礼服も改正し、非役有位者大礼服は陸軍式の縄型肩章と唐草の袖章、有爵者大礼服は従来の肩章と桜花の袖章とするというものであった。

文官大礼服の改正については、それまで調製してきた大手取扱店にも意見が求められた。内閣書記官の館哲二は、三越、松屋呉服店、松坂屋、白木屋、高島屋呉服店の各営業部長宛てに「今般部内に従来の文官大礼服を簡素に改正すべき内議も有之、目下調査考究中に候処、多年の御経験と御研究とに鑑み、種々御気付の事項或ハ参考資料等有之候ハヾ御差支無き限り御提出相願度」という依頼書を送付している。これに日本橋三越洋服部の有輪隆一、三越丸ノ内別館洋服仕入係の瀬長良直、上野松坂屋外商部官省会社係の川久保新作、白木屋洋販部の上部新一郎が応じた。ほかに松屋の池田巳之太郎の名刺が確認できるが、ここは松屋呉服店とは別の店で明治十年代から文官大礼服の金モー

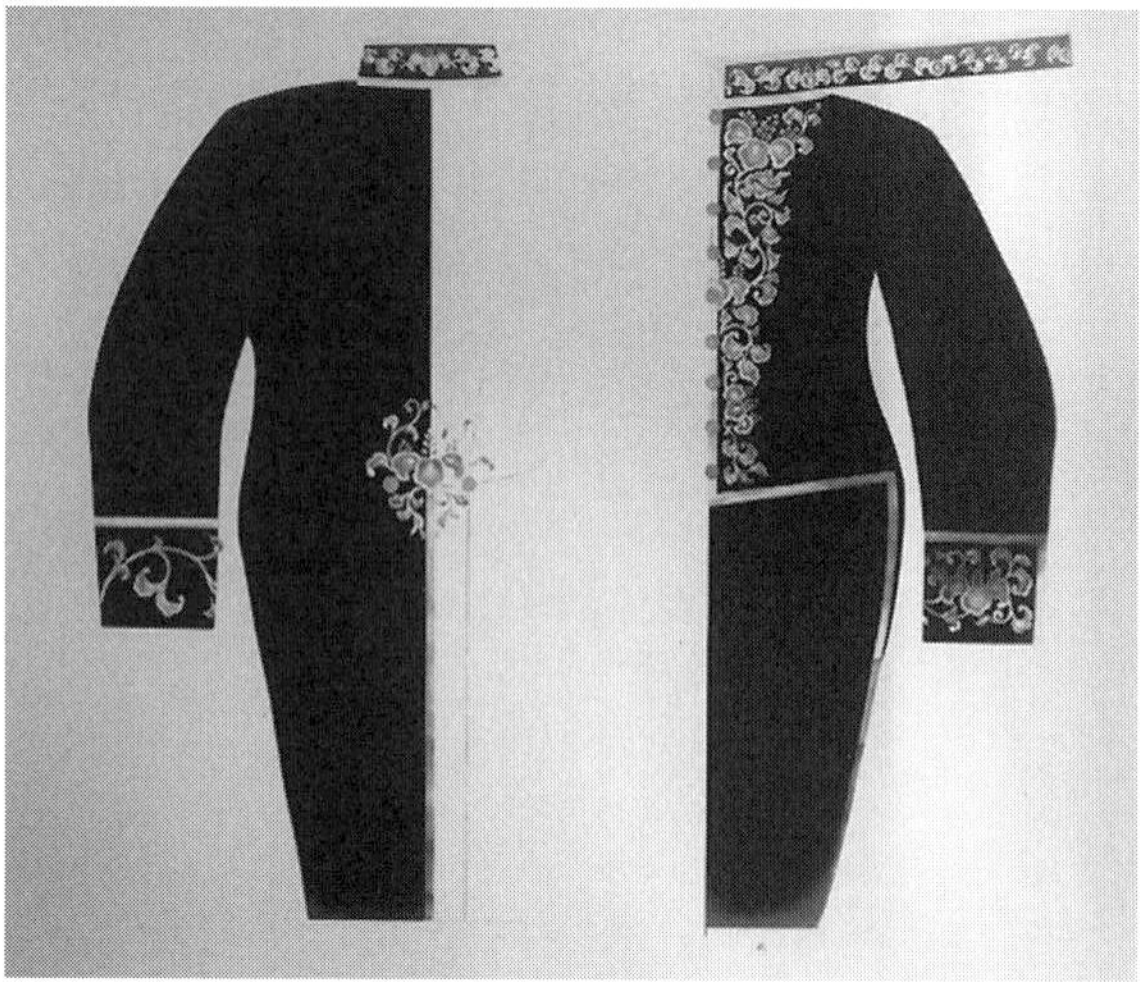

162　三越の大礼服改正図　「文官大礼服制改正の件（未決懸案のまま）」国立公文書館蔵

ル刺繡の縫いつけを担ってきた専門店である。松屋の営業品目は「陸海軍警察官文官消防組服制品一式、金銀モール各刺繡、洋剣及釦団校旗類」と名刺に記載されている。[72]

このうち改正案を確認できるのは、三越案と松坂屋案である。両案を除き改正案が残っていないことから、他の三社は具体的な意見を出さなかったものと思われる。三越案は黒色と金色で描いた大礼服全体図半分の正面と背面、大礼帽の側章が現存し、それぞれの図案に「三越図案部」と印章がある。だが、その下絵と見られる図案は「東京美術学校」の罫紙に描かれており[73]、考案の過程に東京美術学校の関係者がかかわっていたことをうかがわせる[74]。残念ながら三越案には改正点を示した文書がないため、従来の大礼服との違いは図案から判断するしかない。従来の燕尾型開襟から詰襟へ変え、勅任官正面左右に各三個の桐紋を一個に減らし、背面の背紋および唐草と、袖裏および腰部の蓋飾りを廃止していた（図162）。

営業部長塚本鉢三郎を責任者とする松坂屋案は、昭和六年十一月十八日付で内閣に提出されている。松坂屋案には図案（図163）のほか「説明書」があるため、改正の要点がよくわかる。従来の大礼服と比較すると、上衣正面の唐草は半減し、桐紋章の大きさは八センチから六センチとし、従来の九個から六個に減少している。上衣に縫いつけられた従来の雷紋は、線や角の大きさを揃えるため、高度な刺繡技術と日数を要した。その負担を減らすべく、菊唐草に

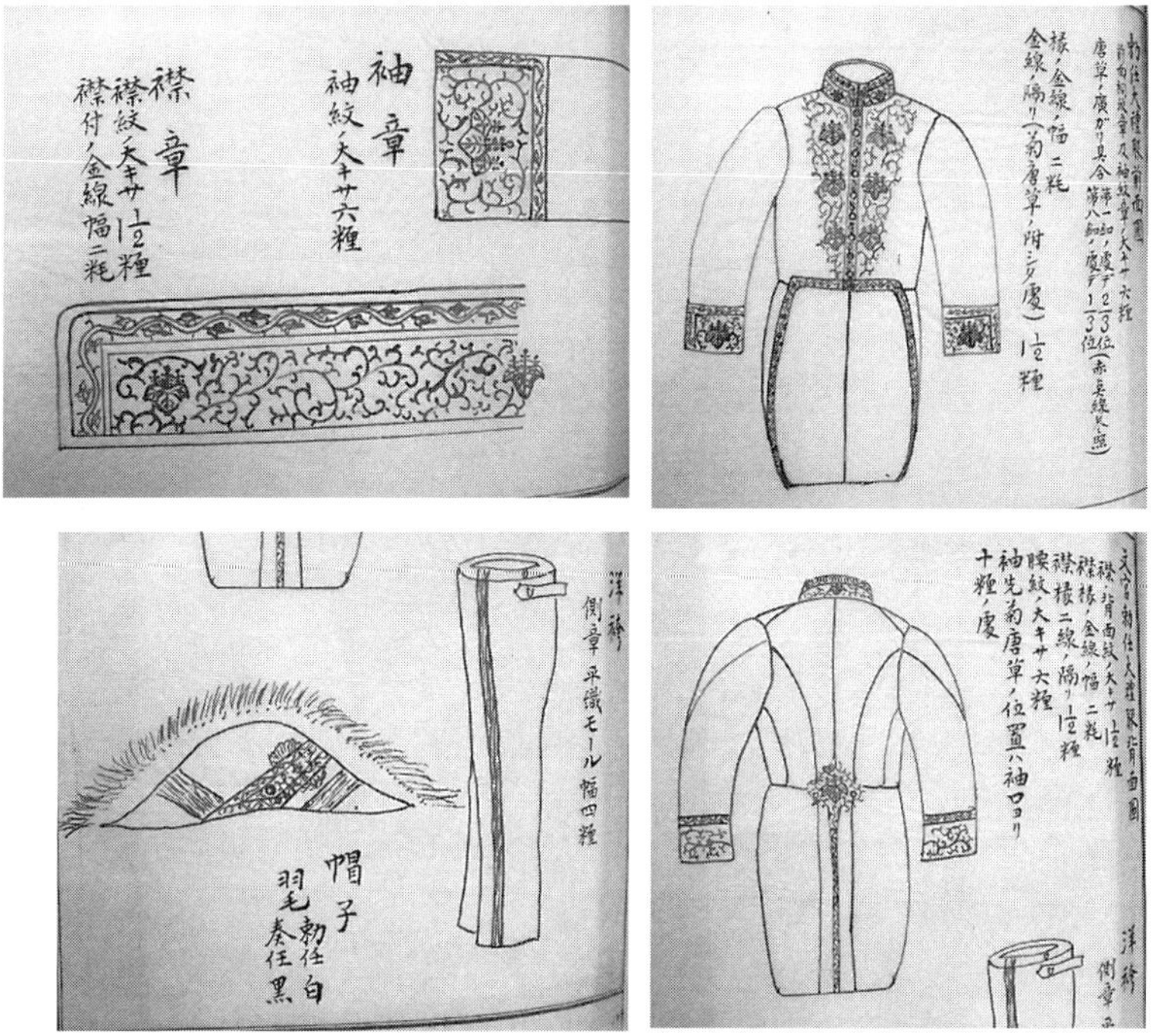

163 松坂屋の大礼服改正図 「文官大礼服制改正の件（未決懸案のまま）」国立公文書館所蔵

あらためている。袖先の唐草も半減し、桐紋章を六センチに縮めた。従来袖の両面にあった桐紋章を表面に限り、裏側は簡単な唐草とした。背面の背紋および唐草、腰部の蓋飾りを廃止し、腰紋（馬乗止の紋）を六センチに縮め、簡単な唐草をつけた(75)。

この改正案について松坂屋は「威厳を失せざる範囲に於ける最大限度の改正」であるという。そして一揃い八百円程度していた勅任官大礼服が約四百八十円、五百円程度していた奏任官大礼服は約四百円で調製できるだろうと見積る。また奏任官から勅任官へと改造する場合は約百円で可能になるという(76)。昭和六年十月六日に内閣書記官は各省次官宛てに文官大礼服改正に関する意見を、同月二十日までに回答するよう求めた。このとき、「三越図案部ニテ考案」という三越案の大礼服図の写しも参考に添付された(77)。詳細な図面と説明のあった松坂屋案が添付されなかったのは、同店からの提出が遅かったためであろう。また坂元徳三の案は、海軍の礼装に類似していたため、現実的ではなかったと思われる。

各省からの回答は、昭和六年十一月三十一日に「文官大礼服改正ニ関スル各省次官意見一覧」としてまとめられた。各国の調査をおこなった外務省をはじめ、文部省や鉄道省からの回答はなく、内務省は「意見ナシ」との回答であった。また端的な回答としては、大蔵省の「成ル可ク簡素ニ改正セラレ度」、陸軍省の「宮内官制服令ニ準シテ改正セラレ度」、司法省の「高尚ニシテ品位ヲ害セズ、且ツ多額ノ調製費ヲ要セザルモノニ改正スル要アリ」という意見が挙げられる(78)。

残る海軍省、農林省、商工省、逓信省からは、数項目の簡略化の意見が出された。農林省は、①大礼服の簡素化と調製費の低減を筆頭に掲げ、②勅任官と奏任官の相違を多少の飾章にとどめる、③文官大礼服を容易に非役有位大礼服へと改造でき、大礼服の生地を羅紗のほかに絹を用いたり、燕尾服の襟および袖に飾章を取り外せるような工夫を凝らす、と提案した。①は大蔵省・商工省、②は商工省・海軍省、③は逓信省の意見と共通する。また③は、先述した坂元徳三の案とも重なる。

逓信省は、④文官大礼服は宮内高等官大礼服に倣って二百円から三百円で調製できるものにする、⑤判任官大礼服は宮内官のそれに倣って燕尾服に黒毛ビロード高帽を使用する、⑥現行の文官大礼服を所持する場合は、当分の間その使用を認める、という意見であった。④は商工省・陸軍省、⑤は商工省・海軍省、⑥は商工省と共通する。海軍省は、⑦剣帯を肩からかけると歩行が困難になる、⑧終身勅任官でない者が大礼服を準備するのは経済的に負担が大きいから、地方滞在中は四大節を除き燕尾服の着用を認めるなどの配慮が必要だという。

これらの意見をまとめると、大礼服の権威を損なうことなく調製費を削減するよう服制を簡略化し、改正された宮内高等官大礼服制を模範にしてはどうかとなる。これを受けて内閣が各省に配布した「文官大礼服制改正試案」には、

「文官大礼服改正要綱」として次の点が明示されている。

一、高等文官大礼服制ノ改正ハ左ノ方針ニ依ル、

（一）威儀ヲ失セザル限度ニ於テ可及的簡素トシ、廉価ニ調製シ得ル様ニスルコト、

（二）上衣ノ型ヲ改メ宮内高等官及諸外国外交官ノ大礼服ニ倣ヒ、燕尾型竪襟扣鈎止ノモノトスルコト、

（三）奏任ヨリ勅任ニ昇進シタル場合、容易ニ改造シ得ル様ニスルコト、

（四）勅任奏任ノ区別ハ前面飾章ノ有無、帽駝鳥毛ノ白黒、剣緒総帯ノ糸ノ金銀色ノミニ止メ、従来ノ区別ハ一切之ヲ廃スルコト、

二、非役有位大礼服ハ燕尾服ヲ以テ之ニ充ツルコトトスルコト、

三、判任文官大礼服ハ燕尾服ヲ以テ之ニ充ツルコトトスルコト、

四、改正服制施行後モ当分ノ間従来ノ大礼服着用ヲ認ムルコト[79]。

各省からの意見を集約しているのが見て取れる。この要綱にもとづき作成された「文官大礼服改正案」では、宮内高等官大礼服に倣って上衣裏地を白絹から黒絹、形状も開襟から詰襟に変更し、正面飾章の桐紋は勅奏任官は変わらないが、従来よりも刺繡を簡素にした。刺繡の幅が肩から腰に向かうにつれ狭まっているのは、フランスの大礼服制を参考にしている。袖部飾章は裏側の刺繡をなくし、背面左右の嚢覆も廃止する。中央の一列釦の数は、宮内高等官大礼服の七個に対し、諸外国の多くが九個であったこともあり、従来どおりの九個とした。服の縁や袴側線の雷紋を廃止し、金線の幅を縮小させた。また判任官大礼服は廃止し、燕尾服を着用することとした。

だが、この「文官大礼服改正案」は実現しなかった。その後の記録は残っておらず、昭和七年以降に審議が継続さ

れた気配も見られない。なぜ実現しなかったのか明確な理由はわからないが、次節で述べるように当時の代議士や官僚には大礼服の改正を望まない人も少なくなかったのである。

五　大礼服の権威と魅力

宮内高等官大礼服の改正が決まると、侍従次長の河井弥八は三越に調製を依頼した。昭和三年（一九二八）四月十日の朝、河井宅を訪れた三越の店員が仮縫を実施し、これより一か月の調製期間を経て五月十五日に完成した大礼服が届けられた。そして翌日の朝、河井は三越の店員の手を借りながら試着している(80)。大礼が近づいた十月二十八日には備品として「毛シャツ、ヅボン下二組、白手袋二組、白ネクタイ二、ネクタイ一、フロック用ヅボン」などを三越で購入しており、河井が三越を贔屓にしていたことがわかる。その足で河井は大塚という靴屋に大礼用の靴を注文したが、その代金は二十七円というからかなり高額である(81)。

昭和三年十一月三日の明治節（前年に明治天皇の天長節であった十一月三日を明治節として制定した）で新式の宮内高等官大礼服をはじめて着る者は少なくなかった。その様子は枢密院議長倉富勇三郎の同日付の日記にある「松平〔筆者註：慶民〕ト話シ居ルトキ小原詮《ママ》吉来ル、松平ト一人語フ交々、松平カ新式ノ宮内官礼服ヲ着、其服カ外国公使ノ服ニ類スルヲ以テ、小原ハ松平ニ何国ノ公使ナリヤト思ヒタリ、大使トハ思ハレスト云ヒ、松平ハ公使ト見ユレハ結構ナリト云ヒタリ」という記述からうかがえる(82)。

宮内省宗秩寮事務室を出た倉富が、式部官松平慶民と立ち話をしているところに宮中顧問官小原駩吉があらわれた場面である。松平は新式の宮内高等官大礼服を着用していたが、それが見馴れていないばかりか、外国公使の大礼服に似ていたため、小原はどこの国の公使だろうかと思ったという。それを聞いた松平は、公使に見間違えられるのなら、悪い気はしないと答えている。宮内高等官大礼服の改正案には、外務省による各国調査が影響していた可能性が高く、イギリスやフランスの大礼服と似ていたのだろう。小原が見まちがえるのも当然といえる。

外国公使との類似を嫌ってか、独自の大礼服を調製しようとする宮内官もあらわれた。昭和四年二月十四日に外務省文化事業部長から内大臣秘書官長兼式部次長へ転任した岡部長景である。宮中儀礼を担当する式部職にとって大礼服は欠かせない。だが、宮内高等官大礼服を用意するまでには時間がかかるため、二月十七日の賢所における祈年祭で勅任文官大礼服を代用したように、しばらくの間は代用が認められた。

同じ日に岡部は、松平慶民から宮内高等官大礼服を借り、馴染みの須佐洋服店を自宅に呼び、松平の大礼服を見本にしていろいろと注文をつけている。二月二十四日、岡部は、大礼服に縫いつける金モールを専門に取り扱う「縫箔屋」を同伴した須佐に対し、「宮内官大礼服のモールの下絵につき種々注文」した。これを受けた「縫箔屋」は二月二十六日に下絵を持参するが、岡部は納得がいかなかったようで、「色々指図して書直さすことと」している。そして休日の三月六日には、「大礼服のモールの下絵を画きて夕方まで過し」というから[83]、彼の大礼服に対するこだわりの強さが見て取れる。宮内高等官大礼服の改正により大礼服の調製費は軽減されたが、他者よりも立派な服となるよう意匠をこらす姿勢は変わらなかったのである。

昭和大礼が迫ると、大礼服を所持していない官僚や代議士たちは洋服店巡りに熱を入れはじめた。万世橋から浅草蔵前までの柳原河岸には古着屋が約二百軒並んでおり、中古の各種大礼服も売られていた。某店では燕尾服が八十着、フロックコートが三十着以上予約済であり、中古店から大礼服を一着百五十円で八着購入し、それを得意先に二百円で売りつける一流の洋服店主もあらわれたという。中古店主は、非役有位者従五位以下大礼服には五名の申し込みがあったが、体重が二十貫以上でなければ体格に合わないから、おそらく購入後に苦労するだろうと語っている[84]。

東京では昭和三年九月から貸衣装店に予約する者も少なくなかった。下谷の某貸衣装店では、勅任官の大礼服は約

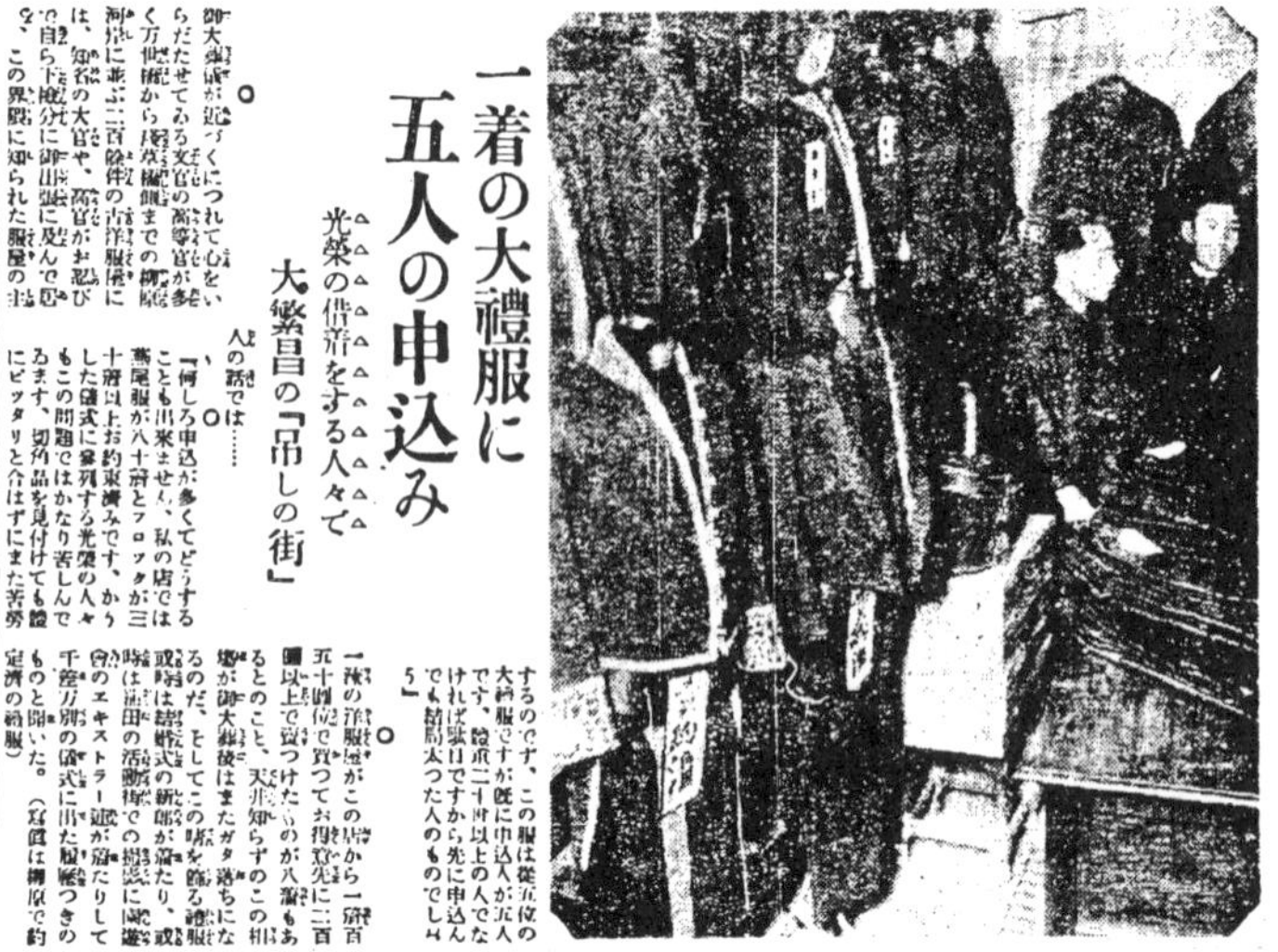

一着の大禮服に五人の申込み

△光榮の借着をする人々で

大繁昌の「吊しの街」

御大禮が近づくにつれて心をいらだたせてゐる文官の高等官が多く万世橋から淡路町までの柳原河岸に並ぶ二百餘件の古洋服屋には、知名の大官や、高官がお忍びで自ら下檢分に御出張に及んで居る、この界隈に知られた服屋の主人の話では……

「何しろ申込が多くてどうすることも出來ません、私の店では燕尾服が八十着とフロックが三十着以上お約束濟みです、かうした儀式に參列する光榮の人々もこの問題ではかなり苦しんでゐます、切角品を見付けても體にピッタリと合はずにまた苦勞するのです、この服は從五位の大禮服ですが既に申込人が五人です、體重二十貫以上の人でなければ駄目ですから先に申込んでも結局太つた人のものでしよう」

○

一軒の洋服屋がこの間から一着百五十圓位で買つてお得意先に二百圓以上で賣つけたのが八着もあるとのこと、天井知らずのこの相場が御大禮後はまたガタ落ちになるのだ、そしてこの服を飾る禮服或時は結婚式の新郎が着たり、或時は蒲田の活動撮影での撮影に俳優のエキストラー連が着たりして千差万別の儀式に出た服地つきのものと聞いた。（寫眞は柳原で約定濟の禮服）

164　大礼服を扱う古着屋（『読売新聞』昭和2年2月5日，朝刊）
文官（奏任官）大礼服には「売約済」の札が下がっている。

二十着、奏任官の大礼服は約三十着、燕尾服は約六十着の申し込みがあり、品切れ状態になっている。手堅い貸衣装店では、保証人がないと貸し出さないところもあった。賃料は勅任官で二、三十円から百円、奏任官が十五円から四十円、燕尾服は八円から十五円、フロックコートは五、六円から十円、シルクハットは二円から五円であり、値段の違いはおろしたてか中古品かによる[85]。

なかでも昭和三年二月二十日の第十六回総選挙（第一回普通選挙）で初当選した八名の無産政党の代議士たちは苦労した。活動写真の弁士から燕尾服を借りた九州民憲党の浅原健三は、妻の計らいで靴は二十四円のエナメル製を用意したが、弁士のシルクハットは小さすぎて鉢巻を締めているようであった。労働農民党の山本宣治は、白木屋の人形に飾ってあった燕尾服を六十円で購入したが、小さすぎて「尻がないので弱った」という[86]。山本の靴の代金十円は党員たちの集金によるというから、式典に着る服装を用意するのに一苦労だったことが推察できる。

また着慣れていないのに加え、体型にあった仕立てでないため不恰好だったのが浅原や山本の例からうかがえるが、それは燕尾服をあつらえた労働農民党の水谷長三郎も変わりなかった。浅原と山本は揃って水谷邸に向かったところ、水谷は百四十円を投じた燕尾服を着ていたが、着慣れない固いワイシャツに苦戦し、靴も簡単には履けず、家を出てからは手袋を忘れたことに気づいて戻るという有様であった。ほかにも社会民衆党の鈴木文治、西尾末広、安部磯雄、亀井貫一郎、日本労農党の河上丈太郎など無産政党の代議士は、燕尾服にシルクハット姿で昭和大礼の夜宴に参加した。(87) 賢所大前の儀・紫宸殿の儀を拝観した久米正雄の記述は先に引用したが、そのなかで衆議院議員たちについては、「代議士達と覚しく燕尾服の似合ふといへない姿」と書かれている。(88) 客観的に見て、苦労して用意したものの、浅原や水谷たちの燕尾服姿は不恰好でしかなかったのだろう。

無産政党の代議士たちは登院の服装にも困っていた。昭和三年四月三日に無産各派対議会策幹事会を開き、「服装制限撤廃要求」を相談している。出席者は、労働農民党の細迫兼光、日本労働党の河野密、社会民衆党の片山哲、赤松克麿、小池四郎、九州民権党の浅原健三である。このうち代議士は浅原だけでほかは無産政党員であった。無産政党員が「服装制限撤廃」を望んだのは、自分たちの当選を想定したからだろう。彼らは十一日に衆議院事務局に「議院内服装制限撤廃要求声明書」を提出した。服装規則は無産政党の代議士たちの議会に出席する権利を奪うものだという。(89) フロックコートや羽織袴などは用意できないから、それ以外の服装でも登院できるように要求したのだった。だが、彼らが参内には文句をいわず燕尾服を用意した事実を看過してはならない。裏を返せば、無産政党の代議士にとって「官の礼服」は否定すべき対象ではなく、羨望の対象であったという見方もできる。

宮中や公式儀礼に呼ばれることの少ない奏任官相当の各省職員たちも、急遽大礼服が必要となったとき困ったに違いない。そのような経験をしたため、会計検査院の杉栄三郎は自身の奏任官大礼服を同院に寄贈している。昭和三年十月一日付の会計検査院書記官の礼状には「貴下御秘蔵ニ係ル由緒アル奏任官大礼服一着本院職員ノ為ニ御寄贈被成下深ク感謝ノ意ヲ表シ申候、向後ハ大切ニ保管使用シ一同御芳志ニ浴スルコトニ致度ト存居候、茲ニ奏任官及同待遇ヲ代表シ御礼申述度」とある。[90] 杉の粋な計らいにより、会計検査院には備え付けの大礼服が置かれ、一名に限りいつでも儀式に臨めるようになったが、これは各省のなかでも珍しい例といえる。

高級官僚の親任官や勅任官も、大礼服の調製には苦労したようである。内大臣秘書官長兼式部次長の岡部長景は、大礼服の着用日に宮内高等官大礼服を着ていたが、昭和五年九月二十七日に貴族院議員に選ばれたため、有爵者大礼服を新調しなければならなくなった。十月三日には再び須佐洋服店が岡部邸を訪ねた。その日の日記に岡部は、「大礼服（子爵）を注文した処、新調すると六百円かかるので先考の大礼服の金モールを使用することにして、弐百五十円位で調製することとした」と記している。[91] 新調すると六百円かかるところ、貴族院議員を務めた亡き父長職の有爵者大礼服の襟章や袖章を再利用し、出費を二百五十円に抑えようとした。

ところが月末に須佐洋服店から仮縫いが届けられると、「金モールも父上のを使用しようかと思ったが、付けて見ると如何にも古ぼけているから、矢張新調することにした」と気が変わっている。[92] そのため完成までに時間がかかり、翌月二十五日に「金モールを全部新調することにしたので大分手間取ったがやっと出来、之れで第二回目の仮縫だ」[93]と、二度目の仮縫いをすませた。

そして岡部は、昭和五年十二月二十六日の第五十九回帝国議会開会式に有爵者大礼服を着て登院した。この日の日記には「今日は開院式行はせらるるにつき、大礼服にて十時登院。子爵の大礼服は着始である」としかない。[94] 大礼服を着た気持ちははっきりしないが、六百円の大金をつぎこんだ煌びやかな服を身につけて悪い気はしなかったであろう。父親が使っていた古ぼけたモールでは肩身の狭い思いをしたことも想像に難くない。外見で権威を示すのには、相当な費用を覚悟しなければならなかった。

開院式や新年朝賀などに際して大礼服を新調しようとする政治家や官僚たちの考えは、文官大礼服の改正案が浮上するなかでも変わらなかった。昭和六年十二月十二日に立憲政友会の犬養毅に組閣の大命が下されると、翌日の十三日には商工省政務次官の中島知久平が三越洋服部に「開院式まで是非」と大礼服を注文した。これに続き三越洋服部には、拓務大臣の秦豊助、内務政務次官の松野鶴平、大蔵参与官の太田正孝、商工参与官の加藤鐐五郎、内閣総理大臣秘書官の犬養健が大礼服を注文し、犬養の調製費は五百五十円、それ以外の者は「金モールたつぷり」の七百円であったという。また白木屋では法制局長官の島田俊雄、拓務参与官の牧野賤男の二名分の、松屋と銀座の三新が各一名の注文を受けていた[95]。

以上より、昭和恐慌による財政問題に直面した立憲民政党を与党とする浜口雄幸内閣および第二次若槻礼次郎内閣だから文官大礼服制の改正に積極的だったとはいえ、その後立憲政友会を与党とする犬養内閣になって廃案にされたわけではないことがうかがえる。政党政治の発展にともない政権交代が起きるようになったが、大礼服はそれとは関係はなかった。昭和十二年十二月二十六日の近衛文麿内閣における第七十三回帝国議会開院式まで閣僚は大礼服を着続けた（表18）。開院式の集合写真からは陸海軍大臣の正装は別として、華族である幣原喜重郎、近衛文麿、有馬頼寧、木戸幸一の有爵者大礼服を除けば、国務大臣・内閣書記官長・法制局長官はいずれも勅任文官大礼服を着ているのがわかる（カバー・図165〜168）。

犬養内閣の新任閣僚たちは豪華な大礼服を新調したが、野党の立憲民政党は前文部大臣の田中隆三が勅任文官大礼服から非役有位四位上大礼服に衣替えしたのが目立つくらいであり、多くは燕尾服を着用していた。社会民衆党の亀井貫一郎はシルクハットに燕尾服で、外交官時代に得た勲章と先の昭和大礼で授与された大礼記念章を佩用しており、「無産党の匂ひもしない」と揶揄されている[96]。

背広姿で登院した立憲民政党の三木武吉は「ピカ〔筆者註：金ピカの大礼服のこと〕が何だい[97]」と、政友会の大礼服姿を批判しているが、彼も天長節祝宴の招待状を受け取ると勅任文官大礼服を着て参内した経験を持つ[98]。その勅任文官大礼服は、普通選挙を実施した総理大臣として有名な加藤高明から譲渡されたものであった。倹約を好む加藤は大

165　帝国議会開院式の集合写真　第 59 回開院式（昭和 5 年 12 月 26 日）165, 167, 168 は『画譜憲政五十年史』（国政協会，1939 年）

166　第 60 回開院式（昭和 6 年 12 月 26 日）一億人の昭和史・日本人 7『三代の宰相たち』上（毎日新聞社，1982 年）

167　第 71 回開院式（昭和 12 年 7 月 25 日）

168　第 73 回開院式（昭和 12 年 12 月 26 日）

表 18　帝国議会開院式と国務大臣の大礼服

第 59 回開院式（昭和 5 年 12 月 26 日）
臨時総理＝幣原喜重郎（有），内務大臣＝安達謙蔵（勅），大蔵大臣＝井上準之助（勅） 陸軍大臣＝宇垣一成（陸），海軍大臣＝安保清種（海），司法大臣＝渡辺千冬（有） 文部大臣＝田中隆三（勅），農林大臣＝町田忠治（勅），商工大臣＝俵孫一（勅） 逓信大臣＝小泉又次郎（勅），鉄道大臣＝江木翼（勅），拓務大臣＝松田源治（勅） 書記官長＝鈴木富士弥（勅），法制局長官＝川崎卓吉（勅）
第 60 回開院式（昭和 6 年 12 月 26 日），第 61 回開院式（昭和 7 年 3 月 20 日）
総理大臣＝犬養毅（勅），内務大臣＝中橋徳五郎（勅），陸軍大臣＝荒木貞夫（陸） 海軍大臣＝大角岑生（海），司法大臣＝鈴木喜三郎（勅），文部大臣＝鳩山一郎（勅） 農林大臣＝山本悌二郎（勅），商工大臣＝前田米蔵（勅），逓信大臣＝三土忠造（勅） 鉄道大臣＝床次竹二郎（勅），拓務大臣＝秦豊助（勅），内閣書記官長＝森恪（勅）
第 62 回開院式（昭和 7 年 6 月 1 日）
総理大臣＝斎藤実（海），内務大臣＝山本達雄（有），陸軍大臣＝荒木貞夫（陸） 海軍大臣＝岡田啓介（海），司法大臣＝小山松吉（勅），文部大臣＝鳩山一郎（勅） 農林大臣＝後藤文夫（勅），商工大臣＝中島久万吉（有），逓信大臣＝南弘（勅） 鉄道大臣＝三土忠造（勅），拓務大臣＝永井柳太郎（勅），書記長官＝柴田善三郎（勅） 法制局長官＝堀切善次郎（勅），首相秘書官＝入間野武雄（モーニング）
第 67 回開院式（昭和 9 年 12 月 26 日）
総理大臣＝岡田啓介（海），外務大臣＝広田弘毅（勅），大蔵大臣＝高橋是清（勅） 陸軍大臣＝林銑十郎（陸），海軍大臣＝大角岑生（海），司法大臣＝小原直（勅） 文部大臣＝松田源治（勅），農林大臣＝山崎達之輔（勅），商工大臣＝町田忠治（勅） 逓信大臣＝床次竹二郎（勅），鉄道大臣＝内田信也（勅），拓務大臣＝児玉秀雄（勅）
第 69 回開院式（昭和 11 年 5 月 4 日），第 70 回開院式（昭和 11 年 12 月 26 日）
総理大臣＝広田弘毅（勅），外務大臣＝有田八郎（勅），内務大臣＝潮恵之輔（勅） 大蔵大臣＝馬場鍈一（勅），陸軍大臣＝寺内寿一（陸），海軍大臣＝永野修身（海） 司法大臣＝林頼三郎（勅），文部大臣＝平生釟三郎（勅），農林大臣＝島田俊雄（勅） 商工大臣＝小川郷太郎（勅），逓信大臣＝頼母木桂吉（勅），鉄道大臣＝前田米蔵（勅） 拓務大臣＝永田秀次郎（勅），内閣書記官長＝藤沼庄平（勅）
第 71 回開院式（昭和 12 年 7 月 25 日）
総理大臣＝近衛文麿（有），外務大臣＝広田弘毅（勅），内務大臣＝馬場鍈一（勅） 大蔵大臣＝賀屋興宣（勅），陸軍大臣＝杉山元（陸），海軍大臣＝米内光政（海） 司法大臣＝塩野季彦（勅），文部大臣＝安井英二（勅），農林大臣＝有馬頼寧（有） 商工大臣＝吉野信次（勅），逓信大臣＝永井柳太郎（勅），鉄道大臣＝中島知久平（勅） 拓務大臣＝大谷尊由（勅）
第 73 回開院式（昭和 12 年 12 月 26 日）
総理大臣＝近衛文麿（有），内務大臣＝末次信正（海），大蔵大臣＝賀屋興宣（勅） 陸軍大臣＝杉山元（陸），海軍大臣＝米内光政（海），司法大臣＝塩野季彦（勅） 文部大臣＝木戸幸一（有），農林大臣＝有馬頼寧（有），商工大臣＝吉野信次（勅） 逓信大臣＝永井柳太郎（勅），鉄道大臣＝中島知久平（勅），拓務大臣＝大谷尊由（勅） 内閣書記官長＝風見章（勅），法制局長官＝船田中（勅）

出典：田中万逸編『画譜憲政五十年史』（国政協会，1939 年），一億人の昭和史・日本人 7『三大の宰相たち』上（毎日新聞社，1982 年），「帝国議会開院式に臨む各国務大臣」（絵葉書）から作成。（有）は有爵者大礼服，（勅）は勅任文官大礼服，（陸）は陸軍正装，（海）は海軍正装を示す。

礼服を作り替えることもなく、色の褪せたモーニングも平気で着ていた。(99) 加藤のお下がりの大礼服を着た三木は、得意満面で肩をいからせて「新作の五月人形」のようであったという。(100) 大礼服を批判したのは権力への対抗のように見えるが、自身が権力の座につけない不満のあらわれでもあった。

貴族院議員の大蔵公望は、昭和七年八月二十三日の第六十三回帝国議会開院式で「大礼服を十数年振りで着用」している。(101) 前月の七月二十一日に大蔵は、銀座の米田屋洋服店で「大礼服の改造」を頼んでおり、(102) これは十数年以上昔の服を体型に合うよう作り替えたに違いない。だが、大礼服の新調はもちろん、仕立て直しにも相当の金額がかかるため、次に紹介する吉沢清次郎のように工夫する者もいた。

大正六年に東京帝国大学を卒業して外務省に入省した吉沢は、外務省試験に合格すると、喜んで文官大礼服を調製した。調製費は二百円から三百円であったが、彼はほとんど着る機会がなかったと回想する。調製したときの体重は十三貫に満たなかったが、昭和八年に満州国皇帝溥儀の即位式で着たときには二十貫を超えるまでになっていた。ところが彼は大礼服を体型に合わせて直すのではなく、次のような方法で着こなしている。

大礼服というのはフックがついておって、そのフックをかけて前を合わせるのです。その下にチョッキがあるわけですね。これまた金ボタンがついている。ところが私の場合はこの上着を太るにつれて出来るだけ延ばしておったのですけれども、一三貫足らずの時に拵えたやつがもう二〇貫ですからこれはもうはちきれそうになっているのですね。そこでもうチョッキは着られないのですよ、そこでフックをかけると、その間に下のシャツが見えるわけです。そこで考えて、黒い布をここへ当てまして、そして深呼吸をしながらひょっと着て、その深呼吸を、ご大典の時には五日か六日連日それをやるわけですね。(103)

大礼服の下に必ずつけなければならないチョッキをやめ、礼服のフックの間から見えてしまうシャツを黒布で隠したという。大金をかけて調製しても十数年間に数回しか着る機会がなく、その間に体型が変化して着づらくなる場合もあった。その場合は、再び大金を投じるか、節約して仕立て直すか、所有している大礼服を工夫して着るか選択を迫られた。こうした事情が大礼服を所有していない勅任官の新任者と大きく異なる。また、犬養内閣の組閣の頃は、大礼服の注文先が個人商店から百貨店へ移行していたことがうかがえる。

その象徴が、大正十二年（一九二三）九月一日の関東大震災で被害を受けた銀座の大民洋服店が再建されなかったことである。創業者の山岸民治郎が草創期の洋服仕立職人であったことは第二章第五節で述べた。大正四年十一月の大正大礼に際して宮内官某は、「大民などは憲法発布服制々定以来宮内省の御用も勤め、多年多数調べた経験があると材料を悉く備へて居るから規定上技術上殆んど間然する所がない、加ふるに頗る叮嚀で飽迄責任を持つ店」[104]と、大民洋服店を激賞している。そして大民洋服店は、「宮内省の御用は御服の外に御大典鹵簿の御大礼帽並に車従帽一式三百個許り特別御用を蒙りまして、誠に光栄に存じました」と、老舗の誇りを持っていた[105]。

老舗の大民洋服店が店を畳んだ背景には、日露戦争後に百貨店に出店した一流洋服店が顧客を摑んでいったことが挙げられる。それでは百貨店は注文にどう応えたのであろうか。ここでは三越と松屋を例に説明する。

昭和初期に三越で男性・女性の洋服を担当したのは、洋服仕入売場係長の瀬長良直である。それゆえ彼は、先述したとおり内閣から大礼服改正案を求められた。その瀬長は、「オーダーメードの場合は寸法をいたゞき、仮縫を二度、或は三度として、出来上がりまでに二週間以上を要し御客様にも個人的に接触しつゝサービスする必要があるので、販売能率にも一定の限度が出来るわけで、急激な売上げの増加は困難である」と語っている[106]。大礼服はすべてオーダーメードであり仮縫が欠かせない。先に仮縫のため三越の店員が河井弥八を訪ねたのを確認したが、この出張作業が「御客様にも個人的に接触しつゝサービスする」を指しているように思われる。

また瀬長の指摘どおり、調製に手間のかかる大礼服には販売に限度があり、大量生産は難しかった。したがって、開院式や新年朝賀が近づき新任の官僚や代議士からの注文が急増すると、その対応に苦労したことは想像に難くない。三越は専属の池田工場を抱え、ここに縫箔師と呼ばれる職人がおり、仮縫い作業のおわった服生地に金モールを縫いつけていった(107)。

一連の過程は松屋も同様である。松屋に洋服加工部が置かれるのは、銀座へ店舗を進出した大正十四年である。神田区鍛冶町にあった風間市五郎が経営する風間洋服店を買収し、京橋区新肴町十九番地の松屋銀座寮一階に直営工場を開き、約十五名の従業員で事業を開始した。昭和三年三月二十五日には女性子供服加工部も新設された。その後、工場は何度も移転するが、七十名から八十名の一流職人を集め、皇族や有力者からの注文に応えた(108)。

昭和大礼を迎えると、松屋にも政治家や官僚の大礼服の注文が入り、勅任文官大礼服、有爵者大礼服、燕尾服、タキシード、モーニングの見本品を製作している。さらに洋服部の中村芳夫が勅任文官大礼服、カッターの丸山某が有爵者大礼服、洋服部の菅野広利が燕尾服、タキシード、モーニングを着てモデルになり、写真撮影もおこなった(109)。これは大礼服が必要な一部の客向けの宣伝にほかならず、また、松屋が大礼服の仕立職人を抱えていたことの証左である。

個人商店の洋服店とは異なり百貨店の実態はわかりにくいが、基本的には注文を受ける洋服部や洋服販売係などが窓口となり、注文客の来店または店員の出張により仮縫作業を進め、自社工場で加工から縫箔までおこなっていたと判断してよいだろう。

昭和大礼から昭和十一年末までずっと注文は途切れない。十二月十八日付の『東京朝日新聞』は、「大礼服と首ッ引き、春は縫箔師から」という見出しで、大礼服の金モールを刺繍する縫箔師の多忙な様子を伝えている。東京市芝区中門前一丁目十六番地にあった池田縫箔店の様子は次のようであった。

大禮服と首ッ引き
〈春は縫箔師から〉

あゝ忙《いそが》しい

あゝ 忙しい、一走り…と駈足でもすれば、はたから見て如何《いか》にも忙しさうだが、縫箔職人《ぬひはくしよくにん》の忙しいのは「これで忙しいのか」といひたくなる程一見長閑だ、だが仕事中は一寸やそつと聲をかけたのでは刺繍台《ししうだい》から眼《め》を離さないし、やつと顔をあげてその眼《め》が眞つ赤に充血《じうけつ》してゐるので「成程忙しいんだな」と始めて合點《てん》する、まるで初歩《しよほ》の[illegible]歩を見るもどかしさだ

正月 用の大禮服《れいふく》の大量注文で目下景氣《けいき》のいい悲鳴《ひめい》をあげてゐる芝區中門前一ノ一六池田縫箔店の仕事場をのぞくと、ヅラリと十二人の腕のいゝ職人が二列《れつ》に刺繍台に向《むか》つてゐた顔を台のそばへすれ〳〵までに持つて行つて默々と細かい金モールを一つ一つ針で器用にさしては運針して行く、誰一人咳拂ひさへしない、この仕事場は緊張すればするほど靜的になる

一つの大禮服に忙し〳〵なると大體七人の職人が取り組む

右袖 左袖、ポケット、兩肩前、襟、背と皆分業でバラバラに仕上げ最後に見事に統制《とうせい》して、あの金ピカを完成《くわんせい》する、一着千圓以上もする一番華美《くわび》な文官勅任《ちよくにん》官の大禮服《れいふく》等には七人掛りで十日間はたつぷりかゝる、日がつまつて忙しくなるとそれを七日でやる、かうなるともう夢中だ、キラキラ光る金モールを見詰めて朝から夜更まで坐り通しだ

細か い仕事だけに飯ぬきで働いても徹夜は禁物、夜だけは少々たりとも適當《てきたう》な睡眠《すゐみん》が必要だといふ

「少しも寝なかつたら翌日の仕事が出來ませんよ、間違へたら大變ですからね」

といふ、こんな苦闘《くとう》が時によつては押し詰まつた大晦日まで續く、自分の手で精根を打ち込んで作つた大禮服を着た大臣等の顔が新聞にでも大きく出るとその服だけが大きく眼《め》について「いゝ服だなあ」と吾ながら感心したり、嬉しくなり、まるで自分が

それ を着てでもゐるかのやうな氣持《きもち》になるさうだ

陸、海軍大將、大臣等の嚴たる美々しいこの金色燦然たる大禮服の裏に潜む縫箔師の年末のこの忙しさにはどことなく明るい色が流れてゐる【寫眞はその仕事場】

169　大礼服に刺繍をする縫箔師（『東京朝日新聞』昭和 11 年 12 月 18 日，夕刊）

仕事場をのぞくと、ヅラリと十二人の腕のいゝ職人が二列に刺繍台に向つてゐた、顔を台のそばへすれ〳〵までに持つて行つて黙々と細かい金モールを一つ一つ針で器用にさしては運針して行く、誰一人咳払ひさへしない、この仕事場は緊張すればするほど静的になる、一つの大礼服に忙しくなると大体七人の職人が取り組む、右袖、左袖、ポケット、両肩前、襟、背と皆分業でバラバラに仕上げ最後に見事に統制して、あの金ピカを完成する、一着千円以上もする一番華美な文官勅任官の大礼服等には七人掛りで十日間はたつぷりかゝる、日がつまつて忙

しくなるとそれを七日でやる、かうなるともう夢中だ、キラキラ光る金モールを見詰めて朝から夜更まで坐り通しだ。(110)

この池田縫箔店の正式な屋号は松屋であり、店主の池田巳之太郎は大礼服改正案の際に内閣から意見を求められた人物である。政治家や官僚たちの大礼服の購買欲は衰えなかった。少しでも見栄えをよくしたいと七百円、千円以上も調製費をかける者もいた。選ばれし者だけが着用を許される大礼服には、権威と魅力がそなわっていた。出費は痛かったが、華美で豪華な大礼服を着ることはやめなかった。大礼服の改正が実現しなかったのは、大礼服の着用者たち自身の選択も影響していたといえる。

国家の公式儀礼に着用する大礼服のデザインは、余程のことがない限り改正するものではなかった。その意味で新しい時代の幕開けを象徴する昭和大礼は絶好の機会であり、宮内省の各種服制は簡略化に成功した。だが、大礼服の権威と魅力に固執する勢力もあって、文官大礼服の改正や非役有位大礼服の廃案は実現しなかった。次章では、昭和十二年七月に日中戦争が勃発してどのような変化が起きたのかを検討する。

註

(1)「日記」昭和二年六月九日条(「関屋貞三郎関係文書・書類の部」国立国会図書館憲政資料室所蔵、九〇六)。
(2)『東京朝日新聞』昭和二年六月十八日、夕刊。
(3)高橋紘・粟屋憲太郎・小田部雄次編『昭和初期の天皇と宮中―侍従次長河井弥八日記―』一、昭和二年六月二十三日条、岩波書店、一九九三年、一六二頁。以下河井日記と略称。
(4)同右、昭和二年六月二十八日条、一六六頁。
(5)前掲「日記」昭和二年六月二十三日条。
(6)前掲『河井日記』一、昭和二年七月二日条、十月十八日条・十九日条、一六八頁、二二三―二二四頁。

（7）同右、昭和二年十月三十一日条、二二九頁。
（8）『河井日記』二、昭和三年一月二十七日条、岩波書店、一九九三年、一六頁。
（9）「宮内官制服令中改正ノ件正本附属書類」（「皇室令録」昭和三年、宮内庁書陵部宮内公文書館所蔵、識別番号一三〇六三―一）、『官報』昭和三年皇室令第二号。
（10）『官報』大正十一年皇室令第七号。
（11）前掲（9）。
（12）『読売新聞』昭和三年三月十七日、朝刊。
（13）（14）「宮内官制服令中改正ノ件正本附属書類」（前掲「皇室令録」昭和三年、識別番号、一三〇六三―二）、『官報』昭和三年皇室令第三号。
（15）以下の内舎人・舎人・主膳監・主馬寮勤務宮内技手の服制に関する記述は、同右「宮内官制服令中改正ノ件正本附属書類」による。
（16）前掲『河井日記』一、昭和二年十月三十一日条、二二九頁。
（17）〜（19）「位階服に関する書類」（宮内庁書陵部宮内公文書館所蔵、識別番号九〇二八四）。
（20）前掲『河井日記』一、昭和二年十二月五日条、二五二頁、前掲『河井日記』二、昭和三年二月十七日条、二六頁。
（21）前掲「位階服に関する書類」、前掲『河井日記』二、昭和三年四月二十日条、六二頁。
（22）「文官大礼服制中改正案」（「公文類聚」第五一編第一四巻、昭和二年、国立公文書館所蔵、二A―一二―類一六一一）。
（23）（24）前掲「位階服に関する書類」。
（25）「儀式祭典ニ参列スヘキ者ノ大礼服着用方」（前掲「公文類聚」第五二編第一〇巻、昭和三年、二A―一二―類一六四五）。
（26）前掲「位階服に関する書類」。
（27）西川誠「明治期の位階制度」（『日本歴史』五七七、一九九六年六月）、拙稿「栄典制度の形成過程―官僚と華族の身分再編を中心に―」（『日本史研究』五五三、二〇〇八年九月）参照。
（28）前掲「位階服に関する書類」。
（29）「文官大礼服改正試案」（「文官大礼服制改正の件（未決懸案のまま）」国立公文書館所蔵、二A―四〇―資二六一）。
（30）「即位礼当日賢所大前ノ儀以下七儀ニ参列ノ為召サセラルル職員ノ服装ニ関スル件」（前掲「公文類聚」第五二編第一ノ三巻、二A―一二―類一六三三）。
（31）「今上御大典拝観記」（久米正雄『久米正雄全集』一三、平凡社、一九三一年、二〇七頁）。
（32）「即位礼当日諸官庁奉祝ノ際ノ服装ニ関スル件」（前掲「公文類聚」第五二編第一ノ四巻、二A―一二―類一六三四）。
（33）「即位礼及大嘗祭後大饗第一日ノ儀ノ当日地方ニ於テ賜フ饗饌ニ召サルル者ノ服装ニ関スル件ヲ定ム」（同右）。

(34) 尚友倶楽部編『岡部長景日記』昭和四年一月二十九日条、柏書房、一九九三年、二五頁。
(35) 同右、昭和四年三月三十一日条、七七頁。
(36)(37) 同右、昭和四年四月一日条、七八頁。
(38) 同右、昭和四年十一月四日条、二二二頁。
(39) 同右、昭和四年十一月十三日条、二二九頁。
(40) 拙稿「鹿鳴館時代の女子華族と洋装化」(『風俗史学』三七、二〇〇七年三月)参照。
(41) 『読売新聞』大正四年九月九日、朝刊。
(42) 前掲『岡部長景日記』昭和五年四月一日条、三二八頁。
(43) 同右、昭和五年四月二日条、三二九〜三三〇頁。
(44)(45) 「天機並御機嫌奉伺等ノ場合ニ限リ男子ハ「モーニングコート、シルクハット」、女子ハ白襟紋付ヲ以テ通常服ニ代用ノ件」(「例規録」式部職、昭和五年、国立公文書館所蔵、識別番号七八一八)。
(46) 前掲(43)。
(47)(48) 前掲『岡部長景日記』昭和五年四月十日条、三三五頁。
(49) 同右、昭和五年四月十一日条、三三六頁。
(50) 同右、昭和五年五月二十一日条、三六四〜三六五頁。
(51) 同右、昭和五年五月二十四日条、三六六頁。
(52) 前掲(44)。
(53) 前掲『岡部長景日記』昭和五年六月十九日条、三八三頁。
(54) 同右、昭和五年四月十一日条、三三六〜三三七頁。
(55) 前掲(53)。
(56) 「「モーニングコート」を通常服とせらるるの件(宮内省)」(「警保局長決裁書類」昭和六年・上、国立公文書館所蔵、四E—一五—二)。
(57) 『東京朝日新聞』昭和六年六月四日、夕刊。
(58) 『河井日記』四、昭和五年十二月六日条、岩波書店、一九九四年、二〇四頁。
(59) 『河井日記』五、昭和六年六月一日条、岩波書店、一九九四年、九四頁。
(60) 『官報』明治四十一年勅令第一五号。
(61) 「外交官及領事官大礼服代用服制ヲ定ム」(前掲「公文類聚」第三二編第六巻、明治四十一年、二A—一一—類一〇五四)、「外交官及領事館ノ大礼服略服制定一件」外務省外交史料館所蔵、六門―四類―五項―一一号。
(62)「服制関係雑件」外務省外交史料館所蔵、六門―四類―五項―一号。
(63)〜(65) 伊藤隆・広瀬順晧編『牧野伸顕日記』昭和六年五月八日条、中央公論社、一九九〇年、四四八〜四四九頁。
(66) この点については、拙著『明治国家の服制と華族』(吉川弘文館、二〇一二年十二月)を参照されたい。
(67)『官報』昭和六年勅令第九九号。
(68) 同右、昭和六年勅令第一〇〇号。
(69) 前掲『河井日記』五、昭和六年五月三十日条、九三頁。
(70)『東京朝日新聞』昭和六年七月十七日、朝刊。
(71)〜(73)「文官大礼服制改正に関し業者照会」(前掲「文官大礼服制改正の件(未決懸案のまま)」)。
(74) 三越資料室に問い合わせたところ、このときの図案や意見を含め大礼服関係の史料は現存せず、また明治から大正期の関連史料は関東大震災で消失したという。
(75)(76) 前掲「文官大礼服制改正に関し業者照会」。
(77)「各国外交官大礼服制度取調ノ件」外務省外交史料館所蔵、六門―四類―五項―一号―一、「附属書」同上、六門―四類―五項―一号―二。
(78)「文官大礼服改正ニ関スル各省次官意見一覧」(前掲「文官大礼服制改正の件(未決懸案のまま)」)。
(79) 前掲「文官大礼服改正試案」。
(80) 前掲『河井日記』二、昭和三年四月十日条、五月十五日条・十六日条、六八頁、八一頁。
(81) 同右、昭和三年十月二十八日条、一八五頁。
(82)「倉富勇三郎日記」昭和三年十一月三日条(「倉富勇三郎関係文書」国立国会図書館憲政資料室所蔵、一〇―一二)。
(83) 前掲『岡部長景日記』昭和四年二月十七日条・二十四日条・二十六日条、三月六日条、四七〜四八、五三〜五四、六二頁。
(84)『読売新聞』昭和二年二月五日、朝刊。
(85)『東京朝日新聞』昭和三年十月七日、夕刊。
(86)(87)『読売新聞』昭和三年十一月十八日、朝刊、同右、昭和三年十一月十八日、朝刊。
(88) 前掲(31)。
(89)『東京朝日新聞』昭和三年四月四日、朝刊。
(90)「杉栄三郎に対し大礼服寄贈の挨拶の件」(「外部回議(丙)」国立公文書館所蔵、五―六二―平一五会計一八)。
(91) 前掲『岡部長景日記』昭和五年十月三日条、四四八頁。

(92) 同右、昭和五年十月三十日条、四六一頁。

(93) 同右、昭和五年十一月二十五日条、四七七頁。

(94) 同右、昭和五年十二月二十六日条、四九三頁。

(95) 『東京朝日新聞』昭和六年十二月二十三日、朝刊。

(96)(97) 『読売新聞』昭和七年三月二十一日、夕刊。

(98) 三木武吉の勅任文官大礼服姿は、三木会編『三木武吉』（一九五八年）掲載の肖像写真で確認できる。

(99) 『東京朝日新聞』大正十三年十一月十一日、夕刊。

(100) 同右、大正十三年十一月一日、夕刊。

(101) 『大蔵公望日記』一、昭和七年八月二十三日条、内政史研究会・日本近代史料研究会、一九七三年、四三頁。

(102) 同右、昭和七年七月二十一日条、三七頁。

(103) 『吉沢清次郎氏談話記録第三回』内政史研究会、一九七三年、九八〜九九頁。

(104)(105) 『読売新聞』大正四年十一月十日、朝刊。

(106) 瀬長良直「婦人洋装への一考察」（社史で見る日本経済史、五四『三越』ゆまに書房、二〇一一年、一三九頁）。

(107) 前掲（95）。

(108) 社史編集委員会編『松屋百年史』松屋、一九六九年、三三九頁。

(109) 雪仙生「見たり聞いたり憶い出の記」六四（『松屋通報』六五、一九六一年二月）、斉藤信義『見たり聞いたり憶い出の記』私家版、一九七四年、一一五頁。後者刊行本には大礼服の写真が掲載されていない。この史料は、株式会社松屋総務部広報課、松屋一五〇年史編集準備室で見せていただいた。

(110) 『東京朝日新聞』昭和十一年十二月十八日、夕刊。

付記 本章は、拙稿「宮内官制服令の改正と文官大礼服改正案」（『大倉山論集』六〇、二〇一四年三月）をもとに加筆修正した。

第八章　戦時下の礼服

大礼服と燕尾服は、日中戦争の勃発という国家多難な非常事態を迎えたため、戦争の目途が立つまでの期間停止される。それでは戦時期の公式儀礼ではどのような礼服を着ていたのか、礼服は存在しなかったのか、礼服と日常服に相違はあったのか、などの疑問が浮上する。当時の政治家や官僚の風俗を知る上で大いに参考になるはずである。本章では、大礼服が停止された理由のほか、大礼服制に代わる礼服がいかなる方法で使用されていたのか、戦時下における礼服の実態について解明する。

一　大礼服制の停止

貴族院議員の関屋貞三郎によれば、昭和十二年（一九三七）七月に日中戦争が起きてから昭和天皇は「休日と雖も寛ニ御憩ひの事もなし、連日連夜御軍装を脱がせ給ふ御暇もなく万機御親裁、殊に戦況に付ては時を送りず御聴取あらせらる」という有様であった（一）。それでも、公式儀礼において大礼服の着用に変わりはなかった。同年七月二十五日の第七十一回帝国議会開院式に有爵者大礼服を着て登院した伯爵有馬頼寧は、「真夏の大礼服は随分暑い」と愚痴をこぼしている。(2)軍部の見込みは甘く、中国との戦争は同年十二月の南京陥落後もおわらず、重慶に撤退した国民党政府の蒋介石は徹底抗戦の構えを崩さなかった。

この頃、陸軍は宮内省に対して、陸軍軍装で参内を認めるよう求めた。緊急時に将校たちは正装に着替えている暇がなく、正装を所持していない者も少なくなかったからである。この問題については、金田才平、大場茂行、筧素彦ら参事官、儀式課長の武井守成が協議している。彼らが懸念したのは皇室令に定められた服装を変更するには枢密院の諮詢を経なければならない点であった。そこで服制の全面改正にはせず、通常礼服や礼服として軍装を許可する方向にまとまったが、公布はされていない。(3)

中国大陸で戦争が続くなか、翌十三年一月には例年と変わらず陸軍始観兵式が挙行された。だが、陸軍省は「現今支那事変下ニ在リテ死傷算ナク都下病院ニ傷病兵満ツルノ時、大礼服正装ニテ観兵式ヲ挙行セラル、ハ時宜ニ適シタルモノニアラサル」と判断し、軍装に勲章を全部佩用させることを検討した。この提案が宮内省に伝わると、式部職は難色を示したが、最終的には「観兵式ハ純然タル朝儀ト見ルヘキモノニモアラサル」とし、軍装とともに通常服や供奉服も許可した。また鹵簿も、鹵簿第三公式自動車という略式を用いることとした。(4)

戦争の長期化にともなって、「金ピカ服」とも呼ばれる華麗な大礼服の新調は控えるべきだとの意見が浮上する。大礼服の着用停止をめぐる会議は、昭和十三年六月十日に企画院次長応接室で開かれた。参会者は企画院内政部部長の中村敬之進、同書記官の金井元彦、宮内省総務課事務官の本多猶一郎、同宮内書記官の加藤進、企画院総務部調査官の小西千比古、内閣官房総務課課長の稲田周一、陸軍・海軍関係官であった。会議の結果、陸海軍軍人については戦時と同様の服装を許可し、文官については次官会議で「爾今文官ハ大礼服ノ新調ヲ成ルベク見合ハセテ、既製ノモノヲ以テ間ニ合ハセルコト」を申し合わせるように決まった。(5)

大礼服の新調については、「官吏ハ率先躬行シテ国民ニ範ヲ示シ非常時意識ノ具現ト物質上ノ節約ヲ為サザルベカラザルハ言ヲ俟タザル処ニシテ、特ニ上級官吏ガ式祭日ニ着用スル大礼服ヲ当分ノ間廃スルハ金節約ノ趣旨ニ合スルノミナラズ、其ノ及ボス精神的影響ハ蓋シ尠少ナラザルモノアリト認メラルルヲ以テ、即時之ガ実現ヲ図ラレンコトヲ切望ス」とある。(6) 日中戦争という非常時において、国民に質素倹約を求めるなか、政治家や官僚たちが贅沢な大礼服を新調するのは矛盾しており、国民の士気にもよくないという。

これを受けて翌日の六月十一日には、宮内省内で棚上げになっていた「宮中諸儀式祭典ニ軍装通常服等着用方御治定」に関して再び話し合いがおこなわれた。式部長官応接室に参集したのは、本多猶一郎、式部長官の松平慶民、式部次長の鹿児島虎雄、外事課長の山県武夫、儀式課長の武井守成、式部官三名であった。本多は、前日の企画院における大礼服および正装に関する会議の説明をし、内閣の意向に沿う必要を確認した。(7)

このような方針にもとづき、昭和十三年六月十六日に稲田周一は、内閣東北局局長の桑原幹根に宛て「本日次官会議ニ於テ左記ノ通申合」、「当分ノ間文官ハ成ルベク大礼服ノ新調ヲ見合ハセテ既製ノモノヲ以テ間ニ合ハセルコト」と指示を送っている。(8) 前章で述べたとおり、大正時代から礼服の簡略化を求める声があったにもかかわらず、勅任文官大礼服を着る権利を得た新任官は、豪華な大礼服を競って新調した。稲田内閣総務課課長の指示は、そのような行為を地方官にもやめさせる意図があった。

翌日の六月十七日には陸軍省の高津中佐と海軍省の栗原中佐が宮内省を訪れ、金田、大場、筧、武井と会合し、その内容は十八日に武井から宮内大臣の松平恒雄へ伝えられた。現下において大礼服を調製することは困難であり、それに代わる服装を式部職で検討してほしいとの依頼であった。二十日に式部長官応接室で検討会議が開かれ、案を作成した。そして二十二日、宮内省会議室に松平宮内大臣、宮内次官の白根松介、宗秩寮総裁の武者小路公共、松平式部長官、鹿児島式部次長、掌典長の三条公輝、武井、金田、筧、本多、秘書課長の土岐政夫、大金益次郎と野口明の両事務官、書記官の加藤進が集められた。本多と金田からこれまでの経緯が説明され、武井が原案を配布した。(9)

この会議で「宮中諸儀式祭典等ヨリ大礼服正装ヲ除クコトハ常時ニ於テ夢想タニ許ササル処、事変ノ切実ニ迫ルモノアルヲ思ヒテハ、誠ニ恐懼ニ堪ヘサルモノナリ」として大礼服制の停止が決まり、六月二十九日には天皇の裁可を得たのである。[10] 同日付で宮内省は、紀元節・天長節・明治節の宴会、観桜会と観菊会、勲章授与式での佩用後の拝謁、皇后・皇太后御誕辰の拝賀や賜饌を中止した。また帝国議会開院式、観兵式への鹵簿、信任状・解任状を捧呈する大使の送迎馬車は、略式自動車に変更した。[11] 大礼服制の停止にあわせてとった措置だった。

七月二日、松平慶民が内閣総理大臣近衛文麿に送った文書では、「当分ノ内儀制令祭祀令等ニ依ル宮中諸儀式祭典」に際し、陸海軍人は軍装、そのほかは通常服、服制のある者は相当する制服、女性は通常服または袿袴（通常服）とされている。さらに七月九日には宮内次官白根松介から内閣書記官長の風見章に対して、天機・御機嫌伺、拝謁、御陪食賜餐、御礼記帳などのために参内する陸海軍人は、「支那事変ニ関シ当分ノ内軍装着用」と明示された。[12] 二日の指示も勘案すると、軍人以外の者も同じであったに違いない。日中戦争の長期化という非常事態により、当分の間通常服または軍装での参内が可能になったのである。

宮中儀礼の停止と鹵簿の簡略化に加えて、大礼服制が停止されたことにより、宮内省の礼服もそのままというわけにいかなくなった。昭和十三年七月二十日に武井は金田に対し、京都の山陵祭・春日祭・賀茂祭・石清水祭では「其ノ環境上職服ハ余リ目立チ過キ、為ニ職務遂行上ニモ支障ヲ来ス場合無キニシモアラサルヲ以テ、通常服ヲ着用セシメン」と交渉している。[13] そして九月には、舎人は車従の職務に従事する場合を除いて舎人職服制式の丙種職服を着用し、主膳監と主膳および膳手は主膳職服制式および膳手職服制式の乙種の職服を用いることとし、殿部は車従に従事する場合と殿部職服制式の第四号乙種職服を着る場合を除いて第三号甲種の職服を着ることとした。[14] 昭和大礼によって統廃合がおこなわれた宮内官制服も、必要最低限のものに限って使用したのである。

戦時下の質素倹約にともない新調が停止されたが、既存の大礼服を着てよいとなると質素倹約の模範にはなりづらい。そこで新調はもとより、既存の大礼服も戦争が終結するまで停止することにしたのである。大礼服制が停止されてからはじめての朝賀である昭和十四年一月一日に、有馬頼寧は「今年はフロックコートである」と日記に記している。[15] かねてより否定的だった特権的な大礼服制が停止されたわけだが、日中戦争の長期化が理由であったため、素直には喜べなかっただろう。心中複雑であったと思われるが、残念ながらそれについての感想は見当たらない。

大礼服制が停止されると、諸儀式の華やかさが失せることはいうまでもない。もともと黒が強調されてきた国葬では、それが顕著であった。昭和九年六月二日、海軍大将東郷平八郎の国葬に際しては、「通常服又ハ之ニ相当スル服以上ノ服ヲ着用スル者ノ喪章ハ他ニ別段ノ定アル場合ノ外、其ノ服ノ様式ニ従ヒ左腕ニ黒布ヲ纏ヒ又ハ左胸ニ蝶形結ノ黒布ヲ附ス」[16]と、会葬者心得が告示された。フロックコートまたはそれに相当する服の場合は、左腕に黒布と左胸に黒布を蝶結びにしたものをつけよという指示である。この会葬者心得は、まだ大礼服や陸海軍の正装が停止されていなかったため、それ以外の者が主な対象であった。

それが昭和十五年十二月二日、最後の元老と称された西園寺公望の国葬においては、すべての会葬者が対象となり、通常服はフロックコートまたはモーニングコートとなり、国民服礼装かそれに相当する服以上と、東郷のときより説明が加わっている。[17] 通常服や国民服礼装の左腕に喪章をつけ、左胸に蝶形の黒布をつければ参加できるようになった。明治期から国民が希望してきた礼服の簡略化は、皮肉にも国家存亡の危機ゆえ実現したのである。

二　国民服と礼服

そして国民服も礼服と認められ、国葬にも参加できるようになった。もともと国民服は、新しい「日本服」を目指して考案されたが、厚生省や陸軍省の意向から次第に目的が「軍民被服の近接」へと変わっていった。その過程については井上雅人氏の研究が詳しいが[18]、国民服には「軍民被服の近接」だけではなく、同時に「官民礼服の近接」という意味を持っていた。ここでは非常事態によって生まれた国民服について、後者の観点から考察したい。

国民服が構想された原因は、昭和十三年六月二十三日に政府が「国民生活を此の際刷新する非常時国民生活様式の確立」を求めたことによる。大礼服制が停止された時期と重なっているのは偶然ではない。その一方では国民精神総動員中央連盟が非常時国民生活様式委員会を設けたものの、国民被服の問題は簡単には決まらなかった。そこで厚生省と国民精神総動員中央連盟の幹部が協議した結果、同年十一月に同連盟のなかに「服装に関する委員会」が設けられた[19]。

同委員会は官民から選ばれた五十五名の委員で構成され、四回の会合をおこなった。だが、国民精神総動員中央連盟の改組にともない、厚生省と陸軍省が後援する被服協会の「国民被服刷新委員会」へ発展的解消をすることとなった。新しい委員には厚生省生活課長の武島一義、商工省技師の岸武八、農林省技師の田口敏夫、宮内省技師の中田虎一、衆議院議員の亀井貫一郎、前東京美術学校講師の斎藤佳三、陸軍省衣糧課長の高木六郎、陸軍省衣糧課の下川某中佐、陸軍被服本廠の岡林直樹、陸軍被服本廠技師の小川安朗、千住製絨所技師の小泉武蔵の計十一名が選ばれた[20]。

「国民被服刷新委員会」では、全八回の会合が開かれ、昭和十五年一月二十七日に東京会館で国民服が発表された[21]。「和洋の長所」と「平戦両用」を主眼とし、第一号から四号の上衣と中衣を好みに応じて選べるようにしていた。第一号は国民服甲号と呼ばれ、開襟式四個釦に両胸の物入れが縦式なのが特徴である。また第四号は国民服乙号のことであり、立折襟に五個釦、両胸の物入れに小釦がついて陸軍将校の軍服に似ている。第二号は四個釦のうち一個が隠し釦で、胸の物入れに小釦と腰に線があり、第三号はその線がなかった[22]。

だが、昭和十五年十一月一日に公布された国民服令では、第二号と第三号は不人気という理由で服制から削除されている。またそれにともない、各号の中衣も二種だけになった[23]。中衣は和服でいうところの襦袢であり、甲号の開襟の部分から中衣が見えるように工夫されていた。この中衣には、井上雅人氏が指摘するように「日本服」の重要な要素が含まれていた。だが、乙号では中衣を着ていても外からは見えず、甲号でも中衣を着るとは限らなかった。後述するように昭和十八年には甲号よりも乙号を優先して購入するようになる。中衣は外からわかる甲号でのみ存在感が発揮される。その甲号よりも乙号が優先されたことを考えると、やはり最終的には「日本服」の要素よりも、「平戦両用」という軍服の面に主眼を置いたと思われる。

国民服令では国民服を礼装に用いる際の儀礼章が制定された。儀礼章は冠婚葬祭で「厳粛、敬虔、鄭重の衷情を表現する」ためのものであった。色の濃い古代紫の大和風紐組は、肇国の精神「八紘一宇」を形象していた。これを右胸ポケットの釦につけ、二本の結び紐を中央の第二釦にかけた。弔や喪では儀礼章に加え、左腕に黒の腕章をつけた。各自の家紋または桜花模様に限り、儀礼章の中央に付すことができた。[24] 家紋は紋付の役割をはたし、また桜花模様は通常の儀礼章よりも格式の高い意味があった。

ところが、法的根拠を持たない国民服はなかなか普及しなかった。昭和十五年八月九日に商工大臣小林一三は国民

170 国民服（上が甲号・下が乙号） 個人蔵

服を着たが、それを新聞で知った読者は「小林商相は少くも我が戦時状態の終熄するまで年中それを着用する決心で掩へたかどうか」[25]と、懐疑的に見ている。そもそも国民服の普及については、考案の頃から危惧する声が少なくなかった。某新聞読者は「洋服の新調御法度」について「彼等〔筆者註：政府官員〕の中で実行してゐる者は殆んど一人もないといつても過言でない有様」と指摘している[26]。国民にお仕着せのごとく強制しても、政治指導者や政府官僚が模範を示さなければ意味がないと庶民は考えていた。

普及はともかく、国民服の発表が礼服に与えた影響は大きかった。昭和十五年十月の結婚式場で早くもこの姿が見られた。東京都内の式場では「花嫁さんは儀礼章、婿どのは国民服」というのが多く、目黒雅叙園では百四十組の挙式がおこなわれたが、「平服の参列者が多くなつた」[27]。それは十一月の七五三の神社参拝でも同じで、「豆元帥や豪華な振袖姿」から「豆国民服と豆モンペ姿」へと変わった[28]。「豆元帥」とは、七五三用の陸海軍の正装や軍装のことで、三越の広告にも載る人気商品であった。そうした晴れ着は民間で少しずつ影を潜めた。つまり、国民服の登場により民間の礼服が急速に簡素になるのである。

昭和十五年十一月一日公布の国民服令によって法的根拠ができると、公式儀礼や勲章佩用などの規定にも影響を与える。大礼服制が停止されてから参内にはフロックコートかモーニングコートの着用が義務づけられてきたが、十一月二日にはそれらに加えて国民服甲号の着用が許可された。国民服は、①参内記帳（朝議における参賀の場合を除く）、②拝謁または賜饌にして特に指示あるもの、③観桜会・観菊会、④陵墓の正式参拝、⑤賜物の拝受、⑥行幸啓先における有資格者の奉送迎、⑦勅使・御使・御名代・御奉遣皇族の奉送迎、⑧そのほか特に指示ある場合について着ることを認められた[29]。

さらに十一月十六日には、参内記帳や賢所における諸儀礼に参列を許された者に対し、フロックコートやモーニングコートを着るときにシルクハットを被らなくてもよいこととした。また中折帽子の場合は参集所に置いて無帽のまま参列した。[30] これは国民服甲号に儀礼章をつければ参内が許可されたことと無関係ではないだろう。だが、宮内省が「国民服令に於ては宮中関係の服装に付て迄規定されるものではありません」、「従来慣例的に通常服の着用を本則とされた場合に於て通常服の外国民服（甲号）礼装をも用ひ得る」とした点には留意を要する。[31]

つまり、停止されたとはいえ、大礼服や燕尾服の着用を求めてきた儀礼は対象外にしているのである。その証拠に朝議参賀における記帳は除くとあり、紀元節や天長節などの祝賀も含まれていない。昭和十五年七月には大礼服か燕尾服に限られてきた勲三等功三級以上の勲章を、フロックコートやモーニングコートに佩用することが許可された。[32] 十一月の国民服令では、国民服に国民儀礼章とは別に勲章・褒章・記章をつけてよいとした。[33] だが、大礼服や燕尾服に佩用する大勲位菊花章頸飾や勲一等については、フロックコートおよびモーニングコートと同じく副章に限られた。

国民服令が公布されると、帝国議会にも変化があらわれた。昭和十五年十二月二十六日には第七十六回帝国議会が開会されたが、貴族院議員は国民服に儀礼章をつけ、衆議院議員は国民服に儀礼章がなくても登院できることとなった。[34] 両議院における儀礼章の有無は、かつての大礼服とフロックコートという違いを継承しているとも考えられる。だが、議会開会日には、衆議院議員清瀬一郎の国民服姿が「断然異彩を放つて」おり、全議員のうち国民服を着たのはわずか四、五名にすぎなかった。[35] 十二月二十七日の衆議院本会議で「議場内における国民服着用の件」が正式に決定されたが、当日の議場で国民服を着ていたのは清瀬、風見章、亀井貫一郎、南鼎三、道家齊一郎、野溝勝、田原春次など全部で十名に満たなかった。[36]

年明けの昭和十六年一月の議会では、大蔵大臣の河田烈、衆議院議員の田渕豊吉などが国民服で登院し、ほかの人名は不明だが「閣僚に国民服も現れた戦時議会もちろん代議士の方にも国民服は相当な数にのぼつて現れてゐる」という。[37] だが、背広姿の代議士小山亮は「背広の方がもう不必要なもんだ、だからこれを早く着古して国民服は後の用意にしまつとく」という。ここには国民服が普及しなかった理由の一つがあらわれているように思われる。小山は国民服を用意していたのだろうが、国民のなかにはすでに持っている背広などが古くなったら調製すればよいと判断する者もいたのである。

実際、国民服の普及を企図した商工省でも「洋服新調の場合は国民服をつくれ、背広のお古なら着てゐて差支へない」との曖昧な指示をしていた。(38) その一方で国民服を制服として普及させようとしたのが文部省である。昭和十六年四月から文部省の指導により全国の中等学校では国民服型の制服を採用し、東京神田区内の大学でも国民服型の学生服を強制するところがあらわれた。(39) 厳密にいえば学生服は国民服ではないが、市街で国民服と混在すれば同じように見えてしまう。すると「最近民間でも国民服が大分増加して来た。電車に乗つてもあの国防色が非常に多くなつた」という五月の新聞記事を額面通り受け取ることはできない。(40)

大礼服と燕尾服が停止されてから三年が経過し、国策で国民服が奨励されると、皇族の諸儀礼も簡略化が図られるようになる。昭和十六年七月七日の皇族会議では、昭和天皇をはじめ、各皇族、内大臣木戸幸一、宮内大臣松平恒雄などが列席するなか、「皇室親族令」の文言改正が検討された。(41) その結果、七月十日に同令の「婚嫁ノ式」に記載されている「正服」を削除し、「礼装礼服」を「礼装」とあらためた。(42) この改正の意図は、大礼服をフロックコートやモーニングコートなどの通常服、正装を軍装に代えることにあった。

このように礼服の簡略化が図られたが、貴族院議員で侯爵の徳川義親は、国民服の制定により礼服と通常服の差がなくなることを危惧した。彼は戦時体制になったのであるから、「生活の簡易化」が必要だという。だがそれは、「伝統の破壊、粗雑、粗暴と誤られやすいものであるから注意を要する」と警鐘を鳴らす。(43) こう考えるのは、教育者を含む婦人会の座談会の席上で「礼服といふものは不用である。紋附のごときは日常生活には役に立たぬもので、虚栄、虚飾にしかすぎないものである。自分は礼服を持つてゐない。如何なる場合にも縞物で通してゐたが、残念なことには、宮様の台臨の時には、それでは出られないから、たうとう紋附をこしらへた」という話を耳にしたからである。(44)

紋付羽織袴という礼服など役に立たないと思っていたが、皇族が来るから仕方なく調製したなどという話を、華族である徳川は聞き流すわけにはいかなかった。天皇や皇族が出席する儀式はもとより、参内に官僚が普段着で臨むような事態は避けねばならない。そして彼は、なによりも礼節が失われることを懸念していた。徳川は、「礼は心と形とがあつて始めて整ふものである。心を正せば形が整ひ、形を正せば心も改まる。礼装は正しき心の表現である」と説き、これが日本精神の培われた姿であるという。そして日本には古来の礼服として紋服があるのだから、礼には紋服を用いるべきだと主張する。素材は絹に限らず、木綿でもスフでもよく、とにかく礼服と通常服を明確に区別すべきであるという(45)。

このように徳川は、国民服に儀礼章をつければ礼服になるという考え方には賛成しなかった。普段着として国民服は認めるが、礼服は紋付羽織袴に固執した。そして国民制服の制定を要求し、「制服だからこれを法制化し、或る程度の公の儀式にも用ひられ、同時に平常着にも用ひられるものでありたい」と提案している(46)。国民服には強制力はなく、徳川にとって礼服として許容できるものでもなかった。「活動と云ふ点からも洋装の型式を主としたものが考案されるべきであろう」というが(47)、おそらく国民服とは違ったものを考えていたと推察される。

礼服と通常服の違いに固執する徳川は、昭和十三年に文部省が組織した作法教授要項委員会の委員長を務め、昭和十六年四月に「礼法要項」を完成させた。「礼法要項」は、中等学校の修身科で教える作法であり、拝礼、食事、挨拶、国旗掲揚の仕方など多岐におよぶ。そうした経験もあって、礼節を欠くような服装は看過できなかったと思われる。実際、徳川は「戦時下の礼服制としてはさきに国民服がきめられたが、礼服を持つてゐる人は儀式のときにはつとめて用ひた方がよいと思ひます(48)」と、なるべく従来の礼服にすることを推奨している。そして「礼法要項」では次のように礼服を規定する。

（一）国民服は従来背広服その他の平常服を着用した場合に着用するのを例とする。国民服礼装は国民服を着用し、国民服儀礼章を佩びる。国民服礼装は、従来燕尾服・フロックコート・モーニングコートその他これに相当する礼装を着用した場合に着用するのを例とする。
（二）フロックコート、モーニングコートには折返しのズボンは用ひない。ソフトカラー・白手袋・赤革の靴・帯革も用ひない。
（三）フロックコート、モーニングコートのネクタイは蝶形を用ひてはいけない。色物結下げとする。喪服の場合の外黒ネクタイは用ひない。
（四）長上に対しては固より、改つた場合の訪問、接客には袴をつけるがよい。
（五）暑中でも肌着を用ひず、又は素足の儘で人を訪問したり、長上の客に接したりしない。(49)

もっとも、太平洋戦争の開戦前は、まだ各家庭に礼服や背広類が残っていた。国民服を新調しようとする者が少なかったのは、箪笥に眠る礼服や背広で代用していたことが考えられる。

仙台高工教授の福本喜繁は、勤務する学校では式典で国民服に儀礼章をつけて出席する者はほとんどいないという。それは式典の通知書の筆頭にフロックコート、次に紋服とあり、国民服は末尾に記されているからではないかと指摘する。また、式日には電車やバスにフロックコートやモーニングコートを着る者が多いため、車内はナフタリンや樟脳の匂いが充満すると述べた。(50)この証言からは、式典に参加する資格を有する多くの者がフロックコートやモーニングコートを所持しており、年に数度着るほかは箪笥に収納していたことがうかがえる。そのため、その後制定された国民服や儀礼章の購入を控えたといえる。

これは政府関係者も例外ではなかった。昭和十七年三月十六日、政府関係者は東京駅で満州国謝恩特派大使の張景恵を奉迎した。張は、国民服に似た満州国協和会服に、満州国国旗を示す赤・黒・白・青色の総《ふさ》のある黄色の胸紐をつけていた。それに対して出迎えた政府関係者は陸海軍人を除くと、シルクハットにモーニングコートか、フロックコート姿であった。福本によると、そもそも内閣総理大臣近衛文麿の国民服姿を見たことがないという(51)。

日中戦争の勃発後、近衛は国家総動員法にもとづく国民精神総動員中央連盟を組織し、戦争遂行のため国民精神の統一を図った。本来なら積極的に国民服を着なければならない立場にいたことはいうまでもない。その彼を筆頭に政府関係者が従来どおりモーニングコートやフロックコートを着ているのであるから、国民の礼服として国民服が普及しないのは当然といえる。国民服令の制定過程では、まずは官公庁が模範を示すべきだとの意見が有識者からあがっていたが、十分に実践されていなかったのである。昭和十六年十一月二十八日に宮内省は、振天府や建安府などの各御府、京都御所、仙洞御所、二条離宮ほか各離宮、新宿御苑、御養蚕所、正倉院の拝観では、従来のフロックコートやモーニングコートだけでなく、国民服甲号でもよいとした(52)。国民服が礼装と認められる範囲は、太平洋戦争に突入するとさらに拡大されていく。

三　太平洋戦争と礼服

政府の意図に反して国民服の普及が進まないなか、昭和十六年十二月八日には太平洋戦争が開戦する。周知のとおり、開戦から半年の間は有利に展開したものの、その後は戦局に陰りが見え、やがて「本土決戦一億玉砕」が叫ばれるほど劣勢に立たされた。それではこの国家存亡のときに、礼服着用という概念は存在したのか。参内や行幸などの服装から、太平洋戦争下の礼服について検討したい。

開戦の翌年である昭和十七年、吉田謙吉が銀座の街頭で国民服の着用率を調査している。その結果、国民服が十二

%、洋服が八十三%、和服が五%だった。国民服の内訳は甲号が二百三十七人で四十%、乙号が三百三十三人で六十%であった。[53]きわめて着用率の低いことがわかる。その理由は先述した政治家や官僚たちが率先して国民服を着ていなかったことだけでなく、衣料事情がかなり厳しかったことも大きい。昭和十七年二月から衣料切符制度が実施され、一人あたり一年間に購入できるのは、都市部では百点、郡部では八十点までと決められた。点数の内訳は、背広、モーニングコート、タキシード、燕尾服、フロックコートは五十点、国民服は三十二点、国民服中衣は十点、国民服外套は四十点、長袖シャツは十二点、半袖シャツは六点、猿股（パンツ）は四点、ズロースやブルマーは四点、靴下は二点である。[54]

流行歌は時代を反映するものだが、昭和十七年七月にキングレコードが発売した「点数の歌」（歌唱は林伊佐緒・三原純子）では、「三十二点の国民服に」や「十六点の事務服つけて」などではじまり、「無駄にゃすまいぞ点数点数、大事に使うも国のため」というフレーズがサビとなっている。[55]点数の範囲内で効率よく使うのが生活の知恵というものである。背広や礼服類を一揃い購入すれば、それだけで半年分の点数を使ってしまう。点数の高い背広や国民服を買うよりも、点数が低く消耗しやすい下着類を買うほうが現実的であった。全国民の需要に応えきれていないのだから、国民服が普及しづらいのも無理はない。

経済状況が悪化しただけではなく、開戦から一年半が経過すると、太平洋における制海権および制空権の確保が難しくなった。それを暗示した出来事が連合艦隊司令長官として海軍を統率した山本五十六の戦死である。昭和十八年四月十八日、山本はソロモン方面視察中に敵襲を受けて戦死するが、彼の死は多くの国民に衝撃を与えた。そして六月五日に日比谷公園で山本元帥の国葬が挙行された。六月二日の告示は西園寺公望のときの内容と変わりはないが、[56]日比谷葬場での一般参拝者に「服装ハ礼装又ハ見苦シカラザル平常服ヲ着用シ、喪章ヲ着用ノコト」と指示した。[57]

この会葬者心得は、昭和二十年六月十八日の陸軍大将閑院宮載仁親王の国葬でも踏襲された。[58]この指示では喪章が義務づけられているように見受けられるが、実際はフロックコートやモーニングコート、国民服礼装などを着用した参拝者だけが対象で、平服や作業着の一般人は喪章をつけなくてもよかった。その旨を報道した新聞には「附けよ心の喪章」とあった。[59] 多くの国民を国葬へ参加させることは、戦時下の国民をまとめる意味もあったと考えられ、戦局の悪化が多くの国民の参加を可能にしたことは皮肉というしかない。

山本の国葬の頃から、民間では礼服と平常服の区別をつけることが難しくなっていた。参内や公式儀礼に参加する政治家や官僚には依然として服制が適用されていたとはいえ、彼らと同じような礼服を庶民に望むのは現実的ではなかった。文部省が提案する国民の礼法は精神的な意味はあったが、それを礼装という外見で示すことは次第に難しくなっていく。その矛盾が山本の国葬で顕在化したといえる。政府の思惑と衣料事情は大きくずれていたからである。昭和十八年六月四日に衣服の製造・配給の最高統制機関である繊維産業協議会は衣服の新調を極力さけるよう国民に指示し、次のような基本要綱をあらわした。

基本要綱のうち「男子服科」を見ると、①大人（二十一歳以上）の式服、活動衣は国民服乙号型を原則とし、背広の新規仕立を禁止。②大人の家庭着に冬は袷、夏は単衣（浴衣）とする。③青年（十四歳以上二十歳まで、中等学生、専門、大学生を含む）の活動着は大人に準ずること、学生の制服も国民服にする。④学童の家庭着は学童服をもって代え、制服に限定しないこと。⑤外套は立襟のシングルとする。⑥ワイシャツはシングルカフスのカッターシャツとする。⑦ネクタイは禁止。⑧肌着の夏物は布帛製品を主とし、冬物はメリヤス製品を主とする、夏シャツは半袖、冬シャツに限り長袖とする。⑨靴下は色無地とし、その長さを短くする。⑩帽子は戦闘帽。⑪カラーは軍隊式襟布とする。⑫襟巻は禁止。⑬幼児（三歳以上七歳まで）は都会は幼児服、田舎は和服とする。⑭乳児は和服とする。[60] このように礼装から普段着まで細かく指示している。

ネクタイや襟巻を禁止し、靴下を短くするなど、贅沢や無駄を極力省こうとしているのがわかる。そして礼装や活動着として背広の新調を禁じ、国民服乙号の新調を原則としている。ここでフロックコートやモーニングコートに相当する国民服甲号ではなく、国民服乙号が支持されているのは、背広型の甲号よりも詰襟型の乙号の方が布地も労力も節約でき、陸軍軍衣と同型なため「即座に軍服の代替品」にできたからである。衆議院議員森田重次郎の計算によれば、一年間に一千万着新調するとして甲号から乙号に変更すると、布地で二百五十万メートル、千七百五十万円を節約できるという。さらに仕立時間は甲号一着十六時間、乙号一着十四時間二十分であるから、約二百万人の労力も省けた。このような理由から厚生大臣の小泉親彦は、「新調する場合は乙号を奨励指導する意向である」と述べている。(61)

国民服乙号が重視されると、国民服は戦時特例として昭和十八年六月十六日から様式が緩和された。いわゆる「国防色」に限らず、黒や紺でもよく、夏季は白で調製してもよくなった。ただし、礼装として用いる場合は、外套・上下ともに無地、色は「国防色」でなければ黒か濃紺、南方の植民地に限り白を認め、ゲートルは黒か濃紺、長靴は黒皮製に限定されている。(62)このように緩和したうえで国民服乙号を調製することを求めたのである。もっとも平常服の素材や色が緩和されたとはいえ、礼装と依然相違があった点は見逃せない。このあたりには、平常服と礼服とが近接しても、厳格に差を設けることを主張する徳川義親の意見と一致している。

そして従来の参内記帳などは、フロックコートの代用として国民服甲号だけを認めていたが、六月十八日には国民服乙号も許可された。宮内省は、①参内記帳（朝議における参賀の場合を除く）、②賜物の拝受、③行幸啓先における奉送迎、④御名代または御差遣皇族に対する拝謁および奉送迎、⑤勅使、御使の拝受および奉送迎、⑥陵墓の正式参拝（陵墓祭に参列する場合を除く）、⑦そのほか特に着用を許可したる場合に認めた。ただし、上衣とズボンは共色、ゲートルを巻くのは防空警報発令時に限った。(63)以前に比べれば礼服の簡略化が進み、場合によっては平常服との違いを見出すことも難しい。だが先述したとおり、国民服の様式を緩和しても礼装と平常服は異なっていた。国民服の上下の色が違ったり、ゲートルが黒や濃紺でなければ許可されなかった。参内や公式儀礼に参加するには、礼服の下限が設けられていたのである。

厚生省や内閣情報局第一部などは、繊維物資の節約という観点から衣料の簡略化を図るようになった。簞笥に眠っている背広を国民服に作りかえたり、古着で国民服を調製するといった工夫を推奨する。「冠婚葬祭は平常服で押し通す習慣をつけ、儀礼章もつける必要はないと国民服制を修正する、国民服、標準服の新調も万やむなき場合にのみに限る」と、礼装はもとより男性の国民服や女性の標準服などの新調はなるべく避けるように指導した。内閣情報局第一部長の武藤富男は、「簞笥の底から取出したものをなんでも着るのが衣料新体制の根本です、派手だとか年寄りじみてゐるからなどいつて、新しく国民服や標準服をつくるなどとはもつての外です」という(64)。国民服の普及を諦めており、国策を路線変更しなければならないほど衣料事情が深刻であったことがうかがえる。

この年の九月には、東京の各結婚相談所が十五組から十六組の結婚を成立させており、日枝神社、乃木神社、東郷神社、明治神宮などで挙式がおこなわれた。男性の平均年齢は二十四、五歳、女性は二十三、四歳で、十年前より五歳ほど若返ったという。そして十年前と変わったのは、やはり礼服である。男性は国民服に儀礼章をつけた礼装か、陸海軍の軍装が圧倒的に多く、女性は標準服とはいかないが袖の丈が短くなった(65)。そのような風潮に気を遣ったのか、埼玉県浦和市では参列者がモーニングコートや紋付羽織袴を着てきたため挙式を延期し、後日平服に着替えておこなったという事例もある(66)。

国民服に戦時特例が適用されると、昭和十八年十月二十一日には貴族院議長応接室で各派交渉会が開かれ、今次議会から国民服甲号に加えて、乙号着用をも許可することが決まった。これにより貴族院だけでなく、衆議院でも同様の措置が取られた。もっとも、開院式と閉院式は除くとあり(67)、国会では礼服と平常服の相違が保たれていた。

宮中では礼服と平常服は異なるままだったのだろうか。この点について昭和天皇の侍従を務めた入江相政の日記を確認しよう。昭和十九年十二月二日、入江は「供奉服にマント、戦闘帽といふ何ともいへぬいで立ち」で三笠宮御殿に参殿し、三笠宮崇仁親王と親王妃百合子に拝謁している[68]。これは従来の通常勤務用の制服らしいが、戦闘帽を被っているあたりに服制の乱れが生じているのがわかる。

この三日後、入江は大日本育英会会長永井柳太郎の死去に際して賜物の勅使を務めたが、当日の日記には「今日の御使から服装は供奉服に最高勲章一個といふことになる。非常に簡単であり決戦体勢として相応しく奉仕するのに工合がいゝ」と記されている[69]。入江は、翌二十年一月二十七日に皇后の使いとして明治以降の皇族が眠る豊島岡墓地に参拝に向かった際にも、「供奉服、勲章、徽章全部佩用」という服装であった[70]。

ここからは、制服と礼服との差が限りなく小さくなっているのがわかる。大礼服の着用が停止になっていたとはいえ、随分と礼服が簡略化されている。入江は「非常に簡単」で「決戦体勢として相応」しい服装と評価したが、徳川義親が不快に感じたことは容易に想像できる。だが、侍従の通常勤務の制服には供奉服、それに最高勲章や徽章を佩用すれば礼服と、使い分けていた点にも留意しなければならない。徳川の主張するように、服装の簡略化が進んでも制服と礼服は区別されていたのである。

昭和二十年五月二十五日の東京大空襲では、明治宮殿が全焼する被害が出た。宮中の会議には枢密顧問官が出席していたが、そのうちの数名は度重なる空襲でモーニングコートを焼失させてしまった。その当時の様子を知る内務省大臣官房人事課長兼内務大臣秘書官の林敬三は、「天皇陛下の前でやる正式の会議ですからモーニングでなければいけなかったのでしょうが、やむなく国民服をやっと工面したり、略服で出席してきた人数人《（ママ）》ありました」と回想している[71]。空襲が激しくなってからも、各省内での会議はともかく、天皇が出席する宮中の会議ではモーニングコートの着用が前提となっていた。だが、モーニングコートを焼失させる官僚が増えるにつれ、それを厳守することが困難となり、国民服や略服での出席を許可せざるを得なくなっていた。

本土に近い硫黄島の守備隊が全滅し、戦局が絶望的となってきた三月二十二日、宮中諸儀式および祭典において通常服を着用するときに、扈従文官服での参加が認められた。ただし、帯剣はしないようにと明記されており、剣の有無が行幸啓との違いをあらわした。[72] ここに登場する扈従文官服とは、昭和二年十一月十一日に行幸啓にしたがう宮内省以外の官員のために設けられた制服である。[73] 内閣書記官の横溝光暉によれば、宮内省の官員には供奉服があるが、内閣の官員にはそれに相当する服がないため、「いつもフロックコートとシルクハットということになっちゃって、困るので」、昭和大礼の前に扈従文官服を制定することになったという。横溝によると、内務大臣鈴木喜三郎から「法制局へ談判して早く作れという」指示があり、[74] かなり強引なかたちで定められたことがうかがえる。

扈従文官服の対象は、内務大臣、内務次官、内務省警保局長、内務省警保局警務課長たる内務書記官、内務省警保局勤務の内務属、鉄道大臣、鉄道次官、鉄道局長、鉄道大臣秘書官、北海道庁長官、府県知事、内閣書記官、内務大臣秘書官、内閣官房総務課勤務の内閣属である。[75] これに昭和十七年七月四日、行幸啓の際は「上奏用務ノ為扈従」する内閣官房人事課勤務の内閣属が加わった。[76] 行幸啓で訪れる各府県を行政管轄する内務省、天皇皇后を送迎する鉄道局・地方長官、上奏文書などに関与する内閣関係者に限られていた。いずれも制服がなく、昭和二年まで行幸啓では燕尾服とフロックコートを使い分けてきた官員たちである。

戦災により通常参内で着るモーニングコートすら持たない官僚が出てきたため、通常服の範囲を広げたのである。これにより通常参内のときの服装は、フロックコート、モーニングコート、国民服、扈従文官服となり、それもない者に限り例外的措置として「略服」が許可された。「略服」の具体的な意味は判然としないが、おそらく黒か紺地の背広、または国防色の国民服に類似した服だと思われる。

すでに宮城の外では、従来の服制を徹底できないような状況だった。全国の裁判所も空襲を受け、検事や判事の法衣は建物とともに焼失することも頻繁に起きた。そのため戦時特例によって柔軟な運用が許された。昭和二十年七月

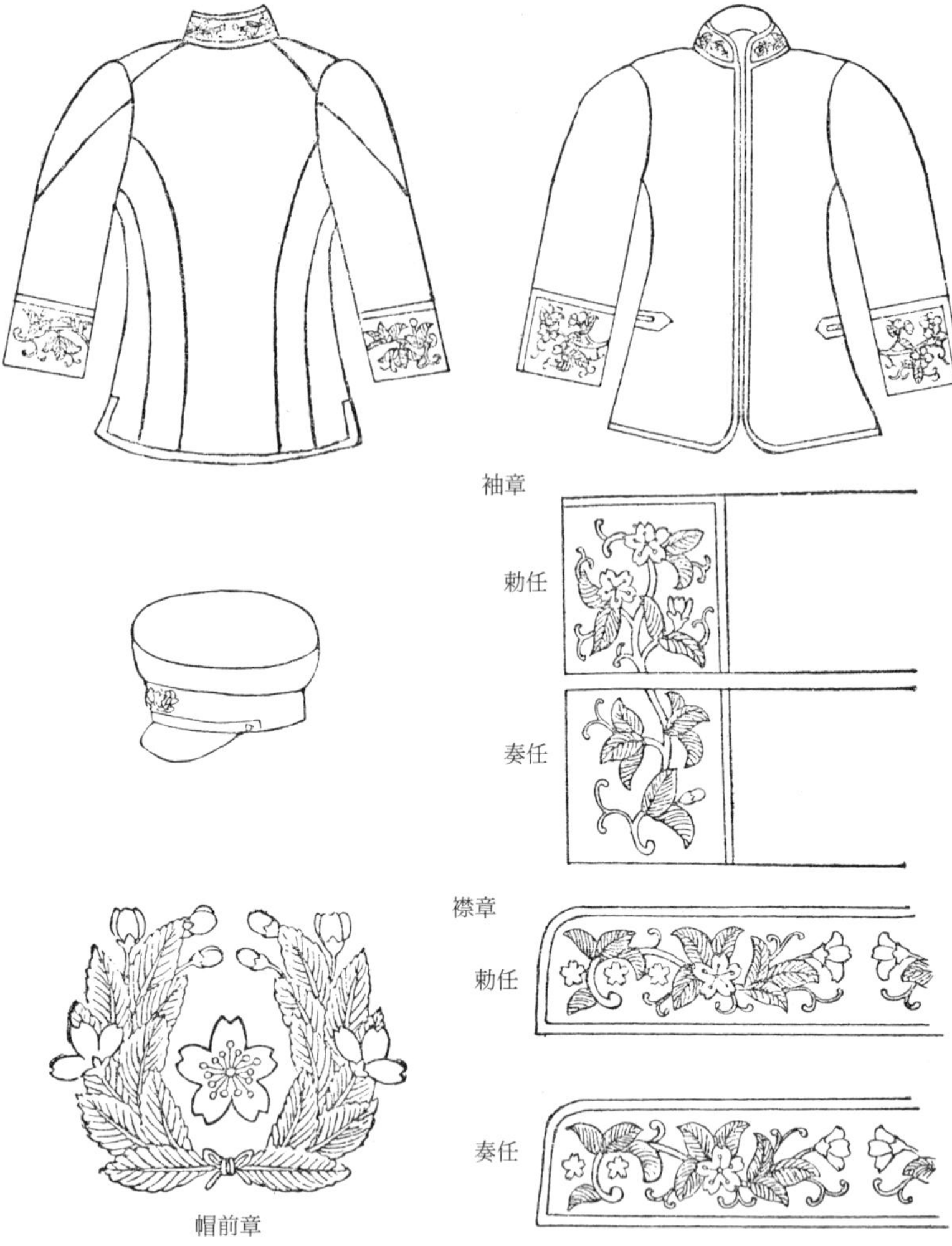

171　扈従文官服　『官報』昭和 2 年勅令第 325 号

の東京区裁判所小菅分室では、検事・判事・弁護士のいずれも法衣をつけず、開襟シャツの平服で裁判をおこなっている。(77) 礼服と通常服の違いどころか、官職を示す制服の着用すら難しくなっていたのである。

昭和二十年八月九日と十四日、宮中防空壕で終戦に向けて御前会議が開かれた。この様子を描いた白川一郎の絵画では、九日は陸軍軍服を着た天皇の左右に閣僚が分かれて着席し、十四日は天皇に対面して閣僚たちが三列に並んで着席している。陸海軍の軍人は夏服の軍装姿であり、首相の鈴木貫太郎、外務大臣の東郷茂徳、枢密院議長の平沼騏一郎はモーニングコートを着ていたことが見て取れる。(78) だが、この段階になると、政治家や官僚でも空襲の被害に遭い、大礼服や燕尾服をはじめ、フロックコートやモーニングコートまで焼失させてしまう者が少なくなかった。そのことは横溝光暉の話からも裏づけられる。

横溝は、「いついかなる場合に宮中へ出るかも知れないというので、トランクの中へフロックコートを一式、手袋も――シルクハットは入りませんけれども――入れて、空襲があった時には、この順序でトランクを庭の壕へほうり込めということを命じて」いた。それゆえ、終戦後の昭和二十年十二月十八日には、「戦前の宮中へ出仕する時の服装そのままで拝謁してご進講申し上げた」と回顧する。そして横溝は、この話を「ちょっと自慢話」としているから、空襲でフロックコートを焼失させてしまった者が少なくなかったといえる。実際、御進講を聴講しに出席した皇族にも軍服ではなく国民服を着る者もいた。(79)

当時の記録映画などを見ると、女性も青年も工場などに動員され、みな軍服や国民服のような作業着類を着ている姿が目立つ。そこには礼服という概念がないように思われるが、実際は大きく違っていた。東京をはじめ、日本全土が空襲に晒され、「本土決戦一億玉砕」が流行語になってからも、礼服と平服の違いはあったのである。外見はほとんどわからないくらい似ていたが、参内にはフロックコートを着たり、それに代わる国民服にも儀礼章をつけたりしている。簡略化するなかでも一定の基準で礼服が守られたところには、儀礼に対する最低限の礼節と、自らの名誉を保持しようとする姿勢があったと考えられる。

註

（1）「陛下の御近状」昭和十三年七月（「関屋貞三郎文書」国立国会図書館憲政資料室所蔵、九二八）。
（2）尚友倶楽部・伊藤隆編『有馬頼寧日記』三、昭和十三年七月二十五日条、山川出版社、二〇〇〇年、三九二頁。
（3）「支那事変ニ際シ動員部隊若クハ臨時編成部隊ニ属スル陸軍々人又ハ戦時編成ニ属スル海軍軍人宮中諸儀式祭典ノ節軍装着用ニ関スル件」（「例規録」式部職、昭和十三年、宮内庁書陵部宮内公文書館所蔵、識別番号七八二〇）。
（4）「昭和十三年陸軍始観兵式ニ関スル件」（同右）。
（5）「大礼服着用の場合の制限に関する協議（昭和一三、六、一〇）」（「企画院関係書類」国立公文書館所蔵、二A—四〇—資二七五）。
（6）（7）「大礼服の着用を当分の間停止せられたき理由」（同右）。
（8）「文官ノ大礼服新調ニ関スル件」（「内閣東北局関係文書・例規綴」昭和十年—昭和十二年、国立公文書館所蔵、二A—三七—一—東北四六）。
（9）～（11）前掲「大礼服の着用を当分の間停止せられたき理由」（前掲「例規録」式部職、昭和十三年）。
（12）「宮中諸儀式祭典ニ於ケル諸員ノ服装ニ関スル件外一件」（「公文雑纂」昭和十三年、第二十三巻、国立公文書館所蔵、二A—一四—纂二三五二）。
（13）（14）前掲「大礼服の着用を当分の間停止せられたき理由」。
（15）尚友倶楽部・伊藤隆編『有馬頼寧日記』四、昭和十四年一月一日条、山川出版社、二〇〇一年、一四四頁。
（16）（17）「国葬当日通常服等着用スル者ノ喪章ヲ定ム」（前掲「公文類聚」第六四編第六四巻、昭和十五年、二A—一二—類二三四四）。
（18）井上雅人『洋服と日本人—国民服というモード—』（廣済堂出版、二〇〇一年）。
（19）武島一義「国民服制定と国民生活」（『被服』一一—四、一九四〇年五月）。
（20）被服協会「国民服装刷新運動の継承」（同右、一〇—八、一九三九年十一月）。
（21）同右「国民被服刷新運動の促進状況」（同右、一一—二、一九四〇年二月）。
（22）同右「国民服（男子用）誕生す」（同右）。
（23）同右「国民服令公布さる」（同右、一一—八、一九四〇年八月）。
（24）「国民服儀礼章」（前掲『被服』一一—四、口絵）。
（25）『読売新聞』昭和十五年八月十日、朝刊、八月二十日、朝刊。

(26) 同右、昭和十四年七月六日、朝刊。
(27) 同右、昭和十五年十月十六日、夕刊。
(28) 同右、昭和十五年十一月十六日、夕刊。
(29) 同右、昭和十五年十一月二日、朝刊。
(30) 『東京朝日新聞』昭和十五年十一月十七日、夕刊。
(31) 前掲(29)。
(32) 『東京朝日新聞』昭和十五年七月十九日、朝刊。
(33) 前掲(29)。
(34) 『読売新聞』昭和十五年十二月二十四日、夕刊。
(35) 同右、昭和十五年十二月二十五日、夕刊。
(36) 同右、昭和十五年十二月二十八日、夕刊。
(37) 同右、昭和十六年一月二十五日、夕刊。
(38) 同右、昭和十五年六月九日、朝刊。
(39) 同右、昭和十六年一月二十九日、朝刊、四月二十七日朝刊。
(40) 同右、昭和十六年五月二十一日、朝刊。
(41) 『東京朝日新聞』昭和十六年七月八日、夕刊。
(42) 『官報』明治四十三年皇室令第三号、昭和十六年皇室令第一〇号。
(43) 徳川義親『きのふの夢』那珂書店、一九四二年、三一七頁。
(44)(45) 同右、三一八頁。
(46) 同右、三二〇頁。
(47) 徳川義親「国民服の構へ方」(『被服』一二―四、一九四一年五月)。
(48) 『東京朝日新聞』昭和十六年四月十九日、夕刊。
(49) 同右、昭和十六年四月二十二日、夕刊。
(50)(51) 福本喜繁「国民服随想」(『国民服』二―五、一九四二年五月)。
(52) 『東京朝日新聞』昭和十六年十一月二十九日、夕刊。
(53) 吉田謙吉「国民服の着用考現学」(『国民服』二―八、一九四二年八月)。

(54)「衣料切符点数表」昭和十七年二月、商工省（奈良県立図書館所蔵）。
(55)「点数の歌」レコード番号六七〇四三（個人蔵）。『オリジナル原盤による林伊佐緒大全集』（キングレコード、一九九五年、所収）で聴くことができる。
(56)「故元帥海軍大将山本五十六国葬当日通常服等ノ着用スル者ノ喪章ニ関スル件」（前掲「公文類聚」第六七編第六二巻、昭和十八年、二A—一二—類二七三〇）。
(57)「故山本元帥国葬当日ニ於ケル国民服喪心得ニ関スル件」（同右）。
(58)「国葬当日通常服等着用スル者ノ喪章ニ関スル件」（前掲「公文類聚」第六九編第三九巻、昭和二十年、二A—一三—類二九二三）。
(59)『東京朝日新聞』昭和十八年六月三日、朝刊。
(60)『読売新聞』昭和十八年六月四日、夕刊。
(61)同右、昭和十八年二月十一日、朝刊。
(62)『東京朝日新聞』昭和十八年六月十六日、朝刊、『読売新聞』昭和十八年六月十六日、朝刊。
(63)「国民服ニ関スル件」（『官報』昭和十八年六月十八日）。
(64)『東京朝日新聞』昭和十八年七月二日、朝刊。
(65)(66)同右、昭和十八年九月二十二日、夕刊。
(67)同右、昭和十八年十月二十一日、夕刊。
(68)『入江相政日記』一、昭和十九年十二月二日条、朝日新聞社、一九九〇年、三九五頁。
(69)同右、昭和十九年十二月五日条、三九五頁。
(70)同右、昭和二十年一月二十七日条、四〇九頁。
(71)『林敬三氏談話速記録』一、内政史研究会、一九七四年、一九一頁。
(72)「通常服ニ代ヘ行幸啓扈従文官服着用ニ関スル件」（「公文類聚」第六十九編第三十九巻、国立公文書館所蔵、二A—一三—類二九二三）。
(73)「行幸啓扈従文官服制ヲ定ム」（同右、第五十一編第十四巻、昭和二年、二A—一二—類一六一一）。
(74)『横溝光暉氏談話速記録』上、内政史研究会、一九七三年、九四—九五頁。
(75)「行幸啓扈従文官服ヲ着用スル者ノ範囲ヲ定ム」（前掲「公文類聚」第五十一編第十四巻、昭和二年）。
(76)「昭和二年閣令第十号行幸啓扈従文官服ヲ着用スル者ノ範囲ニ関スル件中ヲ改正ス」（同右、第六十六編第六十一巻、昭和十七年、二A—一二—類二六一九）。
(77)『東京朝日新聞』昭和二十年七月十三日、朝刊。

(78)「八月九日の御前会議」(野田市鈴木貫太郎記念館所蔵)、「最後の御前会議」(同上)、白川一郎「「最後の御前会議」を再現する」(『文藝春秋』四七―一三、一九六九年十二月)。

(79)『横溝光暉氏談話速記録』下、内政史研究会、一九七三年、一六八〜一六九頁。

第九章　現代に残る大礼服

太平洋戦争後に大礼服は制度的に廃止されるが、資料としては残り続けることとなる。かつては権威の象徴であり、魅力を感じる政治家や官僚たちも少なくなかった大礼服は、戦後の日本でどのように見られてきたのだろうか。本章ではまず、大礼服が廃止される過程を描き、次に法的根拠を失った大礼服に代わる礼服の実態を明らかにする。そして、服装観がいかに変化したかについて考える。

一　大礼服制の終焉

昭和二十年（一九四五）八月十五日に太平洋戦争の終結を伝える玉音放送が流され、九月二日にアメリカ軍艦ミズーリ号で降伏文書に調印されてからも、大礼服は廃止されなかった。戦争には勝利しなかったが、終戦により日中戦争以来の非常時がようやく解除された。非常時という理由で停止されていた大礼服が、再び日の目を見る機会を得たのである。

そのことは、昭和二十年九月三十日付で商工省に入省した大久保悠齊の証言からわかる。この日、入省式では総理大臣の東久邇宮稔彦王が訓示を述べると、各省を代表して内務省入省者が答辞をした。大久保は「大礼服にサーベルをつけた姿で奉答したのには驚かされるとともに、天皇の官吏という雰囲気が感じられ、おおいに戸惑ったものである。大日本帝国は滅びても、まだまだ旧態依然の官僚制度は滅んでいなかったのであると思った」と感想を述べている。[1] 終戦直後にもかかわらず、入省式で答辞をおこなった代表者は燕尾服やフロックコートで代用するのではなく、文官大礼服に正剣を佩用していたのである。

物資不足に加え、全国の主要都市が焦土と化していた状況に鑑みると、入省代表者が短期間に文官大礼服を新調したとは考えにくい。おそらく先輩や知人から借りたか、古着屋で探してきたのではないかと思われるが、いずれにせよ大礼服が再び着用されたのであった。入省式の後に大久保が受け取った辞令には「高等文官勲七等に叙す」とあり、[2] 政府官員の任官にともなう位階や勲等もそのまま与えられた。

大久保の「まだまだ旧態依然の官僚制度は滅んでいなかった」という指摘は正しいが、「大日本帝国は滅びても」という解釈は誤っている。大日本帝国が滅びていないから、官位相当制による位階や勲等、その序列を儀礼の場で示す席次、さらに外見で官等や位階をあらわす大礼服制が残っているのである。つまり戦争がおわっても、大日本帝国憲法下の国家体制が変わらない限り、政府官員が着る大礼服はなくならなかった。

だが、復活した大礼服に袖をとおす期間は短かった。周知のとおりＧＨＱ（連合国軍総司令部）は、日本の軍国主義を解体するのに全力を尽くし、政府に対して民主的な政策を進めるよう要求した。これにより大日本帝国憲法に代わる新憲法の制定も余儀なくされ、天皇の位置づけなどをめぐって検討が重ねられた。昭和二十一年一月一日には、天皇自らが神格化を否定する「天皇人間宣言」の詔書が発表された。

天皇は、御真影の勲章をつけた大元帥姿はもちろんのこと、日中戦争後は公務中に着用した陸軍の軍服姿になることは二度となかった。敗戦国の総帥が軍服を着るのは不都合であったに違いない。そのかわりに昭和二十年十一月七

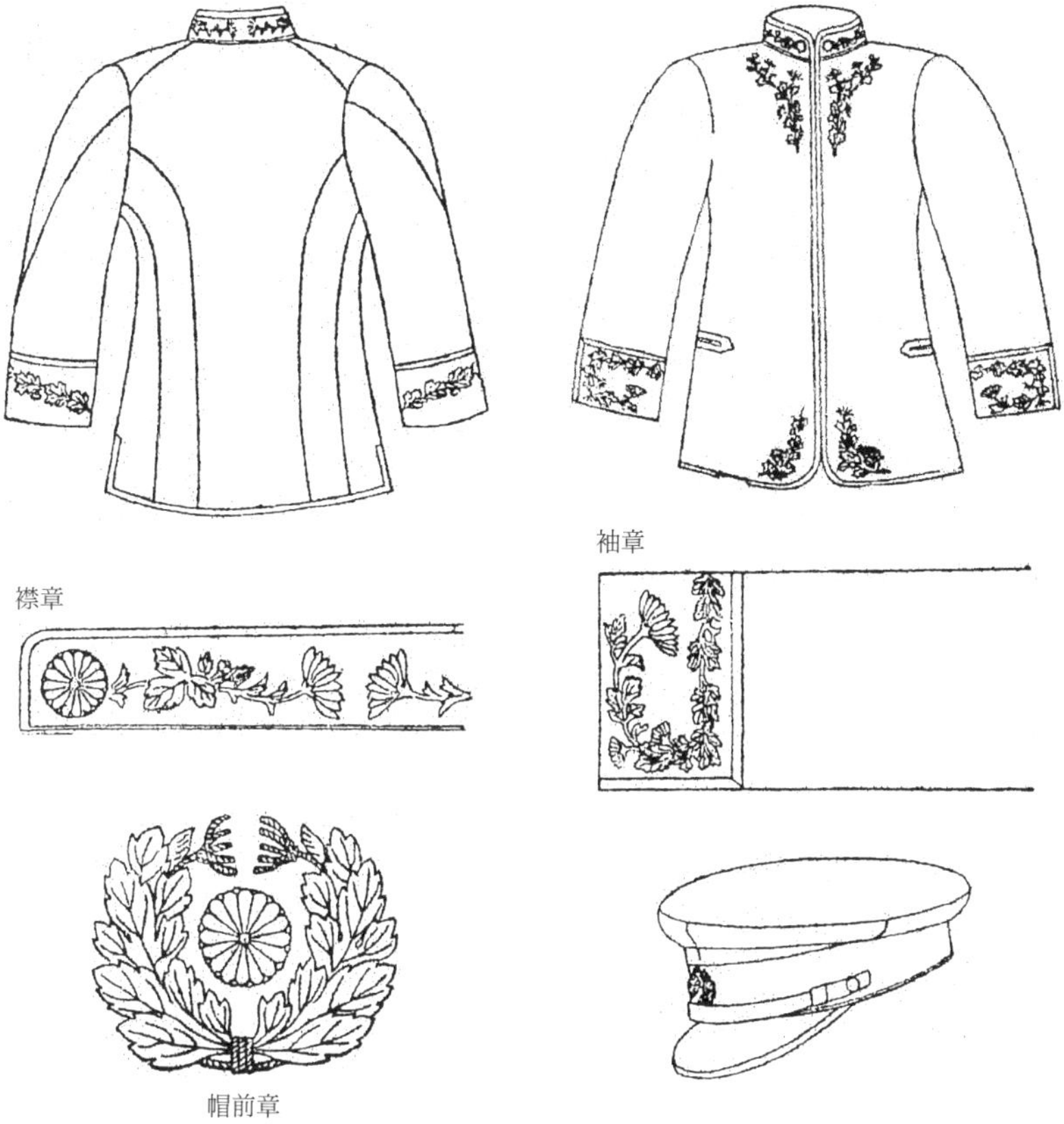

172　天皇服　『官報』昭和20年皇室令第37号

日に制定された天皇服と呼ばれる紺地の海軍式の服を着た（図172）。侍従の供奉服や扈従文官服に似た天皇服は、上衣正面の襟から裾回りにかけて菊葉の刺繡が施された気品のある服であり、海軍式の帽子前面には金の菊葉紋がつけられた[3]。これにともなって同日付で皇族服も制定され（図173）、天皇服との違いは裾回りに菊葉刺繡がないのと、帽子の前章が皇族共通紋という点であった[4]。

　天皇服について検討した北原恵氏は、「天皇服は、彼がそれまでに着用していた旧来の陸海軍式の軍服と基本形はさほど変わることはない」、「大きな変化といえば直接的な武力を象徴する「佩剣」の廃止であるが、天皇の身体を包む

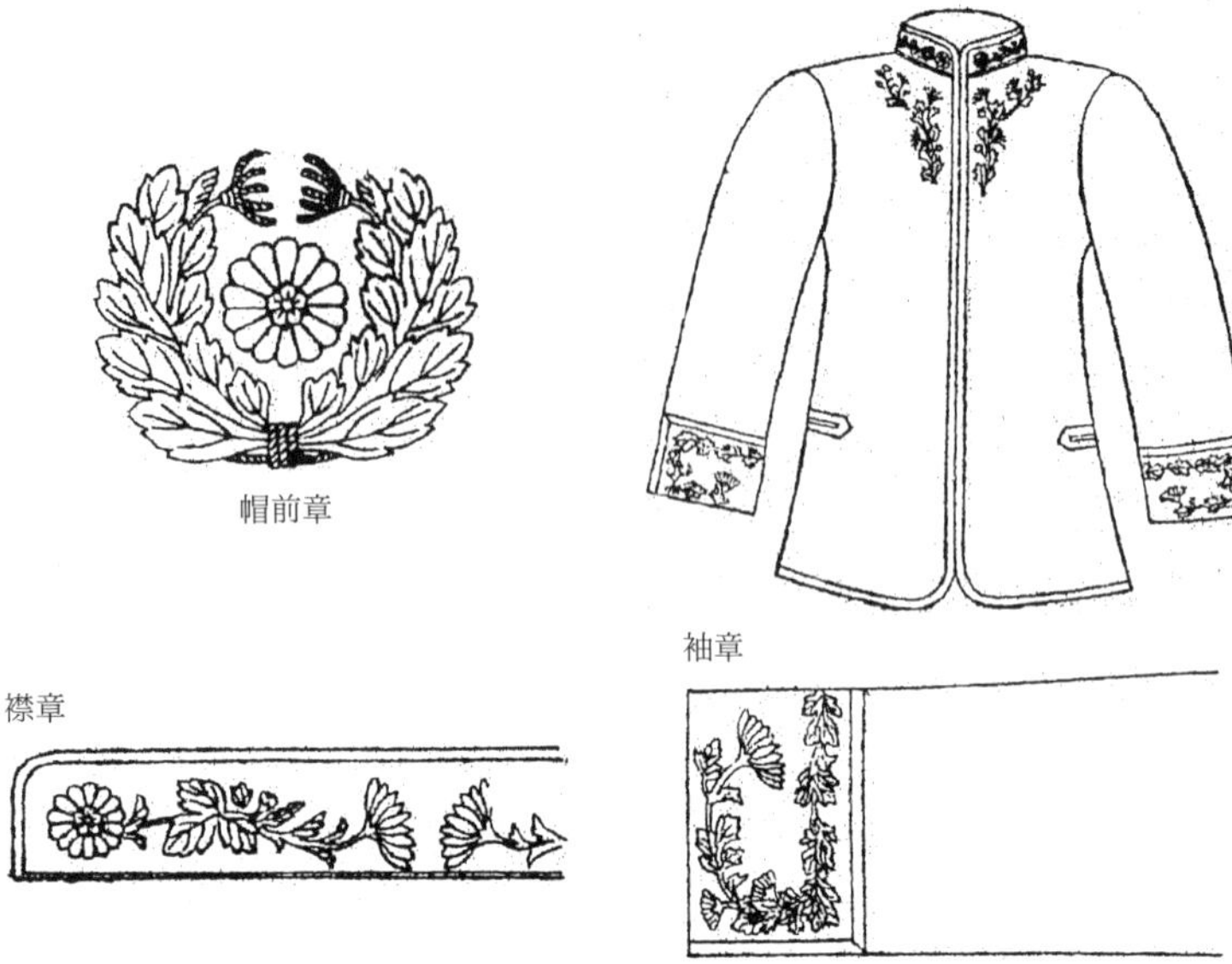

173　皇族服　『官報』昭和 20 年皇室令第 38 号

新天皇服は、基本的に軍服の形式を踏襲しているために依然として軍人統率者のイメージがまとわりついている」と見なしている。[5] そう結論したのは、供奉服や扈従文官服の存在を知らないからであろう。筆者は天皇服を海軍の軍服を再編したものではなく、供奉服や扈従文官服に倣って制定したものと考えている。実際、天皇服および皇族服は、供奉服や扈従文官服と非常に類似している。終戦後にそれに似た天皇服を着て行幸することは、むしろ文官としてのイメージを与えようとしていたと位置づけられる。

それでは、なぜ大元帥の軍服から背広へと変化する前に天皇服という特殊な服を必要としたかであるが、その理由は明治初年から天皇には臣下とは異なる特別な制服が用意されてきたからではないか。終戦を迎えても、大日本帝国憲法下の天皇には変わりがなかったため、とりあえず新憲法ができるまで軍人としてのイメージを取り除いたのである。そう見ると、日本国憲法の公布後に天皇服を着る機会が少なくなり、天皇の巡幸で背広姿となっていることも理解できる。旧憲法から新憲法までの大元帥のイメージを取り除く特別な服であったため、文官的な天皇服の寿命は短かったのである。それは皇族服にも同様の理由が求められる。

新しい日本国憲法は、昭和二十一年十一月三日に公布された。当日、貴族院本会議場で憲法公布式典が挙行されたが、このときも天皇は天皇服に大勲位菊花章頸飾の副章を佩用している(6)。式典の招待状には参列者注意事項として、男性はフロックコートかモーニングコートか国民服礼装、女性はローブ・モンタントか白襟紋付と指定されており(7)、有爵者大礼服や勅任文官大礼服などは含まれていない。天皇自身の服装が簡素になった以上、制度として残っているとはいえ、華族や官員が大礼服を着ることは憚られたのであろう。翌二十二年五月三日に日本国憲法が施行されるが、その前日に貴族院は役割をおえた。それとともに貴族院議員の資格を与える華族制度も廃止された。公家華族に限って残すか、世襲ではなく一代に限って認めてはどうか、などの意見もあったが(8)、完全に廃止となった。

この前日の五月二日には「皇室令及附属法令廃止ノ件」が公布され、宮内省達は廃止となった(9)。大礼服制の中心的存在であった明治十九年改正の文官大礼服は宮内省達で定められていたため、宮中儀礼を彩った有爵者大礼服、宮内官大礼服や皇族大礼服などとともに消滅した。新憲法下では親任・勅任・奏任・判任という官等が廃止になり、位階も贈位を除いて授与されなくなった。そのため非役有位大礼服も役割を失った。華族制度や官位相当制による官員制度が廃止になったのは、民主化とは異質な特権的・貴族的性質があったからに違いない。まさにその特権を外見で示す大礼服は、大日本帝国には相応しかったかもしれないが、民主的な日本国には受け入れられないものとなったのである。

そのような変化から大礼服を手放す者が出てくるのは不思議ではない。文官や華族の大礼服よりも早く売りに出たのが、終戦後に無職となり売り食い生活を余儀なくされた元陸海軍人の正装であった。昭和二十一年十二月三十一日付『朝日新聞』の朝刊では、「年越し、インフレと闘うあの手この手」、「大礼服が三百円」という見出しで、「ありし日の軍閥の栄華を語る大礼服がたつた三百円のつぶし値でブラ下つていたら、えんび服、タキシードといつた高級服もこゝではつぶし値しかならぬ」と伝える。[10] 生活に困窮した者が大礼服や燕尾服を売ったわけだが、極度のインフレにより大礼服も三百円にしかならないという。同二十二年の映画館入場料が二十円、レコード一枚が七十五円だから[11]、戦前の三百円に比べると地に落ちた価格であった。

174 陸軍正装を着用する一般人 『世界史の中の一億人の昭和史 6』(毎日新聞社, 1978 年)

制度的に役割を喪失した大礼服に興味を持ったのが、それまで着用する権利がなかった人々である。実際、この時期に中古の陸軍正装を着た写真が残っている。陸軍中将正装を着た男性に、妻と思われる女性が勲章をつけている（図174）。大勲位菊花大綬章や勲一等旭日桐葉大綬章をはじめ、功一級金鵄勲章や旧満州国の勲一位景雲章など十個の副章、記念章や従軍記章など十七個を佩用している。だが勲章佩用心得を知らないのだろう。佩用の仕方は無茶苦茶である。

叙勲条例にもとづく官員の定例叙勲は廃止されたが、軍功による金鵄勲章を除いた各種勲章は戦後も残された。天皇から与えられた勲章を佩用できるのは勲章受章者に限られ、受章者ではない人物がつけると罰せられる。写真の男性は、自宅の室内で撮影しているようだが、外出しなければ問題はないと判断したように思われる。

すでに宮内省達による明治十九年制の文官大礼服は廃止されていたから、大礼服が活躍する機会はなかったといってよい。だが、明治十九年の服制では非役有位大礼服や燕尾服の図面や規定が示されず、改正前の明治五年制の服制規定が部分的に温存されていたことも事実である。実際の運用はなかったものの、法的手続きとして明治十九年制より前に太政官が公布した服制規定類を廃止する必要があった。そこで昭和二十九年七月一日公布の「内閣及び総理府関係法令の整理に関する法律」により、明治五年十一月の文官大礼服・非役有位大礼服制、大礼服や燕尾服の着用日、大礼佩剣制、帯刀禁止令などを廃止した(12)。明治五年十一月の文官大礼服制後に太政官が発した大礼服に関連する服制は消滅したのである。

大礼服の着用は位階・官等・爵位を持つ者に限られた。第四章で述べた明治時代に衆議院議員の平沼専蔵が奏任官ではないにもかかわらず、奏任文官大礼服を着用して開院式に出席し、問題になったことを覚えているだろうか。したがって、民間人が勅任文官大礼服や有爵者大礼服などを古着屋で買い求め、それを着て外出すれば警察犯処罰令に問われたのである。しかし法的根拠がなくなったため、大礼服を着る資格のない人が着ても罪に問われなくなった。

昭和三十五年十一月の総選挙前、これがよくわかる出来事があった。愛知県第一区で立候補した某は、「日露戦争時代の金モールつき大礼服（正装）に身をかためて赤布でまいたサーベルをコシに〝公明選挙運動〟に大張りきり」だったという。新聞記事の見出しも「サーベルを腰に大礼服で〝公明〟叫ぶ候補」とある。(13) 種類はわからないが大礼服を着て選挙戦に出たことに間違いはない。そして驚くのは赤布で巻いていたとはいえ、サーベルを佩用していた点である。

この候補者がどのような理由で選挙戦に大礼服を着て臨んだのか。「公明」を主張しているところからすれば、国家権力に対抗する立場で旧国家の権威の象徴である大礼服を否定的な意味で着ていたと思われる。だが、一方では戦前の無産政党員が燕尾服を着て天長節の夜会に参加したように、権威のない者がそれを得たいという本心があらわれたと見て取ることもできる。いずれにせよ、大礼服制がなくなってからも、大礼服は権威の象徴であり、不思議な魅力を備えていたことに違いはない。

二　官民礼服の近接

「天皇人間宣言」の詔書が発表され、さらに日本国憲法が施行されると、昭和天皇は背広に中折帽子という姿で人々の前にあらわれることが多くなる。その姿は、天皇が全国各地を巡幸した際の写真や映像でも目にする。だが、有名なダグラス・マッカーサーとの会見に天皇はモーニングコート姿で臨んでおり、宮中儀礼などの場に燕尾服やモーニングコートがなくなったわけではない。これは戦時期と同じだが、大礼服が着用されなくなっても、それに代わる礼服は存在しているのである。ここでは戦後の礼服がどのように用いられてきたかを確認する。

昭和二十三年（一九四八）一月一日の新年参賀の服装については、前年十二月二十日に宮内府長官松平慶民が「通常服（男子はモーニングコート、フロックコート、又は国民服礼装、女子はアフタヌン・ドレス、袿袴の通常服、昭和十九年御治定の女子服又は白襟紋付）、服制ある者はこれに相当する服」と告示している[14]。前節で述べたとおり、この段階では大礼服着用日は法的にはまだあったが、実際には運用していないことがわかる。戦前にはあり得なかったモーニングコートやフロックコートという通常服での新年参賀が可能になったのである。また終戦から三年経っても国民服に儀礼章という礼服の規定が生きていたことから、依然として衣料不足が解消されていないことがうかがえる。

明治十三年から開催された秋の観菊会、翌十四年から開催された春の観桜会は、戦時中に中止されたが、昭和二十八年十一月五日に園遊会として復活した。参列者の服装は、「モーニングコート、フロックコート、服制ある者はその服装、羽織袴、背広とし、女子は男子に準ずる服装」とし、また係員の服装は「モーニングコートまたはフロックコートとし（宮内庁職員徽章をつける）、特別職服の貸与を受けている者はその職服を着用のこと」と規定されている[15]。和洋を問わず通常服での参加を許可し、参列者を迎える宮内庁職員も通常服を着用した。皇族宛ての通知でも通常服を着用するよう指示している[16]。接待する宮内庁職員のなかには当日貸与された職服を着る者もいたが、すでに廃止された宮内官制服令の各種礼服類に比べると、かなり地味である。

大礼服制と密接な関係を持つ勲章制度も、昭和二十一年五月三日の閣議決定により、皇族および外国人を除く生存者に対する叙勲が停止された。だが、勲章は大礼服とは異なり、廃止はされなかった。その理由は、大礼服は皇族・華族・官僚・有位者という国家が定めた地位にある者に限られていたのに対し、勲章は民間の功労者へ対象を拡大することができたからだと考えられる。それから十七年後の昭和三十八年七月十二日には、池田勇人内閣により生存者叙勲の再開が決定された。翌三十九年四月二十一日には新たな叙勲の基準が定められ、五月六日に生存者叙勲がおこなわれた。

勲章親授式は、吉田茂の大勲位菊花大綬章を除くと、勲一等受賞者を対象とした。当日の服装は、男性は燕尾服、女性はローブ・デコルテとし、「ただし、やむを得ない場合は、モーニングコート、紋付羽織袴、ローブ・モンタント、白襟紋付の着用を妨げない」と規定している。[17] 親授式では原則として戦前の小礼服である燕尾服と、女性の中礼服であるローブ・デコルテが望ましかった。だが、それに限らず通常服と位置づけられていたモーニングコートなどでの参加を許可している点は、戦前と大きく異なる。

こうした措置が叙勲対象者への配慮であったことはいうまでもない。それは勲二等授与式の服装心得でも明らかである。勲二等の叙勲者に対しては、「服装は、モーニングコート又は紋付羽織袴、婦人の服装は白襟紋付又はこれに相当する服装」とあり[18]、式に参加しやすくなっている。この措置は、勲三等以下についても同じであるから、官僚たちの略礼服である燕尾服は、勲一等以上の親授式だけに残されたのである。

戦後しばらく生存者叙勲は停止されたが、芸術や文化の功労者に授与される文化勲章は続けられた。昭和二十四年十一月三日の文化勲章授与式では、渡米中の仏教学者の鈴木貞太郎（大拙）を除く六名中の五名がモーニングコート、一名が紋付羽織袴であった。[19] 同三十八年十一月三日の授与式では、「モーニングコート又は紋付羽織袴、ローブ・モンタント又は白襟紋付」と服装心得が明記されている。[20] 再開された生存者叙勲は、官僚的な性格を残していたことは否定できないが、文化勲章授与式の服装心得を取り入れていることから、戦前の勲章制度とは似て非なるものであった。

戦前には許可されなかった「民の礼服」である紋付羽織袴での参内が認められたことの意義は大きい。叙勲の復活を経た昭和四十一年一月一日の新年参賀では、「燕尾服、モーニングコート、紋付羽織袴又はこれに相当する服装、ローブデコルテ、ローブモンタント、白襟紋付又はこれに相当する服装」とある。[21] かつての「官の礼服」である燕尾服を残しながらも、「民の礼服」である紋付羽織袴や白襟紋付での参賀を許可している。大礼服がなくなったことにより服制の強制力は弱まった。官民の礼服は近接し、公式儀礼に参加しやすくなっている。大礼服は、限られた者だけが着ることを許され、それを着た者だけが儀式へ参加できるという権威の象徴であった。したがって、礼服の選択肢が広がり公式儀礼への参加がしやすくなったのは、その権威と魅力が低下したという見方もできる。

戦後に宮中の礼服として残ったのは、燕尾服とモーニングコート、そして略礼服であるダークスーツである。昭和四十四年から侍従を務めた卜部亮吾によれば、「礼服のなかで最も格調の高いのが燕尾服である」という。[22] 卜部は燕尾服を着る事例として、新年祝賀の儀、勲章親授式、国賓を迎えての晩餐会を挙げる。燕尾服を着るときは勲章の佩用が前提であったから、勲章制度がない国賓を迎える場合はほかの服にしたという。[23] 大礼服が消失してからは、戦前に略礼服であった燕尾服が昇格して大礼服の役割をはたしていたことがうかがえる。また燕尾服と勲章の佩用がセットとなっているところには、戦前に政府官僚たちの礼服であった名残を感じる。

卜部の日記でも、礼服がどのように使い分けられていたかを確認しよう（表19）。昭和四十五年から四十九年の五年間における各種行事を重複しないように拾ってみると、ほぼモーニングコートだったことがわかる。燕尾服は、やはり新年祝賀の儀、勲章親授式、国賓を迎えての晩餐会くらいである。彼は通常背広で当庁し、必要に応じてモーニングコートに着替え、特別なときのみ燕尾服を着用した。戦前に比べると大幅に礼服が簡略化されている。

実際、一般家庭で燕尾服を所持している人は少ないだろう。勲章を授与される者でも、大勲位や勲一等といった天皇自らが手渡す勲章親授式を除いて、ほとんど着る人はいないように思われる。平成十四年（二〇〇二）八月十二日の勲章制度の改正により勲等が廃止（平成十五年五月一日施行）され、旧勲一等相当の勲章が民間人でも対象となるなど、大きく性格が変わった。それでも国務大臣をはじめ、各行政職の上位者が受章対象であることに変わりはなく、彼らは新年祝賀の儀や晩餐会などにも招待される。それゆえ、燕尾服を所持している割合が高いのである。

全国チェーン店などの既製服を扱う洋服店では燕尾服を置いていない。燕尾服はすべて特注であり、戦前の大礼服

表 19　卜部亮吾の日記に登場する礼服

昭和 45 年	1 月 1 日	歳旦祭（モーニング）・晴れの御膳（燕尾服）・宮家回り（モーニング）
	5 月 12 日	御養蚕始（モーニング）
	6 月 29 日	御養蚕納（モーニング）
	11 月 9 日	勲章親授式（燕尾服）
昭和 46 年	1 月 12 日	歌会始（モーニング）
	1 月 28 日	御晩餐御会食（タキシード）
	3 月 6 日	皇后陛下誕生日（モーニング）
	4 月 26 日	ポーランド外務大臣夫妻，両陛下御引見（モーニング）
	5 月 19 日	多摩御領行幸啓（モーニング）
	10 月 6 日	正倉院御開封（モーニング）
	10 月 18 日	第 67 回国会開会式（モーニング）
	11 月 23 日	新嘗祭（モーニング）
昭和 47 年	1 月 1 日	四方拝のお供（モーニング），新年祝賀（燕尾服）・宮家回り（モーニング）
	1 月 12 日	講書始の儀（モーニング）
	1 月 15 日	デンマーク大使館へ弔問使（モーニング，シルクハット）
	6 月 29 日	お衣献上（モーニング）
	7 月 7 日	明治神宮に行幸啓（モーニング）
	10 月 28 日	東宮妃誕生日（モーニング）
	11 月 1 日	園遊会（モーニング）
	12 月 25 日	大正天皇祭（モーニング）
昭和 48 年	1 月 16 日	豊島岡墓地に行幸啓（モーニング）
	2 月 17 日	祈年祭（モーニング）
	3 月 21 日	春季皇霊祭（モーニング）
	5 月 19 日	貞明皇后例祭（モーニング）
	5 月 26 日	防衛庁長官の内奏（モーニング）
	10 月 5 日	豊受大神宮式年遷宮につき遥拝の儀（モーニング）
昭和 49 年	1 月 2 日	国民参賀（モーニング）
	1 月 26 日	御結婚満 50 年の祝賀行事（モーニング）
	11 月 19 日	フォード大統領訪日につき宮中晩餐（燕尾服）

出典：御厨貴・岩井克己監修，卜部亮吾著『卜部亮吾侍従日記』1（朝日新聞社，2007 年）から作成。

と同様に各人の寸法を測り、仮縫いをして仕立てる。それゆえ、安くても二十万円以上はかかる。一着三十万円の背広などを扱う銀座の高級洋服店などに注文すれば、五十万円や百万円以上するものもある。これも大礼服と変わりはなく、注文する洋服店や生地によって価格は上下する。結婚式場の払下品や映画会社で使った中古品を入手できれば、体型に合うかはともかく数万円ですむだろう。

また燕尾服とともに身につけるシャツやネクタイも特殊で、一般的な背広に用いるのとは大きく異なる。この点についても卜部は次のような興味深い話を残している。

着るときは、文字どおり悪戦苦闘となる。いちばん苦労するのは、シャツを着るときと、ネクタイを締めるときである。シャツのカフスボタンはあらかじめつけておくので袖に腕を通すだけだが、胸のボタンは表から裏へ通す方式なので、片手で表からボタン穴に押しこみ、残りの片手はシャツの裏へくぐらせて引っ張らなければならない。一度でうまくはまらないので何度もくりかえすと、せっかくの硬胸が皺になってしまう。クリーニングしたばかりのシャツのボタン穴は、最初によく広げて置くのがこつらしい。鏡を見ながら挑戦したこともあるが、これは失敗だった。右と左、前と後ろの感覚が反対になってかえってうまくいかない。手さぐりのほうが安全である。〔中略〕悩みはみな同じと見えて、だんだん便利なものが出まわってきた。ボタンもバッチなどによく使われている上から針状のものを差しこめばよい式のもの、シャツの背が中途まで割れていて、難物の胸のボタンはあらかじめはめておいてから上からかぶるか、足のほうからはいていき、最後に背中を止めるという横着なものなどがある。シャツを足のほうからはくとは何ともおかしな光景である。蝶ネクタイにしてもはじめから蝶結びの形にできていて、首にまわしてフックで止める簡便なのが多い。(24)

燕尾服を着た経験のない者は具体的に想像しにくいかもしれないが、卜部がシャツを着るのに大変苦労している様子はわかるだろう。子はわかるだろう。補足説明をすれば、燕尾服で着るシャツは通常の折襟とは異なる立ち襟式で、前ボタンや袖ボタンはすべてカフスでつけるようになっている。糊のきいた硬い生地のボタン穴にカフスを通すのは、難しい作業である。

管見の限り戦前の政治家や官僚たちは卜部のような苦労話を残してないが、大礼服や燕尾服のときはやはり特殊なシャツを着ていたのである。既製服に比べて高額な調製費が必要なこと、一般の背広に比べて着用が困難なことなどから、宮中儀礼で着る燕尾服は「官の礼服」の名残であり、「民の礼服」とは乖離していたといえる。

燕尾服やモーニングが残されたため、戦前に調製したものを戦後も利用できた官僚もいた。その一人が高橋雄豺である。彼は、警察制度留学生としてイギリスに滞在していたところ、大正十二年（一九二三）五月に渡英した皇太子裕仁の警護を命じられた。皇太子に随従して宮殿に入るため、現地の洋服店で燕尾服やタキシードを調製した。高橋によれば、「今でもそのタキシードや燕尾服は残つておつて、燕尾服は着ることありませんが、タキシードは四十数年後の今日も役に立つていますね」という[25]。これは先述した戦前の犬養毅や加藤高明などが大礼服を長期にわたって利用したのと同じである。大きな違いは、タキシードには胸や袖の「金ピカ」がないため、「色褪せ」や「羊羹色」などと揶揄されることがないことである。

昭和天皇の侍従を昭和九年から務めた入江相政は、制服は行動を束縛するといって嫌った。侍従になると供奉服という制服を着用したが、これも辛かったと経験談を残している。行幸先でむし暑いなか、野外で一時間以上経過したときの話である。「供奉服という、海軍の軍服のような、まっ黒な制服に、まる帽。白手袋をはめて、長い剣をつらなければならない」、「まる帽をまぶかに、白手袋で剣をおさえて、進むともなく、進まぬともなく、あるいているうちに、なんだか妙なぐあいになってきた。あぶら汗がタラタラとほおをつたって流れおちる。ハンケチを出してよくふきたい、さらに慾をいえば、いっぺん帽子をぬいで風を入れたいと思うのだが、そのいずれもゆるされない」[26]。

天皇に仕える者は、大礼服に限らず、供奉服でも窮屈な思いをしたのである。入江は「侍従にもまた大礼服とか供奉服とか、いろいろの制服があったが、いっそ観念して、なんでもおとなしく着ていた。それが戦争に敗れたおかげで、一遍にみんな無くなってしまったのは、もっけのさいわい。本当にさっぱりした」とも語っている[27]。供奉服はもとより、大礼服も嫌いであったと見える。

戦後に供奉服や大礼服は消えたが、儀礼によって燕尾服やモーニングコートを着ることは避けられなかった。入江は、昭和四十六年九月二十七日から十月十四日まで天皇皇后の渡欧に随行した。そのときも「燕尾服、タキシード、モーニング、背広と、商売柄、日本でもしょっちゅうやっているとはいっても、十八日のうちに、目にもとまらぬはやわざで、これらの衣更え」、「それぞれにワイシャツが異なり、カフスや胸のボタンが違う。シルクハットは、手袋は。年代をかけての仕事ではあるが、白色人種はよくもよくも、妙な着物ばかり考案したものである」[28]と、礼服について愚痴をもらしている。

戦前の大礼服に比べたら手間が省けたとはいえ、燕尾服を着るのも楽ではなかったことがうかがえる。それを宮内庁職員たちは否応なしに着なければならなかった。だが、職員とは異なり、参加者は無理に燕尾服を着る必要がなくなった。戦後はそれに代わるモーニングコート、紋付羽織袴、それらに相当する服など、選択肢が広がったのである。

三　栄光の行方――骨董市と博物館

太平洋戦争に敗れ、多くの国民の価値観は一変した。公職を追放される人々も少なくなかった。とりわけ陸海軍の地位は落ち、陸軍大将や海軍大将といった肩書きの栄光は失われた。元陸海軍将官の遺族から聞いた話によれば、終戦後は戦犯に処せられるのではという恐怖から、素性が発覚するのをおそれ、正装や軍服などを自宅の庭で焼却したという。しかし、戦犯に問われるかもしれない将官クラスの人間は限られ、軍服を焼いてもばれたであろうから、軍人がみな同じようなことをしたとは思えない。

華族や文官で証拠隠滅を図った者の数は激減するだろう。だが、日本国憲法の施行により、爵位や文官の官等がなくなると、陸海軍の軍人と同じく栄光は失われたのである。この日を境に、大礼服は着用してきた者にとって単なる過去の栄光にすぎなくなった。彼らは、過去の栄光をどのような思いで保管していたのであろうか。この点について、外務省アメリカ局第一課事務官の倭島英二から大礼服をもらった同事務官の福島慎太郎が興味深い談話を残している。

倭島は、昭和十二年（一九三七）に河相達夫が勅任官である外務省情報局長に昇格する際、奏任文官大礼服を譲り受けた。だが倭島はすでに奏任文官大礼服を所持していたため、福島に河相からもらった大礼服を無償で譲ったという。福島は「大きなカバンにはいっているものですからね、非常に厚い、いまのモーニングコートよりはるかに立派なものですからね」と回想する。また「奏任大礼服と勅任大礼服とではえらい違いになるわけですよ、奏任の大礼服というのは金モールがこうはいって筋だけはいって骸骨みたいなんだ、勅任になるとベタ金になるわけですな」と、両大礼服の違いについても鮮明な記憶を残している。(29) だが、「それを一ぺんか二へん着たことがありますけれども、それで終戦になっちゃって、そのカバンに入れたままどこか物置きに突っ込んであるからもうメチャクチャになってしまって駄目になっているかもしれない」という。(30)

福島に限らず、使わなくなったものを大事に保存する人は珍しい。ましてや先々代や先代の遺品を、その子や孫が利用することも少ないだろう。昭和十三年から使われなくなった大礼服は、人々の記憶から遠ざかって物置や納戸の奥へ追いやられ、なかには害虫でボロボロになってしまうものもある。こうなると、ゴミとして処分されてしまう可能性が高い。その一方、遺品整理などで数十年振りに「金ピカ」の輝きを見せることもあり、綺麗だから高値で売れるのではないかと期待する遺族もいるだろう。

時代が昭和から平成へ移り、日本がバブルで好景気を迎えていた頃、東京都内の青空骨董市には文官大礼服や陸海軍正装がよく売りに出されていた。個人情報の関係もあり名前を明らかにすることは憚るが、思わず驚いてしまうような有名人の品も見られた。処分されたのは、好景気による家の建て替え、かつての邸宅に比べて手狭となった住宅、代替わりによる価値観の変化など、さまざまな事情があるのだろう。いずれにせよ、遺族が大礼服を不必要な栄光と判断したのは確かである。

関東大震災や戦時中の空襲で失われたほか、戦後の価値観の変化もあって、必ずしも大礼服を遺族が所持しているとは限らない。筆者は、平成十年から十三年にかけて旧華族の遺族約二百軒を調査したが、実際に大礼服や正装が残されていたのは十軒に満たなかった。震災や戦災で失った家もあったが、処分してしまったという家がほとんどであった。そのなかには昭和二十年代ではなく昭和末期から平成初期に手放した家もあった。

処分された大礼服が現在どうなっているのかはわからない。骨董品や制服の愛好家によって大事に保管されているものもあれば、ゴミとして焼却されてしまったものもあるだろう。博物館が購入した例もある。例えば、大正時代に内閣総理大臣を務めた清浦奎吾の勅任文官大礼服は、彼が昭和十七年に死去すると行方不明となっていたが、元秘書の大麻唯男の後継者が保存していることがわかり、それを清浦記念館が購入した[31]。

大礼服の所持者から寄贈を受けた博物館も少なからずある。平成十七年十月には外務大臣小村寿太郎の秘書を務めた本多熊太郎の文官大礼服が、宮崎県の小村記念館に寄贈された[32]。同十九年七月には伊藤博文の側近から譲り受けた人物が、伊藤の宮内高等官大礼服や公爵の有爵者大礼服などを山口県の伊藤公資料館に寄贈している[33]（口絵13・15）。

それでは現在、全国にはどのくらい大礼服を所蔵している博物館があるのだろうか。筆者の調査をまとめたのが表20である。図録や実際の展示物のほか、近年公開されたホームページの情報なども加えた。まだまだ収蔵庫で日の目

表 20　現存する各種大礼服

文官大礼服（明治 19 年改正前）	着用者	所蔵機関・公開機関・所蔵者
勅任官（岩倉使節団の改変の模倣）	池田章政	林原美術館
勅任官（岩倉使節団の模倣）	池田茂政	林原美術館
勅任官（岩倉使節団の改変）	伊藤博文	兵庫県立歴史博物館
勅任官（岩倉使節団の模倣）	島津忠義	尚古集成館
勅任官（岩倉使節団）	寺島宗則	寺島家
勅任官（岩倉使節団の模倣）	徳川慶勝	徳川美術館
勅任官（岩倉使節団の改変の模倣）	鍋島直大	鍋島報效会
勅任官（岩倉使節団の改変の模倣）	蜂須賀茂韶	徳島市立徳島城博物館
奏任官（明治 5 年制）	津田弘道	岡山県立博物館
奏任官（明治 5 年制）	浜田清心	旧南会津郡役所
奏任官（明治 5 年制）	藤井勉三	広島県立文書館
文官大礼服（明治 19 年改正後）		
勅任官	青木周蔵	旧青木家那須別邸
勅任官	浅見起平	文化学園服飾博物館
勅任官	入野間武雄	斎藤実記念館
勅任官	大槻文彦	一関市博物館
勅任官	岡　玄卿	一宮市博物館
勅任官	加藤高明	文化学園服飾博物館
勅任官	北里柴三郎	北里研究所
勅任官	清浦奎吾	清浦記念館
勅任官	坂野鉄次郎	郵政資料館
勅任官・奏任官	塩野季彦	法務省矯正研修所
勅任官	志波三九郎	雲仙市歴史資料館国見展示館
勅任官	添田寿一	遠賀町教育委員会
勅任官	武田五一	明治村
勅任官	長　俊一	山形県立博物館
勅任官	鶴見守義	関西大学
勅任官	東郷茂徳	元外相東郷茂徳記念館
勅任官	徳川家正	徳川家
勅任官	秦佐八郎	秦記念館
勅任官	本多静六	本多静六記念館
勅任官	牧　一	学習院大学史料館
勅任官	三島中洲	二松学舎大学
勅任官・奏任官	元尾光輝	横浜税関資料展示室（個人蔵）
勅任官	山岡萬之助	矯正協会矯正図書館
勅任官	山県伊三郎	山県有朋記念館
勅任官	山崎正董	熊本大学山崎記念館
勅任官	渡辺千冬	岡谷市郷土学習館
奏任官	上田万年	東京家政大学博物館
奏任官	奥野　毅	文化学園服飾博物館
奏任官	富井　周	外務省外交史料館
奏任官	日高秩父	文化学園服飾博物館

非役有位大礼服（明治19年改正前）		
四位以上（明治5年制）	池田（章政か茂政）	林原美術館
四位以上（明治5年制）	亀井茲監	文化学園服飾博物館
四位以上（明治5年制）	徳川家達	徳川家
四位以上（明治5年制）	徳川慶勝	徳川美術館
四位以上（明治5年制）	徳川義宜	徳川美術館
四位以上（明治5年制）	松平茂昭	越葵文庫
五位以下（明治5年制）	青山忠誠	篠山市立歴史美術館
五位以下（明治5年制）	吉川経健	吉川史料館
非役有位大礼服（明治19年改正後）		
四位以上	渋沢栄一	文化学園服飾博物館
四位以上	土岐政夫	一宮市博物館
四位以上	鍋島桂次郎	雲仙市歴史文化公園鍋島邸
四位以上	本多熊太郎	小村記念館
五位以下	池田詮政	林原美術館
五位以下	大倉喜八郎	一宮市博物館
五位以下	鳥居忠博	向陽山常楽寺
五位以下	蜂須賀(不明)	徳島市立徳島城博物館
五位以下	松本剛吉	文化学園服飾博物館
有爵者大礼服		
公爵	伊藤博文	山口県光市伊藤公資料館
公爵	桂広太郎	文化学園服飾博物館
公爵	徳川家達	徳川家
公爵	毛利元昭	毛利博物館
侯爵	伊藤博文	山口県光市伊藤公資料館
侯爵	徳川義礼	徳川美術館
侯爵	蜂須賀茂韶	徳島市立徳島城博物館
侯爵	蜂須賀正韶	徳島市立徳島城博物館
侯爵	蜂須賀正氏	徳島市立徳島城博物館
侯爵	松平茂昭	越葵文庫
侯爵	山階芳麿	学習院大学史料館（山階鳥類研究所所蔵）
伯爵	有馬頼寧	有馬記念館
伯爵	板垣退助	高知県立歴史民俗資料館
伯爵	上杉茂憲	上杉家
伯爵	加藤厚太郎	文化学園服飾博物館
伯爵	亀井茲常	文化学園服飾博物館
伯爵	真田幸民	真田宝物館
伯爵	橋本実斐	一宮市博物館
伯爵	松平頼寿	香川県立ミュージアム
子爵	秋田映季	三春町歴史民俗資料館
子爵	阿部（不明）	白河集古苑

子爵	加藤高明	文化学園服飾博物館
子爵	吉川経健	吉川史料館
子爵	榊原政春	榊原家
子爵	鳥居忠一	向陽山常楽寺
子爵	三島通庸	那須野が原博物館
子爵	水野　直	茨城県立歴史館（個人蔵）
男爵	内海忠勝	一宮市博物館
男爵	大倉喜八郎	一宮市博物館
男爵	岡　俊二	一宮市博物館
男爵	鴻池善右衛門	大阪歴史博物館
男爵	高木兼寛	東京慈恵会医科大学学術情報センター史料室
男爵	三井高棟	文化学園服飾博物館
男爵	鍋島茂昌	武雄市図書館・歴史資料館
宮内高等官大礼服		
勅任官	伊藤博文	山口県光市伊藤公資料館
勅任官	上杉茂憲	上杉家
勅任官	岡　玄卿	一宮市博物館
勅任官	西村時彦（天囚）	種子島開発総合センター（鉄砲館）
勅任官	森林太郎	森鷗外記念館
勅任官（式部職）	松平忠礼	上田市立博物館
勅任官（昭和 3 年制）	斎藤　実	斎藤実記念館
勅任官（昭和 3 年制）	鈴木貫太郎	鈴木貫太郎記念館
奏任官	日高秩父	文化学園服飾博物館
奏任官（式部職）	亀井茲常	文化学園服飾博物館
奏任官（昭和 3 年制）	秋山光夫	文化学園服飾博物館
奏任官（昭和 3 年制）	酒井克巳	三里塚御料牧場記念館

出典：各機関の展示図録や著者の展示閲覧により収集した情報をもとに作成。

を見ないものもあるに違いないし、各個人宅の倉庫に眠っているものもあるだろう。しかし表の一覧だけでも、明治五年制の文官大礼服および非役有位大礼服をはじめ、公侯伯子男爵の有爵者大礼服や宮内高等官大礼服など、一通りの実物が現存していることがわかる。一方で貸与を基本として特別な事情がない限り支給しなかった宮内省の各種礼服類は見当たらない。

なかなか調製が進まなかった明治五年制の大礼服が意外にも複数残されている。そのうち藤井勉三と浜田清心の奏任文官大礼服は、袖桐紋章の上に二本、下に二本の四等官を示す等級標条がついている希少なものである。[34] 亀井茲監（口絵6）と渋沢栄一の非役有位四位以上大礼服には、大礼服制の不統一性がよくあらわれている。[35] また、尾張徳川家では徳川慶勝の文官大礼服と、非役有位四位以上大礼服が二種類、息子の義宜の非役有位四位以上大礼服、慶勝の後継者となった義礼の侯爵の有爵者大礼服と非役有位五位以下大礼服を残している。同じく旧阿波徳島藩主の蜂須賀家では、侯爵の有爵者大礼服を蜂須賀茂韶、正韶、正氏の三代にわたって新調していたことがわかる。[36] これは旧大藩の財政基盤があるからにほかならない。それは財閥家で男爵を受爵した大倉喜八郎が、非役有位五位以下大礼服に加え、三度も有爵者大礼服を作り変えているのと同様である。[37]

服飾博物館の企画展でも大礼服は人気が高く、地方の博物館や個人の記念館においても大礼服の展示コーナーは見学する人が多い。それは豪華絢爛で美しいからだろう。勅任文官大礼服を間近で見ると、両胸と袖や襟などの金モールの刺繡が輝き、複数の勲章が眩しい光を放っている。その着用者がどのような人物で、いかなる功績があるのかなど、詳しい経歴を知らない人でも、大礼服を見れば地位の高い人物だったのだろうと考えるに違いない。大礼服は戦後に法的根拠を喪失し、国家の公式儀礼で使用されることはなくなったが、それで権威や魅力がなくなったわけではなかった。現役の役目をおえてからも、かつての栄光を多くの人に伝えているのである。

註

(1)(2) 大久保悠齊『通産官僚の軌跡・わが生涯』通産新報社出版局、一九九四年、二九頁。
(3) 『官報』昭和二十年、皇室令第三七号。
(4) 同右、昭和二十年、皇室令第三八号。
(5) 北原恵「戦後天皇「ご一家」像の創出と公私の再編」(『大阪大学大学院文学研究科紀要』五四、二〇一四年三月)。
(6) 「日本ニュース」戦後編第四四号、昭和二十一年十一月十二日(NHKデジタルアーカイブス)、宮永岳彦「日本国憲法公布記念式典」衆議院憲政記念館所蔵。
(7) 「昭和二十一年十一月三日日本国憲法公布記念式典関係近藤事務官」(「近藤英明文書」二五七、国立国会図書館憲政資料室所蔵)。
(8) 『貴族院における日本国憲法審議』尚友倶楽部、一九七七年、三三五〜三三六頁。
(9) 『官報』昭和二十二年、皇室令第一二号。
(10) 『読売新聞』昭和二十一年十二月三十一日、朝刊。
(11) 週間朝日編『値段の明治大正昭和風俗史』朝日新聞社、一九八一年、一五五、一六五頁。
(12) 『官報』昭和二十九年、法律第二〇三号。
(13) 『読売新聞』昭和三十五年十一月十三日、夕刊。
(14) 「昭和二十三年新年の拝賀及び参賀の件」(国立公文書館所蔵、二A—二九—四—昭五七総五)。
(15) 「出役係員心得の件」(「園遊会録」昭和二十八年、宮内庁書陵部宮内公文書館所蔵、識別番号三〇五一五)。
(16) 「案内状に関する件」(同右)。
(17) 「五月六日午前一〇時三〇分、大勲位吉田茂外二一名の勲章授与式」(「授与式録」昭和三十九年、宮内庁書陵部宮内公文書館所蔵、識別番号三〇五八二)。
(18) 「一一月七日午前一一時四五分、勲二等荒井誠一郎外五八名の勲章伝達式」(同右)。
(19) 「昭和二十四年」(「文化勲章授与式録」宮内庁書陵部宮内公文書館所蔵、識別番号三〇四九一)。
(20) 「一一月三日午前一〇時三〇分、芳誠司外四名の文化勲章伝達式」(前掲「授与式録」昭和三十九年)。
(21) 「新年祝賀の儀の次第書について」(国立公文書館所蔵、三A—一五—平一一総一五二一)。
(22) 入江相政編『宮中侍従物語』TBSブリタニカ、一九八〇年、六九頁。
(23) 同右、七一頁。
(24) 同右、七〇〜七一頁。

(25)『高橋雄財談話第一回速記録』内政史研究会、一九六四年、一六頁。
(26)入江相政『城の中』中央公論社、一九五九年（同『昭和天皇とともに』朝日新聞社、一九九七年、一二八〜一二九頁）。
(27)入江相政『濠端随筆』文芸春秋新社、一九六五年、二一二頁。
(28)入江相政『オーロラ紀行』読売新聞社、一九七六年（前掲『昭和天皇とともに』一七二頁）。
(29)『福島慎太郎氏談話第三回速記録』内政史研究会、一九七五年、一一九〜一二〇頁。
(30)同右、一二〇頁。
(31)『熊本日日新聞』平成六年十一月二十二日、朝刊。
(32)『毎日新聞』平成十七年十月二十一日、宮崎版。
(33)同右、平成十九年七月四日、静岡版。
(34)藤井勉三の大礼服は広島県立公文書館、浜田清心の大礼服は旧南会津郡役所で閲覧できる。
(35)『明治・大正・昭和戦前期の宮廷服』文化学園服飾博物館、二〇一三年、一六〜一七頁。
(36)『華麗なる装い』徳島市立徳島城博物館、二〇〇三年、四八頁。
(37)『一宮市博物館所蔵品目録　墨コレクションⅢ・洋装編』一宮市博物館、二〇一四年、八〜一〇頁、七四〜七六頁。

明治五年（一八七二）に制定された文官大礼服および非役有位大礼服は、その略礼服である燕尾服とともに我が国の礼服を和装から洋装に変えることとなった。だが、勅奏任官で大礼服を調製する者は限られ、調製費を工面できない判任官は燕尾服で代用していた。また調製しても着こなせず、外国人からの評価も低かった。明治十年代に勅奏任官で調製する者が増えてくると、服制の諸問題が顕在化した。勅奏任官と判任官で飾章の色が違ったこと、階級を示す等級標条が複雑すぎて理解しづらかったこと、さまざまなデザインの文官大礼服が生み出されたことである。

国家が服制で定めた最高の礼服に齟齬があってはならない。さまざまなデザインが生まれた原因は、太政官の布告図と岩倉使節団が現地で調製した大礼服が違っていたことである。このような問題点の多い大礼服制は、魅力に欠けた。だからこそ、大礼服を着る権利を有する多くの勅奏任官が調製を避け、燕尾服で代用していたのである。明治十年代まで制度的に権威はなく、着る側にもその意識は見られない。明治十七年の有爵者大礼服、侍従職・式部職大礼服の制定、同十九年の文官大礼服の改正は、こうした問題の解決を図るものであった。

文官大礼服の改正は、東京市内で仕立てられる洋服店が増え、宮内省の各種礼服類が整備される時期と重なっていた。舎人や仕人たちが着る大礼服や小礼服などは、用途に応じてたくさんの種類に分かれており、その全容を把握するのは容易ではない。この豪華絢爛な礼服は、参内の儀礼を演出した。宮内省の各種礼服類とともに勲章制度や宮中席次も整備された。大礼服は、勅奏任の文官、非役有位、有爵者、宮内省関係者の相違をあらわし、佩用する勲章は国家に対する貢献度をあらわした。それらを総合し天皇との距離を明示したのが宮中席次である。これらが合わさって、この頃大礼服の権威と魅力が生まれた。宮内省の各種礼服は、明治四十四年の宮内官制服令で統合されるが、種類が多く複雑なのには変わりがなかった。凝った意匠を採用し、用途に応じて複数の礼服を使い分けたのは、各国の王室を歓待するためでもあった。

大礼服制が整備された明治二十年代から、官員はフロックコートで勤務し、勅任官たちは大礼服を調製した。その大礼服を見ると、改正前の服制の不備は解消され、デザインが統一されたことがわかる。ただし、多少刺繍の仕方が違うなど、許容範囲内で他者との違いを示す者もいた。勅任官たちが積極的に大礼服を調製しているところからも、大礼服の権威と魅力が生まれていることが裏づけられる。

だが、その一方で帝国議会が開かれると、国家の服制に批判的な要求も出てきた。衆議院議員たちは、登院に際して羽織袴の着用許可を求めた。そもそも帝国議会の開院式で貴族院は大礼服、衆議院は燕尾服という違いがあり、有位者でなければ衆議院議員で大礼服を着る者はいなかった。国民から選ばれる代議士たちが普段着ているのは和服であり、礼服も紋付羽織袴がほとんどであった。官僚たちも初任官に際しては燕尾服やフロックコートを入手するのに苦労していた。したがって、下級官員である判任官や日清戦争後に勲六等や正六位以下を得た者たちは、燕尾服がないせいで勲章を佩用できなかったり、参内できないこともあった。このため衆議院議員たちは、フロックコートや紋付羽織袴で公式儀礼へ参加したいと望むようになるのである。

この大礼服を中心とする「官の礼服」と、一般人の「民の礼服」は、大喪や国葬の際に衝突した。明治十一年の大久保利通の葬儀を経て、同十六年におこなわれた岩倉具視の国葬から、喪服は左腕に黒紗を纏うのが基本になる。このほか帽子に黒紗を巻いたり、蝶ネクタイが黒や白、手袋が鼠色や白など違いはあったものの、大礼服に黒紗を用いる点では共通していた。

英照皇太后の大喪では、会葬者心得で和装の紋付羽織袴、白襟紋付を許可している。「官の礼服」を厳守すると、多くの国民の哀悼の意を汲むことができず、大喪という儀礼をおこなう意味がなくなってしまうことがわかったからである。だが、「官の礼服」を着る権利を持つ者たちには適応されなかった事実を見逃してはならない。彼らは大礼服・燕尾服・フロックコートのいずれかを着なければならず、その着用区分は明治四十四年の皇室喪服規程により明確となった。大礼服で長時間の儀礼に参加するのが苦痛であったのは、炎暑に挙行された明治天皇が崩御したときの模様から明らかとなる。彼らの服装観には、大礼服を着ることに対する魅力と苦痛という、矛盾した意識が共存していたといえる。

大正時代には大礼服制の簡略化を求める運動が展開するが、それは偶発的なものではなく、明治二十年代に創出された大礼服を着る立場にない者たちからの「民の礼服」の公認を求める運動の延長線上で起きたものであった。大正大礼ではフロックコートと紋付羽織袴の着用が求められ、帝国議会では背広の着用が模索された。宮内省でも観桜会や観菊会、叙位式でフロックコートの着用を認め、宮内官制服令の簡略化が議論されるなど、通常服の着用範囲を見直している。だが、「官の礼服」である大礼服および燕尾服の範囲を崩すことはしていない。

この点は大礼服の着用者が、長時間におよぶ儀礼の場で着心地の悪さに耐えながらも、限られた者にしか着ることができないという魅力のほうが勝っていたからだと考えられる。その証左となるのが、奏任官までは「所労」と称して欠席していた者でも、勅任官に昇進すると文官大礼服を調製していたことである。また華族の有馬頼寧は、大礼服に批判的な記述を残したが、「所労」を理由に欠席することはせず、大礼服を調製して儀礼に参加する選択肢を選んでいる。彼を除くと大礼服を批判する華族はなく、調製費用を親族などから出してもらう華族もいた。大正時代に十分な服装の簡略化が実現できなかった背景には、このような礼服を簡略化させて着心地を良くしたいという気持ちの反面、現状の大礼服制を維持して自身の地位と名誉を示したいという考えの矛盾によるものと思われる。

大正時代から検討課題となった宮内省の服装の簡略化は、昭和三年の昭和大礼を機に宮内官制服令の改正として実現する。これにより明治時代の宮内官制服令で残った不必要な礼服類が服制から排除された。また御陪食や御礼などの参内には、白襟紋付とフロックコートの着用を認めるなど、服装の簡略化が進んだ。だが、有位者に着用が限られる非役有位大礼服の廃案は棚上げとなり、各省で協議された文官大礼服の改正案も実現しなかった。

その理由には、勅任官に任官が決まると、他者と競い合うように豪華な大礼服を調製しようとする着用者の姿勢が影響していたと考えられる。大礼服には多額な調製費用を必要とし、長時間におよぶ儀式で着用することは楽なものではなかった。その意味でいうと大礼服などないほうが楽に違いない。それでも廃止や簡略化には慎重な姿勢を示したのである。このような矛盾した姿勢は、無産政党の代議士たちが登院の服制の簡略化を主張したものの、燕尾服での参内に否定しなかったことからも理解できる。大礼服や燕尾服は、通常服とは異なり「官の礼服」として定められているため、限られた者しか着ることができないという点に魅力がある。まったく着る可能性のない者は「民の礼服」の公認を希望するが、多少なりとも着る可能性が出てくると態度を一変させるという危うさがある。権力欲を持つ者ほど、大礼服の魅力に負けてしまうといえる。

ところが、大礼服に込められた矛盾する意識は、昭和十二年に日中戦争が勃発すると解消されることとなる。翌十三年に戦争の長期化にともない大礼服および燕尾服の着用が停止され、十五年にはフロックコートとモーニングコートに代わる国民服が登場する。そして十六年に太平洋戦争に突入すると、国民服での参内も許可される。服装の簡略化と矛盾する意識の差異は、皮肉にも国家多難な非常時によって解決されることとなった。もっとも、徳川義親が固執した礼服と通常服との境界線は、終戦に至るまで維持された。

そして、終戦後に大礼服制は廃止のときを迎える。それは民主化が目指されていたことに鑑みると、国家によって着る権利が限られる特権的な「官の礼服」は相応しくなかったに違いない。最上級の礼服として燕尾服が残り、通常服であったモーニングコートと、「民の礼服」と位置づけられた紋付羽織袴が、国家儀礼の場で着用できる礼服として認められた。大礼服は法的根拠を喪失し、明日を生きるために大礼服を売却する者も少なくなかった。時代の経過とともに大礼服に対する意識も変わり、処分する遺族もあらわれた。だが、法的根拠が喪失したため着る権利のなかった者が大礼服を着用し、博物館で燦然と輝く大礼服が展示されるなど、その魅力は薄れていない。

もっとも、展示の閲覧者はかつての栄誉に魅力を感じているのではなく、豪華絢爛たる服飾美に魅力を感じていることを忘れてはならない。なぜなら閲覧者は着用者の経歴や、それが宮中席次のどの位置になるのかなど考えていないからである。戦前の大礼服は官職や勅奏任官の差異を明示し、その差異を参内する者は心得ていた。また大礼や大喪などで沿道から大礼服姿を見る国民も、厳密な上下階級の差はわからずとも、国家高官ということは理解していたはずである。大礼服は、燕尾服・フロックコート・モーニングコート・紋付羽織袴とは異なり、誰からも権威の象徴と見なされたのである。

したがって、着用の機会が得られるようになると、着心地の悪さを忘れて他者よりも豪華なものを調製したのである。そう考えると、終戦後に大礼服が残らなかった理由も納得がいく。そのような権威の象徴と見なされる大礼服を必要不可欠としたのは、幕末に日本が条約を締結した諸外国の王室で同様の大礼服を用いていたことによる。皇室外交の観点から日本だけが独自の装束を用いるわけにはいかなかった。また従来の装束が世襲的な身分制にもとづいていのに対し、大礼服は自身の功績を示すことができた。この立身出世を示せるところに着用者は魅力を感じていたのである。

あとがき

卒業論文のテーマをなににするかで悩む文学部日本史学専攻の大学生は少なくない。筆者も例外ではなかった。大学三年生のとき、やりたいことが多すぎて、なにから着手したらよいか非常に迷った。とりあえず、入学前から興味を持っていた制服に分野を限定し、そのなかでも国家の官僚や政治家たちが袖を通した大礼服を調べてみようと思った。

国家間の儀礼に用いる礼服の制定や改正は小さな問題ではない。なぜ、従来の朝廷儀礼で使ってきた衣冠束帯などの装束を廃止し、それに代えて洋式の大礼服を採用したのか。この点を探るだけでも意義があると感じた。いくら研究したいと思っても、史料がなくては話にならない。だが、国家の政策として定めたからには、必ず公文書類のなかに大礼服に関する史料が残っているのではないかと考えた。

この狙いは的中した。国立公文書館の公文書類に感動するのに時間はいらなかった。公文書類からは、文官大礼服の制定過程や、制定後に多くの問題が浮上したことなどが理解できた。公文書類を多用して書いたのが、卒業論文「明治太政官制における文官大礼服」である。この第一章と第二章は、翌年「岩倉遣欧使節と文官大礼服について」(『風俗史学』一九、二〇〇二年二月)、第三章と第四章は四年後に「明治前期文官大礼服制の実像」(『明治維新史研究』二、二〇〇五年十二月)として発表した。前者は平成十五年(二〇〇三年)に日本風俗史学会の第九回研究奨励賞を受けた。
これでおわりかと思っていたところ、右の両論文が講談社の編集者の目にとまり、選書メチエの執筆を依頼された。その依頼に応じて書いたのが『洋服・散髪・脱刀―服制の明治維新―』（二〇一〇年四月）である。ここでは大礼服に限らず、題名どおり平民の散髪や士族の脱刀をも取り上げ、軍服や女性の洋装化についても描いた。この拙著は、被服学の研究者ではない日本史の専門的な立場から執筆したため、珍しいからか複数の新聞や雑誌で取り上げられた。そして昨年末には、海を渡った韓国で翻訳出版された。

翻訳本が呼び水となり、現在では外国の研究者から、洋装化に関する共同研究の誘いも受けるようになった。正直、夢でも見ているような気になる。本書『帝国日本の大礼服―国家権威の表象―』を執筆することとなったのも、法政大学出版局の奥田のぞみ氏が『洋服・散髪・脱刀』を読んでくれたからだ。今になって振り返ると、あらためて大学三年生のときに大礼服の研究を選んでよかったと感じる。

筆者は、今も昔と変わらず、自分の研究課題の選択は誤っていないと確信している。変わったのは、私の研究課題に対する評価ではないか。大礼服制の研究に着手したとき、周囲の同輩や先輩からの評価は決して芳しいものではなかった。口には決して出さないものの、「そんな研究してなにになるのか」、「歴史オタクでしょう」というような悪口が聞こえてきそうな感じがした。だが、今はそのような声は一切聞こえてこない。「そんな研究してなにになるのか」ではなく、「歴史研究になるのだ」と理解されるようになったからだろう。現在は女性の洋装化を考えるため、女子高生のセーラー服の研究を進めている。セーラー服が日本史の研究として認められるのも、時間がかかりそうである。

『サラリーマン目白三平』で知られる昭和の小説家中村武志は、「他の方ですと、そんな材料は小説にならないと、ですから私はなんかゴミ箱に捨てたような野菜や魚をもう一度探し出して、それを料理したというような気持」（「人に歴史あり」東京一二チャンネル（現在のテレビ東京）、昭和四十六年（一九七一）二月二十六日放送）と、自分の個性を謙遜しながら語っている。この話を聞いたとき、筆者の感覚と同じだと共感した。

日本史の世界では型にはまって研究する姿勢ができてしまっているような気がする。大きな理論、有名な人物や事件、先行研究で多く取り上げているもの、類似の個別検証がないものでないと、手を出してはいけないということが常識化している。おいしいと思われる「材料」に飛びつく一方で、多くの「野菜」や「魚」が捨てられているのが現実である。「大礼服」もゴミ箱のなかから拾ってきて料理したといっても過言ではない。

実際、筆者のところには歴史研究の相談に乗ってほしいといって学生が何人も訪ねてくる。話を聞いてみると、私は面白い研究課題だと思うのだが、周囲の同輩や先輩からは理解を得られないようだ。そう悩む人に筆者は、私のやっていることは「歴史学」ではなく「歴史楽」だと説明する。続けて「歴史は楽しんで研究するものである。あなたが調べていて楽しいのなら、周りの雑音など気にする必要はない」と言葉をかける。この本が、直接声をかけられない後輩のみなさんにとって、「こんな材料でも歴史になるのだ」と励みになれば幸いである。

最後になったが、拙著を読んで面白いと評価し、今時珍しい直筆の執筆依頼をくださった奥田のぞみ氏には、心より感謝申し上げる。『帝国日本の大礼服』によって、大学生の頃から課題としてきた大礼服の歴史を明らかにすることができた。また早くに本文が完成していたにもかかわらず、図版選定に多くの時間をかけてしまい、予定より一年以上も刊行が遅れてしまったことをお詫び申し上げる。

二〇一六年八月

刑部芳則

人名索引

あ　行

か　行

さ　行

た　行

な　行

は　行

ま　行

や　行

ら　行

わ　行

著者紹介

刑部 芳則（おさかべ よしのり）

1977年東京都生まれ。中央大学大学院文学研究科博士課程修了。学位取得。博士（史学）。

中央大学文学部日本史学専攻兼任講師を経て，現在は日本大学商学部准教授。

主要著作に『洋服・散髪・脱刀—服制の明治維新—』（講談社選書メチエ，2010年）。『明治国家の服制と華族』（吉川弘文館，2012年）日本風俗史学会第27回江馬賞受賞。『京都に残った公家たち—華族の近代—』（吉川弘文館歴史文化ライブラリー，2014年）。『三条実美—孤独の宰相とその一族—』（吉川弘文館，2016年）などがある。

サピエンティア 48

帝国日本の大礼服
国家権威の表象

2016年9月28日 初版第1刷発行

著 者 刑部芳則
発行所 一般財団法人 法政大学出版局
〒102-0071 東京都千代田区富士見2-17-1
電話03(5214)5540／振替00160-6-95814
製版・印刷 平文社／製本 誠製本
装 幀 奥定泰之

ISBN 978-4-588-60348-8 Printed in Japan

好評既刊書（表示価格は税別です）

帝国日本の拡張と崩壊　「大東亜共栄圏」への歴史的展開
河西晃祐著　4800円

天皇の韓国併合　王公族の創設と帝国の葛藤
新城道彦著　4000円

朝鮮独立への隘路　在日朝鮮人の解放五年史
鄭栄桓著　4000円

ヴェール論争　リベラリズムの試練
C. ヨプケ著／伊藤豊・長谷川一年・竹島博之訳　3000円

洋服を着る近代　帝国の思惑と民族の選択
R. ロス著／平田雅博訳　3600円

植民地を読む　「贋」日本人たちの肖像
星名宏修著　3000円

平和なき「平和主義」　戦後日本の思想と運動
権赫泰著／鄭栄桓訳　3000円

共生への道と核心現場　実践課題としての東アジア
白永瑞著／趙慶喜監訳　4400円

朝鮮の対日外交戦略　日清戦争前夜 1876–1893
李穂枝著　3800円

市川房枝と「大東亜戦争」　フェミニストは戦争をどう生きたか
進藤久美子著　9500円

明治前期大陸政策史の研究
安岡昭男著　4500円

明治日本とイギリス　出会い・技術移転・ネットワークの形成
O. チェックランド著／杉山忠平・玉置紀夫訳　4800円

法政大学出版局